時空視域的交融：
文學與文化論叢

施懿琳　楊雅惠　　主編

國立中山大學人文研究中心　　出版

時空視域的交融：文學與文化論叢

The Spatial and Temporal Horizon: Essays on Literature and Culture

序

楊雅惠

對於「文學」，古今中外可能都有許多界說。（美）卡勒（Jonathan D.Culler）在《文學理論》有一簡明的定義：文學是語言的突出；文學是語言的綜合；文學是虛構；文學是美學對象；文學是文本交織的建構。前四者是大家較習見的文學觀念，最後一項所謂「文學是文本交織的建構」，則是牽涉到文學與其外的語境層面；這也可以（法）茱利亞・克莉絲蒂娃（Julia Kristeva, 1941-）所提出的「互文性」（intertextuality）理論來解釋；她謂一切文本都具有「自我折射性」（Self-reflexivity），因此，一部作品總是通過與其他作品之間的關係而存在於其他作品之中。而其他作品有許多是存在於廣大的文化文本中，因而我們認為：文學文本與文學以外的文化文本實可能有種秘響旁通的「互文性」關係。

對於「文化」，古今中外也可能有許多界義。（德）哲學家卡西爾（Ernst Cassierer，1874-1945）《人的哲學》在論述「文化」的觀點時說：文化使人類世界比動物世界更深廣豐富；人生活於其中，不再只是一物理的宇宙，而是一象徵的宇宙。神話、宗教、藝術、歷史、語言、文學……都是文化的一環；它們是各色絲縷，共同編織出人類經驗的象徵之網。也就是說，人其實並非正面看到實在，而是懸在他自己編織的表義網上，文化就是那個網。所以文化其實是想像與意義的聯結。而這一「想像」與「意義」所聯結的網，從非固定的結構，而是一透過時間、空間視域，既可維繫也可拆解的絲索；想像與意義兩者恆是互相編織，互相型塑，意義系統永遠是在想像的動態迴路中。人既然不是直接地面對實在，就只能以某種語言的形式、藝術的意象、神話的象徵或宗教的儀式，藉著這些人文的象徵之網，看見或明白一些事物。

這樣的「文化」定義，其實正與「文學」定義相侔。因此文學／文化都開始於我們對世界的想像，而後藉由論述、語言、象徵、符號和文本等形式呈現，並連繫於意義的系統中。從範圍大小來看，文學或許只是文化想像的一環；但若由視域的質性而言，文學中的想像與意義聯結，最足以表徵文化想像的幅度，也最足以揭示文化意蘊的深度。文學的內在美感與外在的歷史、文化、社會世界實有共同的振幅，文學／文化其實都是人類想像與意義交響共振的旋律樂章。

因此由「文學」與「文化」的互文性所延伸的課題，實可以開出文學研究之新境。在探討文學與文化間的互文關係上，它或許包含了許多相關子題。如：空間範疇上的地誌書寫、時間範疇上的歷史記憶、關係範疇上的人我群己社會身份、形式範疇上的語言真理詮釋辯證……等等，而這些文學／文化的絲縷，抉幽於渾茫，發微自幾希；結繫起何時，蔓衍至何方——皆是透過一「視域」(horizon)與視域融合(fusion of horizons)所進行的編織／論述活動。

「視域」(horizon) 原文的意義是「地平線」，詮釋學特別用以解釋人的理解活動。如（德）海德格（Martin Heidegger，1889-1976)《走向語言之途》所說：詮釋者是介於人與天之間的信使，帶來諸神的音信、天命的消息；詩人的視域本質也是如此，因而能看到那不為常人所見的視域，洞察到屬天的真理。(德) 伽達默爾 (Hans-Georg Gadamer, 1900-2002)《真理與方法》認為人在歷史中進行理解活動時，必然立足於特定時空之中，此一歷史的「地平線」，既揭開又限制了一個人的理解視野；只有在理解者的「視域」和理解對象的「視域」交融時，才會產生意義，出現真正的理解，此即為「視域融合」。因此無論由海德格的「在世之中」(Being-in-the-world) 空間觀點，或是伽達默爾的「歷史視域」的時間觀點，「視域」它都既有空間的向度，復有時間的維度。

本書所有的論文正都以種種不同的子題，涉及「文學與文化」文本中時間與空間的視域，想像與真理的辯證交融。其中包含了三輯。輯一主要為「城市地理與空間論述」之研究，有秦嶺東部商州驛道、北京古都、臺灣淡水地景、臺南府城為主的空間論述，地理上則包括中國、臺灣，旁涉日本、西方等地。如簡錦松教授的〈唐代秦嶺東部商州武關道現地研究〉一文，乃以「現地研究法」的「廣域研究方法」，對唐代詩文中的重要驛路——秦嶺武關道沿途的山形與水容，進行廣域觀察式的報告，使讀者看見從長安出發到襄陽間全程的驛路影像，以補前人各憑胸臆揣摩之失，有利解讀唐代詩文。許俊雅教授〈時空交互下的特殊存在——臺灣文學中的淡水地景〉歷述臺灣淡水一城，自西／荷殖民、滿清至日治，歷史各階段的地景空間經驗之演變；從中窺見交雜的中西文化風情和歷史記憶，繽紛浩瀚宛如一卷淡水文化誌。龔顯宗教授〈小城　小報　小小說——論小小說的文化因子〉則從文化的角度探討日治時期台南所創辦《三六九小報》小小說興盛的原因；由府城的原始名稱、變遷、文化背景、特性，點出《小報》刊行的背景、內容之趣味性，其中小小說的笑話、軼事、志怪、短劇、世情、偵探獵奇、愛情、諷刺、技擊、寓言等類別，表徵了臺南府城的文化現象，也為臺灣文學史中「小小說」之祖。筆者的〈離散情境下的折射光暈：日治後期臺灣新詩人的北京觀照〉一文探討日治時期 1937 年之後，臺灣新詩人林修二與江文也的北京書寫；尋繹出離散情境下的臺灣新詩人對北京城市的觀照，一方面是作為中國文化的「他者」，與中國古典抒情境界作深度對話；一方面是作為日本帝國的「他者」，對大東亞共榮圈的未來想像作辯證反思；終而更是對西方現代主義挑戰的回應。這些論文雖屬地理空間之視域，然亦是含有歷史視角之人文論述；也可看出：同樣地景，因時間延展與國族立場的差異，而有不同的空間文本。

輯二則為「歷史視域與身份認同」之議題，早則溯及唐代社會中的詩人身份；晚則觸及日治時期臺灣文學中所呈現的文化錯雜、族群交流，以及民國以來現代文學作家、戰後臺灣的後殖民書寫等。如陳家煌教授的〈論中唐詩人的社會地位〉一文，探討唐代因科舉取士，詩人逐漸以詩名博得社會敬重，因此也就形成中唐以後特殊的社會身分，造成政治權力的轉移。詩人地位的提升，關乎社會對能詩之士的價值判斷，也關乎詩人身分的認同。施懿琳教授的〈從《東瀛采真錄》看太虛法師與臺灣人士的漢詩唱和〉一文，由中國革命僧太虛法師1917年之旅臺佈教活動及詩歌酬唱編寫成的《東瀛采真錄》，指出其除了宗教交集之外，尚有三邊所共有的文化資源——漢詩的唱和；透過「漢詩」媒介，中、臺、日僧人居士，表達了思想和情感的異同，傳遞了彼此的價值觀；如此的互動也表徵了臺灣佛教在歷史轉折時期的意義和價值。江寶釵教授〈自我的裂解與混雜——論謝雪漁的漢詩敘事與身分認同〉一文，論日治時期多元文化資源彼此遇接的時代，一個繽紛多彩的混雜、流動的主體——謝雪漁，如何以其詩歌創作，一再斡旋於台／日戚黨、傳統中國／現代帝國、民族主義／殖民帝國主義之間，因而在文本之中呈現出自我的裂解與混雜。王幼華教授〈創作與自毀——以郁達夫為例〉一文，舉郁達夫為例，以其作品為基礎，分析其中的「裸露症」以及自我攻擊的意識，指出這位作家如何在作品中表現自存（Self-preservation）與自毀的現象。蔡振念教授的〈陳映真與黃春明小說中的後殖民書寫〉一文，討論後殖民主義在台灣的接受過程，以陳映真、黃春明作品中的後殖民書寫為例，比較出兩人之異同：前者著重批判資本主義對台灣經濟的侵略與殖民，台灣人民在商品主義之下的物化與異化；後者則以嘲諷暗寓批判，著重描寫被殖民的台灣人之奴化以及文化認同上的迷失。這些論文雖著眼於歷史視域，但亦在時間性的維度中觀照出空間的向度：如自我與他者的界閾、社會地位的昇沉、東亞同文異種的三邊地域、多元文化圈的交集含混……等課題。

輯三則為「藝術想像與文本詮釋」，或由晚明遺民文人詩畫、或由戰後臺灣文學美術，以至於西方詩論學說分別論述藝術想像與真實／真理之關係。毛文芳教授的〈寫我心曲——甲申事變氛圍下項聖謨（1597-1658）的詩畫文本探析〉一文，探討明遺民中詩人畫家項聖謨；文中分由「物類書寫」與「自我寫照」兩大面向考察其在甲申事變氛圍下家國認同的表述，詩畫文本的意涵。盛鎧教授的〈戰後初期台灣文學與美術中的公共空間意象——以呂赫若《冬夜》與李石樵《市場口》為中心之考察〉，舉出戰後初期的台灣許多文藝作品中，常出現公共空間之主題或背景，且帶有危殆或瀕於分裂之緊張感；論文即由此文藝角度切入，或能有所補充歷史研究之視角。史言先生的〈巴什拉詩學想像方法論探究〉一文，研究巴什拉（Gaston Bachelard）詩論中所使用的批評方法，以其詩學想像言說的一個「悖論」作爲引子，進而討論巴什拉最具代表性的兩大批評方式，同時歸納出其研究方法轉變過程中的兩條平行線索，在一種動態變化的形式中追溯巴什拉批評方法的進程。這些論文或以具體文藝作品，或以純理論思辯的角度，都關涉藝術想像與文本詮釋之問題。

要之本書之論述內容：在客觀視域上，歷史時間由唐代至現當代，地理空間則跨越中國、臺灣，旁涉日本、西方等地，展讀全卷，猶如經歷一場穿越時空的旅程；在主觀視域上，於文本之海中鉤沉索隱，淺深聚散，萬取一收，也如織就一張自我折射的象徵之網。透過各時各地的不同子題，或可提供我們省思其中所產生的人文與地理的交融、存在與時間的對話之課題，以及尋索藝術與文本、想像與真理、主體與客體的辯證……等文學與文化上的意義。

本校人文社會科學研究中心「文學與文化研究群」於 2008 年成立，研究計畫以臺灣文學與中國文學為範圍，探討「文學與文化」之關係。計畫執行成果，已曾於 2009 年出版專書論文集《文學想像與文化認同：古典與現代的國家與族群》（*Literary Imagination and Cultural Identity: Nationality and Ethnicity in Classic and Modern Times*）。2010 年為促進學術交流，匯聚「文學與文化」之識見，更廣向海內外學者徵稿，本書即為此一成果之展現。是以本書之完成，非常感謝本校人文中心之提攜支援，「文學與文化研究群」各組員之勉勵與支持，也感謝校內外學者的踴躍賜稿；而各審查委員，以其專業的鑒查尺度，維持本刊之學術水準，尤令人至深銘感。最後更感謝成大施懿琳教授之鼎力協助、編輯助理的盡心編校……，萬方同心，乃使本書奉獻於學界。於今付梓，尚祈海內外方家不吝指教。

城市地理與空間論述

時空視域的交融：文學與文化論叢
頁 3~26 國立中山大學人文中心.2011

唐代秦嶺東部商州武關道現地研究

簡錦松*

〔摘 要〕

唐代在秦嶺中有幾條道路，其中以商州武關道經過的人數最多，當時的驛路，至今仍爲重要的公路交通線。經過這條驛路的著名詩人有白居易、元稹、韓愈、柳宗元、劉禹錫、杜牧、李商隱、溫庭筠，所遺詩文不少。

如果對整條道路的情況不明瞭，僅僅以簡略的歷史地名知識爲基礎，再憑藉各人胸臆中的秦嶺想像去揣摸詩文字面，往往失於曲解。

本文中將以「唐詩現地研究法」的「廣域研究方法」，針對商州武關道沿途的山形與水容，進行廣域觀察式的報告，使讀者得到從長安出發到襄陽間全程的驛路清晰印象。

關鍵詞：現地研究、唐代、秦嶺、商州武關道

---

* 國立中山大學中國文學系教授

收稿日期：2011 年 5 月 11 日，審查通過日期：2011 年 6 月 17 日

一、前言

唐代在秦嶺中有幾條道路，其中隸屬於館驛使的有商州武關道及洋州華陽道。商州武關道又名商山路，洋州華陽道又名儻駱路，其他不隸於館驛使的，尚有子午道、褒斜道，以及大散關道、秦鳳路等。

在上述秦嶺的各大谷道中，商州武關道經過的人最多，當時驛路的主要路線，至今仍為重要的公路交通線。這條驛路的名稱甚多，本文名之為商州武關道，乃取自柳宗元〈館驛使壁記〉：「自灞而南至於藍田，其驛六，其蔽曰商州，其關曰武關。」[1]另外，唐人也有稱之為藍田道、商山道、商於路者，散見詩文中，不一一列舉。

經過這條驛路的著名詩人有白居易、元稹、韓愈、柳宗元、劉禹錫、杜牧、李商隱、溫庭筠，杜甫雖不曾留下經行此路的記載，但是他的弟弟杜觀迎婦至江陵時，曾走過這條道路。

如果對整條道路的情況不明瞭，僅僅以簡略的歷史地名知識為基礎，再憑藉各人胸臆中的秦嶺想像去揣摸詩文字面，往往失於曲解。

本人在 1990 年、2010 年、2011 年三度考察了這條道路，本文中將以「唐詩現地研究法」的「廣域研究方法」，針對商州武關道沿途的山形與水容，進行廣域觀察式的報告，使讀者得到從長安出發到襄陽間全程的驛路清晰印象。

內文分為五小節，第一小節簡單介紹研究方法，然後依照沿途的路況分成四個部份：第二小節，是從唐京兆府（古代通稱長安，今名西安市）出發到藍田縣城這一段：這段路程全部在平地中，山川地貌與都城無多變化，初出都城的心理也還未改變，可列為第一個部分。第三小節，是從藍田縣出發到度越秦嶺之間的主要山行路段：長安號稱關中，主要是因為秦嶺橫陳於都城之南，這條驛路的特色，也就在它度越秦嶺這一

---

[1] 〔唐〕柳宗元：〈館驛使壁記〉，《全唐文》（北京：中華書局，1992 年），卷 580，頁 5858。

點，是驛程中的第二部分。第四節，驛路中的商州：商州州治所在，是秦嶺南側的一個大型盆地，唐時稱爲商州上洛縣，今爲商洛市商州區，由於它具有城市性格，對這條驛路的性格也有所影響，是驛程中的第三部分 。第五小節，是出武關以後的路況：武關以東，沿途山勢降低，到丹鳳縣，坡度更趨平緩，進入西峽縣以後，已都是平坦的原野，是驛程中的第四部分。最後再以結論來貫穿各小節的論述。

二、本文使用的現地研究方法

過去對於唐代驛道的研究，都是立即投入文獻中地名和驛名的考證。文獻工作絕對有其必要性，唐詩現地研究法也並不離開文獻解讀而憑虛立論，但是，在沒有現地工作爲基礎時，從文獻到文獻的研究，並非是最好的通向正確解讀的方法。

舉例來說，商州武關道最有名的記載出於北宋王溥（922-982）的《唐會要》一書云：

> 貞元七年八月，商州刺史李西華請廣商山道，又別開偏道，以避水潦。從商州西至藍田，東抵內鄉，七百餘里皆山阻，行人苦之。西華役功十餘萬，修橋道，起官舍。舊時每至夏秋水盛，阻山澗，行旅不得濟者，或數日糧絕，無所求糴。西華通山間道，謂之偏路，人不留滯，行者為便。[2]

王溥的原文中，非常明確地指出了下列三點：

1、商山道本來就有，李西華奏請開廣之，是指對本來就有的驛路加以增廣，並非「又別開偏道」一語所說的偏道（偏路）。

---

[2] 〔北宋〕王溥：〈道路〉，《唐會要》（上海：上海古籍出版社，1991 年），卷 86，頁 1573。

2、偏道（偏路）是增開的，不是廢去原來的道路而改道 。

3、商山道多沿澗，所以李西華主要在「修橋道」，另開的所謂偏道、山間道，目的在避開夏秋水潦時，橋道被水破壞，應是在較高處開路。

但是，這段文字到了其他晚出的記載中就逐漸改變了，《冊府元龜》（1005-1013）[3]云：

> 李西華，貞元中為商州刺史。商州西至藍田，東至內鄉，七百餘里，山岨重沓，小遇暴雨則隔絕行旅，或露居糧絕。旬日不止，則往往僵仆。西華上請役功十餘萬，置橋立廬。又迴山通偏路，以避盛水。自是行李不滯。[4]

文字雖然小有異同，但是「又迴山通偏路，以避盛水」一語，仍不失《唐會要》原意。不過，文中把暴雨和置橋的先後次序改變了，文義就有變化了。到了 1060 年成書的歐陽脩《新唐書》，簡省文字，變成：

> 貞元七年，刺史李西華自藍田至內鄉，開新道七百餘里，迴山取塗，人不病涉，謂之偏路，行旅便之。[5]

按其文意，已將七百里皆稱爲新道，且稱新道爲偏路。這樣一來，李西華修築原商山路的部分被抹去，偏路變成了是主要的新道，與〈唐會要〉的原意相左。又，南宋胡三省注《資治通鑑》亦作：「貞元七年，刺史李西華患此路之險，自藍田至內鄉開新道七百餘里，迴山取塗，人不病

---

[3] 北宋真宗景德二年（1005）九月二十二日下詔修纂《冊府元龜》，大中祥符六年（1013）八月十三日書成。

[4] 〔宋〕王欽若等編纂：〈牧守部八・興利〉，《冊府元龜》（北京：中華書局，1960 年），卷 678，頁 8102-8103。

[5] 〔宋〕宋祁、歐陽修撰：〈關內道・京畿採訪使・商州上洛郡〉，《新校本新唐書》（北京：中華書局，1976 年），卷 37，頁 966。

涉，謂之偏路，行旅便之。」[6]胡注增加了「患此路之險」五字，餘同《新唐書》。從王溥到歐陽脩、胡三省都是宋朝人，年代相去不遠，解讀文獻已經誤謬若此，無怪乎後人在書面作文字考據，想要由此求得真相，難如緣木求魚。

而且，如果只是在文獻中考證地名和驛名，也會因爲古今地名消失，或地名位置變更等問題，發生誤解。過去研究者因爲缺乏現地考察的條件，沒有第一手的路況資訊，不論是地名或沿途景觀，都只從記載的字面判讀，所推論出來的結論，多有不合於實際，以最嚴謹的唐代交通專家嚴耕望先生所定的驛站中，就有許多是定位在現實中絕對不可能的位置。

因此，現地研究是正確解讀文獻的唯一道路，以現場的地形地貌爲證據，才能擺脫古今地名不確定的困境，進而發現唐人詩文與史地文獻的真相。

在現地研究中，有一種稱爲「廣域研究法」，就是針對大面積的地段，進行總體性的概述，最爲符合長距離驛路研究所需。廣域研究中，暫不討論個別的地名、驛名，也不斤斤計較唐代驛道的確切路線，而是針對驛道可能經過的全區，記錄其地形地貌狀況，使讀者對整條驛路全程的險易遠近，先行建立清晰的印象。

我在 1990 年第一次考察中，由於當時還沒有建構唐詩現地研究的理論，也沒有適當的工具，我雖然從南陽市經過西峽縣、商洛市、藍田縣、到西安市，一路仔細拍照和筆記，僅能得到模糊的印象，不足以作系統化的解說。2010 年 11 月 20 日，我再度到藍田縣，以唐詩現地研究法進行調查，2011 年 4 月 19 日至 24 日，第三度對西安市、藍田縣、商洛市商州區、商南縣、丹鳳縣、內鄉縣、鄧州市、襄陽市進行唐詩現地研究法的考察，由於新方法的啓動，才能建立有效的學術研究基礎。考察中，

[6] 〔宋〕司馬光〈唐紀・文宗太和九年〉：「十二月，壬申朔，顧師邕流儋州，至商山，賜死。」注。見〔宋〕司馬光著，胡三省注：《資治通鑑》（北京：中華書局，1980 年），卷 245，頁 7920。

我們租用專車，使用帶有 GPS 功能的行車記錄器，記錄所經過的所有路況；並利用手持式 GPS 定位和人工拍照方式，針對商州武關道沿途的山形與水容，以行進中拍攝和定點拍攝的方式交叉運用，作了廣域觀察式的資料收集，換言之，掌握了從長安出發到襄陽間，唐人驛道可能路線的全程道路影像。（見頁 469，圖一.1：本次從唐長安至鄧州的考察路線圖）

我的研究工作中，就是將考察所得的證據證物，用於分析歷史地理文獻和唐人詩文，以求得唐代驛路的最接近真實的描述，並且更精確地了解唐人詩文中的描述與興感，本文就是其中的一項工作。

至於本文實際上要討論的路線，簡述如下：

關於本條的驛路，嚴耕望和王文楚二位先生都畫了地圖，我先介紹二人所繪的路線圖裡的地驛名稱。

嚴耕望〈唐代秦嶺山脈東段諸谷道圖〉所載為：

> 京兆府通化門－長樂驛－灞橋驛－韓公坂（另線由長安城東南－五松驛－韓公坂）－藍田驛－藍田縣（青泥驛）－韓公驛－藍橋驛－藍田關（牧虎關）－七盤嶺－北川驛－安山驛－麻澗－仙娥驛－商州（上洛縣）四皓驛－洛源驛－商洛鎮棣華驛－桃花驛（龍駒寨）－層峰驛－武關－青雲驛－分水嶺－商南縣－陽城驛（富水關）－內鄉（縣）（商於驛）－臨湍驛－冠軍驛－鄧州－襄州襄陽縣。[7]

王文楚〈唐代長安至襄州荊州驛路圖〉所載為：

> 京兆府通化門－長樂驛－灞橋驛－藍田驛－藍田縣（青泥驛）（另線由藍田縣經倒溝峪、劉峪水、石門水）－韓公驛－藍橋驛－藍

[7] 見嚴耕望：《唐代交通圖考》（臺北：中央研究院歷史語言研究所，1986 年），卷 3（秦嶺仇池篇），頁 810。

> 關驛（藍田關）－麻澗－仙娥嶺－商州上洛縣商於驛－洛源驛－棣華驛－商洛縣四皓驛－青雲驛－武關驛－層峰驛－陽城驛（富水驛）－內鄉（縣）－臨湍－官軍驛－鄧州－襄州。[8]

嚴先生和王先生都是根據自己解讀古代文獻的認知作成結論，從他們所提出的結果來看，顯然各自的解讀並不盡相同。請仔細比較，就會發現他們對韓公坂、韓公驛、商於驛、四皓驛、青雲驛、武關驛、分水嶺、層峰驛的解讀不同。此外，嚴先生畫出一條從長安城東南經五松驛到韓公坂這條路線，王文楚沒有畫出。而王文楚所畫出的另線由藍田縣經倒溝峪、劉峪水、石門水，這條路今為 S101 省道，嚴耕望也沒有畫出。因為篇幅和版權的關係，我沒有把嚴王兩位先生的原圖轉引出來，讀者如有興趣，可以找來這兩幅手繪圖，還可以發現兩人在驛名及地名的地理定位上，也互有不同。

本文旨在解說整條驛路的大體狀況，因而對兩位先生的差異，暫不作考辨。不過，雖然兩位先生對商州武關道的解讀仍有差異，但是他們對這條驛路的整體概念，仍然相去不遠；他們所考出的地名和驛名，也大量與現在的地名相同或相似。我們知道，地名的相似或相同現象，若不是唐人的舊地名在原地沿用，就是宋元明清以來的人，借用唐代地名來為鄰近地方命名，不論是那一種情況，都說明了這條道路的歷史延續性。

為了讓讀者更容易掌握唐人驛道與現代交通路線的關係，我再以《陝西省誌公路志》〈第二篇道路·第一章主幹驛道·第二節武關道〉的敘述來說明：

> 唐武關道有關文獻記載比較明確，由長安東行，過灞橋後，折向東南經藍田縣坡底村，上七盤嶺，繞蘆山南側，過藍橋到藍橋鄉，溯藍橋河而上，經牧護關（唐藍田關）過秦嶺梁，順丹水支流七

---

[8] 見王文楚：《古代交通地理叢考》（北京：中華書局，1996 年），頁 141。

> 盤河下至黑龍口，折東行，經商州（今商州市），龍駒寨（今丹鳳縣），出武關，又東，經商南縣富水馬日出陝西境至宛城（今河南南陽市）。[9]

文中所敘述的唐代商州武關道，除了「折向東南經藍田縣坡底村，上七盤嶺，繞蘆山南側，過藍橋到藍橋鄉」這一段以外，都與 312 國道的路線相同。從山勢水文來看，這樣的相同是基礎於道路建設需求上極為合理的現象。所以，在本次廣域調查中，我以國道 312 為主要考察路線，再輔以其他省道、縣道、鄉道，以及新建的 40、70 號兩條高速公路，盡量去了解唐代驛路的整體輪廓。

在前人的旅行記錄方面，除了方志之外，尚有清朝青浦人王昶所作〈商洛行程記〉[10]，逐日記錄所經過的地名、里程及所見自然人文景觀，十分仔細，很有參考價值。王昶（1725-1806），清乾隆四十八年三月七日（1783 年 4 月 8 日，儒略日 2372385）調任陝西按察使。[11]乾隆五十一年閏七月十八日（1786 年 9 月 10 日，儒略日 2373636），奉派赴轄區商洛等地督緝盜匪秦國棟等，他將巡行經過寫成〈商洛行程記〉。

不過，〈商洛行程記〉僅記至八月二十五日（1786 年 10 月 16 日，儒略日 2373672），在鄖西縣「住三日，始還」，並沒有完整記載全部行程。鄖西縣與白河縣隔河相望，已在陝鄂邊界。據《清實錄》，同年閏七月七日（1786 年 8 月 30 日，儒略日 2373625），已發布王昶為雲南布政使，[12]七月二十五日（1786 年 9 月 17 日，儒略日 2373642）辰刻，王昶在商洛，亦已得到授雲南布政使新命之信，但上諭仍留商洛，不准

---

9 「蘆山」疑為「藍山」之誤，「馬日」二字不詳其義。

10 收入〔清〕王錫祺輯：《小方壺齋輿地叢鈔》（臺北市：廣文書局，1972 年），初編冊 10，頁 5447-5452。

11 〈高宗純皇帝實錄〉：「乾隆四十八年三月戊戌調任。」見《清實錄》（北京：中華書局，1985 年），卷 1176，頁 766。

12 《清實錄》，卷 1260，頁 949。

赴任雲南新職，至同年十月捕獲秦國棟，方許赴任。[13]因此，王昶在商州，從八月二十五日以後還有許多行程，並未寫入〈商洛行程記〉。

三、從唐長安城至藍田縣

唐時從西京長安到藍田縣的道路，[14]可能有三條路線，其中第一條是驛路：第一，是從東外郭城北面第一門——通化門，沿京洛大道渡灞水後，循灞水東南行，進入藍田縣。這就是往藍田縣的正路，也就是商州武關的驛道。這條路從長安城出發後到藍田縣城間，全部是走在平地上，以灞水河面的海拔爲例，在今西安市區灞橋下（北緯 34.326365 度，東經 109.03978 度），水面海拔約 370 米，在藍田縣城灞橋下（北緯 34.14305 度，東經 109.3141 度），水面海拔約 486 米，40 餘公里間的相對高差約僅 116 米，上升幅度極小，可知平坦。

今西安市到藍田縣之間已修建西藍高速，與西安繞城高速路相連，西藍高速所經過的地望，與唐代驛路相當。自西安市南下藍田縣時，從右車窗可以看見灞水和白鹿原，連綿不絕。從左車窗看出去，有時是平坦寬濶的原野，有時是和臨潼縣相連的驪山餘脈，但公路離開山腳已遠，並不會讓旅人有山嶺的壓迫感。

藍田縣城雖然已經改變爲現代城市的外觀，但由街道的名稱和機關壇廟的設置分布，仍可以看到清代縣城的規模。縣城臨灞水而建，尚未進入秦嶺山區，從白鹿原上下眺，可以看到縣城全貌以及這條路線的特徵。（見頁 470，圖一.2：白鹿原下眺藍田縣城及城北連接西安之公路）

---

[13] 〈高宗純皇帝實錄〉：「乾隆五十一年十月丁未日。」見《清實錄》，卷 1266，頁 1077。

[14] 今西安市在唐代的正式名稱為「京兆府」，又稱「西京」、「上都」，俗稱「長安」。唐長安城牆，《唐六典．尚書工部》稱為「外郭城」，見〔唐〕張九齡：《唐六典》（北京：中華書局，1983 年），卷 7，頁 219。行文中將隨宜運用這些名稱。

第二條路線，是從長安出東外郭城後，向東南渡過滻水後（海拔約420 米），登上白鹿原（今有灞橋區狄寨鎮、藍田縣孟村鄉、安村鄉等行政單位，以及漢文帝霸陵及薄太后陵等），下了白鹿原就是藍田縣。和第一條路線相比較的話，難度較高，這條路線必須登上白鹿原，不過，白鹿原上和原下地面的相對高度只有約 300 米，原上地勢平坦，海拔在702 米-725 米之間，多數地區都是 710-715 米之間。至於兩條路線的里程差距，可以參考現代公路，以西安長樂中路西安城東客運站起計算（相當於唐外郭城通化門外），經由西藍高速至藍田縣約 36.7 公里，經由 101 省道約 37.7 公里（101 省道是與西藍高速平行的平面道路）。若經由本線，約 42.4 公里，由於原上十分平坦，此路雖然狹窄，通行仍極便利。（見頁 471，圖一.3：白鹿原上都是平野）

第三條是從長安外郭城東南，出杜陵、韋曲，經鳴犢，沿滻水西岸南下，到湯峪口再折而東行，即杜甫所說的「故里樊川菊，登高灞滻源」（九日五首之一）之處。安史之亂時，兩京大道亂兵充斥，逃難者多從這條路。不過，在三條道路中，這一條路的地形比較複雜難行。

長安到鳴犢鎮這一段道路，今名長鳴路，是縣級公路，一路上多是黃土丘原，遠眺山坡下的滻水，令人有亂山之感。道路順著滻水西岸向上游前進，到終南山的湯峪口，從湯峪口附近進入新修的一級公路——南山路，可到藍田縣城。若由此路到藍田縣城約 57.9 公里。路況不佳，距離又遠，一般人不會選擇這條路。

綜上所述，由於第一條路線完全在平地上行走，距離上又近於其他兩條路線，唐人驛路若是取徑於此，並不令人意外。早期文獻如宋人宋敏求《長安志》到清人王昶〈商洛行程記〉等的記載，都有許多待求證的疑點，將來有賴於從現地資料逐一去探究。

四、秦嶺

商州武關道最艱難的路段，也是這條道路的主要特徵路段，是穿越秦嶺這一段。

從 GoogleEarth 衛星地圖上來看，藍田縣城的四周，除了西北到西安市區之間，不在秦嶺山脈之中，其餘西南、南、東、東北都在秦嶺山脈（包括華山）之中，像秦嶺這樣的大山，跨連許多縣分，當然也包含了驛路的大部分路段。不過，道路對地形的要求，是以平坦易行爲優先的，即使是在萬山之中，也要選擇適宜築路的河谷，讓商旅得以平安通行。因此，不得已而沿溪修建棧道與不得已而越嶺，都是比較少見的路況。

唐代商州武關驛路在藍田縣境內這一段，部分可能與現在的 312 國道重疊，如果以 312 國道爲主要觀察對象，以區內其他現有的各級公路爲輔助觀察對象，可以看到這條驛路的大略景象。其中，有三個比較艱難的穿越秦嶺的路段，前兩個在藍田縣城到藍橋驛之間，後一個則是在牧護關南方。

今藍田縣城，仍是明清藍田縣城的舊址，唐代藍田縣城也在這裡。從縣城向南經大寨鄉、小寨村到薛家村，未上秦嶺終南山之前，沿山麓向東到水陸庵，海拔都只有 490-530 餘米， 地勢平坦，川原交錯。從海拔 530 餘米到進入秦嶺山腳以前（大約在海拔 630 米這一線以上），也還有十分舒緩而廣闊的田野景觀。進入秦嶺山腳以後，地形才立即急速升高，這是秦嶺北坡的共同特徵，此區也不例外。（見頁 472，圖一.4：藍田縣城南門外）

若要通過秦嶺北坡，以現代交通狀況來說，有三條路線。

最接近唐人詩文描述的驛路，是從藍田縣城南下，沿輞川東岸，過小寨之後，從坡底村或薛家村兩地其中之一盤山而上，登上嶺頭之後，沿著稜線橫越今輞川鄉六郎關村，這一道秦嶺梁是秦嶺東段最北的山梁。下了秦嶺北梁之後，再循藍溪東南行，至藍橋鄉（藍橋驛）。用唐人的說法，便是自藍田驛，登七盤嶺，至藍橋驛。

如前所述，這一條山道，又分歧爲兩線，明清老路由今藍關鎭坡底村上嶺，是騾馬通行的石路，道路遺跡仍很明顯。現代新路由薛家村登嶺，水泥路面，寬約 2.5 米。兩路都是盤山而上，在 34°5'12.86"北，109°22'37.15"東（海拔 1124 米）這一點會合。坡底村山道中間，34°5'30.21"北，109°22'18.16"東 （海拔 984 米）處有刻石，上書「署商州知州白捐建」等八字，此地老地名爲雞頭關（或雞頭冠）。由刻石處上坡行 1.2 公里，可至上述會合點。（見頁 473，圖一.5：在山上拍攝七盤登秦嶺景象）

六郎關村這條秦嶺山梁的越嶺道路，全程海拔多在 1100 米上下，也就是說，登嶺之後從西向東走在秦嶺梁上，有許多路段是在山頂的脊上。（見頁 474，圖一.6：走在秦嶺梁上）最後抵達藍溪西側，才下嶺到藍溪畔（34°4'37.96"北，109°26'24.42"東，海拔約 1002 米），此處現有 312 國道經過，然後循溪谷走 312 國道到藍橋鄉（藍橋西村），大約從 34°4'34.79"北，109°26'36.14"東這一帶開始，一直到約 34°3'58.08"北，109°28'4.56"東這一帶爲止，全長有 2.82 公里寬谷。藍橋驛可能在這個區域內。從藍田縣城起到藍橋鄉止，全程約 26.5 公里，只計越嶺部分的話，從薛家村登山口到藍溪畔約 17.46 公里。若是經由坡底村，全程也是 26.5 公里，越嶺的部份略少 1、2 公里。

第二條是沿著藍溪河谷，開鑿山石而過，是國道 312 所經過的路線。

秦嶺北坡高峻多巨石，從藍田縣起，到子午、駱谷等谷道，都可以看到相同的地形。此路從水陸庵、悟真寺漸次入山之後，很快就顯現出巨石犖确的地形地貌特色，藍溪切割而過，形成高岩峭壁的連續峽谷。由於國道 312 在前幾年做過整修，廢棄的 312 老路只有兩線道，路面也比較接近藍溪水面。重新整修後的 312 國道，在本段採全線封閉的模擬高速公路規格，沿溪鑿壁建設，並開鑿了三段隧道。這條道路是從藍田驛到藍橋驛之間最短的距離，從水陸庵到藍橋鄉，只有 13.2 公里就穿越了這一段秦嶺險道。但全程不作越嶺，而是從溪谷中通過，道路海拔相對較低，艱難程度卻更大。

《舊唐書》和《新唐書》都曾記載崔湜「自商鑱山出石門，抵北藍田」（見頁 475，圖一.7：「自商鑱山出石門，抵北藍田」的地形），疑即此路。[15]雖然唐宋以來的古文獻中對石門的記載仍有待重新解讀，但若以現地地貌來看，從藍田到商州之間，沒有其他的秦嶺河谷，可以相當這樣的景況。

第一條道路在藍橋鄉（藍橋驛）之前結束，會合入 312 國道，從此以後到內鄉縣城，我們都是循著這條國道來模擬唐代驛路的路線。312 國道經過新修之後，原來的老路斷斷續續地存在，變成連接到過去的鄉鎮村落的連絡道路，由於四輪車輛不使用這條老路，因而很多路段被民眾拿來堆放建築物件或其他廢料，殘破而且阻礙難行。

出藍橋鄉，仍從 312 國道東南行，約 13.5 公里，到今牧護關。牧護關隸屬商州區，到此已進入古商州境內。今牧護關鎮中心位在 34° 2'39.89"北，109°34'41.31"東，海拔 1202 米，高於藍橋驛約 200 米。公路沿著藍溪河谷。雖然沿途海拔不斷小幅攀升，但由於巨岩峭壁結構的山群，已在藍橋驛之前結束，河谷寬度多數在 300 米以上，兩側山坡的傾斜都也多平緩，道路狀況舒緩。

今牧護關鎮在藍溪北側，藍溪南側還有一條名爲南溝的支流，自秦茂村北來注入藍溪。由於藍溪本流和南溝支流一帶的山勢平緩，可供民居及農耕的土地面積頗多，使牧護關在過去騾馬交通時代，成爲越過藍田縣秦嶺之後，重要的休息站。（見頁 476，圖一.8：牧護關地形剖面）

出牧護關之後，仍沿藍溪循 312 國道而行，約 2.34 公里到牧護關隧道。牧護關隧道是穿越秦嶺南梁的隧道。秦嶺的共同地貌地徵中，有兩道主要的山梁，因此，所有通過秦嶺的古道，都要兩次越嶺，不論子午

---

15 分見〔五代〕劉昫：〈崔湜傳〉，《新校本舊唐書》（北京：中華書局，1975 年），卷 74，頁 2623；及〔宋〕宋祁、歐陽脩：〈崔湜傳〉，《新校本新唐書》（北京：中華書局，1976 年），卷 99，頁 3922。文字略有不同。

道、儻駱道、褒斜道、散關道都有這樣的經驗。不過秦嶺南梁上的主要的高峰，分別羅列在 312 國道的西北和東南兩側，都有相當遠的距離，所以，此處雖然是秦嶺山梁，地名雖然仍稱爲秦嶺村，實際上相對高度並不甚高。古道所經過的最高點有韓愈祠，[16]海拔不過 1300 米左右，前述牧護關隧道西北端海拔 1250 米，東南端海拔 1202 米，很容易就可以步行越嶺了。

牧護關隧道所穿越的秦嶺南梁，也是藍溪和丹江的分水嶺，312 國道在隧道以西是沿著藍溪河谷，在隧道以東是沿著丹江河谷而行，以此爲分水嶺。此外，灞水上源也是在這一道梁子的東北部發源，與藍溪屬同一個水系。

越過牧護關隧道上的秦嶺南梁之後，水系轉爲丹江流域，雖然溪水流量不大，但 312 國道從這裡到丹鳳縣止，都沿丹水而行，與唐代驛路相似。出牧護關隧道後約 13.4 公里，可到小商塬。小商塬這是隸屬於商州區黑龍口鎮的村落，與來自倒溝峪、流域河，翻越秦嶺而下的 S101 省道，在 34° 0'29.36"北，109°43'47.67"東之處會合，海拔約 915 米。整體來說，出牧護關以後，除了古道必須越過秦嶺南梁之外，國道則從隧道通過，一路上都是下行的道路，河谷更寬，兩側山勢坡度更小，農莊處處，即使在唐代，也應不致於難行。

[16] 在隧道通車前，故道必須從隧道頂上翻越秦嶺，據悉是由秦嶺村四組牧護關鎮秦嶺小學大門外通過，最高處有為韓昌黎祠，據陝西省商州區牧護關中學閔斌表示：「韓愈祠具體位置就在牧護關鎮秦嶺村。所在村名就是秦嶺村（現在由三個村合併，但名稱仍叫秦嶺村），沒有具體門牌號碼，因為離居住人家有 200 多米。」我根據他的描述和手繪地圖，確認其 GPS 位址是 34° 2'17.11"北，109°36'42.81"東，海拔 1302 米。因為不是在現場實測，而是在 GoogleEarth 衛星地圖上作業的，這個 GPS 數值和海拔高度僅供參考，海拔高度的誤差可能會數十米以上。韓昌黎祠在文革中被毀，2002 年由當地人民重修。陝西省商州區牧護關中學退休教師王述升和閔斌校長曾撰文介紹。

前述沿倒溝峪、流域河，翻越秦嶺而下的 S101 省道，就是第三條翻越秦嶺的道路。此路從藍田縣城朝東北方向，往玉山鎮而去，在進入玉山鎮之前不遠處的前程村渡過灞水上游，然後溯灞水上源之一的流峪河登上秦嶺。即古代所說的玉山路。

此路循流域河而上，約 23.1 公里，在 34°5'16.84"北，109°37'51.49"東（海拔 1500 米）處，通過秦嶺南梁的分水嶺，然後下行約 17.5 公里到黑龍口鎮小商塬村與 312 國道相會，全程約在山中 40.6 公里。如果從藍田縣城開始計算，到小商塬路口約 58.6 公里，其中從藍田縣城走 S101 省道到前程村約 18 公里，前程村海拔只有 659 米，一路上阡陌縱橫，十分易行。倘若走 312 國道，藍田縣城到小商塬會合口約 53 公里，只有水陸庵以前 11 公里是平地，仍有 42 公里必須兩次穿越秦嶺。古代道路要穿越藍溪河谷的石門峭壁，難度甚高，因而必須走六郎關越嶺，這樣一來，總里程就會提高到 58.5 公里，在山中的里程多達 52.5 公里，又需要兩次越嶺。

所以，比較起來玉山路較具便利性，民國初年陝西省最早舖設的公路，就是這條由商洛至西安的省道，路基處處至今可見。現在的 S101 省道，基本上是利用原來的路線，有時直接拓寬故道，有時在鄰近數十米內另闢路面。但唐代驛道並無經由玉山路的記載，王文楚曾懷疑所謂商於新路走的是這條道路，亦無堅證。

五、商州地勢

商州武關驛路在進入商州境內，越過牧護關秦嶺村之後，已經是秦嶺的南坡了，從此經過黑龍口鎮小商塬、大商塬，再到麻街（丹江水面海拔約 781 米），雖然仍然在山中，地形已經相當平緩。麻街今為鎮名，就是杜牧詩中所稱的麻澗，312 國道貫穿全鎮，出麻澗約三公里，穿越全長 1383 米的麻街隧道之後，向東南經過王河村，就到了商州區。

唐時驛路與312國道不同，仍由廠街鎮向東，順著丹江本流到商州。丹江的支流相當多，水系繁複，意謂著沿途河谷平原增多，溪水流量也增大，當地政府很早就利用河道修建了二龍山水庫。近年的水庫面積增大，淹水區從廠街鎮丹陽村以下，到商州區的西北，綿延約八、九公里。水庫大壩所在，位於商州區西北部，古名仙娥溪，所以水庫又名仙娥湖。

二龍山水庫興修於1970年11月，1973年10月竣工，1974年4月啓用。我在1989年從商州往西安時，老路從隧道頂上越商洛山而過，曾隱約看到水庫，感覺上並不大，2010年二次研究時才進入大壩內，到庫區考察。水庫內從廠街及大壩這兩端，都修造了寬約2.5米的水泥道路，但並未接通。我由大壩沿著臨水的環線行駛，開車到 33°54'55.70"北，109°54'53.72"東（789米）時，前方道路仍在修繕，不能前進，仍由原路退回。

商州是一個相當寬廣的河谷平原盆地，海拔約701-710米。到清朝乾隆時，王昶〈商洛行程記〉所記的商州城，還只是個周圍五里的小城，1990年商州的市區距離丹江約一公里，並不臨江，現在已是規模不小的城市，名爲商洛市商州區。熱鬧的商業區臨丹江而開，部分住宅區也向隔江發展。舊志所載的靜泉在州南四公里外，現在已是城市的邊緣的景區。丹水由城西北仙娥湖（即二龍山水庫）流下後，先向南流，然後向東環抱商州區而去。（見頁477，圖一.9：商州盆地平原）

出商州區東南行仍由 312 國道，約 30.2 公里到丹鳳縣棣花鎮（33°43'32.36"北，110°11'30.28"東，海拔612米）。出棣花鎮後13.7公里到丹鳳縣城。丹鳳縣城，又名龍駒寨，有鳳冠山勝景，鳳冠山又名冠山、雞冠山等。從冠山俯瞰，可以看到丹江河谷平原所形成的盆地地形。入城不遠，便經過新修的「冠山」牌樓下，33°42'1.96"北，110°19'20.47"東，海拔595米，距此點約800米處的丹江水面（有著丹江漂流風景遊樂設施　），海拔約550米。

回顧所來徑，商州區盆地周圍仍有許多1000公尺的山嶺，進入丹鳳縣，高山漸少，丹鳳縣城北的最高峰鳳冠山只有861米。水文方面，312

國道仍沿丹江東下，但由於地勢平緩，河谷甚寬，公路已不必隨溪流彎轉。到了丹鳳縣城（龍駒寨），丹江以九十度之姿，折而南流，辭別 312 國道而去。新修建的 G40 滬陝高速公路，從龍駒寨以後開始沿丹江同行。

312 國道出丹鳳縣城之後，約 33.4 公里到武關鎮。丹江支流之一的武關河，[17]自北南流，至此形成一個大彎流，環抱武關全鎮。武關鎮在武關河北岸，312 國道的舊道進入鎮內，新修的 312 國道新線在穿行武關隧道後，沿武關河南岸通過而去，沒有進入武關鎮內。武關鎮僅存東門的一小塊舊城遺址，位於 33°36'6.63"北，110°37'32.97"東，海拔 495 米，離江面約 10 米。此門爲東門，武關河所形成的彎流剛好在東門下沖刷出寬廣的河灘地，與它西北部的大山相對，形成面向東方的易守難攻的地勢，在 312 國道全線中，僅僅在此看到這樣的地形。（見頁 478，圖一.10：武關東門形勝）

六、武關以後，經西峽、內鄉、鄧州、至襄陽

出武關之後仍沿 312 國道，約 28.6 公里到商南縣，途中跨越過清油河，這是丹江支流之一。出商南縣，在 312 國道約 11.4 公里處，見到富水鎮。富水鎮爲古陽城驛故址，今鎮中心亦名陽城，位於 33°30'43.27"北，110°58'12.94"東，海拔 554 米。出富水鎮，繼續到西硤縣的西坪鎮，在 33°26'53.26"北， 111° 5'23.06"東之處見到淇河自北而南，交會而過，水面海拔約 405 米。然後到西硤縣城，在 33°18'16.96"北，111°30'9.66"東之處，有老灌河來會，水面海拔只有 250 米。清油河、淇河、老灌河都是丹江支流，由北向南流入丹江後，在淅川縣南部滙入漢水，1958 年起在丹江漢水會流處修築大型的丹江水庫，已在 1973 年竣工。

在武關鎮，雖然四面的山峰已經不甚高大，但從武關東門外眺，仍有關山阻絕之感。出武關之後，一直到商南縣，山雖不高，也尚有峰嶺

---

[17] 武關河是南北向的溪流，流經武關鎮之後，在武關河口，注入丹江本流。

的餘韻，進入西峽縣以後，偶而仍可見到遠山，近處都是小丘陵了，到了西峽縣城，則只有一片平野了。

從西峽縣，可以選擇東出內鄉、鄧州，或南下淅川、老河口，唐人驛路主要是走內鄉、鄧州一線，所以我們也選擇這一條路線。明清以後，淅川路的水運益形重要，在唐代似不如此。

西峽縣有丹水鎮（海拔 230 米），濱臨丹水河，不過，此丹水河並非丹江，它的水量不大，最後流入湍河。從西峽縣中心已經沒有山的感覺了，到了丹水鎮，更加是平野風景。

到了內鄉縣沿途所見都是廣闊的原野，雖有高低起伏，相當舒緩。內鄉縣城內還保留著清代縣衙的完整建築，其正門在 3'1.15"北，111°50'35.73"東，海拔 167 米。（見頁 479，圖一.11：內鄉縣的平野）

就如考察中所見，內鄉縣已經在商於山險之外，因此，前舉《唐會要》所云：

從商州西至藍田，東抵內鄉，七百餘里皆山阻。

山阻應不包括內鄉縣全境，七百餘里之數也有問題。據《元和郡縣圖志》云：「鄧州，八到，西北至上都九百五十十里。」又云：「內鄉縣，東南至州二百四十里。」又云：「藍田縣，東北至府八十里。」[18]綜合三條計算之後得知，所謂「西至藍田，東抵內鄉」，即使是從藍田縣城到內鄉縣城，最多只有六百三十里。何況藍田縣並不全是山阻，內鄉縣城以西到縣境全無山阻，合計有山之區，不會超過六百里，而且，李商隱〈商於新開路〉詩亦云：

---

[18] 〔唐〕李吉甫，賀次君點校：〈京兆府〉，《元和郡縣圖志》（北京：中華書局，1983 年），卷 21，頁 532；及〈鄧州〉，《元和郡縣圖志》，卷 1，頁 15。

六百商於路，崎嶇古共聞。蜂房春欲暮，虎阱日初曛。路向泉間辨，人從樹杪分。更誰開捷徑，速擬上青雲。[19]

李商隱所謂「商於六百里」，比較符合實際數値，《唐會要》所言，至少應下修爲「六百餘里皆山阻」。

從內鄉縣到鄧州市，海拔只有 120 米，一路所見都是平原。襄陽市的漢江邊，海拔約 70 餘米。從唐西京東外郭城第一門通化門出發，海拔約 405 米，越過千米以上的秦嶺，最後到海拔只有 70 米的漢水南岸，大約 500 公里的行程，於焉結束。

接下來或騎馬到荊州，或乘船下漢口，轉赴九江、揚州、蘇杭，或由長沙赴廣州、桂林，詩人們還有很長的道路要繼續旅行。武昌的長江一橋下，水面水位只有 16 米，將是他們最後的共同記憶。

七、結論

以上，本文已爲唐代商州武關驛道的廣域認識，利用衛星定位及拍攝影像，作了簡明的解說，對於解讀對驛程和詩文，應有幫助。因爲文章體例及篇幅所限，並沒有多引唐詩，有興趣的讀者，請利用本文，自行對照研究。

由於本文採取沿途敘述的模式，讀者須注意每一個經過的細節，最終結論反而不是很必要的。

不過，我們仍可舉出下列六個重點作爲結論：

1、唐代商州武關驛道的路線，至今變化不大。除了從藍田縣城到藍橋驛之間的路段有所差異外，現在的 G312 國道，基本上就是唐代驛路的現代版。

---

[19] 〔清〕彭定求等奉敕編：《全唐詩》（北京：中華書局，1996 年），卷 540，頁 6213。

2、在本區中，秦嶺雖然是覆蓋全區的龐大山脈，但是行旅艱難的路段並不多，比較困難的兩段，一是從藍田縣城到藍橋驛，一是牧護關到黑龍口小商塬。其餘雖是山中道路，也多寬平易行。

3、商州（今商州區）雖處群山之中，但已在度越秦嶺之後，溪谷廣大，平原空闊，雖有山色之美，卻無險迫之患。使旅人得以從容休息，優遊吟詠，詩文之盛，其來有自。

4、武關故城遺址，山阻水護，形勢極佳。不過，武關的意義並不只是警衛。從全程觀察的話，即可發現武關以內，秦嶺逐漸增高增險，武關以外，海拔迅速降低、山勢急趨平緩，對於關中而言，武關正好是關中自然與人文景觀變化的臨界點。

5、唐代商州武關驛路主要沿著兩條溪谷而設，在牧護關秦嶺分水嶺以西以北是藍水，以東以南是丹江，到丹鳳縣（龍駒寨），驛路才與丹江分途，這時已經進入低山盆地之區，修築路線的選擇多，不必再利用河谷馳驛了。

6、秦嶺河川平時水量不大，雨潦季節時可能釀成災害。驛道所經多是寬谷，更可證明溪水暴漲時的規模之大，唐代驛路所遭遇的困難，主要在此。

引用文獻

（一）古籍

1. 〔唐〕李吉甫撰，賀次君點校：《元和郡縣圖志》，北京：中華書局，1983 年。
2. 〔唐〕張九齡：《唐六典》，北京：中華書局，1983 年。
3. 〔五代〕劉昫：《新校本舊唐書》，北京：中華書局，1975 年。
4. 〔宋〕王欽若等編纂：《冊府元龜》，北京：中華書局，1960 年。
5. 〔北〕王溥：《唐會要》，上海：上海古籍出版社，1991 年。
6. 〔宋〕司馬光著，胡三省注：《資治通鑑》，北京：中華書局，1980 年。
7. 〔宋〕宋祁、歐陽修撰：《新校本新唐書》，北京：中華書局，1976 年。
8. 〔宋〕宋敏求：《長安志》，北京：中華書局，1990 年，宋元方志叢刊景清經訓堂叢書本。
9. 〔清〕王錫祺輯：《小方壺齋輿地叢鈔・初編》，臺北：廣文書局，1972 年。
10.《清實錄》，北京：中華書局，1985 年。
11.〔清〕彭定求等奉敕編：《全唐詩》，北京：中華書局，1996 年。
12.〔清〕董誥等奉敕編：《全唐文》，北京：中華書局，1992 年。

（二）近人論著

1. 王文楚：《古代交通地理叢考》，北京：中華書局，1996 年。
2. 簡錦松：《唐詩現地研究》，高雄：中山大學出版社，2006 年。
3. 嚴耕望：《唐代交通圖考》，臺北：中央研究院歷史語言研究所，1986 年。

4. 陝西省地方誌編纂委員會編：《陝西省志》（第一版），西安：陝西人民出版社，2001 年。

The On-site Research of Shangzhou Wu-Kuan Road in the East of Qinling Mountains in the Tang Dynasty

Chien, Chin-Sung*

〔Abstract〕

In the Tang Dynasty, there are several roads in the Qinling Mountains, and the Shangzhou Wu-Kuan Road passed by the most people among them. The post road at that time is still the important highway route now. There were many well-known poets included Bai Ju-yi, Yuan Zhen, Han Yu, Liu Zong-yuan, Liu Yu-xi, Du Mu, Li Shang-yin, Wen Ting-yun, who left behind a lot of poems.

If you do not understand for the situation of the entire road, and just be dependent on the brief knowledge of historical place name plus the imagination of Qinling Mountains by your mind to grasp the meaning of poems, you would always lose in the distortion.

In this article I will focus on the hill shapes and water features which along the Shangzhou Wu-Kuan Road by the "Wide Area Research" of "On-site Research of Tang Poems" to carry out the report of the observational mode of wide area, in this way to make the readers have clear impression on the whole post road between Chang'an to Xiangyang.

* Professor, Department of Chinese Literature, National Sun-Yat-sen University.

Keywords: On-site Research, Tang Dynasty, Qinling Mountains, Shangzhou Wu-Kuan Road

時空視域的交融：文學與文化論叢
頁 27~75 國立中山大學人文中心.2011

時空交互下的特殊存在
——臺灣文學中的淡水地景

許俊雅*

〔摘 要〕

淡水歷經西、荷、鄭氏、清朝、日本、國民政府輪替統治及英國人租借，充滿了各階段的歷史記憶。這些交雜的中西文化風情和歷史遺跡，由於其特殊的歷史及地形、天候的關係，文學中的淡水地景有著特殊的樣貌。其街市狹窄，街鎮聚落沿著河岸與山腳之間發展，爲數眾多的歷史古蹟與古老建築，佔據了淡水空間經驗中絕大部分，如教堂建築（尖塔）及舊砲臺、紅毛城等建物，深深影響淡水人的生活及精神，文學作品也充分反映了這些。而同樣的地景因視角與態度的不同而有差異，西、荷、滿清、日本對淡水的描寫，隨著時間的延續與民族立場的差異，而有不同的呈現。

關鍵詞：淡水、古典詩、臺灣文學、文化地景、城市意象

---

* 國立台灣師範大學中國文學系教授

收稿日期：2011 年 3 月 13 日，審查通過日期：2011 年 5 月 12 日

一、前言

淡水，位於臺灣西北隅的淡水河口，是早期大陸移民進入臺北盆地的登陸地點，又是貿易進出口的轉運站。因其獨特的地理位置，歷史上淡水成爲兵家必爭之地。1626 年，西班牙佔領淡水後，稱淡水爲 Tamchuy，又稱爲 Casidor。建教堂、醫院、城壘，名爲聖多明哥（St. Domingo），教化原住民，設淡水 Tamchui 省區管轄。1642 年，荷蘭人攻下北部後，稱淡水爲 Tamsuy，也在西班牙人所建城址附近再建城砦，即今紅毛城。明鄭時代淡水或稱爲滬水、上淡水、上滬水，置有通事李滄。明永曆三十七年（1683），曾重修紅毛城，並駐軍戍守於此。清康熙六十一年（1722）黃叔璥《臺海使槎錄》稱淡水爲「虎尾」[1]；乾隆六年（1741）《重修福建臺灣府志》載有淡水社、滬尾庄。二十八年（1763）《續修臺灣府志》也作「滬尾庄」。虎尾和滬尾，應都是來自平埔族語 Hoba 的轉音。至乾隆（1736-1796）、嘉慶（1796-1820）年間，漢人大量移民淡水，並大興土木，興建廟宇，形成聚落。淡水一躍成爲北部最重要的港口，討海、捕魚的船隻，來來往往，自是十分熱鬧。後據天津條約（1858），淡水開放爲通商港口，商務盛行，洋人在此廣設洋行，收購茶葉、樟腦、硫磺等商品，興建豪華洋樓，如紅、白樓、教堂，商店林立，交易熱絡，將淡水漸帶入繁華時期。1867 年林紓來臺，在其《技擊餘聞．牛三》云：「余年十六，客臺灣淡水，商埠初立，居人仍樸野無禮衷。街衢猥狹，群豖與人爭道。余日中恒野適，赴炮臺坡，望百里坌山色。百里坌一名觀音山」[2]。至日本領臺後，大正元年（1912），滬尾又改爲「淡水」。

---

[1] 洪棄生亦如此稱呼，見〈紀遊滬尾〉：「舟子曰『過獅頭洋矣，進則虎尾港也』（滬尾舊云虎尾）。」洪棄生：《寄鶴齋選集》（臺北：臺灣銀行經濟研究室，1972 年 8 月），《臺灣文獻叢刊》第 304 種，頁 127。

[2] 林紓著，林薇選編：《畏廬小品》（北京：北京出版社，1998 年 2 月），頁 224。

從其名稱的演變來看，三百多年來的淡水被不同的統治者以不同的語言呼叫它，在中西文化的衝擊洗禮，既使淡水成爲一個富含多樣文化風情的歷史重鎮，展露出它獨特的人文魅力，也使淡水三四百年的歷史滄桑，散落在淡水的老街舊巷、山野平疇、廟宇屋舍、學堂紅樓與教會的斑駁記憶裡。

二、特殊地理形塑的淡水景觀

（一）萬國之奴的土地

1951 年陶晶孫以日文寫了〈淡水河心中〉[3]，登載於日本雜誌《展望》7 月號，那是他從臺灣逃到日本後所寫的一篇短篇小說。小說以當時發生在淡水河畔的殉情事件爲主軸，以之鋪演描寫一對青年男女的自殺事件，呈現臺灣屢次遭受異民族統治的悲劇。故事敍述者是林智芙（可說是陶晶孫化身）從大陸飛往臺北，在通往臺北的空中入口大屯山與觀音山之間，俯瞰淡水河直飛松山機場[4]，在飛機漸降時，他從高空第一次看到臺灣的情景：

---

[3] 目前討論陶晶孫〈淡水河心中〉的論文有黃英哲：〈「跨界者」：論陶晶孫〈淡水河心中〉〉，「交界與游移』——近現代東亞的文化傳譯與知識生產國際學術研討會」（主辦單位：國立臺灣大學臺灣文學研究所，哈佛燕京學社），2009 年 9 月 10、11 日。黃氏另篇相近論文〈跨界者的界虛構／小說：陶晶孫〈淡水河心中〉顯現的戰後臺灣社會像〉，「戰後臺灣社會與經濟變遷國際學術研討會」（主辦單位：中研院臺灣史研究所），2009 年 12 月 23、24 日，後收入《臺灣史研究》第 18 卷第 1 期，2011 年 3 月，頁 103-132。又曾於蘇州大學文學院演說介紹陶晶孫〈淡水河心中〉。須田禎一：〈陶晶孫其人及作品——創造社群像之一〉，原文載岩波《文學》1962 年 9 月號，收入張小紅編：《陶晶孫百歲誕辰紀念集》（上海：百家出版社，1998 年 12 月）。

[4] 有關臺北松山機場說明如下：1935 年始政四十週年博覽會開幕典禮之前二星期（即 9 月 25 日），臺北飛機場（通稱「松山飛機場」）之工程告成。10 月

> 專注地看地上，荷蘭人營造的歐洲童話般的古城上飄蕩著英國的國旗，那下邊橫豎躺著日本丟下的砲兵陣地的殘跡，這些都象徵著臺灣人民在不斷變換的主人手下一直做著萬國之奴。[5]

小說點出了淡水的地理位置，圍襯其旁的兩座山：大屯山和觀音山，但淡水河畔的風景給予林智芙的第一個感受卻是「萬國之奴」，這是多麼強烈深刻的觸動。古城指的是「紅毛城」，高聳在山崗上，可眺望遠山近水，山固然是大屯山和觀音山，水則是指淡水河，從十七世紀以來，淡水河就成為歐洲殖民者入侵的重要門戶，荷蘭、西班牙入侵者在河畔建築了歐洲式樣的城樓，1857 年英法聯軍打敗清廷，次年簽下天津條約，淡水開港。四年後，英人在淡水設立領事館。日本領臺後，又在淡水設軍營。1947 年陶晶孫奉國民黨之命前來接收臺灣時亦從淡水河上空進入臺灣。〈淡水河心中〉以外來者必經之路、必入之門——淡水河畔的描寫開首，簡短幾行文字即點出臺灣悲哀的歷史，那是萬國之奴的土地。

（二）狹窄街市與教堂尖塔

凱達格蘭族流傳一則傳說，生動說明了淡水的地理形勢，傳說中的大屯山和觀音山是兩位情誼深厚卻爭強好勝的神祇，甚麼事都要相互比輸贏。一日，大屯山與觀音山比高，觀音矮了大半截，負氣之下，一時想不開，便欲「蹈東海而死」。大屯情急，伸手去拉，左手變成了關渡，右手變成今日的淡水。兩手已接近觀音的衣裙，這衣裙便是今日的八里，但礙於一水之隔，大屯一再地呼喚、乞求，觀音卻不肯回頭，只是不再

8 日上午六時由福岡飛機場起飛的貨運機「かりがね（雁）號」班機於下午 3 時 50 分抵達松山機場，次年 1 月 2 日客運機開航，11 月 19 日臺灣總督府坂本外事官從松山機場飛往福州訪問。

[5] 陶晶孫：〈淡水河心中〉，《展望》1951 年 7 月號，頁 95-99。

往深處走去。於是心憂如焚的大屯，只好將伸長的手往前抓，一直，一直，直到今天。[6]

如是淒美的神話，點出淡水鎮東側有一座高大宏偉、聳入雲霄的大屯山，西側則是靜靜平躺著的觀音山，兩座山之間橫亙著煙波雲長的淡水河。山、水，成就了淡水獨特的自然景觀，也帶來淡水特殊的命運身世。淡水除沿淡水河一帶地勢平坦之外，其餘多屬丘陵地。淡水河在沙崙入海；大屯山丘陵在境北，使得淡水街市狹窄。淡水城鎮的發展始終與淡水山河唇齒相依，河流尤是其血脈所在。雖然目前城市與河流的關係似漸被阻隔，但人民的生活、建物、街道空間等等，其實還是與河流山勢關係緊密，街道與河岸水平發展，不同的街道景觀反映了不同的生活文化，淡水是建立在坡道蜿蜒、充滿空間變化之美的山城。特殊的地形造就特殊的景觀與人文，從淡水街道可看到生活被呈現的脈絡，山崗如畫，洋樓櫛比，而市街的狹長而古老，與山崗上古典的異國情調參差其間。

清光緒十七年（1891）池志瀓所著〈全臺遊記〉，稱滬尾為「滬美」，記當時情形說:

> 滬美民居數千家，皆依山曲折，分為上、中、下三層街，中、下市肆稠密，行道者趾錯肩摩，而上則樹木陰翳、樓閣參差，頗有村居縹緲之意。由街西出二、三里即港，俗所謂淡水港是也。兩岸南北皆山，中開大港，寬六、七里，水深三丈，兩邊暗沙圍抱，輪泊須俟潮出入。此雞籠以南咽喉也。港口舊有荷蘭砲臺。今外口北岸復新築西洋砲臺，甚雄壯。近又設水雷局、海關焉。[7]

---

6 林新輝專題報導：〈新舊之間·何去何從：地方建設教淡水太沉重／社區英雄：一群為淡水點燈的人〉，《聯合報》第 34 版（鄉情周報），1995 年 3 月 26 日。

7 池志徵著：〈全臺遊記〉，收入臺灣銀行經濟研究室編：《臺灣遊記》(臺北：臺灣銀行經濟研究室，1960 年)，《臺灣文獻叢刊》第 89 種，頁 6。其後二年，此處記述正呈顯淡水街鎮聚落沿著河岸與山腳之間發展，受到地形（地理因素）的影響頗大。因此淡水所呈現的地景是在歷史與地理兩個面向結合下所產生，形成為其城鎮的特殊風貌。街道系統疊落於山水架構上，所謂的淡水地景之空間特質，即根植於如是的時空史地情境下。在這個高低起伏的城鎮中，視覺將隨前進的速度、遠近的距離而有不同的景觀視域，人行走其間，視覺的延伸、移動以及停留都與多變起伏的丘陵地形有關，建築在「山」上的淡水，依順著地形的態勢，也依順著時間，逐漸地「長出來」、「冒出尖頭來」。鍾肇政小說《八角塔下》無意中如實呈現這樣的地貌，不斷長出來的「尖塔」，那正是異國風貌、宗教精神與淡水地勢融合後特有的景觀，也是淡水特殊的意象。他在第九章裡，提到了淡水鎮的一個建築：淡江大教堂。他這樣描寫：

> 那教堂——我凝視著尖塔——有著比我前此所想像的，更多更奧妙的事物，那不祇是張開嘴巴唱讚美歌，閉上眼睛禱告就能明白的。在下坡路上每前進一步，那塔就高出一寸，我越進（就是身子越低）塔就越顯得高——彷彿那塔在自動地長高，長高。[8]

此處「尖塔」的意象，即是外來宗教文化的移入而建築的教堂，不同距離的意象對於人的意義自然不同。遠景的意象偏於視覺，中景的意象則涵括了可辨識的形體、顏色和材質，近景所涵蓋的意象則最廣，視、觸、味、嗅覺等，吸引人產生行為的互動也最明顯。很顯然的，這教堂尖頂

史久龍於光緒十九年（1893）11 月，任「滬尾鹽務」事，對於淡水、基隆兩地防務極為關注，淡水之繁榮於《憶臺雜記》文中可見。另見方豪：〈介紹一本未為人知的清季臺灣遊記〉，《方豪六十自定稿》（臺北：學生書局，1969 年），頁 1134-1136。

[8] 鍾肇政：《鍾肇政全集 5・魯冰花、八角塔下》（桃園：桃園縣立文化中心，1999 年 6 月），頁 296。

的不斷「長高」，是因作者不斷的前進靠近，於此它不僅僅是一種幻覺，它暗示了主人公面對教堂而發生的精神成長。淡水早期受過西方殖民主義者的開發，至今留下許多西方殖民主義文化痕跡，馬偕博士也是以傳教的名義進入淡水的，因此淡水文化上呈多元狀態。淡中本來是教會的學校，其原有的教育精神不能不與其時日本殖民政府制定的皇民化教育相抵觸，而當主人公陸志龍用上教堂來平衡在學校裡受到的壓抑時，其不知不覺又回到了真正的淡中精神。主角在小說中是一位自小就受洗的基督徒，在中學裡他的想法、性格與皇民化教育格格不入。如果我們將書中對日本舍監、教練的渾濁向下的描寫和對八角塔、淡江大教堂的清新向上的描寫對照起來讀，不難感受到日本皇民化教育與馬偕博士的宗教精神在一個本土中學生的精神世界裡的衝突。

淡水是一個幾經外國政權異植的港口城鎮，教堂建築或尖塔深深影響淡水人的生活及精神，尖塔指標經常融入畫裡、風景裡及實際現實生活中，誠如朱珮萱所言：「遊走在小鎮的街道裡，這些時常出現的尖塔成爲居民重構時代文本想像的導體，因此尖塔可以是宗教融入淡水生活的象徵；尖塔可以是異文化統治的痕跡；尖塔也可以是觀察丘陵地形的標的物；尖塔的分布密度更可點出居民信仰的虔心程度。因爲這些尖塔有別於周遭環境的突出性，使得它成爲遊走淡水街景的視覺中心，益發突顯它在小鎮紋理所佔有的重要地位。」[9]我們再回到《八角塔下》裡的基督教精神與日本皇民精神來討論，這兩種精神的衝突，與日本殖民統治有關，政治力量滲透入庶民日常生活的宗教信仰與教會學校的精神啓迪裡，有時我們也會在其他文獻讀到日本人士見到教會尖塔，聽到聖歌所引發的聯想，充滿了日本人（殖民者）的立場。

約一百年前的佐倉孫三在記錄他所看到的臺灣耶穌教云：「臺人信耶穌教，觀十字會塔聳立於街上，又觀信徒集合唱讚美歌，亦盛矣！問其起因，距今六十年，和蘭陀國傳教師布教於臺南；其後二十三年前，

[9] 朱珮萱：《變動中地景的現象觀察、紀錄與設計操作：淡水的影像地誌探討》（臺北：淡江大學建築學系碩士論文，2005年6月），頁39。

米國加奈太教會偕叡理者，開教於淡水縣滬尾街，爾來英國每歲送布教資若干助之。是以耶穌之感化臺民，不獨土人，深入生番界；茂林中建會堂，唱讚美歌，醇樸之風可掬云」、「余曾觀臺人坐叛逆罪處斬首刑者，概從容就死，毫無鄙怯之態，竊怪焉。自今日思之，知宗教之力居多矣。苟有豪傑之士，大興皇道，而養成我尙武廉恥之風，則其可觀者，豈唯止於此乎哉！」[10] 佐倉孫三認爲臺人如能涵養於耶穌教精神並日人皇道尙武廉恥之風，則民風可觀者盛矣。然則鍾肇政小說正寫出這兩種精神在主人翁精神世界裡是相衝突的，彼此格格不入。正因如此，佐倉孫三此處所記，頗有觀察不深及特意掩飾之處，臺人坐叛逆罪處斬首刑者，輒從容就死，毫無鄙怯之態，究其因竟以「宗教之力居多矣」解釋，實則所謂坐「叛逆」罪者（有所謂「匪徒刑法令」），係指日軍入臺後，從事抵抗日軍之臺灣志士而言，其從容就義者，實爲抵抗異族的精神表現，佐倉氏以宗教力量來解釋，正是站在日本人立場的關係，避開了民族精神的強調。

淡水特殊的地形，讓王昶雄〈奔流〉小說，有了人物與自然和解的契機，也讓小說真正精神得以確立。小說中的敘述者「我」走在淡水「長長的石板路上，上完了古老的石階，就出現了青坪優美的高岡，從這裡可以把港口一覽無遺」。坡道關係，淡水階梯多，「我」爬上石階來到山岡上，感覺正好與大屯、觀音山同樣的高度，「我」因此對山巒、河流、對岸的村落、眼下市街的屋子重重疊疊，一切都在陽光下，籠罩在煙霧中，這樣反而叫人想到這廢港的風情之美。」因爲如此優美的情狀，讓「我」恍然大悟過去留戀於內地的冬晴而忘掉故鄉常夏的美好，因而決定今後「我」非穩重地踏著這塊土地不可。後來「我」看到從山岡下路上走過去的伊東，才三十三、四歲的伊東已受皇民化之影響幾乎是滿

[10] 佐倉孫三：《臺風雜記》，收入《臺游日記／臺灣游記／臺灣游行記／臺風雜記合訂本》（臺北：大通書局，1987 年 10 月），《臺灣文獻叢刊》第 9 輯，頁 9。另百吉提要一文，見頁 2，同時亦刊《聯合報》第 7 版（萬象），1962 年 12 月 20 日。

頭的白髮，作者以此批評了皇民化帶來的苦難憔悴，也讓自己回歸到故鄉（臺灣）的懷抱。而最後從山岡上跑到山岡下那一幕，更是讓人心靈震動，「跌了爬起來跑，滑了爬起來再跑，撞上了風的稜角，更用力地一直跑」。至於「眼下市街的屋子重重疊疊」[11]，正是特色，很多以淡水爲題材的畫作可見。王昶雄爲淡水人，小說呈現了不少與淡水地形、地景相關的常景描寫，〈淡水河的漣漪〉、〈梨園之秋〉皆是。

三、幾個與淡水有關的地景意象：淡水港、紅毛樓（城）、舊砲臺、大屯、觀音山

淡水從明鄭至清初淪爲流放罪人之地。郁永河《裨海紀遊》卷中記「凡隸役聞雞籠、淡水之遣，皆唏噓悲嘆，如使絕域；水師例春秋更戍，以得生還爲幸」；卷下「鄭氏既有臺灣，以淡水近內地，仍設重兵戍守。本朝內外一家，不虞他寇，防守漸弛；惟安平水師，撥兵十人，率半歲一更，而水師弁卒，又視爲畏途，扁舟至社，信宿即返。十五六年城中無戍兵之跡矣！歲久荒蕪，入者輒死，爲鬼爲毒，人無由知。汛守之設，特虛名耳！」[12]由這兩段紀錄可知清朝官吏、弁兵皆視淡水爲瘴鄉惡地，避之唯恐不及。之後，由於統治需要，遊宦詩人多因軍務來臺，王善宗、高拱乾、齊體物、阮蔡文、周鍾瑄等人均曾北行巡察至淡水河，詩作中呈現的淡水河風光以遊覽勘查爲主，因對漢番的文化歧異，自然對番俗印象深刻。「羊酒還其家，官自糗糧峙。殷勤問土風，豈敢厭俚鄙」[13]。隨著淡水河沿岸日漸開發，文職官員漸多，同當地詩人吟詠唱和、並肩遊覽，詩作中融入較多情感與關懷。吳廷華〈社寮雜詩〉寫淡水河由窄

---

[11] 鍾肇政譯，許俊雅主編：《王昶雄全集》（臺北：臺北縣文化局，2002 年 10 月）。

[12] 郁永河：《裨海紀遊》（臺北：臺灣銀行經濟研究室，1959 年 8 月），頁 29。

[13] 阮蔡文：〈淡水〉，見周鍾瑄著：《諸羅縣誌》（北京：中華書局，1962 年 11 月），頁 269。

而闊時水流的一瀉而出，同時記錄了當時番人的渡河方式「墘竇門邊淡水隈，溪流如箭浪如雷。魁藤一線風搖曳，飛渡何須蟒甲來（北淡水港水流迅急，番人架籐而渡，去來如飛。蟒甲，小舟也）」[14]。〈干豆門苦雨〉詩不僅有關渡河景，更描繪北臺灣及淡水多雨的情形：「無賴陰雨拂地垂，客中愁緒一絲絲；那堪更向秋風裏，臥聽黃梅細雨時。」[15]至於「淡北八景」之一的「關渡分潮」，因淡水河、基隆河和漲潮的海水於此相遇，水分三色，而海水一湧入狹隘的河道，衝擊兩岸形成分潮線，壯瀾加上濤聲隆隆，令人心神震懾，這樣的淡水河景，是廣闊雄渾的。林逢原〈關渡分潮〉即如此形容：「重重關渡鎖溪雲，潮往潮來到此分。練影東西拖燕尾，濤聲日夕助犀軍。舟人放櫂中流急，估客鳴鉦隔岸聞。我欲測蠡參水性，由來涇渭不同群。」[16]以下將敘述幾個與淡水有關的意象：淡水港、紅毛樓（城）、舊砲臺、大屯、觀音山。

（一）淡水港的興／衰

明代《東西洋考》記錄了從澎湖到淡水的航線，及明朝官府對航販淡水船隻的稅收，「雞籠、淡水」一詞已見，到了康熙朝郁永河的《裨海紀遊》則敘述了他「與顧君暨僕役平頭共乘海舶，由淡水港入。前望兩山夾峙處，曰甘答門（今關渡），水道甚隘，入門，水忽廣，漶爲大湖，渺無涯涘」。已可見「淡水港」一詞，同時呈現了進入關渡後的水域忽廣。道光九年（1829）姚瑩《東槎紀略卷三・臺北道里記》及《淡水廳志》載道光二十年（1840）姚瑩〈臺灣十七口設防狀〉則歷史陳述了八里坌港衰退，淡水港代之而興，約有三因：一者八里坌港淤淺，而帆船噸位漸大，淡水港水深。二者八里坌港迎東北季風，淡水港則在東

---

[14] 陳培桂：《淡水廳志》冊 3（臺北：臺灣銀行經濟研究室出版，1963 年），《臺灣文獻叢刊》第 172 種，頁 431。

[15] 阮蔡文：〈淡水〉，頁 272。

[16] 戴書訓等編纂：《重修臺灣省通志・卷十藝文志文學篇》第 1 冊（南投：臺灣省文獻委員會，1997 年 12 月），頁 309。

北季風的背風坡，風速較小，便於停泊。三者八里坌港背腹爲觀音山，農田村落較少，淡水港農田村落較多，商業較盛。[17]因此同治十年（1871）所修成的《淡水廳志》，卷首附有「淡水八圖」，其中「滬口飛輪」首次賦予淡水較具體的風光意象。楊浚〈滬口飛輪〉一詩，即從視覺、聽覺寫滬尾戍臺吹角聲及船泊港岸之思，洪棄生〈停舟滬尾〉亦可見「偶向檣陰高處望，艨艟巨艦鶂頭橫」情景。從自己搭船遠行，到餞別親友，往返間，港口自然是依依惜別之處，許豫庭〈送別黃鴻訂詞客往神戶〉、黃鴻訂〈留別許豫庭詞兄在淡水〉及《賴和全集》漢詩卷 4（卷 9 復重錄）錄了不少其詩作，寫淡水送別石詹二君赴廈門「半帆殘照離瀛海，一棹波濤向鷺洲」、「回憶淡江分手處，蕭蕭楓葉亂飛紅」、「昨日淡江今日廈，淒涼逆旅有誰憐」，皆可見送別之情。

但到了日本時代，原本繁華的淡水港因河道淤淺，造成大型船舶出入不便，雖然日本人時加疏濬，強化港埠設施，也有重新築港的計劃，但終究回天乏術。事實上日人自始即全力建設基隆港爲日、台間的吞吐口，兼以臺北、基隆間鐵路架設完成，交通更爲便捷，淡水的交通樞紐地位終於還是被基隆港所取代，漸漸地變爲有名無實的國際港，淡水的經濟也由港埠貿易轉向以附近腹地的農漁業爲主。

在詩文裡，洪棄生則慨嘆是日人刻意切斷臺灣與大陸之聯繫，轉而發展雞籠港，淪爲日本之「內湖港」[18]，而使淡水港加速衰微。當日人擴張海上霸權之際，情景猶如「巨艦如魚東向奔」，而淡水港卻淺如窪尊，舊日之風花盛景，零落殆盡。在《中西戰記》裡，他不滿劉銘傳棄

[17] 連橫《臺灣通史．沈葆楨列傳》（卷 33）亦云八里坌淤塞，淡水港方因之興起，「滬尾港門宏敞，舟楫尤多，多年夾板帆檣林立，洋樓客棧，闤闠喧囂」。及臺灣銀行經濟研究室編：《臺灣經濟史第十集》（臺北：臺灣銀行經濟研究室，1955 年），《臺灣研究叢刊》，頁 163。

[18] 洪棄生〈八州遊記〉：「日本以雞籠在西北，搖對門司，故年年不惜臺灣鉅資以投此水也。」見《洪棄生先生遺書》（臺北：成文出版社，1970 年），頁 2。

守雞籠，以堅守滬尾之戰略。[19]從史料[20]及文學作品裡，大約都提到淡水港淤淺其因之一，在於清法滬尾之役，劉銘傳為抵抗法軍，曾以石船二十隻沉在淡水河口阻止法艦駛入，事後未經打撈，加速了淡水港之淤塞。舞鶴小說〈悲傷〉一開始即是寫此一戰役，據說是：

> 我們智勇雙全的祖先在那裡自沉了幾艘滿載石塊的船，以阻止敵人戰艦的錐頭直戳入我們的內海；也據說由於這幾船石塊，商船再不能直駛到媽祖宮前，它們轉至新興的海港基隆去下蛋，媽祖宮的香火蕭索下去後來被落鼻祖師取代了興隆。[21]

[19] 洪棄生對劉銘傳在臺諸政策及作為不滿，除了櫟社迎梁啟超詩會，不願寫歌頌劉氏之詩外，在《寄鶴齋詩話》亦可見其態度，謂劉「不足觀」，不知其名聲何得而來？文云：「及防法來臺，殊滅裂，不足觀。法軍迫雞籠，各軍奮禦，劉忽下令撤營退師。曹軍門志忠力阻，不從；雞籠倅梁純夫伏地哭留，亦不允。及退軍不止，至為艋舺團人攔住；雞籠遂為敵據。幸滬尾有官軍所募土豪張阿火——人又謂之阿虎改名李成者，率土勇五百在滬戰勝，斬法酋一、法兵六百、花目百人，燬敵船一——外洋謂為大勝，淡水始安；而劉帥謬以為己所布置。故其時臺民謠言四起，謂劉公『通敵』，殆甚之之辭；然張秉銓獻頌竟謂其撤雞籠所以救滬尾，與『申報』所播虛詞，皆係徇劉帥自辨奏語，曲筆以諛，大無信者。當劉公退軍之時，兵備道劉璈列其敗跡申詳左侯。左薨，公欲圖報，遂營謀為巡撫以劾，劉璈戍黑龍江。又清丈臺田加賦，臺民以致激生民變；至今臺人言之，猶共切齒。而外夷顧以為能，江、淮人亦稱之；不知使君何以得此聲於梁、楚間哉！」又見洪棄生：《寄鶴齋選集》（南投：臺灣省文獻委員會，1993 年 5 月），《台灣文獻叢刊》第 304 種，頁 220-221。

[20] 連橫《臺灣通史》卷 14 法軍之役提及「洋務委員李彤恩以滬尾港道寬闊，無險可據，請填塞口門，英領事以秋茶上市，有碍商務，不可。彤恩往復辯論，始許。而法艦乃不能入也」。其始末有「防滬尾留牘」可見，詳細情況另見：《臺灣經濟史第十集》，頁 170。

[21] 舞鶴：〈悲傷〉，《拾骨》（高雄：春暉出版社，1995 年 4 月），頁 1。

從淡水歷史上看，後一段說法可能來源於落鼻祖師在清法戰爭中顯過神威的傳說，但清水祖師廟取代媽祖香火當是很多年以後的事。這段傳說只是隱含了淡水風水轉變的寓意：媽祖是保佑漁民出海航行的神，落鼻祖師是保佑居民避災安居的神，神的意義顯然不一樣，香火由航海保佑神轉移到安居保護神，外向發展的需要被內在自守的需要所代替，淡水的風氣發生了轉變。作家以一貫的戲謔態度用了性交與下蛋的隱喻，恰恰暗示了淡水小鎮生命萎頓的命運。再回到小說文本來看，舞鶴緊接著這段歷史描寫就引出了眼前修築中山路的事件，正如關於淡水的書籍所記載：

> 中山路拓寬並直達淡海後，福佑宮與老街就像失了寵般，那種前門變後街的景況真教人不勝唏噓。[22]

這是舞鶴所寫的真實的淡水小鎮的歷史，傳說中的小鎮命運的轉變與真實的轉變合二為一，直接點出了小說的悲傷主題。所以這一段淡水歷史起了雙重的暗示作用，既暗示了小說關於淡水古老自然精神消逝的悲傷主題，又暗示了當下淡水重新面對了新的轉變。

淡水港淤塞，自然帶來了淡水的沒落，洪棄生在淡水港被廢棄後，有多首詩文自我寬慰，從另一角度看待淡水的衰落，一如他在面對鹿港之衰微。〈遊淡水記〉說：「人多憾其廢港，我乃喜其仙源。兩岸清風，無鼓輪之火，一川明月，有賣酒之家。俯仰長空，捲舒雲氣；鑑水為樓，梯山結市。」[23]〈紀滬尾遊〉亦云：「庶乎滄桑，變遷城市；酒帘寥寥，

---

[22] 引自陳盈卉主編：《淡水》（臺北：小知堂文化事業有限公司，1999 年），頁 40。淡水福祐宮媽祖在「西仔反」（清法戰爭）的角色不亞於落鼻清水祖師，所以有媽祖助戰神話與光緒皇帝頒匾之事，日後建廟的祖師廟也並未凌駕福祐宮之上。而拓寬直通淡海的道路宜是中正路。

[23] 洪棄生：《寄鶴齋選集》，頁 126。

木葉蕭蕭。輪船不航，桃源如在。」[24]〈重遊滬尾即事〉：「不見當年舊板橋，重來一水自迢迢。環山雲樹三層閣，壓海人煙九折潮。北岸蕭疏漁估艇，東風零落市樓簾。車聲日作雷聲至，其奈關津已寂寥。」〈重遊滬尾感詠〉：「形勝空居大海東，輪船今日泊雞籠。一江清靜無煙火，兩岸樓臺有好風」、「闉闍咫尺空登望，不見黃龍故國旗」、「劫灰已出昆明涸，何日樓船過海來」[25]，可見淡水曾萬商雲集，風帆爭飛，但此一輝煌期，未必是詩人所喜，因昔日繁華不在，反而換得清靜之好風。大約文人藝術家都有這樣的情懷，日人石川欽一郎（ISHIKAWA Kinichiro, 1871-1945）〈初冬漫步〉一文亦描寫道：「清澈的河水映著晴朗的天空，愈看愈澄淨真令人想縱身跳入。紅色帆船緩緩移動，劃過映入水底的觀音山影。岸邊的楊樹葉子甚少，初冬之風從山中呼嘯著掃過水草拂到水面，漣漪消逝的遠方是輕煙籠罩的淡水港，連港邊必有的戎克船也看見了。……近年此港有逐漸蕭條之說，但是對我們而言，反而是再好不過，或可說是天意，這樣才能免於俗化而回歸到原本幽邃的自然。」[26]到了當代，詩人李魁賢以淡水河「不同的風雨沖刷下來的／愈積愈厚的沉沙／埋著多少生物的冤魂呢」隱喻淡水（臺灣）命運的縮影，但「疏濬會使河流／回到清澈活水的原貌吧／即使做到船形老化解體／在新的體制下仍然要堅持下去。」象徵臺灣歷史的淡水河，港口受到沉沙嚴重淤塞，多少冤魂被埋在河床下，詩人希冀著疏濬船要能一直堅持下去，即使老化解體，也要追尋（二二八）歷史真相，再現清澈活水。[27]

---

[24] 同前註，頁 128。

[25] 同前註。

[26] 石川欽一郎：〈初冬漫步〉，《臺灣時報》（1926 年 12 月），頁 87-92。轉引自顏娟英譯著：《風景心境——臺灣近代美術文獻導讀（上）》(臺北：雄獅圖書股份有限公司，2001 年)，頁 39。

[27] 李魁賢：〈淡水的詩景〉，《詩的見證》（臺北：臺北縣立文化中心，1994 年），頁 351-355。

淡水港衰微後，就被以「廢港」視之，1932 年中村地平（1908-1963）的《廢港》，所描繪的淡水港的形象是：「現在已經是一個死去的港口，那種荒廢之美，就像是以幾近畫布原色色彩所描畫出來的港口一般」、「太過蔚藍的南海朝著一方延伸而去，回首處，精巧如積木般的，土人的紅磚屋，看來就像是墜落海中。」[28]（文中所稱的「土人」即本島人）。1945 年 10 月 8 日，中國憲兵第四團，由福州乘戎克船由淡水港登陸。此後淡水成為二二八事件沉屍者的孤魂流離所在，進入現代化之後，臺灣河水污染，觀光客入侵的破壞，成了幾乎是所有作家縈懷不去，難以擺脫的夢魘，其失落、無奈之情及對自然關懷之情，躍然紙上。1979 年蔣勳〈寫給淡水河〉一詩，金色淡水河早已是「大地上一道深深的淚痕」，「帶著污穢與泥沙／帶著罪惡與哀傷／」。到了八０年代報導文學盛行，文學作品中已日漸呈現工業化後河水污染的情景，洛夫〈淡水河是一條超現實的舌頭〉，詩人對淡水河遭污染破壞，無比痛心，但痛到深處卻以遊戲心態掩蓋，銷磨其傷憂。詩題隱藏在每一行的頭一字，自右而左唸第一字即形成「淡水河是一條超現實的舌頭」。

（二）滄桑紅毛樓（城）與滬尾砲臺

紅毛城亦稱「紅毛樓」、「淡水砲（礮）城」、「番仔城」[29]，在淡水是個飽經風霜、滄桑歷史的意象，其歷史已見前述，其高聳山崗上，可望遠山近水，林逢源〈戍臺落日〉嘆為奇絕：「高臺矗立水雲邊，有客登臨夕照天。書字一行斜去雁，布帆大幅認歸船。戰爭遺跡留孤壘，

---

28 黃野人撰，吳豪人譯：〈文藝時評．淡水與三篇小說〉，原刊《臺灣時報》236 期（1939 年 8 月 1 日），頁 104-108。後收入黃英哲主編，王惠珍等譯，松尾直太校訂：《日治時期臺灣文藝評論集．雜誌篇》第 2 冊（臺南：臺灣文學館，2006 年 10 月），頁 371-378。

29 《淡水廳志》：「礮城在滬尾街尾，荷蘭時建，山頂建樓，週以雉堞；明鄭重修復圮；雍正二年，同知王汧重修，設東西大門二，南北小門二；今為英領事官廨。」

錯落新村下晚煙。山海於今烽火靖，白頭重話荷戈年。」[30]此詩即從紅毛城靜觀淡水河夕照，亦即淡水八景「戍臺夕陽」之場景。今日沿著淡水老街一路西行，盡頭便是紅毛城，穿過綠藤密佈的南門進入城堡，堡內花木扶疏，濃蔭蔽天。主堡的外牆高聳直立，牆體朱紅，十分顯目。城堡前，陳列著幾尊清朝的古砲。沉默的砲口指向悠悠流逝的淡水河。古砲已是裝飾用，但背後卻含藏了深切的悲哀和無奈。

從古典詩文看紅毛樓（城）的出現，可觀知清阮蔡文有淡水記行之作，〈淡水〉一詩：「突入紅毛城，頗似東流砥。」清人吳子光著《一肚皮集．滬尾紅毛樓記》[31]一文，提及紅毛城內存在的地道，此文第二段敘述他當時所見淡水紅毛城的形貌，以及城堡內地面的洞窟：

> 臺地紅毛樓今存三座。郡城及安平鎮未嘗過而問津焉。淡水紅毛樓則在滬尾山巔，面瞰大海。由巔腳盤登，拾級而上，計數百武，即至其處。樓正方，無門，中開一竇以出入。樓寬廣五丈有奇，高稱是。牆厚五尺許，悉砌磚石成之。其頂平鋪，有下宇而無上棟，闢一小洞以漏天光，但懼雨耳。覆蓋處非瓦非石，頗似黑壞蜃灰所為，望視不甚了了。下有一窟，空洞約數尺，窺之色黝然，而徑路殊狹且濕，苔痕狼籍，似有水相激注者。方駐視間，忽有陰風出於穴，其臭腥以穢，人對之輒寒噤，膚隱隱欲起栗，皆大驚，亟走避乃已。土人曰：「此荷蘭地道，相傳中設機關路，

---

[30] 戴書訓等編纂：《重修臺灣省通志．卷十藝文志文學篇》，頁309。

[31] 此作時間，據羅元信云：「大致還可推斷出來：吳子光隨父來台，原居中部一帶，據其自述〈芸閣山人別傳〉所言，他是因戴潮春作亂（清同治元年至四年，1862-1865）才逃至淡水依親；而在此記末段則有言：『今海波如鏡，舉瀛堧一千八百里而遙，晏然如金甌之無缺。』可知作此記時戴亂已平，應在同治四年或之後。至於時間下限，因清廷係於同治六年（1867）與英國簽訂〈紅毛城永久租約〉，在那以後吳子光也進不了紅毛城。故〈滬尾紅毛樓記〉一文，當作於同治四年至六年之間」。羅元信：〈滬尾紅毛樓記——140年前未完成的紅毛城踏查〉，《歷史月刊》第234期（2007年7月），頁12。

直達安平鎮，當日荷蘭避鄭氏兵亂恃此。」余曰：「此讕語也！荷蘭非鬼物，果能別為養空游與九幽使者相寒暄於地下否？茲地又濱海，所謂徑路絕、風雲通，鵬扶搖直上九萬里，海運徙於南溟，有此狡獪耳。若奇肱氏則無所施其巧矣。台士何工傳會耶！」然洞天福地，古蹟流傳，本屬荒誕。今郡邑所輯名勝，非入莊子寓言，則出齊諧志怪，皆此地道類也，又奚足怪乎？[32]

吳子光認爲淡水當地居民對紅毛城地道的傳說描繪不可信，文中發揮他推測判斷的能力，提出由淡水可達台南安平的地道是不可能的。不過吳子光雖不相信這地道能達如許之遠，但當時他確曾親見堡內地上有個數尺闊的大洞，從地窟內忽衝出一股陰風的情況推揣地道另一端的出口必定尚未封閉，且其內徑不小。以文獻推想，襲面而來的陰風，臭腥以穢，令人寒噤走避，宜是地道通向淡水海濱的卑濕地帶之路徑。洪棄生〈滬尾曉望〉詩云：「水氣腥臊船氣熱」，大抵悶濕海域地帶多類此腥臊之氣。

傳統文人對紅毛城之描繪，多不免因其滄桑身世而感慨不已。洪棄生〈重遊滬尾感詠〉：「依舊雲山面面收，朝來碧海接天流。紅毛城上一回首，已近滄桑四百秋。」[33]雲山依舊而紅毛城下潮來潮往，憶起近百年來往事，以「滄桑」總括。魏清德〈淡水紅毛城〉亦以乾坤歷劫，憶想戰場遺跡而感觸特深抒懷。相同詩意見諸鄭指薪〈登舊炮台〉：「霸圖已逐江山改，鎖鑰空鐫鎮北門。」[34]「北門鎖鑰」爲清光緒十年（1884）

---

[32] 王國璠主編：《吳子光全集．一肚皮集》（臺北：臺灣史蹟源流會，1979 年）。另〈第一章城堡要塞〉亦引此文，詳見臺灣省文獻委員會編：《臺灣省通志．政事志建置篇》卷 3（南投：臺灣省文獻委員會，1972 年 12 月），及孔昭明編：《臺灣文獻史料叢刊第 7 輯 121 東瀛識略／東瀛紀事／臺灣紀事／台海見聞錄合訂本》（臺北：大通書局，1984 年），頁 40-41。

[33] 洪棄生：《寄鶴齋選集》，頁 128。。

[34] 鄭指薪：〈登舊炮台〉，《詩報》第 143 期（1936 年 12 月 15 日），頁 2。

清法戰爭—滬尾之役後，劉銘傳所建之新式砲台（1886），即今之滬尾砲台，爲軍事重地，有居高臨下的地形優勢。

連横〈夏日游淡江水源地是世界第三泉〉：「驅車恣登臨，憑弔紅毛壘。」[35]尾崎秀真〈淡水紅毛城懷古〉：「古城依舊倚嶙峋，落日蒼茫轉愴神。無限感懷禁不得，景勝長屬異邦人。」[36]身爲殖民統治的日本人，想必看到異邦（英國）國旗在殖民地飄揚的怪象，對此勝景非我所有，自有一番慨嘆感懷。

不過，初入此地的傳教士馬偕在他的《台灣六記》（*From Far Formosa: The Island, Its People and Missions*）以乘船入淡水港的視野描述了紅毛樓。紅毛城除了入詩之外，後來也多見諸小說，黃野人〈淡水與三篇小說〉提到幾篇與淡水、紅毛城、古砲台相關的描寫。[37]中村地平的〈廢港〉所描寫的紅毛城正如馬偕所看到的「被風雨吹黑了的高大堅固的紅建築物」，但另描寫了夾竹桃，這一段描寫充滿浪漫綺想，色彩亦繽紛：

> 因為走到了通往聖多明哥的山崗的小徑，於是我拐了個彎，正面是一座好似蜥蜴肚皮般破舊的紅色黑古城。聽說古城現在成為英國領事館，領事的女兒——一個有著細細的脖子與褐色眼珠的少女——正在城周遛狗。從城牆下盛開的夾竹桃花叢裡，少女是否

---

[35] 連橫：〈夏日游淡江水源地是世界第三泉〉，原刊《臺灣詩薈》（臺北：臺北市文獻委員會，1977 年），頁 70。又詩題小異，作〈淡水水源地是世界第三泉詩以紀之〉，收入沈雲龍主編：《近代中國史料叢刊續編第 10 輯：劍花室詩集》（臺北：文海出版社，1974 年），頁 50。

[36] 尾崎秀真：〈淡水紅毛城懷古〉，《臺灣時報》156 期（1932 年 11 月 1 日），頁 156。

[37] 黃野人撰，吳豪人譯，松尾直太校訂：〈文藝時評・淡水與三篇小說〉，頁 104-108。後收入黃英哲主編，王惠珍等譯：《日治時期臺灣文藝評論集・雜誌篇》第 2 冊，頁 371-378。

> 將為我展現她那異國的身影呢——我懷抱著綺夢，漫步花叢小徑。夾竹桃的黃色花朵稍一拂過我的身子，就落了滿地。[38]

西川滿《楚楚公主》所寫的庭園花朵亦是夾竹桃，對紅樓描繪更多了一些：

> 不知是否無人照管，整個庭園叢生著茫茫雜草。即使如此，間或也有幾朵或黃或紫的野草閒花，點綴春日。在門戶鐵欄附近，夾竹桃正燦然盛開著。這荒涼之美，與紅磚建築融為一體，營造出憂鬱的氣氛，和這個廢棄的港口再相配不過了。……樓下面對前庭之處，有個彎曲成鉤狀的，拱門走廊般的涼臺近海而建。二樓則是個舊式陽台，圍著青瓷色「亞」字形狀手欄杆，燻黑了的紅磚瓦柱子上面，則爬滿了秘密層層的長春藤，甚至攀爬到高處的石綿瓦屋頂。[39]

在西川筆下的淡水、紅毛城或觀音山，仍洋溢著異國風情般的美好，即使是有歷史感的紅毛城，在其筆下也仍是殖民者眼中所看到的異國風情，在小說裡他繼續寫道：「紅磚的城牆。垂著好幾條氣根的榕樹，猶如壁虎般黏上牆壁，在風中搖晃的常春藤閃爍著光的影子。」其小說盡量以風俗民情、祭典的營造，呈現臺灣風情，近乎詠歎調般的書寫。從西川的改寫似隱隱約約透露了欲爭取內地（日本）讀者對於臺灣外地文學的關注用意。[40]

---

[38] 同前註，頁 373。

[39] 同前註，頁 374。

[40] 彭瑞金以為現實世界裡的郁永河是不懂山水精靈的粗俗遊客，西川滿筆下的郁永河則是「投入情感的臺灣大地訪客」，其文學是「忠於作品土地的屬地主義文學」，但也同時認為西川「沒有注入太多的個人思想或感情在裡面，卻完全符合西川滿耽美、浪漫的文學個性」。見彭瑞金：〈用力敲打出來的

時序到了 1972 年，英人方從紅毛城撤館，委託澳大利亞代管，但年底中澳斷交，英國又託美國代管。期間，紅毛城重門深鎖，禁止出入。直至 1980 年才正式由台灣政府收回。李利國（1954-）的《紅毛城遺事》、〈我在淡水河兩岸做歷史狩獵〉、〈在淡水探訪歷史遺事〉，這些報導呈現了異族佔領台灣的歷史糾結與民族情感，藉由歷史的重新記憶，再次激發民族的情感。他說：「紅毛城本身彷彿一部活的中國近代受欺凌的滄桑史；亦可以重新喚起這一代中國人的切膚之痛，而激發大家思考個體命運與整個民族休戚相關。」[41]王文進《豐田筆記》說李利國：「更把這項問題（紅毛城的歸屬問題）利用他工作的《仙人掌雜誌》渲染開來。一時討伐之聲四起，政府得到民氣的支援，終於在七０年代結束的一九八０年，順利將那三千七百坪的國土收回來。」[42]可見當時李氏的關懷與熱情。

書寫紅毛城，必然也會提及紅毛城西半公里餘處的舊砲臺（滬尾砲台）。文學中的淡水砲台有幾處，沙崙砲台、中崙砲台（白砲台）及油車口砲台（劉銘傳在清法戰後重建新式砲臺），今日古砲早已不見蹤影，[43]惟有萋萋荒草及斑駁的牆垣，滿布鐵銹的欄杆，見證臺灣百年的滄桑。周鍾瑄於清康熙五十三年（1714）任諸羅知縣。諸羅初建之時，轄地北至三貂、淡水、雞籠，周氏北上巡視，隨其行跡所致，寫下不少紀遊之詩，〈淡水砲城〉即其一。可見淡水地理形勢之險要，負山面海，欲圖謀王業，則需海防控北。因此淡水也是一處充滿歷史意涵的古戰場，西、荷、鄭氏都先後據其地之顯要建砲台，以防北鄙，周氏見古砲城斑駁，

臺灣歷史慕情——論西川滿寫〈採硫記〉〉，「臺灣現代小說史研討會」（聯合報副刊主辦）。後收入陳義芝主編：《臺灣現代小說史綜論》（臺北：聯經出版事業股份有限公司，1998 年 12 月），頁 12-28。

[41] 李利國：〈歷史的悲憤——序紅毛城遺事〉，《紅毛城遺事》（臺北：長河出版社，1977 年 9 月），頁 3。

[42] 王文進：《豐田筆記》（臺北：九歌出版社，2000 年 7 月），頁 30。

[43] 二戰末期日軍視滬尾砲台舊式十二吋巨砲群為廢鐵，乃撤走改為近代戰所需原料，滬尾砲台變成「有壘無砲」。

往事滄桑之情油然而生。日治時期莊太岳〈過滬尾舊礮臺故址〉、李本〈登淡水舊砲台〉及鄭指薪〈淡水雜詠（登舊炮台）〉：「石室摧殘塹壘存。留供樵牧弔黃昏。霸圖已逐江山改。鎖鑰空鐫鎮北門。」[44]陳逢源〈同金塔赴淡水得昶雄導遊〉等作皆是。

李茲．巴姆（Lizalde Bam）對紅毛城砲台的描繪則是：

> 穿越紅毛砲臺之下，沿著在榕樹粗大的樹枝與樹根裡蜿蜒起伏的道路走下丘陵……有一片美麗的灌木林。各式各樣的樹枝成日被牽牛花之類的蔓藤植物纏繞，形成了一大片天幕般的巨大屋頂。而這些牽牛花淡淡的紫色花朵，又是如此耀眼。往下走去，只見不見天日之處物影幢幢——居然是滿地的洋尺類植物與白百合！另外有一面石頭堆積而成的城牆，到處都挖了槍眼。還有一門被人遺忘的陳舊大砲架在上頭，是荷蘭人殖民臺灣時代的遺物。（松風子譯）[45]

到了戰後，作家鍾肇政《八角塔下》雖是小說，但作者就學於淡江中學，小說場景相當寫實，說明了砲台之建，是為了「監視出入的船隻」，又對古堡加以描繪：「這古堡呈圓形，中間圍著一塊直徑大概有五六十公尺的圓形空地，城牆約有十來公尺高，如今就祇只剩下那個崩毀了不少的的空殼子。牆上爬滿了爬牆藤，牆邊有幾棵參天古木，此外什麼也沒有了。唯一可辨認出來的是幾個砲座，還有就是牆上的豎立的紡錘形淺洞。也許那是放置砲彈的吧，不過我實在把不定，祇因那淺洞的形狀很像在書上圖片上看到的砲彈，所以這麼猜想的。」在悠悠敘述中隱見被遺忘廢棄的命運，但山水美景則仍是依舊不變的，「我們一行人爬到城

[44] 鄭指薪：〈淡水雜詠（登舊炮台）〉，頁 2。

[45] 黃野人撰，吳豪人譯：〈文藝時評．淡水與三篇小說〉，頁 104-108。後收入黃英哲主編，王惠珍等譯，松尾直太校訂：《日治時期臺灣文藝評論集．雜誌篇》第 2 冊，頁 373、374。

牆上。……站在那兒，河口一覽無遺，對面觀音山倒映水中，風景十分優美動人」[46]。

在這兒連帶一提，紅毛城附近的水雷營、老砲台遺址。前述曾引池志徵所云「近又設水雷局」（文 1891 年撰），這在其前的清法之役滬尾血戰（1884 年 10 月）發揮其功能。水雷局又稱水雷營，位於油車口，即淡水高爾夫球場西南方兩、三百公尺之丘陵麓，瀕臨淡水河口，三面以「城岸」圍繞，日治時期改為淡水街運動場。清法之役時，兵家咸以爲淡水港失，則臺北不能保，因此劉銘傳全力防守淡水，爲防止法軍遠東艦闖入淡水港口，填石塞港和佈設水雷於其最狹窄處淡水油車口與八里挖仔尾間之水域。此地可謂是古戰場，意義非凡。1935 年時柯設偕於此舉辦了一場空前的「淡水鄉土史探討會」，他站在水雷營中央侃侃而談，感動了許多人，其中郭瓊久（號鷺仙）有詩一首特別致意，詩云：「草來開闢自紅彝，文獻無從說太初。來聽先生談往時，卻教勝讀十年書。」[47]（見頁 480，圖二.1）

時序到了八０年代，朱天心〈淡水最後列車〉小說中的老頭在關渡投河以後，敘述者「我」一段充滿歷史感的描述：

> 我就這樣在紅毛城過去不遠河海交接處的公路旁的石墩上面坐了一天，讓太陽痛曬一頓也罷，免得整個腦袋不肯歇息的想個不停，可是，處處是老頭說過的物事，身後的高爾夫球場老頭嚇唬過我，說那裡本來是墳山，還埋了不少中法戰爭時陣亡的劉銘傳（1836-1895）手下「河南勇」咧！右方不遠的油車口老砲台遺址，

[46] 鍾肇政：《鍾肇政全集 5・魯冰花、八角塔下》，頁 466。

[47] 周明德：〈柯設偕與淡水鄉土史〉，見氏著《續・海天雜文》（臺北：臺北縣政府文化局，2004 年），頁 203、212。

老頭說年輕時常和妻子帶著剛學走路的施德輝去那裡散步，那時離我出生還早哩——」[48]

老人的死與他生前的懷念中，似乎都說明了老人在晚年的精神失常裡，淡水給他所帶來的溫馨感受，「我」所目視觸及到的的淡水——高爾夫球場、油車口老砲台遺址，處處有老頭年輕時代的生活回憶，同時也是充滿歷史情境的場景，換句話說，淡水是老人的精神故鄉和最後的葬身之地。

尚有不少作品此處未及討論，如葉石濤〈福佑宮燒香記〉以清法戰爭爲背景，淡水守備千金到福佑宮燒香，與法軍皮耶爾・羅蒂邂逅。東方白《浪淘沙》小說，曾以淡水女學校爲人物的主要場景。

（三）觀音山、大屯山的意象

談及淡水，當然不能忽略圍襯其旁的兩座山：大屯山和觀音山。山、河、海的交會形塑出淡水優美的景觀意象，觀音山因其特殊景致，成爲淡水河口地景意象的主體，[49]在文學藝術上也是經常被描繪的對象，其林木蒼翠，風景壯麗，北望臺灣海峽，綠波粼粼，若遇風雲、怒濤洶湧，景觀壯麗非常，遠眺大屯河口，俯視淡水河的關渡大橋，自然景觀渾然天成，如置化外之境，歷來之騷人墨客，多有歌詠之作，清代文人稱觀音山之景爲「坌嶺吐霧」。

略觀臺灣描山摹水的詩作中，寫山景多於河景，就《臺灣詩鈔》一書分析清代臺灣山水詩的山景與河景，其中詠山之作幾近詠河之作的兩

---

[48] 朱天心：〈淡水最後列車〉，《我記得……》（臺北：遠流出版社，1989 年），頁 39。

[49] 觀音山到戰後被民間做為殯葬佳處，佛寺聖地、墓葬區、風景區交雜，成為一種錯置的視瞻。

倍。[50]而遊記中更不乏以山爲要角者，〈釋華佑遊記〉中的〈臺灣內山總序〉和圖十三幅，其中錄載臺灣的山景，[51]不僅是堪輿學之作；更是珍貴的地理史料。綜觀臺地詩人愛山之因，除單純欣賞自然外，亦參入政治因素，此乃肇因於臺灣山脈乃是自中國沿岸延續而來的說法，陳壽祺（1771-1834）的〈平定臺灣爲郭參軍庭筠上嘉勇公福大將軍一百韻〉：「鷺島沉煙出，雞籠隔霧窺；三貂恢海甸，五虎拓坤維。」[52]即有「臺山之脈，自福州五虎門蜿蜒渡海而東」的觀念。直至日治時期，亦常隱含於詩作中藉以言正統：

> 東寧地脈發閩疆，磅礴渡海勢巃嵷。朔首雞籠隈，南盡馬磯礁。逶迤起伏、轟軒特拔，不知橫亙其幾千萬里；嗟餘揹頤挂笏，獨偉大屯之巍。（下略）[53]

該詩並有自注，依據〈赤嵌筆談〉所云：「宋朱子登福州鼓山，占地脈曰：『龍渡滄海，五百年後，當有百萬人之郡。』今按宋至清初，年數

[50] 《臺灣詩鈔》主要選輯「諷詠臺灣或與臺灣相關的史事、地理、人文、俗尚等古今體詩」，其中描述渡海艱難或海景詩作頗多，本文以「淡水河」為論，不列入此類詩作。原《臺灣文獻叢刊》第 280 種，臺灣銀行經濟研究室及臺灣省文獻委員會皆有出版，另見吳幅員：《臺灣文獻叢刊提要．下》（臺北：臺灣銀行經濟研究室發行，1977 年），《臺灣詩鈔》第 280 種。

[51] 根據連橫考證，釋華佑是普陀山僧，約於荷人入台後來遊，遍歷全台，其中山圖僅存十三幅，地名皆用番語且附有頗似繇辭的圖說，尤以「內山」一圖，南自琅嶠、北至雞籠，山川脈絡，記載尤詳。連橫：《臺灣詩薈雜文鈔》（臺北：臺灣銀行經濟研究室，1966 年），頁 26。

[52] 陳壽祺，字恭甫，號左海，清福建閩縣人。歷官翰林院編修，晚號隱屏山人。著《左海文集》、《絳跗草堂詩集》等書，有〈海外紀事詩〉八首及〈平定臺灣恭紀〉六首等。

[53] 〈大屯山歌．寄沈琛生〉，作者林景仁，字健人，號小眉，別署蟫窟，臺北板橋人。清末日據時人，久客廈門。嘗南遊印度諸邦，北歷大江南北。見吳幅員：《臺灣詩鈔》（南投：臺灣省文獻委員會，1997 年），頁 268。

適符。」又云：「福州五虎山入海，首皆東向，是氣脈渡海之驗。」[54]而福州五虎門東向至大屯山五虎崗，這種以山爲血脈相連的觀念也影響文學創作，臺地詩人透過山表達嚮往中原「正統」之心，遊宦詩人則以遊山來抒發對故里的懷念。清領時期派遣至臺灣的官員多來自閩浙，因有俗諺「無福不成衙」臺灣諸山在當時觀念是延自於閩浙山脈，而會於雞籠山，故不論是漢學熏陶的本土文人，抑或遊宦官員，詩作中不乏吟哦山景藉以抒發遙念。

淡水河旁的觀音、大屯二山，除讓文人詠吟以抒故國之念外，兩山相抱的景致亦有「溫柔鄉」的隱喻，在林景仁（1893-1916）的〈東寧雜詠一百首〉中曾對大屯山、觀音山有如此描繪：

> 試看大遯抱觀音，終老溫柔共此心。莫便晏安笑公子，江山鴆毒我爭禁！[55]

這首並非單純寫景之作，這環抱淡水河的兩座山在詩人眼中，常引爲嘲諷流寓不歸者，故詩旁注曰：「閩、粵客籍，每贅於台人養童媳之家，歸國十無一二焉。」除反映早期移民流連臺灣忘歸，在日本領臺之後，詩人更藉此感慨臺人不知喪國之痛。

由淡水河北岸遙望觀音山，山形如佛來趺坐，登頂西俯台海，東望平原，河水遼繞縈回，如詩如畫。水氣自海上來遇山陡降，化爲雲嵐，有若飄綿滾絮，變幻無窮，蔚爲奇觀，爲淡水八景之一，在林逢源〈淡北八景・坌嶺吐霧〉一詩中便是呈現這樣的景致：

> 秋色蒼茫黯遠岑，亂山匼匝白雲深。雁傳寒信月千里，鴉咽啼聲霜半林。遠浦帆檣煙隱隱，下方鐘鼓夜沉沉。幽香聞道生空谷，欲譜猗蘭一曲琴。[56]

---

[54] 吳幅員：《臺灣詩鈔》，頁 268。

[55] 同前註，頁 302。

除了晴日雲霧之美外，觀音山的雨景、黃昏落日更是迷人。夕照時彩霞滿天，不論是山襯著餘暉，或是立於山頂觀賞海面的浮光躍金，或是歇宿山中欣賞月色等等，都給人絕佳的視覺享受。

四、批判與懷思：闖入的現代化與淡水詩文的地景

日本領臺後，淡水變化甚大。以下將敘述淡水水源地、海水浴場等地景及延伸的觀月會、龍舟競漕等活動，同時將場景延伸到現今的淡水。陳澄波〈美術季／作家訪問記（十）〉文中提到陳澄波每年慣例必到淡水，今年（1936）亦花數月時間在淡水作畫並且分析、研究淡水風景。陳澄波對淡水風景的描述是「多經歷風霜，充滿古淡味的建築物，特別在雨後或陰天的次日，空氣極潮濕的日子，屋宇及牆壁的顏色或樹木的青綠等，分外好看。」[57]頁 165 附有兩幅陳澄波畫作「淡水 1935 臺九西 67 無鑑查」、「曲徑 1936 臺十西 7 無鑑查」（見頁 481，圖二.2，陳澄波《曲徑 1936 臺十西 7 無鑑查》。圖二.3，陳澄波《淡水 1935 臺九西 67 無鑑查》）。

這兩幅畫都以淡水港爲背景，呈現淡水的屋宇，尤其是比櫛而次的屋簷之美，但相隔一年的畫作，其相當大的差異處在於 1935 年的畫作，處處可見矗立的電線桿。1936 年「曲徑」之作則全部隱去，畫面顯得更明朗舒坦。從 1935 年畫作來看，電線桿正是現代化的表徵，1936 年的曲徑何以不見電線桿，是取材角度問題還是畫家有意避開現代化的入侵？還是爲了美學的考量而移除了無所不在的電線桿？如果再考量「岡

[56] 林逢源：〈淡北八景．坌嶺吐霧〉，收入連橫編：《臺灣詩乘》（南投：臺灣省文獻委員會，1992 年），頁 173。

[57] 顏娟英：《風景心境——臺灣近代美術文獻導讀（上）》，頁 164。陳澄波：〈美術季／作家訪問記（十）〉，《臺灣新民報》，1936 年 10 月 19 日。此文為臺灣新民報記者訪問陳澄波氏的文稿，內容多為陳澄波口述，故作者署名為陳澄波。

1936 臺十西 10 無鑑查」此作及當時眾多淡水畫作，電線桿的存在與否與桿數的多寡，似乎是從畫面美學考量的結果，在「岡」這幅同是 1936 年的畫作，道路邊參差列了數根電線桿以點綴蜿蜒的田埂，使整個畫面動了起來。[58]

這幾件畫作，使我們想起三０年代的淡水除了電線電燈的現代化照明設備，還有自來水、海水浴場等現代化設施，而這些與生活、休閒息息相關的物件，在文學作品究竟有多少的呈現？

（一）淡水水源地

日本初領臺灣，基隆尚未開港，淡水港人群、物資流通頻繁，但給水不足，爲遏止熱帶傳染病，[59]注意用水衛生，日本統治階層乃積極覓水源，建水道，滬尾水源地即是 1896 年淡水支廳長大久保利武特聘丹麥籍工程師韓生（E. Hanson）於大屯山麓勘設（雙峻頭水源地），請英國技師設計輸水鐵管，於 1899 年完成全臺最早的自來水設備，同時也是臺灣少數僅賴湧泉做淨水處理的自來水之一。1899 年初建時，門眉刻石上書「滬尾水源」（大正年間加蓋石室，改題「淡水水源」），據聞儲水塘的涵洞，其流水清澈見底，清泉汩汩而出，淙淙水聲在涵洞裡迴響。

58 蕭瓊瑞在〈陳澄波作品中的空間表現及其相關問題〉一文云：「早期他喜好運用一些豎立的直線，如電線桿、欄杆、樹幹等，來造成一種結構性的空間秩序，如前提的〔嘉義街外（1927）〕……但在前期原已存在，後來更成為畫面重心的，則是陳氏在自述所謂的『一曲山路而遠而近，在畫面上構成一條弧度，不但襯托出景的距離感，也為畫面製造了流動的氣勢……』這種透過畫面形式安排，所隱含的視覺移動。」見蕭瓊瑞：《島嶼色彩——臺灣美術史論》（臺北：東大圖書公司，1997 年 11 月），頁 349、350。

59 據聞當時臺灣流行被稱為「黑死病」的鼠疫，尤其淡水在 1896 年的冬天發生了嚴重的鼠疫，有一百廿七人因此死亡，為了防疫，更是積極想找尋潔淨的水源。日本軍醫曾經化驗淡水泉質讚譽有加，因此日人稱為東亞第一泉，泉質甘美。

淡水水源地成為小說中人物的最佳休閒去處。謝春木〈她要往何處去〉小說，在「二、孤帆遠影」一節，敘述者我所見的水源地是兼有樹蔭與水之處，「好像乳房一般的相思樹並木，它那柔和優美的曲線，在行人來說是值得感謝的。綠色的稻田、農場，涼爽的瓜棚，蒼黑的山木松樹，山上的涼亭，這些都是在水源地逍遙過的人永難忘懷的。繞道後面，便有清澈的河流，也有沙洲、帆影，一朵濃綠的蟾蜍山，好像就要縱躍起來似的。……繞道輸水室背後一看，在一棵相思樹下，正有一對青年男女在喁喁情話。」[60]從相思樹、沙洲、帆影、水源地等休閒風景之描繪，襯托出主人翁為現代青年男女，同時為情感所困出來散心。水源地在詩文裡時常可見，除了許五頂〈登滬尾水源地〉：「萬水千山照眼明，百川風湧起秋聲。無端忽上高原望，觸起家山萬里情。」[61]思想起鹿港家鄉外，彰化籍的賴和似乎亦常到水源地散心，賴和就讀臺北總督府醫學校，到滬尾水源地極有可能（因詩題及內容無法確認是滬尾一地），這方面詩作極多，如《賴和全集．漢詩卷》載〈水源地一品會（中秋夜）〉：「意外同心格別多，歡來（改：眼前）世事任如何。水源地僻無絲竹，合唱臺灣議會歌。」[62]同書復有〈水源地偶成〉（頁 44）、〈重遊水源地〉（頁 123）、〈水源地〉（頁 27、151、165）、〈同錫烈阿本二君遊水源地路中〉（頁 286）。此外，其水質清冽，連橫曾特地遠赴淡水河源頭取飲泉水，沖泡一壺好茶，另有詩稱「淡水水源地是世界第三泉」。好山好水的共襄盛舉，詩人寫得暢快而稱意，淡水清泉可灌溉可賞景，詩人眼觀淡水，沉浸空明幽靜的山水中，最後期勉自己

---

[60] 謝春木：〈她要往何處去〉，收入鍾肇政、葉石濤主編：《光復前臺灣文學全集》（臺北：遠景出版社，1979 年 7 月），頁 8。此處言「蟾蜍山」，與淡水民間傳說學府路鄞山寺的「蟾蜍穴」有關。

[61] 許五頂：〈登滬尾水源地〉，《續鳴劍齋遺草》（高雄：大友出版社，1960 年 9 月），頁 62。

[62] 賴和著，林瑞明編：《賴和全集．漢詩》卷下（臺北：前衛出版社，2000 年 6 月），頁 462。

如泉水不受污濁。夏天蒞臨水源地，泠然水聲足使憂慮愁緒滌盡化去，洪逸雅〈夏初同游淡水水源地即景〉亦有此感受：「一林疎雨鳥聲幽，聯袂登臨鎮日游。流水層岡雲霧外，風光四月淡於秋。極目婆娑萬里流，海天風景望中收。漫山綠樹一泉水。滌盡胸懷無限愁。」[63]

（二）海水浴場

日治時期臺灣民眾之休閒生活，特別因殖民政府的現代思維，或提倡體育、生活休閒、體魄鍛鍊等需求，而設立海水浴場、登山路線，利用鐵公路運輸發展休閒觀光活動。依據陳柔縉所言，1796 年英國開始有海水浴場，到十九世紀歐陸逐漸風行到海水浴場舒展身心，當時醫學觀念也強調海水浴場有保健作用。臺灣社會則到日本統領臺灣後，社會的休閒內容滲入現代化，跑往到海邊。[64]在殖民政府引進的休閒活動中，海水浴場之設，可能是改變臺灣人觀念、習慣最多的。臺人自小即被告誡不可到海邊溪流戲水，尤其炎熱夏季正值農曆七月，必須特別提防被水鬼捉將去。有關「海水浴場」的興起及淡水海域的盛況，1907 年後《漢文臺灣日日新報》有所報導，時當八月苦熱之際，溽暑逼人，因此赴海浴以作半日清游，最好不過。其前往路線及風景對讀者作了詳盡交代，並叮嚀其日光焦熱可畏，欲往游者需準備土人製之竹笠及草履等，此文以土人稱呼臺灣人，自然是日本人士所寫，也帶有提倡的意味。淡水海水浴場除可戲水去熱，亦可觀月、舉辦運動會，周邊亦有之宿屋飲食料

---

[63] 洪逸雅：〈夏初同游淡水水源地即景〉，《臺灣日日新報》第 6489 號，1918 年 7 月 16 日。洪逸雅（以南）移居淡水，詩友賀喬遷之詩不少（即達觀樓），如顏雲年〈和逸雅社兄喬遷淡水瑤韻〉：「地極三層（君所居地，名曰三層厝）高位置，一層更上已無人。」亦可見淡水地勢。自注所云，即三層厝街 28 番地，今三民街，中正路老街山坡上，因為紅磚外貌，故又稱「紅樓」。西側一棟磚瓦兩層樓房為日本畫家木下靜涯所居。

[64] 陳柔縉：〈摩登新世紀：日本領臺後．臺灣的西方文明體驗〉，《經典雜誌》93 期（2006 年 4 月），頁 61。

可供休憩，吸引更多遊客，風趣自然不減於園遊會，又可賞心悅目觀景，放鬆心情，因此吸引不少人潮。

因臺灣四面環海，日人又特意提倡，因此在 1930 年以前，已有不少海水浴場，林獻堂 1931 年日記載有陳炘「欲招諸親友於大安海水浴場」，施梅樵〈鄉友招遊海水浴場即景〉、鄭家珍〈丁卯（1927）八月五日同曾許二生遊山腳海水浴場順途至秋濤家小憩〉：「浪靜波平水氣涼，泳游競脫穢衣裳」，都可以體會盛夏消暑的娛樂休閒方式，已漸被臺人所接受。詩社中人且以此活動作詩聯吟。高文淵、謝尊五、葉蘊藍、林子惠、林子楨、許劍亭、施瘦鶴、卓夢菴、鄭水龍諸氏皆有詩記之。[65]或者競爭泳技，或者消閑忘機，也可看到「二八佳人共學泅」、「波平泳客爭飛汆。水淺佳人笑學泅」的畫面[66]，可見社會風氣漸開放，男女共赴海水浴場的情形已不希罕。另詩中亦見以熱血兒、健兒稱代青少年，如「潔身我願除塵垢，熱血兒皆學泳游」，又如吳景箕〈海水浴場作〉詩：「涼風萬斛湧天池，銷暑灣頭喧健兒」、「風微海晏夏日遲，男女聯肩戲芷湄」。不知不覺中流露出當局（校方）鼓勵學生假日多到海裡去鍛鍊身體，以成為一個強壯的皇國民，鍾肇政《八角塔下》即說明了當時學校此一措施的用意。這是戰爭期 1940 年代的淡水海浴，時間回到其二十幾年的年代，在剛完成不久時，報上廣為宣傳，尤其強調交通之方便及具娛樂。戰後，此著名之淡水海浴曾關閉多年，淡水鎮即顯蕭條，居民生活因之困難，地方人士遂陳情盼開放，「認為此優良浴場禁用，不獨使一個優良的運動場所棄置可惜，尤影響當地地方繁榮」[67]。不久後再度開放，吸引了大批海灘人潮，而女性到海水浴場嬉遊，已相當普遍。到了呂佛庭〈淡水半日遊〉：「時有男女青年數百人，方裸體就浴。

---

[65] 見《詩報》208 期（1939 年 9 月 1 日），頁 16。

[66] 蔡景福寫「沙平水闊好波場，操泳多誇擅技長。破解女權新腦覺，玉膚猶欲效潛揚」。蔡景福：〈基隆水泳場〉，《詩報》48 期（1932 年 12 月 1 日），頁 14。

[67] 〈淡水海浴場 地方盼開放〉，《中央日報》第 5 版，1956 年 5 月 18 日。

或攜手攀肩，或浮水眠沙，嬉笑叫囂，喧闐不已」，則社會風氣更爲開放了，儼然是「一活潑自由之世界」。

（三）觀月會、龍舟競渡

沙崙「淡水海水浴場」位於淡水河口右方海岸，背眺大屯山，可遙望觀音山。因是白色沙灘，加上水質清澈、風景秀麗，成爲淡水名勝景點，亦是畫家寫生圖畫的對象，陳澄波除了嘉義、淡水取景外，「淡水達觀樓」、「淡水海水浴場」都是他曾進行的題材。[68]事實上，也因其勝景，海水浴場並有「觀月場」，「觀月場周圍，則列炬燃燈，以便行動，置椅設蓆，以便憩坐」，「良宵將半，皓月當空，上下四顧，海天一色，尤飄飄浩浩，幾疑此身已遺世獨立，如羽化登仙者矣」[69]。這類雜文報導頗多，如〈淡水觀月會〉[70]、〈淡水觀月〉[71]。如果回溯日本統治者及漢文人對節慶的參與認知，則其提倡似乎有著借臺灣民間既有的中秋觀月舊俗，以現代化爲幌子，用茶話會、觀月會、電影會等活動取代之意味。在明治期間時見推廣觀月會，視爲德育的一部份，如水哉園十分重視學生對節慶典禮的參與，塾生每月大約需參加一兩次餞春詩會、觀月會、七夕祭星會等活動。[72]可見觀月會不限於中秋佳節，日人對此相當重視，亦以之作爲籠絡同化之思，並得以把握民心。因此在領臺初期，1896 年 9 月 13 日《臺灣新報》即有「官紳同宴」的消息，民政局長水野遵與土居香國、陳洛、李秉鈞、劉廷玉、黃茂清等人夜宴歡

---

[68] 〈藝術地表現阿里山的神秘〉一文介紹陳澄波有未完成的「淡水達觀樓」、「淡水海水浴場」，《臺灣新民報》，1935 年秋。轉引自《臺灣美術全集．第一卷陳澄波》（臺北：藝術家出版社，1992 年 2 月），頁 46。

[69] 《漢文臺灣日日新報》第 2818 號第 5 版，1907 年 9 月 22 日。

[70] 《漢文臺灣日日新報》第 2796 號第 5 版，1907 年 8 月 28 日。

[71] 《漢文臺灣日日新報》第 3011 號第 5 版，1908 年 9 月 11 日。

[72] 劉岳兵主編：《明治儒學與近代日本》（上海：上海古籍出版社，2005 年 4 月），頁 195。

吟，其樂融融。[73]接著 9 月 22 日水野遵又與官紳多人共開觀月之宴於艋舺街龍山寺，是日「置酒高談，探籌清唱，興正酣而月漸明，到夜半而散，真個清世之雅會也」[74]。「此次吟會規模更勝從前，共有官紳三十六人參加，而日方代表如水野遵、金子芥舟、土居香國、加藤重任、七里恭三郎、黑江蛟等皆吟詩助興，當日杉村浚則因口不能一辭而引以爲憾，寫下《觀月雅會序》以自遣。[75]當然，一個活動的推廣，在殖民者、被殖民者不同的立場、視角，可能各取所需，陽奉陰違。當時臺灣新知識分子即曾以之巧妙成立讀書會，互通信息。據聞 1923 年翁澤生與蔣渭水在中秋節晚，「臺北青年讀書會」以「觀月會」形式巧妙成立。皓潔的月光灑在淡水河上，一艘遊艇載著讀書會骨幹成員三十多人，游弋在粼粼閃爍的水面。[76]臺灣詩文中復可見到吳子瑜辦過多次觀月會，留下一些詩作。但像在淡水及淡水海浴舉辦觀月會的場面，仍是淡水文學中值得書寫的議題。

借臺灣民間既有之習俗予以偷天換日，轉換爲殖民者想要的國民改造，這一類作爲相當多，端午競艇亦是。本來有關龍舟競渡的淵源說法，自然與先民的龍圖騰崇拜、驅旱求雨、祓邪厭勝等巫術儀式有關，[77]之後又演變成端午弔屈原，龍舟競渡等活動。

錢琦〈臺灣竹枝詞〉、胡承珙〈午日〉、陳朝龍〈竹塹竹枝詞〉皆可想像鬪龍舟活動引發圍觀喧騰的熱鬧情景。據廖藤葉的研究，清領時間有關臺灣端午主題的書寫以采風爲主，屈原只是節慶中的小陪襯，至日治時期，詩人才自覺強化屈原主題，到了 1949 年兩岸分治，臺灣的端

[73] 《臺灣新報》第 19 號，1896 年 9 月 13 日。

[74] 《臺灣新報》第 24 號，1896 年 9 月 23 日。

[75] 《臺灣新報》第 26 號，1896 年 9 月 27 日。

[76] 何池：《翁澤生傳》（福州：海風出版社，2004 年 8 月），頁 29。另參見黃文雄：〈臺北青年會．讀書會．體育會〉，《臺北文物》第 3 卷第 2 期（1954 年 8 月），頁 137。

[77] 另有傳說競渡起於越王句踐欲滅吳復仇，日夜操練水兵，戰鼓陣陣，舟艇齊飛，為免吳王夫差起疑，以貌似嬉戲娛樂方式訓練水師。

午節加祀鄭成功，與屈原相提並論，國仇滅匪成爲端午節節慶采風外的唯一主題。[78]這是從時代背景及詩作題材，得出不同時期的主題變化。

除了屈原的主題外，與之相關的鬪龍舟活動，亦同樣有各期的差異性，清領時期臺灣競渡多爲杉板船（如前述錢琦詩），奪標物爲紅布、錦標，日治時期則有龍頭，船體繪以龍紋（明代中土即有，但臺灣文獻未見），奪標物使用旗子。稱呼亦由「扒龍船」取代「鬪龍舟」，[79]舉辦時間也會在非端午時節。這情形與觀月會一樣，未必在中秋節才舉辦觀月會。統治者在不同時期（明治、大正、昭和）賦予端（短）艇競渡不同的功能面。黃麗雲認爲明治期仍保持舊曆端午節慶，但內容擴大、豪華化；大正時期強調宗教經濟面，及表演取樂之性質，時間多在端午節以外；昭和時期漸被利用爲展覽會競渡時的餘興活動。[80]當然明治時期即開始有非端午節時日舉行的「端（短）艇競漕大會」，於春秋兩季舉行。黃麗雲謂此舉「是爲利用政權控制地域生活共同體的親睦秩序，及促進地域經濟之活絡化。……也爲發揮海國男子本色」[81]。

日人過新曆，臺人過舊曆，倪炳煌對新舊端午各有詩以區別，〈新曆端午〉自然是描寫日本人，臺人過的端午則是：「不隨插艾與懸蒲，獨醉雄黃酒一壺。競渡龍舟金鼓振，驚回蟻夢日將晡。」「水邊爭弔大夫魂，楚俗也教瀛海存。欲效薦牲致誠意，汨羅深恨不通源。」（〈舊

[78] 廖藤葉：〈由屈原到鄭成功——臺灣端午古典詩的主題演變〉，《歷史月刊》233 期（2007 年 6 月），頁 44-49。另可參閱一多〈端午考〉、中村哲〈競渡考〉。

[79] 雖然「鬪龍舟」在漢詩裡仍時見，但民間一般以「扒龍船」稱呼。文字書寫上，日人偏用「競漕大會」、「短艇競漕」，臺人喜用「鬪龍舟」、「龍舟競渡」。

[80] 黃麗雲：〈日治時期研究資料中的扒龍船〉，《臺灣史料研究》35 號（2010 年 6 月），頁 116。

[81] 同前註，頁 113。

曆端午〉）[82]當時《臺灣日日新報》刊載或報導淡水河龍舟競渡詩作及消息不少，林天進〈淡水河龍舟競渡〉，敘述了看熱鬧的群眾人山人海。〈淡水競漕會〉則謂：「基隆重砲兵隊。爲軍隊演習。將寄泊于淡水舊砲臺。是日亦必來參觀。河岸一帶。定雲屯蟻集。又港內小汽船。是日滿船裝飾揭國旗。與應援船等巡遊江心。笛聲櫓聲援聲。嘈雜相和。其偉觀必無待言。況今秋稻江體育俱樂部競漕大會。已展期於明年。屆期人士之趨赴于此者。必異常輻輳。現競漕各團體。熱心操練。以爲是日奪錦之準備者極情興勃勃云。」[83]除了龍舟，其旁尚有應援船，笛聲櫓聲援聲，嘈雜相和，且提及稻江體育俱樂部競漕大會，宜有藉此強調體育，鍛鍊體魄之用意。合觀〈稻江競渡〉一文：「稻江於兩三日間。在淡水河。爭鬪龍舟。此爲端陽故實。毋乃明日黃花。雖然中流擊楫。奮勇爭先。錦標競奪。彼此一心。皆欲直達目的而後已。頗具忍耐力。大有合於文明之好運動會。」[84]則鬪龍舟實有提倡體育運動之意味。宏鈞在〈日本學生的體育生活〉[85]一文提到，因 1927 年 8 月底在上海舉行的第八次遠東運動大會由日本奪得第一名，有所感而寫下此文，告訴讀者日本優勝成績非偶然，而是平時辛勤的練習，日本學生平時體育活動、團體組織不少，其中「漕艇（即賽船）協會」即是競技團體之組織。在臺之競漕會當然也與訓練體力，強壯體魄、凝聚團結有關連。

此外，〈稻江競渡〉提到「一時聞風來觀者。岸上一帶。積如疊墻。更有騷士風流。邀明呼友。花叢姊妹。曳綠拖紅。別駕小舟。撐入中流。猶堪游目騁懷。致足樂也。」[86]詩人沈相其〈鬪龍舟〉則觀察到「浪花

[82] 以上四首為倪炳煌之作，見《臺灣日日新報》第 3345 號第 1 版，1909 年 6 月 25 日。

[83] 《漢文臺灣日日新報》第 4077 號，1911 年 9 月 30 日。標點符號依原刊。

[84] 《臺灣日日新報》第 2049 號第 5 版，1905 年 7 月 2 日。標點符號依原刊。

[85] 宏鈞：〈日本學生的體育生活〉，《學生雜誌》第 14 卷第 12 號（1927 年 12 月），頁 75。

[86] 《臺灣日日新報》第 2049 號第 5 版，1905 年 7 月 2 日。

似雪驚飛槳，士女如雲笑拍肩。」[87]從圍觀之群眾，男男女女，老老少少，如墻如雲的盛況及活動當下各種聲音觀之，正呈現街市城鎮的生活經驗，觀月會、競漕會營造了城市與居民的關係，積極參與活動，娛樂自己也展示自己，透過文學展示了集體的聲音、集體的活動。在殖民統治下，日人將臺人原有的傳統節日及其負載的文化傳統賦予裂變、置換，以獲致其政治目的。林曉漁〈端陽競渡〉：「畫舫聲揭破浪風，端陽競渡古今同。忠魂湧吊今何在，惟見舟人拔幟雄。」[88]正說明了「端陽競渡」是今昔都相同的活動，但日本統治時，憑弔屈原的意識是不被喚起提倡的，競渡的本身就只是爲了拔得旗幟稱雄。

（四）慾望之河

對當代作家來說，童年時期的城鎮早已經不復早年商阜的風光，他們只能從城鎮的別名「滬尾」去捕捉當年河岸繁華風情。童年故鄉種種記憶不再，人到晚年，所有有關故鄉「淡水」的記憶盤結，遂形成永恆的意象。然而都市翻新的腳步卻不因思古幽情而暫緩，鋼骨水泥的巨廈不斷竄起，高樓阻擋了淡水夕照，房地產的大量開發、捷運通車，帶來了洶湧的人潮、無限的商機，也伴隨了垃圾、空氣、水、噪音污染，昔日的淡水正逐漸消隕。從上世紀七0年代以來，頗多作品流露著細密綿長的神傷，對環境污染的憂思抗辯。

王昶雄〈嘶啞的淡水河〉、麥穗〈淡水河〉等詩作對日益遭受污染的淡水河充滿憂心憤慨，黃凡〈新年快樂〉：

---

[87] 沈相其：《臺灣日日新報》第 1847 號第 1 版，1904 年 6 月 29 日。各地觀龍舟競渡，時見歌妓及婦女出遊，「四方來觀者，衣香扇影，轂擊肩摩」，《臺灣日日新報》第 342 號第 4 版，1899 年 6 月 24 日。

[88] 林曉漁：〈端陽競渡〉，《臺灣日日新報》第 5734 號第 6 版，1916 年 6 月 14 日。

> 接近新年的一天晚上，電視上出現一條綠色發亮流動著的液態水時，我十二歲的大女兒叫了起來。
>
> 「爸！那是什麼東西？」
>
> 「一條河流。」我漫不經心地答道。
>
> 「什麼？」這可糟了，我應該告訴她一個數字符號什麼的，省得麻煩。
>
> 「很久很久以前，」我溫柔地說，「我們住的地方被一條『液態水』，人們稱為『河流』所包圍，他們甚至給它取了一個很好聽的名字『淡水河』，一些附近的居民慣於滑著船，一邊垂釣，河裡盛產很多魚類。」
>
> 「船我知道，」她拿了一個墊子放到背後，這個動作給了我很大威脅。
>
> 「但，魚是什麼東西？」[89]

黃凡誇張的描寫，正是對現代文明發展的未來預言，從這裡也點出城市發展遠離了河水、自然，人們最後又再度以科技企圖恢復自然原貌，而下一代依舊是不解不識。龍應台《野火集》中的〈焦急〉寫到淡水河的嚴重污染「像骯髒的章魚，張牙舞爪的延伸」、「花枝招展的墓園像癬一樣」。取代七0年代以前淡水的，並非美麗新世界。小說〈悲傷〉裡一場惡鄰策劃的鋸掉臺灣連翹的鬧劇，便有了更大的象徵意義：爲了現實中的微小利益，居然毫無猶豫地鋸掉了象徵著臺灣的連翹：

> 「我午睡在鋸齒吱怪中驚醒，或出外散步回來，見我終年心所寄的連翹被鋸成禿頭，而那些老中青傻笑的瞟著我瞬息萬變的面肉皮。」
>
> 「——哼鋸你孤單一人的連翹又怎樣？」可是這不只是「我的連翹」呀，人家不都說這是「屬於我們的台灣連翹」啊！我呆楞著

[89] 黃凡：《東區連環泡》（臺北：希代出版社，1989 年），頁 175。

看那熬過夏熱終於長成肥大隻的紫色連翹一隻隻萎在泥地上，我痛切感到這個屬於台灣連翹的民族能有久長希望嗎？[90]

最後的感慨已經超越了舞鶴一貫的嘻皮人生的態度，成爲一種啓蒙式的憤怒。這並非是舞鶴的長處，但這種出自本能的憤怒我們自可以理解敘事人隱居淡水的生活態度和對臺灣的真正感情：守護臺灣連翹才是他的目的所在和操守所寄。然而當他以生命守護的連翹被臺灣人野蠻鋸掉，才發生了他的精神崩潰被送進精神病療養院。

朱天心在《古都》裡曾經懊喪寫道 「從福佑宮旁的巷子上去，至重建街左轉，穿過人家前庭，來到山腰小徑，你見紅樓在你腳下，但實堵堵個灰牆把你又阻斷。」日後這些作品的憂鬱意識、哀悼之情，仍然是貫串其間的，一個不時引起傷痛、激起想像和回憶的現代古城，書中主人公「你」，一位抑鬱的中年女性，面臨二十年間不停的擴建拆遷，改變她所熟悉的一切，使她覺得一如流離失所的外鄉人，也使她不得不去追撫燦爛的青少年往事。當古都中主人公迷失在淡水河畔，驚恐之中不由放聲大哭之際，恰恰宣告了當代文明、城鎮生活的貧乏與庸俗，猥瑣與荒蕪。朱天心、舞鶴等作家都以外人的身份來追悼這漸失去歷史記憶的城鎮，以傷逝情懷來對現代社會重新觀照、重新挖掘。

五、餘話

1629 年，荷蘭人爲了驅逐佔領淡水的西班牙人，派人偵察淡水附近水域，並繪製出最早的地圖，圖上清楚標示了淡水河河口的聖多明哥城，因繪製者無法深入內地勘查，淡水河附近的村落、山形、河道相當簡省。1654 年已佔有淡水的荷蘭人，畫出了較詳細的淡水圖，淡水河流域的港灣形勢、山川林木和聚落分佈，甚至實地測量河道深度，清晰描繪村落

[90] 舞鶴：〈悲傷〉，頁 40-41。

對岸的觀音山，完整呈現淡水的地理圖像。往後清廷歷次修纂的府志、縣志、廳志，亦皆繪有淡水形勢圖。這些圖繪淡水之目的仍旨在呈現地形方位，以爲軍事、行政用途，並不以山形水勢的風景意象爲主。直至康熙六十一年（1722），巡臺御史黃叔璥奉呈御覽的「臺灣番社圖」始見圖文相參的生動表現；同治十年（1871）的《淡水廳志》，卷首所附之「淡水八圖」，其中「滬口飛輪」則首次賦予淡水較具體的風光意象。至於近代認知中的淡水美景，其明確的建立與形塑，則宜追溯至日治時期。[91]淡水圖像的呈現與詩文中淡水的書寫大抵符合。確實，在近代文明來臨之前，淡水河已是時間之化身（江河早已是文學中最典型的時間象徵），見證著四百年的臺灣歷史，諸如西荷、鄭氏、清朝日本、國民政府輪替統治、英國人租借及帆檣雲集、河口淤積、二二八事件、河水污染等等，很少有一個地方歷經各階段歷史記憶痕跡的聚落。而這些文化風情和歷史遺跡在時間與空間的交互影響，歷史與文學的實像及想像，地形與天候的關係，文學中的淡水地景正展現了這座城市興衰容顏的一種特殊的存在姿態。淡水的地理形勢呈現了街市狹窄，街鎮聚落沿著河岸與山腳之間發展的特色，淡水所呈現的地景自然是歷史與地理兩個向度結合下所產生，成爲其城鎮特殊風貌的基本架構，街道系統疊落於山水架構上，爲數眾多的歷史古蹟與古老建築，佔據了淡水空間經驗印象中絕大部分，而其濕冷多雨的氣候因素、豐富的歷史人文活動或者建築及風俗民情上感知及經驗，都提供了吾人想像不同年代中淡水文學地景的變與不變。

[91] 參見蕭瓊瑞：〈人文與自然之交映——美術家眼中的淡水風情〉，收入周宗賢編：《淡水學學術研討會：過去、現在、未來論文集》（臺北：國史館，1999 年 4 月），頁 212-220。另可參夏黎明總論，王存立、胡文青編著：《臺灣的古地圖．明清時期》（臺北：遠足文化出版，2002 年 10 月），頁 55。李欽賢：《臺灣的古地圖．日治時期》（臺北：遠足文化出版，2002 年 11 月），頁 89。

同樣的地景必然因視角與態度的不同而有差異，西、荷、滿清、日本對淡水的印象描寫，隨著時間的延續與歷史的變遷，而有不同的認知概念。1628 年時耶穌會神父報告書裡提到淡水是：「一個非常美麗的地方，居民稠密……稻穀盈倉，如此豐饒之地。」[92]但郁永河初抵淡水時，此地如鬼域般。此後自然、人文景觀描寫兼具，日治下的詩文地景則因淡水港的淤塞沒落而有不同的書寫，洪棄生及臺籍詩人對此通福州、廈門航路的衰微，及殘存的砲臺等古蹟有著滄桑之感，日本人對此地的紅磚瓦、相思樹林，尤其從淡水港看著大屯山的後山，朝霞暮靄之色紫，不禁以從京都的一角望向比叡山的樣子比擬其美麗之姿。[93] 三 0 年代的臺日籍藝術家多以讚嘆眼光看淡水，到了四 0 年代，充滿戰爭氛圍的淡水，成了臺日籍作家抵抗或擁護皇民化的角逐地。淡水在日本統治下引進現代化，但也巧妙將臺灣傳統習俗慶典置換為其政治需求。在空間、建築對比中看到不同的歷史與文化記憶，當淡水藉由殖民經驗而進入了「現代」，它將失去什麼傳統？在文學作品、建築與都市空間中，背後的歷史痕跡以及被建構的文化觀點又是如何？二戰結束後，淡水被建構成如來臺後移居於此地的王文漪所描繪的寧靜而純樸（1951 年的淡水小鎮風情），但很快的，過度的工商業發展，使淡水早已淹沒在層層相疊的高樓瓊宇之間。雲朵變成河邊垃圾，波浪成了櫛比鱗次的高樓，天籟成了刺耳的噪音，星辰化為空氣中浮塵，不再是美麗新世界，而是世紀

---

92 Jose Eugenio Borao Mateo, *Spaniards in Taiwan: Documents* (Taipei: SMC Publishing, 2001), pp.131-132。

93 石川欽一郎：〈水彩畫與臺灣風光〉，《臺灣日日新報》第 4 版，1908 年 1 月 23 日。丸山晚霞言：「我曾說過臺南的景色有史景的趣味，然而我現在覺得淡水比臺南更有味道。在淡水，帶有古銹色瓦的房子沿著山丘排列，還有些古老建築有如地中海沿岸的景色。從船上看到古瓦的屋頂突出於高高的山崗上，可以入畫。……穿過相思樹林間可以看到掛著綠色或紅色旗子的戎克船，或外國人的古西洋館。」見丸山晚霞：〈我所見過的臺灣風景〉，《臺灣時報》，1931 年 8 月 9 日。顏娟英：《風景心境——臺灣近代美術文獻導讀（上）》，頁 92。

末的向下沉淪。舞鶴、朱天心筆下的淡水，是追悼一個美好「田園」的傷逝之作，是一座魔幻又寫實，似看得見又看不見的城鎮。在日漸繁華富足的背後，傳統家庭結構、人文氣息在資本經濟掛帥主義的衝擊下宣告崩潰，淡水成爲居民游離失所的迷園。當鐵公路及空中運輸興起後，港口就不會是商旅出入的門戶，亦非人們生活的主要空間，在現代，「海港」的地位已被「空港」（及道路）所取代，從臺北市重心向東移動，即可明白淡水河對臺北城市功能的重要性不斷降低，許多舊港也愈離海岸線，港邊惜別的淒淒及不捨情懷不再，取得代之的是對舊港本身的懷舊之情。這讓老街市發展有了的新契機，歷史古蹟、舊有街道的風情成了觀光資源，今日淡水正沿著時光的鐵軌，駛過現代化的小鎮，而後進入深邃而幽黑的遙遠的過去，復又努力掙脫自閉的長夜，遙望敻闊的晴空。

引用文獻

〈淡水海浴場 地方盼開放〉，《中央日報》第 5 版，1956 年 5 月 18 日。
〈淡水競漕會〉，《漢文臺灣日日新報》第 4077 號，1911 年 09 月 30 日。
〈淡水觀月〉，《漢文臺灣日日新報》第 3011 號第 5 版，1908 年 09 月 11 日。
〈淡水觀月會〉，《漢文臺灣日日新報》第 2796 號第 5 版，1907 年 08 月 28 日。
〈奪標爲戲〉，《臺灣日日新報》第 342 號第 4 版，1899 年 6 月 24 日。
〈稻江競渡〉，《臺灣日日新報》第 2049 號第 5 版，1905 年 7 月 2 日。
〈藝術地表現阿里山的神秘〉，轉引自《臺灣美術全集·第一卷陳澄波》，臺北：藝術家出版社，1992 年 2 月。
《臺灣新報》第 19 號，1896 年 9 月 13 日。
《臺灣新報》第 24 號，1896 年 9 月 23 日。
《臺灣新報》第 26 號，1896 年 9 月 27 日。
丸山晚霞：〈我所見過的臺灣風景〉，《臺灣時報》，1931 年 8 月 9 日，頁 32-42。
中村孝至（NAKAMURA Takashi）主講，曹永和譯：〈十七世紀中葉的淡水、基隆、臺北〉，《臺灣風物》41 卷 3 期，1991 年 9 月，頁 118-132。
方豪：〈介紹一本未爲人知的清季臺灣遊記〉，《方豪六十自定稿》，臺北：學生書局，1969 年。
王文進：《豐田筆記》，臺北：九歌出版社，2000 年 7 月。
王國璠主編：《吳子光全集．一肚皮集》，臺北：臺灣史蹟源流會，1979 年。

冉福立（Kees Zandvliet）著，江樹生譯：《十七世紀荷蘭人繪製的臺灣老地圖》，臺北：漢聲雜誌社，1997 年。

石川欽一郎：〈水彩畫與臺灣風光〉，《臺灣日日新報》第 2917 號第 4 版，1908 年 1 月 23 日。

＿＿＿＿＿：〈初冬漫步〉，《臺灣時報》，1926 年 12 月，頁 87-92。

白尚德：《十九世紀歐洲人在臺灣》，臺北：南天出版社，1999 年。

朱天心：〈淡水最後列車〉，《我記得……》，臺北：遠流出版社，1989 年。

朱珮萱：《變動中地景的現象觀察、紀錄與設計操作：淡水的影像地誌探討》，臺北：淡江大學建築學系碩士論文，2005 年 6 月。

池志徵：〈全臺遊記〉，收入臺灣銀行經濟研究室編：《臺灣遊記》，臺北：臺灣銀行經濟研究室，1960 年，《臺灣文獻叢刊》第 89 種。

何池：《翁澤生傳》，福州：海風出版社，2004 年 8 月。

佐倉孫三：〈台灣古風誌異・耶穌教與愛國志士〉，《聯合報》第 7 版（萬象），1962 年 12 月 20 日。

＿＿＿＿：《臺風雜記》，收入《臺游日記／臺灣游記／臺灣游行記／臺風雜記・合訂本》，臺北：大通書局，1987 年 10 月，《臺灣文獻叢刊》第 9 輯。

吳幅員：《臺灣文獻叢刊提要・下》，臺北：臺灣銀行經濟研究室，1977 年，第 280 種《臺灣詩鈔》。

＿＿＿：《臺灣詩鈔》，南投：臺灣省文獻委員會，1997 年。

尾崎秀真：〈淡水紅毛城懷古〉，《臺灣時報》156 期，1932 年 11 月 1 日，頁 156。

宏鈞：〈日本學生的體育生活〉，《學生雜誌》第 14 卷第 12 號，1927 年 12 月，頁 75-80。

李利國：〈歷史的悲憤——序紅毛城遺事〉，《紅毛城遺事》，臺北：長河出版社，1977 年 9 月。

李欽賢：《臺灣的古地圖·日治時期》，臺北：遠足文化出版，2002 年 11 月。

李魁賢：〈淡水的詩景〉，《詩的見證》，臺北：臺北縣立文化中心，1994 年。

沈相其：〈鬪龍舟〉，《臺灣日日新報》第 1847 號第 1 版，1904 年 6 月 29 日。

沈雲龍主編：《近代中國史料叢刊續編第 10 輯：劍花室詩集》，臺北：文海出版社，1974 年。

阮蔡文：〈淡水〉，收入周鍾瑄著：《諸羅縣誌》，北京：中華書局，1962 年 11 月。

周明德：〈柯設偕與淡水鄉土史〉，《續・海天雜文》，臺北：臺北縣政府文化局，2004 年。

林昌華：〈馬偕牧師與淡水——書信與日記的考察〉，《淡水學術研討會——過去・現在・未來論文集》，1998 年 12 月 12、13 日。

林紓著，林薇選編：《畏廬小品》，北京：北京出版社，1998 年 2 月。

林逢源：〈淡北八景・坌嶺吐霧〉，收入連橫編：《臺灣詩乘》，南投：臺灣省文獻委員會，1992 年。

林新輝專題報導：〈新舊之間・何去何從：地方建設教淡水太沉重／社區英雄：一群爲淡水點燈的人〉，《聯合報》第 34 版（鄉情周報），1995 年 3 月 26 日。

林曉漁：〈壠陽競渡〉，《臺灣日日新報》第 5734 號第 6 版，1916 年 6 月 14 日。

河原功（KAWAHARA Isao）：〈日本人作家眼中的淡水——日本統治時期的臺灣文學與淡水〉，《2001 淡水學學術研討會論文》，淡江大學歷史系主辦，2001 年 12 月 7、8 日。

洪棄生：〈八州遊記〉，《洪棄生先生遺書》，臺北：成文出版社，1970 年。

______：《中西戰記》，南投：臺灣省文獻委員會，1993 年 5 月。

______：《寄鶴齋選集》，臺北：臺灣銀行經濟研究室，1972 年 8 月，《臺灣文獻叢刊》第 304 種。

洪逸雅：〈夏初同游淡水水源地即景〉，《臺灣日日新報》第 6489 號第 6 版，1918 年 7 月 16 日。

郁永河：《裨海紀遊》，臺北：臺灣銀行經濟研究室，1959 年 8 月。

倪炳煌：〈新曆端午〉，《臺灣日日新報》第 3345 號第 1 版，1909 年 6 月 25 日。

______：〈舊曆端午〉，《臺灣日日新報》第 3345 號第 1 版，1909 年 6 月 25 日。

夏黎明總論，王存立、胡文青編著：《臺灣的古地圖·明清時期》，臺北：遠足文化出版，2002 年 10 月。

翁佳音：《大臺北古地圖考釋》，臺北：臺北縣立文化中心出版，1998 年。

馬偕（MacKay, George Leslie）著，周學普譯：《臺灣六記》（*From far Formosa: The Island，its People and Missions*），臺北：臺灣銀行經濟研究室，1960 年，《臺灣研究叢刊》第 69 種。

張志源：《殖民與去殖民文本的文化想像：重讀淡水埔頂之地景》，臺北：淡江大學建築學系碩士論文，1999 年。

張建隆：〈看見的，和看不見的 · 淡水——十七世紀至十八世紀初，西、荷及清人對淡水的記述與認知〉，《2001 淡水學學術研討會論文》，淡江大學歷史系主辦，2001 年 12 月 7、8 日。

許五頂：《續鳴劍齋遺草》，高雄：大友出版社，1960 年 9 月。

連橫：〈夏日游淡江水源地是世界第三泉〉，《臺灣詩薈》，臺北：臺北市文獻委員會，1977 年。又收入沈雲龍主編：《近代中國史料叢刊續編第 10 輯：劍花室詩集》，臺北：文海出版社，1974 年。

____：《近代中國史料叢刊續輯 · 738-740 · 臺灣通史 · 一、二、三》，臺北：文海出版社，1980 年 6 月。

____：《臺灣詩薈雜文鈔》，臺北：臺灣銀行經濟研究室，1966 年。

陳柔縉：〈摩登新世紀：日本領臺後．臺灣的西方文明體驗〉，《經典雜誌》93 期，2006 年 4 月，頁 52-64。

陳盈惠主編：《淡水》，臺北：小知堂文化事業有限公司，1999 年。

陳培桂：《淡水廳志》，臺北：臺灣銀行經濟研究室，1963 年，臺灣文獻叢刊第 172 種。

陶晶孫：〈淡水河心中〉，日本《展望》雜誌 1951 年 7 月號，頁 95-99。

陳澄波：〈美術季／作家訪問記（十）〉，《臺灣新民報》，1936 年 10 月 19 日。

彭瑞金：〈用力敲打出來的臺灣歷史慕情——論西川滿寫〈採硫記〉〉，收入陳義芝主編：《臺灣現代小說史綜論》，臺北：聯經出版事業股份有限公司，1998 年 12 月。

黃凡：《東區連環泡》，臺北：希代出版社，1989 年。

黃文雄：〈臺北青年會．讀書會．體育會〉，《臺北文物》第 3 卷第 2 期，1954 年 8 月，頁 137-139。

須田禎一：〈陶晶孫其人及作品——創造社群像之一〉，收入張小紅編：《陶晶孫百歲誕辰紀念集》，上海：百家出版社，1998 年 12 月。

黃英哲：〈「跨界者」：論陶晶孫〈淡水河心中〉〉，《「交界與游移」——近現代東亞的文化傳譯與知識生產國際學術研討會：學術研討會會議資料》，國立臺灣大學臺灣文學研究所主辦，哈佛燕京學社協辦，2009 年 9 月 10、11 日。

______：〈跨界者的界虛構／小說：陶晶孫〈淡水河心中〉顯現的戰後臺灣社會像〉，《臺灣史研究》第 18 卷第 1 期，2011 年 3 月，頁 103-132。

黃野人撰，吳豪人譯：〈文藝時評．淡水與三篇小說〉，《臺灣時報》236 期，1939 年 8 月 1 日，頁 104-108。收入黃英哲主編，王惠珍等譯，松尾直太校訂：《日治時期臺灣文藝評論集．雜誌篇》第 2 冊，臺南：臺灣文學館，2006 年 10 月。

黃麗雲：〈日治時期研究資料中的扒龍船〉，《臺灣史料研究》35 號，2010 年 6 月，頁 102-121。

廖藤葉：〈由屈原到鄭成功——臺灣端午古典詩的主題演變〉，《歷史月刊》233 期，2007 年 6 月，頁 44-49。

舞鶴：〈悲傷〉，《拾骨》，高雄：春暉出版社，1995 年 4 月。

____：《舞鶴淡水》，臺北：麥田出版社，2001 年 12 月。

臺灣省文獻委員會編：《臺灣省通志・政事志建置篇》，南投：臺灣省文獻委員會，1972 年 12 月。

臺灣銀行經濟研究室編：《臺灣經濟史十集》，臺北：臺灣銀行經濟研究室，1966 年，《臺灣文獻叢刊》第 90 種。

劉岳兵主編：《明治儒學與近代日本》，上海：上海古籍出版社，2005 年 4 月。

蔡景福：〈基隆水泳場〉，《詩報》48 期，1932 年 12 月 01 日，頁 14。

鄭指薪：〈登舊炮台〉，《詩報》143 期，1936 年 12 月 15 日，頁 2。

蕭瓊瑞：〈人文與自然之交映——美術家眼中的淡水風情〉，收入周宗賢編：《淡水學學術研討會：過去、現在、未來論文集》，臺北：國史館，1999 年 4 月。

______：《島嶼色彩——臺灣美術史論》，臺北：東大圖書公司，1997 年 11 月。

賴和著，林瑞明編：《賴和全集・漢詩卷下》，臺北：前衛出版社，2000 年 6 月。

戴書訓等編纂：《重修臺灣省通志・卷十藝文志文學篇》第 1 冊，南投：臺灣省文獻委員會，1997 年 12 月。

謝春木：〈她要往何處去〉，收入鍾肇政、葉石濤主編：《光復前臺灣文學全集》，臺北：遠景出版社，1979 年 7 月。

謝尊五等：〈淡水海浴即事〉，《詩報》208 期，1939 年 09 月 01 日，頁 16。

鍾肇政：《鍾肇政全集 5・魯冰花、八角塔下》，桃園：桃園縣立文化中心，1999 年 6 月。

______譯，許俊雅主編：《王昶雄全集》，臺北：臺北縣文化局，2002 年 10 月。

顏娟英：《風景心境——臺灣近代美術文獻導讀》，臺北：雄獅圖書股份有限公司，2001 年 3 月。

羅元信：〈滬尾紅毛樓記——140 年前未完成的紅毛城踏查〉，《歷史月刊》第 234 期，2007 年 7 月，頁 10-12。

Jose Eugenio Borao Mateo, *Spaniards in Taiwan: Documents,* Taipei: SMC Publishing, 2001, pp.131-132。

A Special Existence out of the Interaction between Space and Time: The Landscape of Tamsui in Taiwanese Literature

Hsu, Chun-Ya*

〔Abstract〕

Danshui, located in the north of Taiwan, is governed successively by several different sovereignties in history, from Spanish, Holland to Japan and China. The town therefore keeps with it its specific developed landscape and historical sites and ruins which in turn are reflected in the literature related to Danshui. In particular, the streets are narrow and the settlements are situated along the riverside and the mountains nearby; a huge number of old historical relics, such as churches, towers, cannon and castles, are scattered in the town. All these have great influences on the local people, their way of lives and their spiritual lives. And the literature reflects these influences, through different perspectives under different sovereignties. That's then the main theme of this essay, to exhibit and compare these perspectives in literature related to Danshui.

* Professor, Department of Chinese literature, National Taiwan Normal University.

Keywords: Danshui, classical, poetry, Taiwanese literature, Cultural, Landscape, City Image

時空視域的交融：文學與文化論叢
頁 77~105 國立中山大學人文中心.2011

小城 小報 小小說
——論小小說的文化因子

龔顯宗*

〔摘 要〕

本文從文化的角度探討台南《三六九小報》小小說興盛的原因：

首先探討府城的原始名稱、變遷、文化背景、特性，點出《小報》刊行的緣由。

次言《小報》內容以趣味性文章爲主，古典文學多於現代文學，並述其創辦宗旨。

再言台灣小小說始於《三六九小報》，且舉證論述。

第四節將小小說分笑話、軼事、志怪、短劇、世情、偵探獵奇、愛情、諷刺、技擊、寓言十類。

五至十節則分類舉例析論，至於篇數不多的問題和幻情之作，則予以從略。

關鍵詞：小城、三六九小報、小小說、文化因子、奧良耶

* 國立中山大學中國文學系教授

收稿日期：2011 年 3 月 10 日，審查通過日期：2011 年 5 月 13 日

一、前言

本文所說的「小城」指古都台南市，「小報」即《三六九小報》，「小小說」係在小報上刊登的每篇僅十餘字至千把字的極短篇，筆者擬從文化的角度探討其興盛的緣由。

一、府城自奧良耶（Oranje）奠基

安平原稱臺窩灣（Tayouan）屬於西拉雅族（Sideia）新港社（Sinkan），土人未建築城堡。1623 年，荷蘭司令官 Comelis Reyersen 下令在「大員小島用砂和石子建造一個防禦工事」[1]，這堡壘就是奧良耶（Oranje）。接任者 Martinus Sonck 將它擴建，1625 年 1 月 14 日改稱普羅岷西亞（Provintia），1927 年 11 月 9 日易名熱蘭遮（Zeelandia），而以「普羅岷西亞」稱在赤崁[2]的砲壘。

由於鹿皮、林產、日本銀、中國絲在大員灣交易，城堡外形成了市街，亦即熱蘭遮爲防備要地，城外是貿易之所。普羅岷西亞是處理政務的辦公廳，後與漢人聚居的禾寮港街交會成大街。統治者爲招徠日本人和漢人，在大井渡頭附近建臺灣街（今延平街），漸漸發展成具國際風貌的小城。

永曆十五年四月一日（1661 年 4 月 30 日）鄭成功登陸鹿耳門（Lakjemuyse），攻佔普羅岷西亞；十二月三日（1662 年 2 月 1 日），荷蘭人投降，成功以熱蘭遮爲安平鎮，改名王城，赤崁樓爲承天府，「總曰東都」（連橫《臺灣通史卷二·建國紀》）。開國立家，東都明京成了政治、

---

1 Leonard Blusse,Margarethe van Opstall 著，江樹生譯註：〈熱蘭遮城日誌第一冊荷文本原序〉，《熱蘭遮城日誌》第 1 冊（台南：台南市政府，2002 年再版），頁 11。

2 赤崁（Saccam），平埔族番社名。

外交、文化、商業、交通中心。

永曆十八年八月（1664 年），鄭經改東都爲東寧，天興、萬年爲二州，劃府治爲東安、寧南、西定、鎮北四坊。坊置簽守，以理民事，「制鄙爲三十四里，置鄉長，行鄉治之制，……建宮室衙署。」（《臺灣通史卷二・建國紀》）首府規模漸漸完備。後又建聖廟，立學校，行科舉制度。

《臺灣通史卷七・戶役志》謂明中葉漳、泉人至臺已數千，鄭氏時航海而來者十數萬，連氏推論，清領台之初當近二十萬，[3]而以府城人口最多。嘉慶十六年（1811 年）編查，全台戶數二十四萬一千二百十七，口二百萬三千八百六十一，台灣縣戶二萬八千一百四十五，口三十四萬一千六百二十四，已落於嘉義、彰化二縣後。[4]

明鄭以熱蘭遮爲王城，另在永康下里建關署市肆。雍正元年，台灣縣知縣周鍾瑄以木柵建七城門；十一年巡撫鄂爾達奏請植竹爲城。乾隆元年，建七石門，護以女牆；二十四年，知縣夏瑚增植綠珊瑚爲外護；四十年，知府蔣元樞整修；五十三年，大學士福康安等會奏，「改築磚城，以臺未燒磚，用土」。（《臺灣通史卷十六・城池志》）

光緒十四年（1888 年），改臺灣府爲臺南府、臺灣縣爲安平縣，另設臺灣府，領臺灣、彰化、雲林、苗栗四縣。在此之前，臺南是全台首府。

明治二十八年（1895 年），日本佔領臺灣，置台北、臺灣、台南三縣和澎湖廳。大正九年（1920 年），設台北、新竹、台中、台南、高雄五州，台南州轄一市十郡，州治在台南市。日人拆城牆，建圓環，整頓交通，開闢馬路。昭和十一年（1936 年），實施「都市計畫」，在台南建飛機場，改建火車站，築安平新港，古城漸漸現代化。

綜上所述，知台南自西元一六二四年起，先後歷經荷蘭、明鄭、清朝、日本外來政權的統治，歐洲、漢人、滿人、日本文化固然長期支配，而國際化、現代化的緣故，如光緒十年（1884 年），英國長老教會在台

---

[3] 連橫：《臺灣通史》（台北：眾文圖書公司，1979 年 5 月再版），頁 182。

[4] 連橫：〈清代臺灣戶口表二〉，《臺灣通史》，頁 188。

南創辦出版社，以拉丁化閩南語印行《新約》、英文書籍，出版教會公報，舊學涵泳加上新知啓迪，使得這古老的小城兼具保守與創新兩種特性，這是《三六九小報》產生、刊行的背景。

二、《三六九小報》的誕生

《三六九小報》是娛樂性、知識性的文藝報刊，陽（洋）曆各旬的三、六、九日發行，從昭和五年（1930 年）九月九日的創刊號到十年九月六日第 479 號後休刊，中間停刊兩次，[5]五年登載的內容以趣味性文章爲主，與著重時事新聞的一般報紙大不相同。

《小報》包含許多文類，詩歌、詞曲、山歌、樵唱、謠諺、散文、雜文、駢文、小說、戲劇等，古典文學多於現代文學，專欄不少。大致而言，除創刊號二頁、增刊時八頁外，每號四頁，首頁廣告；次頁初以〈史遺〉專欄爲主，後連載《金魁星》、《開心文苑》,《新聲律啓蒙》、《冷紅室隨筆》、《秋鳴館》則不定期披露；第三頁大部分是小說，連載《蝶夢痕》、《翻雲覆雨記》、《姊》等長篇和〈浪漫女〉、〈降魔杵〉等短篇，又有《臺灣俗語解》、《綠波山房摭錄》等雜文，或笑話、雜記；第四頁爲《雜俎》、《詩壇》、《花叢小記》、《鬼話》、《小唱》等，當然，二至四頁內容偶有移易，並非毫無變改。

陳文石於第 108 號撰〈三六九小報發刊周年祝詞〉云：

> 報紙則刊時事為多，雜誌則載言論者眾，固不若趣味津津引人入勝之文字足以陶寫性情也，是則小報尚矣。

足見《三六九小報》具引人入勝之趣味，刀水〈發刊小言〉也說創刊緣

---

[5] 昭和七年十二月六日發行 241 號，翌年一月三日始發行 242 號，未說明原因。昭和八年八月十三日發行 315 號，第四面社告云：「決本日起一時停刊，整理內務帳款。」未見 316 號，至昭和九年一月廿三日發行 317 號。

起「實成於談笑之間」、「讀我消閑文字，爲君破睡工夫」、「足資談柄」，但又認爲「笑之義，大矣哉。」是趣味中蘊有深層意義。王亞南〈祝台南三六九小報發刊〉謂：「以燦爛之文字，爲詼諧之雜說，發揚文化，不特供世人之消閑已也。」具保存舊文化、發揚新文化的功能。

幸盦更進一步云：

> 不言大報，而稱小報，何哉？曰：無他，現我臺言論界，自三日刊新聞以外，諸大報社，到處林立，觀其內容，莫不議論堂皇，體裁冠冕，本 報側身其間，初舉呱呱墜地之聲，陣容未整，語或不文，所謂大巫在前，小巫氣沮，故不敢傚世人之妄自尊大，特以小標榜，而致力托意乎詼諧語中，諷刺于荒唐言外。……每月于三六九日，共計發行九次，……臺語九與狗同音，……蓋九三均為陽數，六則為陰數，陰陽接濟，上下融和；加以諸同人，乾乾惕若，庶可收本報有終之美，而三六九數之功用以明，則在來數字上之九哥，長此以往，亦可免與後來侵入之狗兄狗弟，混同為伍矣。（〈釋三六九小報〉）

將《小報》名義闡釋得很清楚，最後提及不願與「侵入之狗兄狗弟，混同爲伍」，分明指不願和日本殖民政權合流，《小報》的立場與統治者劃清界線，在嬉笑怒罵中隱含抵抗的不合作主義。

《小報》創刊號僅兩頁，第一頁四又三分之一欄爲發刊詞，一又三分之二欄「史遺」載〈戴萬生笑柄〉，第二頁三又四分之一欄連載長篇小說《蝶夢痕》，以一又三分之一欄刊短篇小說〈浪漫女〉，其餘篇幅登〈演說的秘訣〉。戴潮春之亂與朱一貴事件、林爽文之役合稱台灣三大民變，畸雲雖摭其笑柄，實藉以提醒、灌輸讀者民族精神，其他三篇則屬言情之作。

第 2 號頁一爲廣告，頁二〈史遺〉欄外加闢「諧鐸」、「鬼話」，頁三內容與創刊號之第二頁同，頁四新闢「筆記」、「雜俎」、「滑稽詩壇」、「新聲律啓蒙」、「花叢小記」等專欄，重在詩學與消閒。

第 3 號頁二多了「太空論壇」、「古香雜拾」、「評古錄」，橫議處士在「太空論壇」發表〈一九三０年式航路縮短案私議〉論陸海空運輸，顯現新知識；「古香雜拾」則由丘逢甲發表〈台灣竹枝詞〉九首，其二、六云：

> 東寧西畔樹降旂，六月天興震疊師，從此東南遺老盡，更無人賦采薇詩。
>
> 館娃遺址許禪栖，雲水僧歸日已西，話到興亡同墜淚，可能諸佛盡眉低。

丘氏是抗日名將，這二首言及興亡，《三六九小報》予以刊登，極有膽識，而當道亦有雅量。

「評古錄」刊登未具作者姓名的〈中國古代陶瓷畧說〉，論陶之起源，考證古窯，介紹古中國工業。頁三增「警世短篇」〈降魔杵〉，頁四多了諷刺性的短文〈夜壺傳〉、〈亂彈〉以及常識性文章〈石鹼（雪文）〉。 第 3 號之後，內容迭有增減變動，如「黛山樵唱」、「開心文苑」、「詩話」的出現，而《小報》的編輯、作者以台南文人居多，在古城印刷、出版、發行，成爲全島性的刊物，引起中國大陸和華人世界的注目。

古代小報與邸報有異，邸報傳布官方命令，始於南宋光宗紹熙時，在命令未行時，「中外未知，邸吏必競以小紙書之，飛報遠近，謂之小報。」（周麟之《海陵集・論禁小報》）。有時無中生有，妄傳事端，但人性喜新好奇，「內探、省探、衙探之類，皆衷私小報，率漏泄之禁，故隱而號之曰新聞。」（〔宋〕趙升《朝野類要・文書》）。至晚清則以娛樂遊戲爲主，《三六九小報》就在此傳統下誕生。

三、台灣小小說始於《三六九小報》

由於《三六九小報》欲以遊戲娛樂的筆墨吸引讀者，減少統治者的注意，維繫漢文於不墜，「小說」這文類便成了提倡、刊登的重點，志怪小說、軼事小說、雜記小說、武俠小說、擬話本、講史、神怪小說、社會小說、電影小說，甚至現代小說佔了最大篇幅，因爲讀者興味盎然。但長篇須連載數年，如《金魁星》；中篇也費數月，短篇分數次刊畢，時間上很不經濟，府城市民、知識份子也未必有耐性、餘閒，小小說遂應運而生。

台灣最早的小小說〈浪漫女〉在《三六九小報》的創刊號、第 2 號登出，僅千把字，符合霍爾曼（C.Hugh Holman）等所編《文學手冊》關於小小說的定義：「簡短的短篇小說，長度多在五百至二千字之間。」〈浪漫女〉的作者寒生，真名韓浩川，台南人。

至於名副其實的小小說，則見於 27 號（昭和五年十二月六日）：

> 最小的小說
>
> 情的落空　　　浚南
>
> 「若果不忘金口約。尚祈半載耐風塵。」病榻中一憔悴青年。不住呻吟返覆念著。
>
> 「若果不忘金口約。尚祈半載耐風塵。」一少年似嘲似諷對女郎念著。女郎嗔道。煞風景的話。還說做甚。少年道。這是汝戀人兩三年前……女郎急道。窮措大。那能在我眼內。不過當時……

以上原文照錄，連標點符號也未改易，全篇不足百字，加上題目，方略超過。

第 28 號 3 版同一作者「最小之小說」尤短：

兇漢

朝曦甫上。一兇漢滿身污血。向隘巷走。巡捕從後追之。多疑者語於好事生曰。罪惡不赦之兇漢又殺人矣。

※　　　※　　　※

日將夕。兇漢肩空擔歸。途遇巡捕詔之曰。若再為之。不可如晨之莽。好事生恍然有悟曰。噫……

較前則更短，僅七十七字。二篇都具備霍爾曼等所說：結尾有「扭轉」、「意外的特性」。[6]作者浚南是譚瑞貞的筆名，廣東人，別號浚南生，曾撰社會小說《社會鏡》，亦能詩。

《小報》最短的小小說是「刀」所作的〈一笑集〉：

夫「大凡醜夫多配美妻」

妻「君亦無乃自謙過甚」

寥寥十八字，幽默諷刺兼而有之，夫妻容貌談吐躍然紙上。作者「刀」即洪坤益，號鐵濤，籍隸台南，作品甚多。

較〈一笑集〉多一字的是 309 號胡說所作的〈破涕錄〉：

先生　汝等知一年中最長之日乎

生徒　試驗日也

學生的回答出人意表，讀者莞爾。

作者最早在 380 號撰寫此一專欄：

甲　夏天日長。冬天日短。此何故也。

---

[6] 顏元叔主編：《西洋文學辭典》（台北：正中書局，1991 年），頁 697。

乙　凡物遇熱則漲。遇冷則縮。夏天太熱。地球膨脹。赤道亦隨之延長。故太陽所走時間自久。

此諷一知半解者之自充內行，末句尤爲可笑。作者連續於 381、382 號以夫妻、父子對話，令人噴飯。復於 384 號以兄妹對白、385 號甲乙問答幽默演出。385 號的〈破涕錄〉已流於刻薄：

某甲立門內。隔鄰某乙走至問曰。閩字怎樣寫。甲曰門內一虫便是。乙笑曰。領教領教。

在短短三十三字中，「門」是關鍵詞，言者無心，聽者無意，而閱之者無不會意。

作者後來在 397、388、389 號還有精彩的演出，篇幅皆不到百字。

四、《三六九小報》小小說的分類

在日本殖民政權的統治下，《小報》明言「消閒」、「詼諧」，實則意欲保存漢文，傳播新知，提倡小小說，談笑間寓至理，濃縮中見精華，短小精悍，以最經濟篇幅，闡幽顯微，尺幅具千里之勢。遠自中國寓言、笑話、軼事、志怪，近則亨利（O.Henry, 1862-1910）、芥川龍之介（1892-1927）、川端康成（1899-1972）都對它產生了影響。《小報》自始至終刊載小小說，依內容言，可分笑話、軼事、志怪、短劇、世情、偵探獵奇、愛情、諷刺、技擊、寓言十類。

笑話是《小報》極力提倡的，「新笑林」、「諧鈴」、「一笑錄」、「風鑑笑話」、「諧談」、「屁彈錄」、「說說笑笑」、「開心文苑」、古圓「秋鳴館苦笑錄」〈事實笑話〉等專欄競相推出，吸引了不少讀者。

笑話雖有兼諷刺者，但純爲諷刺者也不少，例如「餘沫」裏獄卒與囚徒的對話（109 號），陳雪村〈怕誰呢？〉（279 號），怪人〈老鼠還是老鼠〉（231 號），滿天光〈模範婚姻〉（372 號），「諧談」中的〈婦唱夫隨〉（461 號）等皆是。

志怪類有消閒功能，人情又好奇喜怪，故《小報》大量的刊登此類小小說，第 2 號 2 版即出現了龍虎山人的〈鬼話〉，4 號 4 版鐵齒大王的〈鬼語〉，8 號 4 版野狐禪室主的〈疑心生鬼〉，16 號 3 版荆如的〈法官遇鬼〉，增刊版贅仙的〈老鼠結婚記〉，19 號黃清淵的〈新聊齋〉，邱濟川的〈徐笑三〉（36 號），82、83 號野狐闡室主的〈續聊齋〉，91 號諸羅散仙〈狐女〉等，與笑話並爲大宗。

短劇是以戲劇形式表現的小小說，例如 16 號丁某的〈笑幕——狡猾的兒子〉、65 號樂天的〈孤注〉、71 號蒲溪的〈好大膽〉、14 號双木生的〈自由〉，各擅其妙。

軼事以人爲主，專欄「史遺」述古，胡魯〈兩個鬍子〉道今（17 號）；花道人〈作合〉寫縣令斷案，邱濬川〈妬婦記〉述妬婦以夢爲真，醋海生波。世情樣貌不一，如欠圓〈血淚〉中母子相依爲命，母無錢醫病致死，兒亦隨之而亡；一酉山人〈新房笑話〉寫新娘缺乏性知識；藹堂〈渡船〉敘秀才、和尚、女子之問答；省齋〈勞燕雙飛記〉、先進〈兩悞相會〉等，形形色色，不一而足。

偵探獵奇例如野狐禪室主的〈堪輿異〉、胭脂〈婚事趣聞〉、天問〈死孩出走之奇聞〉、浩〈奇案三則〉、絜〈莊票被竊案〉、公羽〈誤認事主爲賊趣聞〉、雪村〈監獄的之病院〉、柳〈張骨董〉、哲〈松江顧某〉、抱寒〈照相〉等。

寓言如傖父〈尋不見和尚〉、鐵板道人〈社會人物兩面觀〉、陶醉〈指環遊記〉、樂天〈兩副面孔〉、醒生〈蠅言〉（351-356 號）具警醒、啓發的作用。

愛情如鈍的〈第二次〉、吉〈閨讔〉、徐〈豆腐西施殉情記〉、冷紅生〈前塵〉等皆是。

技擊如陳戲冥〈女匪報妬記〉、英〈記梁海濱〉、今吾〈某僧〉、〈李生〉、蒲溪〈文人技擊〉、芳雨〈西安女子〉、怜〈白猴拳術〉、恤〈飛將軍〉（210 號）、巢先〈南海巨盜〉（259、160 號），若今之武俠小說。

五、笑話和諷刺

用「詼諧語」、「荒唐言」託意諷刺是《三六九小報》編輯的主要方向，純為笑話、諷刺或笑話兼諷刺者，本節將舉例說明如下：

哈仙在「新笑林」以文言書寫：

> 某處有跳舞變裝會。鐘鳴七下。士女戾止。或幻天仙。或裝神父。五花十色。無奇不有。時有一紳士。亦驅車而至。革靴洋杖。神采奕奕。守門者竟拒納之曰。本夜為變裝會。君不變裝。故不敢納。紳士笑曰予正是變裝。蓋予本一市儈耳。今夜因欲赴會。故特借此假面目。裝個紳士。請君不要認錯。閽者啞然。（30 號 2 版）

作者善為滑稽之談，這篇寫的是化裝舞會，所扮多非現實中人，以反常為奇為美，哈仙卻反奇為常，出乎閽者意料之外。

署名「刀」者作〈聾佛〉云：

> 師　「知是知」（音栽）
> 徒　「獅是獅」（音士）
> 師　「知是心肝內之知」
> 徒　「獅是深山內之獅」（207 號 2 版「諧鈴」）

師生用北京話、河洛話雙語教學，亦可解為學生重聽而鬧的笑話，對白生動有趣，全文僅二十四字。

廢人作〈好講壽話〉：

> 村有老翁者。擁巨資。兒孫滿眼。可謂福壽雙全。然有怪癖。平素極忌不祥語。適七十生辰之日。兒輩鋪張揚厲。結彩懸燈。大做其壽。賀客雲集。于是老翁。令兒孫親朋婢僕。凡出口皆要出壽字。眾不敢違。有庖人欲需長板。慌忙不顧前後。喝家人速將壽板持來。賀客一時譁然。（456 號 4 版「諧談」）

作者諷刺、調侃迷信吉祥語者求福反禍、欲益招損，庖丁無心，卻鬧了「不好笑」的笑話，勸人不應拘拘於隻字，斤斤於一詞。

林夢梅〈風鑑笑話〉云：

> 有某相士。其招牌大書「善觀氣色相人之貌」往鄉村求相。是日。適大雨淋漓。將招牌上二字洗去。只存「善觀氣相人之」。村中。某小姐。銅雀春深。小喬待嫁。小婢視之。密報小姐道。門外來一位相士。善相婦人秘密處。而小姐深閨待字。試問佳期請他試相後日幸福何如。小姐聞之。面泛桃花。含羞怒道。小婢如此無禮。妾金枝玉葉之身。那堪被他亂相。小婢答道。小姐毋乃癡甚。要他一相只將樓板鑿開一孔。將寶貝向下。他那知是誰。小姐聞之有理。命小婢往請相士。相士入門。視四壁無人。忙問道。是汝要先生相否。婢答非也。先生請看招牌便知耳。果然僅存「善觀氣相人之」。但江湖嘴。胡累累。視樓上一孔。詳細視畢道。挂之在高樓。相之不糊塗。生女做太太。生男做公侯。小姐在上聞之。那時嚶然一笑。小便難禁。將相士醍醐灌頂。其味無窮。相士搔首嘆道。知我者為我心憂。不知我者為我何求。小姐在上答道。晴乾不肯去。直待雨淋頭。（59 號）

此則稍長，既謔且虐，相士、小姐、婢女皆遭嘲諷，於相士尤爲辛辣、刻薄，譫言狂語，符合「小」字臺音之意。[7]

擔糞居士〈屁彈錄〉云：

> 某縣以太公孫子將才孰優論為題場中有一文。太公者。老子之老子。久歷戎行。可以登壇拜將。孫子者。兒子之兒子。人猶乳臭。安能陷陣衝鋒。試官見之大笑。斥其荒謬。然合觀各卷。半皆曳白。餘亦不成文理。惟此尚能自圓其說。遂拔冠童軍。（259 號）

誤解題義，拼湊成文之試卷竟拔爲冠軍，其他可想而知。作者旨在嘲諷科場士子不學無術，考官顢頇無能。

純爲諷刺者，如「餘沫」欄海客云：

> 獄卒（向一期滿釋放出獄的囚徒）——朋友。我願你此番出去。不要再胡鬧了。從此革面洗心。成為社會中一個有用的人。
> 囚徒——謝謝你的好意。我願你也是如此。（109 號）

獄卒訓勉囚犯要規規矩矩，「革面洗心」，囚犯反唇相譏，用以回敬，是監獄中之黑暗違法，獄卒之無法無天必更甚於社會。

「諧談」欄中載〈婦唱夫隨〉一則：

> 失業者妻「你這樣沒有事做到底是難免一家餓死。不如我暫回里。寄食母家。」
> 夫「好的很。好的很。」
> 失業者妻「你怎麼。歡喜呢。」
> 夫「我亦可隨你喫得爽快真是婦唱夫隨。」（461 號）

---

[7] 幸盦〈釋三六九小報〉說：「按小字。……從臺音言，則與狂字同意」。（見創刊號 1 版）

作者佚名，此篇諷刺失業者好吃懶做，全無責任感、自尊心。

綠珊盦在同欄中撰〈萬事塞翁馬〉云：

> 某拜金家。視財如命。故事事非金錢不得解決。一日其家祝融稅駕。一座大廈歸於烏有。其父於愴惶中受傷甚篤。諸親友可憐之。接踵慰問。唯拜金家毫無介意。泰然自若云「家屋火災保險五千。家嚴又生命保險一千。人間萬事塞翁馬。從此我成富家翁矣。」（463 號）

世有愛財如命，甚至將金錢看得比生命還重要的拜金主義者，火災至大至險，父親至尊至貴，失火者因有保險，自認因禍得福，所得大於所失，故泰然自若，全無悲戚憂懼之情。

六、偵探、獵奇與志怪

《三六九小報》的旨趣是以「消閒」、「談笑」爲手段，「發揚漢學」、「保存文化」爲目的，所以茶餘飯後的卮言是主要的寫作方式，笑話、諷刺之外，「燈前說鬼，紙上談兵，妄言妄聽，禪不碍乎野狐；大收廣收，骨定多夫駿馬」[8]。本節專言偵探、獵奇、志怪，狙擊留待下節討論。

閒雲〈奇獄〉案外有案，最可稱奇。「黃月半規」，夜色四合，車夫王五兒在南郭外載一醉客，至近城咫尺之麻布巷，見客僵臥不醒，以爲暴斃，因拖屍棄路側，轉轍歸家。縣令派幹探許德偵察，驗屍，「祇青蚨五百。復視舌。色不異常。……循轍而往。……轍止麻布巷王五兒家。……捉將官裡去。……乃盡愬。許疑信參半」，距陳屍處半里有古刹，遂厝屍中殿，遣劉、李二隸監之。殿東隅停一新柩，柩中人即富商白二。「夜月朦朧」，飢寒交迫，劉隸外出取柴，李竊玉米，移時，「客屍暴起。張皇

---

8 刀水：〈發刊小言〉（創刊號 1 版）。

四顧。出殿徑起」。原來是醉客酒醒。二隸歸來，不見屍，大駭，以白二替代。「仵作以銀針探屍喉。色變黑。蓋酖斃者。……五兒叫屈曰。即承殺人。亦不認屍」。觀者如堵，「五兒忽驚指眾中一人。大聲曰。此非昨屍耶」。原來是醉客與眾人圍觀，縣令榜掠二隸，始知爲假屍。白二之妻朱氏嬌婉嬝娜，與夫表弟王崑有染，「會白染疾。侍藥入酖。雖朱爲之。實王之謀」（以上所引皆見 38 至 41 號）。案情大白，一干人犯依法處刑。

此案情節雖有不少巧合因素，但執法人員諉過塞責，知法犯法，掩蔽真相，屈打良民，視重大命案如兒戲，若非醉客在人群中被車夫眼尖發現，豈非枉殺無辜，而白二案也無法偵破，讓真凶逍遙法外？現代人視力多不佳，更不易認人，執法人員眼茫心糊塗，加以賄賂公行，競走後門，冤案下的亡魂必更多於往昔。

獵奇搜秘也是《小報》的特色，花道人〈巧計〉云：

> 一婦人與隔鄰父子有私。一日其夫外出。遂招鄰子至。剛欲上床。忽鄰父來敲門。婦乃將鄰子藏於床下。開門納之。歡談有頃。又聞丈夫打門。鄰父大驚。便欲鑽下。婦急阻之。亟覓一扁擔付鄰父。後乃開門。其夫入。鄰父大窘。婦從容謂鄰父曰汝子不在此地。請往別處去尋。鄰父忙應聲逃去。婦復到床前。喚鄰子出。告子曰。汝父今去矣。汝須快走為是。鄰子道謝。遂亦遁去。其夫遂被瞞過。（60 號「蒲溪雜拾」）

俗話說：「賊計狀元才」，這位偷情的婦人急中生智，從容應變，談笑間將一場大風暴消弭於無形，直視三個男人如無物，與一般宵小相較，其間不可以道里計。此則故事若是獨家報導，固令人拍案驚奇；如係小道消息，可供談助；萬一爲作者所獨創，則是鬼才一流矣。

野狐禪室主〈續聊齋〉記嘉義陳姓友人述「西門外大溝畔，有一廢宅。……有某甲者。性詼諧而好事。……嘗作惡作劇僞鬼以嚇之。……忽覺身旁有人面色灰敗。甲毛髮一豎。感覺其非人類。……共相拳擊。

適有數人觀劇欲歸。各持打馬火。望見甲獨自一人。兩手張開。左右搏擊。大聲喝曰。是胡爲者。甲恍然醒悟。問其故。爲陳其始末如此。是所謂與鬼廝打也」(68 號)。僞鬼遇真鬼，足爲惡作劇者戒。

作者又於同一專欄以〈陰陽求配〉爲題，略謂天人旦「姿貌清秀」，婦阿桂風調「百媚千嬌」，天人煙友陳屋，係安平縣皂班，曾戲言欲娶桂爲妻，夫婦知其謔，笑曰可。不久，天人病歿，阿桂嫁與鄭屋，「領臺之初，陳屋亦死，而阿桂忽病」，鄭屋請友人洪某療治，洪診脈知殆，囑備後事，次晨桂死，及晚復甦，謂陳屋在陰間告其嘗允爲妻，問官知爲戲言，判桂還陽，「正言間，忽又暈絕，是陳屋望備祭品衣服，」以治飢寒，「因以七月十五爲期」，桂復甦。至期風狂雨暴，遂忘之，「至二十五日。桂復時昏時醒，洪某與陳屋魂約以五日爲期」，三十日如約備祭，「自是以後，阿桂亦無恙」(82-83 號)。陰鬼求配不得，復作祟求衣食，極爲難纏。

茅港尾黃清淵〈新郎齋〉謂鷺島翁章祺言其姪在杭州「誤租康王故宮居之。……居無何。僕役輩中夜嘩言有鬼。甚至害病。且勸某君遷移他處。然某君固鐵錚錚之新人物。甚惡之。並斥其妄」。一夜見陌生老者「疊坐對面床椽」，「向他暫假數金。……言迄而沒」，次夜復見。「一夕風清月朗。……忽見一粲影。由荷池水清處而出，姍姍入室。……固二十許之漢宮人也。……然對麗人。不交一語」(19 號)。科學家持無鬼論，作者服膺翁章祺之說：「設身臨實境。雖有科學亦無所用。」因舉此二例反駁。

七、狙擊武打

《史記》〈刺客列傳〉、〈游俠列傳〉開武俠小說之先河，至唐傳奇而俠義之風大盛，《小報》刊載技擊之作不少，茲先言今吾所撰〈某僧〉。

「年將耳順」習少林技某僧攜徒至香邑前山，「賣技藉謀升斗」，「突有土豪某。糾集數十無賴。向僧索資」，僧允予五百錢，土豪強欲一千，終至比武。土豪「年剛而立」，持五六十斤鐵扒，僧以破衲，「紐之若結繩」，纏扒尖，「扒立墜」，「指其胸，人立蹶」。

僧續南行，託路旁賣食老叟轉交藥丸予土豪，治內臟傷，土豪將丸擲河中，「荷扒直追，詎行數十武，病已作」（所引皆見 41 至 42 號）不到七日，一命嗚呼。

土豪以當地人欺生，不該者一；壯欺老，不該者二；強欺弱，不該者三；以鐵扒對破衲，不該者四；以眾暴寡，不該者五；落敗不認輸，不該者六；不自量力，負傷窮追，不該者七；辜負對方美意，不該者八；急怒攻心，擲藥丸不顧命，真真該死。

今吾又作〈李生〉，略謂李雖儒，亦習拳棒，一日散步，「不覺已入旗籍街。……睹一美婦。……方眉目傳情間。」「忽一人大聲斥罵。……舉拳向生猛擊。生急側身避。順手將拳略拖。其人已仆於地。」一壯者欲捕生。生甫舉足。壯者立仆丈餘。一少年持雙刀猛砍，生將其「雙腕壹拖。手立輭。刀亦墜。」天已入黑，旗人愈聚愈多，生陷入重圍。「一和尚。年四拾許。……禪杖壹揮。眾皆倒退。」殺出重圍，生拱手致謝，並叩法號，不留名而去。

旗人自視從龍貴胄，每以眾凌寡，禪師見李生好身手，故仗義相救，「非望報者」（所引皆見 43 號），真如飛鴻，來去無蹤。

蒲溪〈文人技擊〉謂道光、咸豐間，常州七才子「不獨以文章見稱，且嫻技擊」，中以王古愚稱冠。

有劇盜脅江蘇巡撫中丞索十萬金，以一月爲期，門客薦古愚，中丞見其貌寢衣敝口訥，以爲無法捕盜，改請教子侄。

更闌，月明如晝，古愚演少林拳術，「變幻莫測。……忽中丞自後掩入。執古愚臂曰。……今乃知先生藝。誠天下無敵」。

中丞召盜飲，「率黨五六人。……酒半」，古愚喬裝爲庵人，直撲盜魁，盜攀屋樑欲走，古愚執其足，「力擘之。身分兩半而死。餘盜均就縛」（所引皆見 66-67 號）。

中丞以重金謝，不受而去。古愚人如其名，淡泊名利，不縈於心，頗有古俠客之風。以上技擊者分爲方外、書生、文人，以下所言者爲女子，芳雨〈西安女子〉可說是代表作。

故事的背景是八國聯軍之役。

吏部郎中薛熙一日閑行市上，見女子號哭，「年才垂髫楚楚可憐……刻老母病臥旅舍。而腰纏又罄。是以出乞」。薛知醫術，女母已病入膏肓，投藥無效，爲買棺安葬，欲送其回晉中，則不能道鄉里姓名，只好帶她回家，「自言願事太夫人……薛母喜其秀慧……字之曰秀姑。」過三年，明媚動人，欲爲之擇婿，答已訂婚。

庚子拳亂，張德成蹂躪京師。八國聯軍陷津沽，薛奉母居城北鄉村。繼而舉家西遷，「狀爲難民……衣皆襤褸。紉金珠於內。從人僅一老僕與秀姑耳」。

林間呼哨，拳匪數百前來搶劫，「秀姑乃於身畔出雙刃直奔群賊。但見秀姑刃如疋練。夭矯龍舞。壹時頃。賊亡元中傷者貳百餘人。未傷豕突散」。至晚，秀姑跪言：「此去西安不過三日。壹路皆坦途。可不須婢子擁護。」問歸何處？曰：「向不言者。以婢子受主人葬母之恩厚。思得當以報……今稍報涯以涘。亦當從先母命以完此終身事矣。」遍拜家人而去。

西安女子如紅線，身懷絕技，深藏不露，殺賊報恩後，鴻飛冥冥，難怪「薛惋嘆累日」（所引皆見 89-90 號）爲晚清慘史增添動人的一頁。

八、短劇

《小報》以雛形短劇形態呈現的小小說，首推 16 號丁某〈笑幕——狡猾的兒子〉，這簡短的獨幕劇，人物只有兩個，小孩了解母親多疑吃醋的心理，故作神秘，向她騙取四角子，全篇充滿逗趣、懸疑、狡獪的氣氛，最後答案揭曉，原來父親摩托車載的是「有鬍鬚的老伯伯」。場景是富麗的房間，情節由小孩的口白衍生。

丁某在38號又推出〈寸幕——諷刺劇 分家〉，登場者爲父、親生子、養子，篇幅更短。

35號新年增刊版出現了〈笑幕〉：

短　劇　　浚南

諷刺劇　　唉唷

第一幕

（佈景）大旅館之樓上、用內地式的建設

（人物）紳士

時髦女郎

旅館下女

紳士（繞膝而坐、時以手撚其卓必靈式的鬚、以口向女郎耳邊私語）

女郎（俯首若沉思）（頻注視紳士無名指上的鑽戒）

下女（舉步欲入、見門緊閉、作訝異狀、從空隙窺之、很難為情地掩面疾走失口道）唉唷

第二幕

（佈景）結婚大禮堂

（人物）司儀人、

主婚人、

新郎、

新婦、

來賓（甲乙丙丁）

主婚者（頻注視新婦、現出驚異狀）

新婦　（視線亦頻視主婚者、急縮手遮掩其指上鑽戒、作難以為情狀）

主婚者 不期然而冒失口道

新婦　　唉唷

這短劇凸顯人生的荒謬。一個騙情騙財騙物的女郎（或許是歡場女子）在自己婚禮上驚愕地發現受害者（紳士）竟是主婚人（可能是新郎的父親、祖父、叔伯、舅父）。作者充分運用了的「巧合」的情節，這已非單純的騙案，而夾雜著情色、物慾、財貨、倫理、婚姻的問題。主婚人必悔恨交加，他和新婦（女郎）的難堪、羞愧無人知曉，複雜的心情盡在一聲「唉唷」裡。這人間悲喜劇、諷刺劇深刻地在荒唐的路上進行，新郎和來賓永世不知，主婚人和新娘則畢生難忘。作者寥寥數筆，將閱歷、見聞、想像、才學陶熔於中，第一幕人少場景小，與第二幕的人多場景大；第一幕的冷中帶熱與第二幕的熱中帶冷，形成了強烈的對比。

下女的焦點是女郎和紳士，女郎專注紳士指上的鑽戒。賀客聚焦於新婦，新婦與主婚人目光焦點在鑽戒，它閃耀著似喜實悲、似笑實哭的光芒，劇名若以之為題，雖合旨趣，卻不如「唉唷」來得傳神。

從 46 號至 105 號幾乎都有「寸劇」專欄，分由不同作者撰稿，茲舉 65 號樂天的〈孤注〉為例：

> 夫——咳！我的病。雖然厲害一點。遲早總會癒的。像你這樣整天整夜地憂愁。反正是自討煩惱。究竟於事沒補咧！
> 妻——唉！你免多心吧。我是在追悔。悔不該拒絕我媽的進言。倘照她的主張。早一個月。給你上了人壽保險。看到今天的病勢。這筆橫財。的確跑不了哩！

還是社會諷刺劇，是家庭，也是個人與社會現象。

再看 71 號蒲溪的〈好大膽〉：

> 甲：老哥。聽說你今次。新從後山歸來。在那處有甚麼希奇的事沒有。請你老談一回。讓弟拜聽拜聽。

> 乙：我有一日。在山間被一隻大蟲遇著。那時我手無寸鐵。只好提起空拳。向大蟲衝去。當著牠要來咬我的當兒。我就將右手去拿牠的下顎。左手捏牠的鼻子。將牠的口大大開著。一直到牠餓死之時。我方才放手哩。

形式爲對白，其實是乙自說自話，他吹牛的內容遠較施耐庵筆下的武松、李逵還要厲害！細心的讀者或許注意到樂天已經用了驚嘆號（！），而蒲溪也知道用冒號（：）了。

84 號由双木生執筆的〈自由〉藉由師生、父子對話二幕，諷刺當時一般人誤解自由真義，是問題劇，也是社會小說。

最後看諸羅散仙的〈短幕〉（127 號）：

> 地方代表者——我××市內的台北妓女。不下二百名。若一人一日得二　　　　　　　　圓。一年有十四萬六千圓。此乃我市年年窮困的原因。自地方經濟而言。須獎勵我市的婦女為娼妓。即我市漸漸富有。
>
> 市民——是。是。不錯。不錯。請汝家的婦女先實行罷。
>
> 地方代表者……

民意代表良莠不齊，等而下之者往往包賭包娼，甚至自己開賭場、設妓院，勾結官府、黑道，逼良爲娼，還立法鼓勵賭博，這些地頭蛇喪心病狂，市民建議他們家婦女率先操賤業，可謂快人快語，大快人心。

九、軼事和寓言

軼事以人爲主體，有記古人者，如畸雲〈戴萬生笑柄〉言戴潮春土氣不文（1 號）、〈文襄逸話〉記張之洞（13 至 14 號）、〈狀元神射〉記王世清（21 至 22 號），都在「史遺」專欄。

有記今人者，如胡魯〈兩個鬍子〉述視力不佳和紅蟳的故事（17 號）；景山〈騙請害餓〉云學甲娶妻，塾師送紅包，中有銅錢一枚，謂：「要收是你貪財，不收是你癡獃。」學生不知如何是好，求救於妻，新婦用紅箋作答：「豎是柱仔腳壁，煮是不成筵席，要來是你顧食，不來是你食癖。」塾師前往赴宴，不久，聞「煎炒沸騰，香氣撲鼻，但經過數時，卻無動靜，師忍飢待至晚脯」，婦將滾水潑犬，犬負痛奔出，婦大聲喝道：「此犬平時極辨顧食，今天應該叫牠在此受罪受罪。」師知誚己，「倉皇遁出」（皆見 20 號）。一時傳爲笑柄。

古圓〈善於應用〉謂清季某軍長以父廕得官，「軍事學識實屬門外漢。」唯其少年之時，嘗閱過三國演義、說唐、說宋等古冊頗多。」一日開軍事會議，甲論乙駁，舌戰紛紛，某高聲叱曰：「汝等議論雖多，實無一中用者，我以一言決之，軍人唯忠君愛國就好。」部下莫名其妙。某於軍職雖僅具軍服架子，但善於應用說部，可謂不學有識，是當時軍事將領之一特色。（見 37 號）

花道人〈作合〉寫縣令斷案，略謂有善政，一邑之人敬如父母。曾有美女子惡夫貌寢，歸寧後「長齋繡佛」，不返婆家，夫遂控於官，公再三勸說，「女意不回」，因命閹豬者至，將女「伐去情根」（見 20 號）女大驚，願遵明斷，與夫和好。專制時代人治超乎法律，縣令這種處置不足爲訓，可以處變，切勿習以爲常。

邱濬川〈詩話趣聞〉謂某生妻賢而美，鄰右寺僧吟曰：「月皎潔兮風清清，清風明月弄竹聲，此語莫與俗家聽，只恐俗家欲作僧。」誘生出家。妻惡僧惑夫，作詩云：「清清飯兮白白肉，小娘腳腿白如玉，此語莫與僧家聽，只恐僧家欲還俗。」使夫朗誦。既久，僧「一片春心。隨聲飄蕩。竟捨袈裟。還俗娶婦」（32 號）。作者讚士人妻「慧而黠」。

寓言意在言外，有警醒、啓發的作用，試以 22 號、24 號、25 號的〈指環游記〉爲例，作者「陶醉」以環環相扣的手法鋪敘情節，翡翠樓的富翁以一千二百大洋在萬國珠寶公司購一只鑽戒給四姨太，翌日深夜她在亞洲大旅社將它贈與小白臉阿根，他轉送銷魂橋北妓樓琪香，她又以之討好武生玉麒麟，旋爲黑衣人持槍劫去，在富翁開設的賭場輸掉，再度戴回四姨太指上，不知就裡的富翁直說：「天作之合，無獨有偶。」其實還是原來的鑽戒，作者結尾道：「總是那只鑽戒。不甘寂寞。昨夜又出門游歷去了。」如此周而復始，迴環反復，九易其主，還會不停的「游歷」下去。天道好還，來得不乾淨，去得不明白，無所謂「終」，更無所謂「始」。

15號增刊一版刊出鐵板道人〈社會人物兩面觀〉，以大和尚、議員、長老、新人物的正反兩面對比他們的真與假。

大和尚在大雄寶殿的功課唸《心經》：「色即是空，空即是色。」其禪房私帳則記載收某姑歡喜緣金六十圓、某官送牛肉汁和魚肝油，和尙送某姐香水，還春藥店鹿茸、壯陽丸「舊賬三十六圓九角」。

議員對社會宣言：「這是我們同胞的生死問題，將來鄙人當效死力爭。」議場內說：「民可使由之，不可使知之。」長老在教堂：「阮兄弟姊妹，相共懇求我的上帝，赦免阮的罪。……阮謹記住你所教示阮的十誡。……」在情婦房，知她有「五個月身孕。」答曰：「總是上帝創造。這與我有何干……」

新人物於演臺上：「男女平權……解放……自由……社交公開。」在家裡跟太太說：「你以後凡要出門，總要受我許可。……有人看見你在×舞臺。和一個六十多歲的男子說話。」作者無情的揭露這四種類型人物公開場合與私密生活的不同嘴臉，不評一字，盡得其實。

十、世情與愛情

世情複雜多變，閱歷豐者亦難盡窺，初涉社會往往受騙，雲夢〈巧騙〉敘述値七千金的米騙案，金某三人「攫得鉅款，鴻飛杳杳，逍遙法外」，而讓有義氣的少年王某「郎當入獄」（見476-478號）。這位譜弟相信「有福共享，有難同當」的誓言，結果是有難獨當，福讓三位契兄共享。作者撰此以爲涉世未深者當頭棒喝！

有以「實」爲筆名者撰〈老江湖倒運〉，謂星相家周璧臣，人稱老江湖，卻爲自稱姓劉者所騙，所謂八十歲老娘倒綳於三歲小兒之手，可不慎哉？（見 475-477 號）

陳戲冥〈女匪報妬記〉寫黑社會，農家女李娘，年方二八，爲江淮股匪所擄，匪首李某納爲小星，授以武技。李某「與官兵格鬥，中彈殞命」，她被推爲首領，女扮男裝，馳騁江淮間。

後厭棄綠林生活，「深夜遁去」，投紳董朱某爲簿室，大受寵愛，朱妻視若眼中釘。娘求去，索盤費，不得，含恨離開。

過兩月，古曆大年初三，娘扮男裝，「率精壯三十餘匪，斷朱首級。……妻又身首異處。……餘人死於刀下者都八口。」（見 431-432 號）妬之害人大矣！

421 號載雪泥叟轉錄〈新人原是舊妻〉，茲刪節如下：

> 遼陳東郭商人某。……時有藏嬌念頭。致與老妻反目。詬誶時聞。某日迫妻歸寧。以為納妾時機到矣。……隨媒往相。一見傾心。乃授以五百金作納采禮。……賀客盈門。少頃彩輿臨門。新娘從轎中一躍而下。某趨視。回頭便走。蓋新婦即舊妻也。

原來這場鬧劇是老妻偵知，設計懲戒老夫的，還是基於吃醋的心理，但結局較李娘主導的溫和得多。

王登輝著〈可憐的采蓮〉，以悲憤憐憫之筆敘美麗的良家女淪落風塵的慘遇。白采蓮因父親逝世，與母相依爲命，母爲人浣衣，采蓮造花，自食其力。不久被同爲淞村的豪公子看上，以重金啗母，贏得采蓮的身心。過了一年。喜新厭舊，移情別戀，經此打擊，追悔莫及，母親染傷寒，撒手人寰，采蓮「伶仃無靠」，爲餬口而「投身娼寮」。

生張熟魏的生活過了兩年，染上梅毒，恩客漸少，典當衣釵，卻治不好，臨死恨聲曰：「我采蓮會墮落爲娼，以至於死，盡是此萬惡資本主義社會之所賜」（見 252-255 號）。

這篇小小說將采蓮的淪落慘死，歸咎於資本主義，由於寫作技巧不高，流於觀念的獨白，無法引起讀者的共鳴、感動。

愛情小說中之悲情短篇有恤所作〈臨嫁之夕〉，寫容姑于歸之日「悲傷憔悴」，因新郎非所悅意，她喜愛的是浣花，無奈母命難違，花嫁日即是斷腸時。（見 261-262 號）。

吉所作〈珠江塵影記〉旨謂一見鍾情卻無緣結合，空留遺恨。作者用第一人稱追述八年前在關西某中學畢業前夕與三五知己泛舟珠江，邂逅校書碧金，「心愛好之」，但對方「祇清歌侑酒，不能以色相示人」，作者戲挑，碧金自云：「先人本患瘋疾，未及三代，今若此俱顧眼前之樂，致貽身後之憂，妾百死亦不足以贖其辜矣，……良緣或候來生。」（435-436 號）作者愧謝而返。次年元月八日，祝融肆虐，花舫成灰，碧金存亡莫卜。

亞雨〈琵琶殲情記〉也是追憶戀情，與上篇不同的是主角爲作者友萬鏞，杭州人，十二歲隨父習琵琶，過七年，父卒，「家無宿粒」，「寄食姨家」。弱冠，「藝大進」，民國八年，至上海謀職，値江浙水災，滬上發起音樂賑災大會，鏞登臺獨奏，爲西人諾爾賞識，邀其至家，識女主人麗特及女薇娜，薇娜年方二九，擅提琴。「一日，麗特主開音樂會。……晚跳舞」，薇娜找鏞爲侶，愛苗漸茁。後諾爾舉家返國，「桃花人面，一腔熱淚向誰灑，地老天荒，此恨綿綿曷有極。」（454-455 號）鏞哀恨交集，黯然去國，不知所終。

冷紅生〈前塵〉記崁南懺綺生與小鬘之戀，二人同嗜電影，曾觀〈青春路〉，鬘自語較劇中人尤痴。次年春，鬘病，歸家靜養，日愈沉重，懺綺誓言：若有不測，願爲其料理後事，（45-47 號）語摯情真，聞者無不動容。

蠶絲放庵〈浪愛〉以書信體寫秋娘的苦戀，她愛上見異思遷的阿林，她是他「第七個情人」，自言「我愛阿林愛定了。任是阿林這般薄情。而我還在抵死纏綿。……我爲了阿林受盡千辛萬苦」，原來她被叔父「禁閉在一間小樓上」，不到一個月逃了出來，打聽到阿林在上海，千方百計「冒險單身到了」，卻發現他和別的女人同居。最後她被叔父「賣給人家做妾了。」（339-342 號）但還希望和阿林見一次面，而阿林已經有第十八個情人了，真真痴心女子負心漢。

署名「徐」所著的〈豆腐西施殉情記〉，故事簡單，略謂豆腐店陸老闆女兒瑞寶，秀外慧中，讀女校時與鄰校殷生日久生情，山盟海誓，然「殷氏為富室望族」，父不同意，子遂自戕，瑞寶登門，「撫屍大慟」，為殷父所逐，女致書殷父，中云：「你說你兒子由我而死，我卻說是由你而死，因為你虛榮心重，梗阻我倆的好事」（429-430 號）語極激烈，書畢自殺。

十一、結論

三0年代的台南處於古今相會、土洋合流、東西匯聚、新舊交替的時刻，《三六九小報》應運而生，三日一見，月始九現，既欲介紹引進新知識，又要保存發揚舊文化，在新聞掌控、報紙查禁的律令下，[9]加上知識分子消費階層的出現，只好走幽默休閒的路線，官方技術性的干涉，[10]作家和編輯揮不去心頭的陰影，一次刊畢或數號完結的小小說最受《小報》歡迎。

小小說或用文言，或用白話書寫，而文言多於白話，因為作者以舊文人居多，或兼受私塾書房啓蒙和新式教育，也有文白夾雜書寫者。

就題材言，已有不少新事物，如化裝舞會、保險等，迷信、相命、科學皆被嘲弄，女性漸有自覺意識，囚徒反諷獄卒，慢慢有了人權觀念，文人借題發揮，微露司法人員操守不佳的批評。

偵探、獵奇、志怪除滿足讀者的好奇心和窺伺慾之外，多少受聊齋鬼狐之說和傳統神道觀念的影響，〈奇案〉一則已略具現代知識。狙擊、

[9] 大正六年（1917 年）12 月 18 日統治當局頒布〈臺灣新聞紙令〉，採許可治制、保證金制、檢查制，管制出版、言論自由。

[10] 刊物會受到食割、伏字、鉛屁股的處分。

武打仍落舊小說窠臼，跳不出樊籠。

短劇如小型話劇，布景、道具、人物、題材朝新的方向開拓、進行。軼事包羅古今人物；寓言以〈指環游記〉爲最佳，一只鑽戒映出了眾生相；〈社會人物兩面觀〉批判性很強，對公眾人物的假面目予以嚴酷的揭露。

世情之作頗爲全面，像一面大魔鏡，無遠弗屆，無微不顯，千變萬化盡在其中。愛情短章多以悲劇收場，不脫當時新文學戀愛悲情的模式，缺乏感染力。

《三六九小報》的小小說依題材分，筆者以爲除上述十類較具代表性，其他篇數較少的問題和幻情之作，[11]代表性不足，故予以從略。

[11] 問題小小說如舍我：〈博愛與利己〉，幻情小說如守頑：〈鸚鵡夢〉（60-62 號）。

引用文獻

連橫：《臺灣通史》，台北：眾文圖書公司，1979 年 5 月。

趙升：《朝野類要》，台北：商務印書館，1966 年 3 月。

趙雅祺等：《三六九小報》，台南：台南三六九小報社，1930 年 9 月 9 日至 1935 年 9 月 6 日。

顏元叔主編：《西洋文學辭典》，台北：正中書局，1991 年。

Leonard Blusse, Margarethe van Opstall 著，江樹生譯註：《熱蘭遮城日誌》第 1 冊，台南：台南市政府，2002 年 8 月。

Small City　Minor Paper　Very Short Story：A Discussion about the Cultural Factors of Very Short Story

Gong, Xian-Zong*

[Abstract]

Except the preface and the conclusion, this paper is divided into ten sections. The first section discusses the history of Tainan City and its cultural development.

The second section describes the background of the creation of Tree Six Nine Minor Paper. The third one relates the cause and construction of the very short story in the minor paper. The fourth section divides the content of the story into ten kinds. From section five to section ten, the author will discuss jokes, sarcasm, detective stories, legends, traditional martial arts, short plays, anecdotes and fables, and romantic stories separately.

Keywords: Small city, Three Six Nine Minor Paper, very short story, cultural factor, Tainan

---

* Professor, Department of Chinese Literature, National Sun-Yat-sen University.

時空視域的交融：文學與文化論叢
頁 107~163 國立中山大學人文中心.2011

離散情境下的折射光暈：日治後期臺灣新詩人的北京觀照

楊雅惠*

〔摘 要〕

本文探討日治時期 1937 年之後，臺灣新詩人林修二（1939）與江文也（1942）的北京書寫。林修二、江文也是典型的東亞現代主義者所經臨的體驗——受日本政權與西方文化雙重殖民身份的作家。處於這般離散情境下的臺灣新詩人，對北京城市的觀照，一方面是作爲中國文化的「他者」，與中國古典抒情境界作深度對話；一方面是作爲日本帝國的「他者」，對東亞協同體（進而大東亞共榮圈）的未來想像作辯證反思；終而更是對西方現代主義挑戰的回應。如此觀照下的「北京」，乃呈現出一種迥異於前的光暈，不只喚醒古都的神韻靈魂，也折射出殖民地臺灣之子參與的西方現代主義、東方古典傳統的交響對話。臺灣新詩人之臨在北京，也是旅人在旅途中，探索個人生命和浩瀚歷史的穿梭徬徨；更是回應世界潮流中的東方／西方、民族／國際、殖民／帝國、舊邦／新命間循環往復的質疑與叩問……。

關鍵詞：日治時期、臺灣新詩、林修二、江文也、北京

* 國立中山大學中國文學系教授

收稿日期：2011 年 4 月 10 日，審查通過日期：2011 年 5 月 12 日

一、前言

1937 年 11 月日本雜誌《改造》刊登了林語堂的散文〈古都北平〉：

> 北平和南京相比較，正像西京〔京都〕和東京一樣。北平和西京都是古代的京都，四周是環繞著一種芬芳和歷史性的神秘魔力。那些新都，南京和東京，時間不到的。南京（1938 年以前）和東京一樣，代表了現代化的，代表進步和工業主義、民族主義的象徵；而北平呢，卻代表舊中國的靈魂、文化和平靜；代表和順安適的生活，代表了生活的協調，使文化發展到最美麗，是和諧的頂點，同時含蓄著城市生活及鄉村生活的協調。[1]

文中的北平，是一混沌未鑿的文化原鄉、純粹整全的地理中心，是中國文人夢想未破的意識空間；一如班雅明（Walter Benjamin, 1892-1940）對傳統藝術的「光暈」（aura）[2]之歎。班雅明認爲古典時代的藝術有一種光暈，但機械複製的時代，光暈便消逝了。北京城市，千年古都，或即爲一巨大藝術品，然而走進現代，日本帝國擴張，資本主義興起，北京是否仍然擁有那美麗和平的光暈？

1937 年 7 月盧溝橋事件發生後，日本侵略軍佔領北平。1937 年 12 月 14 日日本帝國在北京成立傀儡政權——中華民國臨時政府，統轄平津

---

1 原文為英文，當時阿部知二譯成日文刊於日本雜誌《改造》，參見王成：〈1935 年秋：北平幻想曲——林語堂與阿部知二的《北京》〉，收入譚晶華主編：《日本文學研究：歷史足跡與學術現狀（日本文學研究會三十週年紀念文集）》（南京：譯林出版社，2010 年）。英文原文見林語堂：《輝煌的北京：中國在七個世紀裏的景觀》（*Imperial Peking: Seven Centuries of China*）（北京：外語教學與研究出版社，2009 年）。

2 或譯「靈光」、「神韻」。華特・班雅明（Walter Benjamin）著，許綺玲譯：《迎向靈光消逝的年代》（台北：台灣攝影出版社，1998 年）。

和華北等地區。1940 年，改爲華北政務委員會。北京雖然在日本占領下，但政治中心、文化古城的昔日形像似仍存在，吸引各方人士前往北京。而臺灣人也藉由日本政府勢力所及之便，得以遊訪到北京。[3]

從未定居過中國、未曾到訪過北京的日治時期臺灣詩人，初臨這千年古都，是甚麼樣的印象呢？古典詩人如洪棄生、連雅堂、陳逢源等都曾遊觀北京而有題詠。而新詩人中最早書寫北京城市的，當首推張我軍的《亂都之戀》。張是臺灣新文學運動的啓蒙大將，此詩無疑也是新詩誕生的標誌之作。1924 年 3 月自 12 月，他從北京、返臺途中及在板橋故鄉寫了 55 首詩；時北京軍閥混戰，人心惶惶，其以之爲背景，抒發熱戀、惜別情思，如：「亂哄哄的北京，依舊給漫天的塵灰籠罩著。」隨著視角的拉開，北京轉化爲留在古都的戀人之象徵：「蒼鬱的北京也望不見了。呵！北京我的愛人！」全書爲其愛情旅程之抒情詩，對於北京一城實著墨不多。因此北京之於臺灣新詩，就似預定只是一域外城市的遙遠背景，疏離而不見其貌。[4]臺灣新詩文中真正的北京書寫，則待三、四O年代林修二〈槐樹の憶ひ出〉(〈槐樹的回憶〉) 與江文也《北京銘》。[5]

林修二（1914-1944）在 1939 年 8 月，經朝鮮赴中國東北、華北、華中、華南等地考察。此一路線可溯自 1906 年（明治 39 年）11 月，南滿洲鐵道株式會社設立（滿鐵首位總裁即後藤新平）。1911 年 11 月日本、朝鮮、滿洲連接到歐洲的國際運輸完成。1912 年 3 月以政府鐵道院爲中心，日本郵船、東洋汽船、南滿洲鐵路等機構共同投資成立了日本交通公司（JTB）。JTB 成立不久即在大連、漢城、臺北設立分部；受 19 世

---

[3] 許雪姬：〈1937 至 1947 年在北京的台灣人〉，《長庚人文社會學報》第 1 卷第 1 期（2008 年），頁 33-84。

[4] 日本入華時張我軍在國立北京大學工學院教授日文，1939 年有一篇〈秋在古都〉發表於《中國文藝》創刊號。見奚密：〈臺灣人在北京：1949 前在京臺灣作家簡論〉，收入陳平原、王德威主編：《北京：都市想像與文化記憶》（北京：北京大學出版社，2006 年）。

[5] 另在北京的新文學家有洪炎秋、張深切、鍾理和等。見奚密：〈臺灣人在北京：1949 前在京臺灣作家簡論〉。

紀後半葉歐洲興起的環球旅遊熱潮餘波影響，JTB 以組織外國旅客旅遊日本、中國為主要事業。大正十三年（1924）日本旅行文化協會成立，推動旅遊文化發展事業。其後大正末、昭和初年在日本中學、大學、師範學校、商業學校多有滿、韓、支「修學旅行」熱潮，社會人士也參加滿、韓、支團體旅行。

林修二在慶應塾大學四年級時，被選為望月支那研究基金贊助的旅行代表，[6]經朝鮮赴中國等地考察。望月支那研究基金是慶應塾大學的一團體，當時日本對於支那學研究熱烈，望月基金支那研究會應時而生。該研究會是實業家望月軍四郎所奉獻成立，專門提供從事支那學研究以及支那各般事情調查之研究，[7]曾資助許多學者參訪中國，慶應塾大學機關誌《三田評論》就曾刊載其所支持的旅行隊記錄選萃。[8]林修二便在這支那研究熱潮中旅行了北京。寫成的〈槐樹的回憶〉一文，篇幅不長，但足以窺見臺灣新詩人對北京城市印象之一斑。

而江文也（1910-1983）生於臺灣淡水，但幼時即舉家遷廈門；赴日讀中學以後，研習音樂，長居東京；1936 年與俄籍音樂家齊爾品（Aleksandr Nikolaevich Tcherepnin, 1899-1977）[9]初次造訪北平，1938 年

---

6 全隊十二名，除林修二為文學部學生外，其餘皆屬經濟學部。

7 宮島貞亮：〈書評：《支那研究》〉，《史學》第 9 卷第 3 號，頁 156-158。（《支那研究》為慶應義塾望月基金支那研究會編，岩波書店發行，1934 年 10 月）。

8 如〈滿鮮の旅：望月支那研究基金旅行隊記錄拔萃〉，《三田評論》第 446 號（昭和 9（1934）年 10 月），頁 27-30；亦可參見飯塚保撰：〈滿鮮支を見る：望月支那研究基金旅行隊〉，《三田評論》第 470 號（昭和 11（1936）年 10 月），32-34 頁，及《三田評論》第 471 號（昭和 11 年 11 月），頁 32-35；富田正文撰：〈鮮・滿・支・點描：望月支那研究旅行隊日記抄〉，《三田評論》第 507 號（昭和 14（1939）年 11 月），頁 86-90。

9 亞歷山大・尼古拉耶維奇・齊爾品（俄語：Александр Николаевич Черепнин-），美籍俄羅斯作曲家，鋼琴家。其父是作曲家尼古拉・切列普寧。1921 年隨父流亡巴黎，1934-1937 年到遠東巡演，遊歷了中國和日本，並與中國鋼琴家李獻敏結婚，後定居美國，被他發掘或推介的東亞作曲家包括賀綠汀、伊福部昭、

4 月受聘北京師範大學，離日赴北平定居。當時臺灣人在北京逐漸增多，台灣人被故都的魅力吸引，藉由師友、親朋的援引，到北京求職，享受與日人同等的待遇。江文也在日本未能謀得出路，因而得到當時任北京師範學校[10]校長同鄉柯政和[11]之邀到北京任作曲教授。詩之創作宜在初來乍到的這段時間。1942 年江文也詩集《北京銘》由東京青梧堂出版，乃為新詩之書寫北京而成一專著者。全書 100 首四行詩以四季為象限的結構，歌詠北京的古蹟風俗、自然景觀，叩動音樂般飄忽抽象的思維，像刻銘文般表現出來，實為日治時期臺灣新詩城市書寫之巨構。

三０年代臺灣新詩已進入成熟期。臺南風車詩社詩人楊熾昌〈毀壞的城市 Tainan Qui Dort〉[12]中訴說著殖民地「簽名在敗北地表上的人們」之深層心理。這樣「敗北」意識的地誌書寫，其實不只見於在地詩人水蔭萍的臺南，在江文也返鄉的詩作中也可看到。1934 年江文也離開臺灣 17 年後首次回臺旅行。當然首先使他印象最深的是臺灣島上寧靜的生活

江文也等，1977 年逝世於巴黎。齊爾品的作品含豐富的民族元素，常採用各種民族調式和自創的調式，並嘗試電子音樂。但他的作品始終保持明顯的旋律性。見維基百科「齊爾品」詞目，(2011.7.17)。

10 北平師範大學當時遷往西安，與國立北平大學、國立北洋工學院組成西安臨時大學。

11 本名柯丁丑（1889-1979），字安士，出生於臺灣嘉義廳鹽水港。1911 年（明治 44 年）畢業於臺灣總督府國語學校公學師範部乙科後，同年便以音樂藝能傑出的師範生資格，保送至日本留學，進入東京上野音樂學校。1915 年 3 月返臺，執教於台北國語學校音樂科。1919 年復至日本，入東京上野音樂學校研究科、上智大學文學科學習。1923 年離日赴中國北京，受聘於北京師範學院音樂系。並更名為柯政和。1937 年出任北京師範大學音樂系第一任系主任。見白鷺鷥音樂館網頁（2010.10.10）：

http://folkartist2.e-lib.nctu.edu.tw/collection/Egret/zheng_he/top2.html。

12 「簽名在敗北的地表上的人們／吹著口哨，空洞的貝殼／唱著古老的歷史、土地、住家和／樹木，都愛馨香的瞑想／秋蝶飛揚的夕暮喲！／對於唱歌的芝姬 ／故鄉的哀嘆是蒼白的」。見楊熾昌日文原著，呂興昌編，葉笛漢譯：《水蔭萍作品集》（臺南市：臺南市立文化中心編印，1995 年）。

和美麗的景色，回鄉之旅讓江文也詩興勃發。[13]但下面《臺灣舞曲》的唱片介紹中這首詩卻又賦予臺灣極不同的意象：

> 在那裡我看到了華麗至極的殿堂／看到了極其莊嚴的樓閣／看到了圍繞於深邃叢林中的演舞場和祖廟／但是 它們宣告這一切都結束了／它們皆化作精靈融入微妙的空間裡／就如幻想消逝一般 渴望集神與人子之寵愛於一身的它們／啊——！在那裡我看到了退潮的沙洲上留下的兩、三點泡沫的景象。[14]

此詩裏的臺灣是個頹敗的宮殿樓閣、舞場祖廟的所在。以其考察民族音樂之行程目的，此地書寫宜爲赤崁樓之懷古。然而輝煌轉瞬即逝，「一切都結束了」。江文也的詩歌中，臺灣顯示兩種不同視野：一是詩意的夢土，一是頹敗的荒原。前者引發素樸的牧歌吟唱，後者則喚起對歷史輝煌的感慨讚嘆。[15]感慨或也只是一種「敗北」的哀悼，而並非「異國情調」[16]

---

[13] 江文也：〈「白鷺への幻想」の生立ち〉：「水田真是翠綠。在靜寂中，從透明的空氣中，只有若干白鷺鷥飛了下來。於是，我站在父親的額頭般的大地、母親的瞳孔般的黑土上。……說不定古代亞細亞深邃的智慧在我的靈魂中甦醒。這樣的觀念逐漸進展，最後形成一個龐大的塊狀物，在我的內心浮動，以此，狂亂異常。」見《音樂世界》第 6 卷第 11 期（1934 年 6 月），頁 110。譯文參見周婉窈：〈想像的民族風：試論江文也文字作品中的臺灣與中國〉,《臺大歷史學報》第 35 號（2005 年 6 月），頁 137。

[14] 8 月 11 日至 19 日在臺灣巡迴表演之後，江文也回到日本寫下這首詩，題於管絃樂曲《臺灣舞曲》總譜扉頁上。譯文引自周婉窈：〈想像的民族風：試論江文也文字作品中的臺灣與中國〉，頁 138。

[15] 王德威：〈史詩時代的抒情聲音：江文也的音樂與詩歌〉,《臺灣文學研究集刊》第 3 期（2007 年 5 月），頁 1-50。

[16] 王德威以此質疑：江文也對臺灣其實只是一種「異國情調」的想像。因為，臺灣從來不以「華麗至極的殿堂與極其莊嚴的樓閣、演舞場和祖廟」知名於世，江文也一定是為了他自身的懷鄉想像而營造了一個異域景觀。王德威：〈史詩時代的抒情聲音：江文也的音樂與詩歌〉。

的謬誤，一如水蔭萍詩中對生活在此敗北地表上所瀰漫的灰色與頹靡氛圍。而懷鄉想像，確然構成其現代性的追尋。因想像的鄉愁，可視爲現代性的特徵之一；原鄉之失落，構成了缺席前提（absentcause）的現代性書寫。

臺灣新詩人的敗北深層意識，在域外城市中呈現了折射性的反轉。林、江兩人到北京的時間相近，屬日本侵華時期。北京的市花是槐樹，如林修二〈槐樹的回憶〉一文所說：「令人感受少女豐滿的胸脯那麼繁茂的槐樹柔和的樹叢裡，留有白扇狀的花；從裡面，我聽到了一、二聲溫柔的蟬鳴。」這繁茂的槐樹，代表了北京城市的風景，總是生生不絕地帶領客居的旅人無窮的回憶。江文也《北京銘》說：

> 沉浸於這裏的空氣的瞬間／自己從那裏來？又將往那裡去？／東京呢？被問時　我困住了[17]

從敗北地表台灣、或殖民宗主國都東京出發的詩人，旅遊到此，沉浸於古都的夢境，似已忘卻來路與歸向。林修二、江文也所經歷的似乎是典型的東亞現代主義者所經臨的體驗。如王德威所云：受日本政權與西方文化雙重殖民身份的藝術家，當他們接受了中國的召喚，經歷一次穿越時空的冒險，在離散境況（diaspora）下，一方面是對西方現代主義的回應，一方面是對中國／東亞古典的反思，他們將如何重塑其文化想像與藝術感知？[18]因而我們要問的是：新詩人在北京，究竟是客居異鄉，還是回歸故鄉？其身份的認同爲何？他們的北京之夢到底是怎樣的夢境，是中國的，還是日本的，抑或都不是？其敗北意識之反轉，是因古中國的偉大，還是以擬日本皇民而榮耀？「北京」在離散情境的臺灣新詩人中，呈現出怎樣折射的光暈？

---

[17] 江文也《北京銘》二.13〈十剎海的夏天祭祀〉，見葉笛譯本：《北京銘：江文也詩集》（臺北：臺北縣文化局，2002 年），頁 86。

[18] 王德威：〈史詩時代的抒情聲音：江文也的音樂與詩歌〉。

二、快樂的古典化石森林：歷史遺蹟的巨大漩渦

北京之爲城，跨越了好幾世紀，因此城市的文化猶如一再複寫的羊皮紙，新的建築覆蓋了舊有的痕蹟，晚近的印象也淘洗了先朝的記憶，層層疊疊，重重冪冪，我們永遠無法一眼覷盡時間巨流中的北京全豹，只能在遺跡考掘中挖出一些斑駁的記憶。

其歷史可追溯到 3000 年前。自古以來，北京地區一直是中國北方的軍事和商業重鎮，名稱先後稱爲薊城、燕都、燕京、大都、北平、京師、順天府等等。其爲首都，則自遼始（937 年）此後金、元、明、清皆建都於此。因而此地存有幾世紀以來的巨大宮殿古蹟，環佈城內與城外。1938 年臺灣古典詩人陳逢源[19]爲考察日本佔據下的中國，曾於 9 月 28 日至 11 月 16 日間有大陸之旅，其〈北京禮讚譜〉一文記載：「北京城分內城與外城。內城中央有包含中南海及北海的舊內城，其中央爲紫禁城。往昔內城主要爲各種官署及文武百官的邸宅，一般商人只允許住在外城。內城占北京的大部份，沒有近代都市的附加物噪音的煩擾。在帝政時代，爲了保持皇居的威嚴，原則上不許兩層樓以上的建築物，因此大底家屋多爲平房；又因有嚴禁的牆壁環繞，工場汽笛之音也進不來。真能鎮定人的精神，詩情也就油然而生。」[20]其於北京一城的觀察，一眼就掌握了自古以來城市身份的全面格局。

北京故都的身份，首先當由歷史中的古蹟來界定。這一如文學中的典故文本，其語意有著歲月經久的確定義涵。所有古蹟中有大有小，大者諸如紫禁城、天壇、頤和園等。這些古蹟足以使古典詩人弔古懷古，生歷史興亡之感。如洪棄生有〈夜入北京書感〉：

---

[19] 1938 年陳逢源為考察日本佔據下的中國，9 月 28 日至 11 月 16 日間第三度大陸之旅。賦詩 49 首，多有傷今弔古之作。其抵北京與知友張我軍等相晤，並於八大胡同開宴痛飲。

[20] 陳逢源：〈北京禮讚譜〉，《臺灣藝術》第 1 期（1940 年 3 月），頁 27-32。筆者中譯。

夙昔夢京華，京華羅胸次。今來入京師，夜行真夢寐。五城十二樓，九門三千肆。燦爛電星光，照耀冰霜地。身遊瓊宇中，神似虛空寄。[21]

對洪棄生等臺灣古典文人而言，北京是母國文化首都，乃夙昔朝思暮想魂牽夢縈之城；因而前往北京，乃是一場朝聖之旅。進入這莊嚴殿堂，目光是嚴肅的、心神是敬畏的。陳逢源遊北京都門，詩中也說：

回首中原帝業終，卅年改革豈無功。明清朝去留黃瓦，鐘鼓樓仍聳碧空。執手謾悲燕市筑，傷心竟失楚人弓。西山一帶煙霞晚，楓樹從今不更紅。（〈都門秋思〉其四）

霜催蓬鬢欲成銀，歷劫昆明問夙因。失馬塞翁還似我，爛羊都尉總依人。樓頭酒暖難歌笑，客裡花殘易嘆呻。聞道漢陽城已陷，北華提倡作新民。（〈都門秋思〉其五）[22]

其中也多有黍離之悲，或有「國破山河在，城春草木深」（杜甫〈春望〉）的家國不完的空間之痛，或有「無情最是臺城柳，依舊煙籠十里堤」（韋莊〈金陵圖〉）興亡如夢的時間之感。所云：「傷心竟失楚人弓」，用典以喻北京之痛失外人（日人）之手，其由臺灣認同中國的意識可以察見。因此對於古典文人，古蹟乃其文化身份認同之標誌。

然而新詩人面對古蹟，自有與古典詩人不同的情思。望月支那研究基金旅行隊行程，從金朝行宮芙蓉殿遺跡到前清離宮靜明園、頤和園……

---

[21] 此詩作於 1922 年 11 月 23 日。洪棄生：《洪棄生先生遺書・八州詩草》（臺北：成文出版社，1970 年），頁 1197。

[22] 此詩刊於 1939 年 4 月 24 日，見《風月報》第 84 期 4 月號（下卷），頁 16「詩壇」專欄。又見陳逢源著：《溪山煙雨樓詩存》（臺北市：陳逢源先生文教基金會，1986 年）。

等等皆在參觀之列。[23]在紫禁城，林修二寫道：「說英語的導遊介紹著其中的建築文物種種：像紫禁城的略史，或外朝與內宮的分別，規格或樣式各樣的用途或名稱，或嵌在宮殿彩色或大理石階上的動物表象，或豎立在院子的鑄物中，無不隱藏有東洋美術品精華的由來。」[24]他聽著深有感觸：

> ……迄今仍然活生生的巨大世紀的殘骸……。令人懷疑曾經持有那麼強大權威的帝王存在過嗎，而且形成了放出那麼高度芬芳的文化?真不得不發出驚嘆的聲音。（頁 302-305）

藉由導遊的英語解說，已使古蹟蒙上一層西方對東方的異國情調想像；是以林修二文中語氣如對一異邦古文明的頌讚，驚訝於帝國權威與高度文化，也不禁感慨只今唯留巨大殘骸而已。在頤和園，林修二寫道：

> 把影子照在昆明湖，盡致輪奐之美，凝結了巧工的極致的頤和園的風趣，給人彷彿憶起往昔西太后的榮華夢；但也許由於時間流失，而缺落了幽玄之情調，竟得不到親情的銘感。走出城門到頤和園，沿途的楊樹確實很美，走過悠長的迴廊攀登萬壽山，從山上眺望的外郊綠色映照的風光，久久留在眼底而不消失。（頁 304-306）

文中只是慨嘆榮華如夢，但時空之差異，語言的隔閡，林修二並未有認同的親情；似乎他的遊觀，只是以一異地局外人的視角，而非古典詩人

---

[23] 據飯塚保：〈滿鮮支を見る——天津より解散まで〉所記。

[24] 本段譯文筆者略潤飾刪節。本文所引林修二〈槐樹的回憶〉乃收於林修二日文原著，陳千武漢譯，呂興昌編訂：《林修二集》（臺南：臺南縣文化局，2000年）。以下但標頁碼，不另作註。

的朝聖心態。同在頤和園，我們可比較一下古典詩人連雅堂〈頤和園看牡丹〉：

> 如此江山刻畫工，又將金粉繪春風。樓臺影拂千重紫，歌舞香留一捻紅。宰相定呼花綽約，君王長愛月玲瓏。可憐一夢鈞天後，沈醉霓裳曲未終。[25]

由末句「可憐」的情感語氣、「曲未終」之遺憾意韻，似乎古典文人較親近認同於這榮華之夢。在天壇，林修二寫道：

> 昔日，天子執行祭相之儀的天壇，以朱或青或群青彩色裝飾過的大建築物，建築於幾百年前的天壇，照著午后的陽光亮著。圜丘的大理石溫和而透明，給人白蠟顏色與溫柔的感觸。在傍晚的美麗雲中，顯然浮現出來的祈年殿，擁抱著神秘性。……每一張屋瓦，每一廓建築的部份，每一支大理石柱子，都是最好的藝術品。那是過於豪大，過於華美的祭儀舞臺。我竟毫無自覺地發出感歎的聲音而陶醉了。（頁 304-307）

他看到浴著日光的石頭質地、隨著雲彩暈染的觸感，喚起的主體感情是溫柔、是神秘。在此人間政權與天上神祈相接的場所，臺灣新詩人並未有太重的歷史包袱，反能有無目的性的審美觀照。

江文也與林修二一樣，書寫北京時較多成份上是以視覺的審美觀照，而較少牽絆於文化符號的解讀。所以在國子監、紫京城，江文也都如在快樂的森林般：

---

[25] 本文所引連雅堂詩出自其《劍花室詩集》，作成於 1914 大陸歸來。見連氏：《劍花室詩集．大陸詩草》（臺北：台灣銀行經濟研究室，1960 年）。下同，不另作註。

> 石頭　石頭　石頭／雕刻在那裡的十三經／周遭鳥在鳴轉　磅礴的文字濃醇的馨香／噢　快樂的古典的化石之森林　現在我來了（一・8〈於國子監〉，頁 22）[26]

石碑上讓古典書生皓首窮經的文字典籍，在此只見其聲音、香氣；如一串愉悅的音符盈耳，以充滿肉體感覺的趣味旋舞。由此令人想到江文也所心儀的法國象徵主義詩人波特萊爾（Charles Pierre Baudelaire, 1821-1867）或馬拉美（Stéphane Mallarmé, 1842-1898）的詩觀——其欲找尋文字結合力的各種可能性，以表現絕對的真實；江文也在國子監的十三經文字森林中，或有象徵主義推敲語言文字的狂喜快樂。又如：

> 斯芳克斯　金字塔／說是禁止紫色的這個王宮／從故事之國現實視創作故事的人底手／即使這樣　也只是生者必滅的夢痕？（三・6〈在紫禁城〉頁 126）

紫禁城，出自一個故事王國——將現實視爲故事創作，整個王朝其實就是個故事、是個夢。所以這王宮的建築只是「生者必滅」的夢痕，故事之充滿戲耍愉悅，何來有所謂的興亡之感、黍離之悲呢？相較於連雅堂〈遊南苑〉一詩：

> 大紅門外草菲菲，萬騎傳呼看打圍。他日射聲環御仗，祇今羽血上弓衣。鶯啼廢苑春無主，馬落平蕪雪正肥。莫說清時忘講武，五陵佳氣尚塵飛。

[26] 本文所引江文也《北京銘》，兼採葉笛譯本：《北京銘：江文也詩集》（臺北：臺北縣文化局，2002 年）及廖興彰譯本，收入於《江文也文字作品集》（臺北：臺北縣立文化中心，1992 年）；兩譯本各有優點，前者忠於原文，後者較簡潔，本文視論述所需擇其一，引葉笛譯本時標明序號及頁碼，引廖興彰譯本則但標序號。下同，不另作註。

古典詩人在歷史的圍獵遊戲中看到邦國盛衰之道；新詩人則在古蹟興廢中看到今日的遊戲與趣味。新詩人之視線不同於古典詩人的目光，即此可見。

古蹟之多，因而「宮牆」乃成爲北京都市一再反覆出現的母題。它構成整個城市的基本語法，規範了整個城市的秩序，城市中許多的意境由「牆」來界定，許多的向度也由牆來引導與延展。林修二說：

> 夏日近傍晚時，在正陽門外下車的我，望著隱藏許多歷史，默默延續的舊城壁和聳立的豪壯城門，要說為了走動的群眾騷音而傾耳，寧可是說被古都北平獨有的悠揚溫和的氣氛，自然與人工完美的融和，加之浸透長久的歷史釀成的優雅靜謐所包容的美，魅惑了。（頁 288-289）

牆壁城門隱藏了許多歷史，浸透了許多悠遠氛圍，即謂此一符號積澱深厚的意涵。加上牆邊行道樹，乃成自然與人工的融合景觀：

> 環繞著舊牆壁的美麗林子都市，充滿美艷在綠色的都市街道行走的長衫的影子，商販的叫買聲與樂器音響，在街角的斷處，斷了卻又連續下來的屋棟瓦房展開著。（頁 290-291）

可見「城壁」不惟是界線之標的象徵，或是街景市容的大背景，而是引導城市旋律的主要母題。

江文也詩中也大量書寫「牆」——宮牆、城牆、城門、牌樓，如：

> 所有牆壁的牆壁　都滿不在乎地曬著太陽／甚麼也不想談　只是瞇著眼睛在曬太陽／即使觀光客　走到跟前／像連看都不耐煩似地　曬著太陽（一・21〈牆壁的表情〉，頁 48）

> 把歷史吸入／把人吸進去／穩重地　區割著空間／但城牆　終究是死的（三・24〈經過和平門〉，頁 162）
> 真的　在那樣險峻的山巔上　為甚麼構築城牆呢？／想拿它阻檔塞外的烈風？打滾在這個大地頂上的　一條龍／早在一時代前　就變成化石的龍了（四・7〈經過天下第一關〉，頁 182）
> 不是為要切斷圓弧　要區隔空間／這些牌樓才存在的／是馳騁蒼穹的靈魂／要在這裡　吃飽鄉愁　玩味招呼的地方（一・5〈於東西的四牌樓〉，頁 16）

擬人化的書寫「牆」，好像古都的牆也自有種雍容大度（一・21）。又「牆」此一符號具有區隔空間之作用（三・24），而整個北京城，或說整個中國，就是一大城牆圍起（四・7）。當然他也說「區隔」只在有形的空間，馳騁穹蒼的靈魂並未受此拘限（一・5），其中「吃飽鄉愁　玩味招呼」又顯出北京「城牆牌樓」之觀照趣味，而非功勳帝業的紀念標誌。

與宮牆觀照之下，「人」這主體也可能與這客體「物」融合爲一。因而在江文也詩中有許多「化身爲磚瓦」的母題：

> 太美了　這彩色繽紛的琉璃瓦／美的怎樣銳利的感覺／都會麻痺（二・3〈屋頂〉，頁 66）
> 你　就因為太美麗／無法只是看著／所以渴望進入你的內裡去／就是進去　還不能滿足／所以像這樣　把一切變成你的空無了（四・22〈必然〉，頁 212）

「美」本是感官的愉悅，但美到極至卻使感覺麻痺，人因此放下主體而融入客體之中：

人　要是能成為這個瓦　該多幸福呀／人　能追求的可能的極限之大是有限的／人　即使是其中　最大的／人　在其周圍會孕育像這樣的光之夢嗎（一．9〈瓦〉，頁 24）

胡琴　微微地　嗚咽著的午後／夾竹桃　紋絲不動／曾是站在庭院　白色鋪石上／啊　我底靈魂呦　變成這石頭吧！（一．10〈在晃眼的向陽處〉，頁 26）

啊　生命到哪兒去了？／構築這龐大體積的　生命到那兒去了？／石頭也好　臺階也好／連在搜尋的我　都變成不是活著似的（三．21〈太安殿之石〉，頁 156）

啊　變成這黃土的一粒沙吧／變成這默然的砂　獨自飛舞的塵埃／仍然　你們是不懂的／在這世上　也有最積極的消極（四．23〈沉默〉，頁 214）

如王德威所說：其詩篇的基礎圍繞兩組意象：一爲光、芳香、空氣、聲音，另一則土地、岩石、礦物以及它們的其藝術對應——礦物質的永恒熔鑄與肉身吉光片羽的體會間的辯證。[27]古蹟召喚著人進入其內，化身爲石、物我合一。活的生命與無生的礦物替換，短暫的血肉與恆久的固體易位，靈魂與石頭互滲，虛輕氣息與龐大體積的交流。據雅克慎（Roman Jakobson, 1896-1982）說：抒情的詩功能是基於對等原理，當物與我對等，構成了隱喻關係，抒情詩的功能便達成了。[28]江文也詩中藉著大量的物（石）我對等，扣合著「銘」的深義，讓古都遊賞的詩性文本就在此間產生。而除了遊賞觀照之外，其實也具有象徵主義「一沙一世界，一花一天國」的神秘精神。宮牆石頭象徵那神秘不可見的世界——非過往朝代政治主權的世界，而是至高至美永恆不朽的絕對秘境。

北京古蹟，記載著中國歷史的興亡更迭，保留了時間刻鏤的痕跡與

[27] 王德威：〈史詩時代的抒情聲音：江文也的音樂與詩歌〉。

[28] Roman Jakobson, "Closing Statement: Linguistics and Poetics," in *Style in Language*, ed. Thomas A. Sebeok (Cambridge, MS: MIT Press, 1960), p. 358.

光澤。就中國而言，此即命脈根源之所繫。然而就日本而言，或許就換成另一種角度。且以當時新感覺派作家橫光利一的觀點來看，其〈北京與巴黎〉一文說：北京在不停改朝換代循環往復中，如此巨大的裝飾物便不經意地完成了，這恰好可以稱作是自然的傑作。它並非文化之物，而是如同山川一樣的自然之物。[29]橫光氏冷眼旁觀這一切的循環往復（一如江文也前詩中所謂「王朝故事」視角），此一城市空間乃如劇場，所有古蹟只成巨大裝飾物；擦抹去其文化的意涵，何妨就視爲山川自然般地純粹觀照。這或可代表當時日本新知識份子對北京一城的觀看視角；語氣縱使犀利，但亦道出北京之走入現代的光景。

臺灣人在日治時期一直在日、中兩國的文化、認同中擺盪；在中日戰爭爆發中更於逼仄的夾縫中求生存。當時日軍留意保存北京古蹟、大同石佛，藉此表現日本爲東洋民族同文同種之特色，以拉進與中國的關係。[30]昭和 13 年（1938）發行的《支那事變と無敵皇軍》插圖多幅北京風光照片，如萬壽山頤和園一景，古蹟雅緻，山水悠悠，任誰也不會猜疑那是剛經盧溝橋事變烽火下的北京。如果再留心當年的日本出版品，則會發現：北京似已成爲日本觀光的熱門地點，由《北京案內記》[31]的

[29] 見〔日〕橫光利一：〈北京と巴里〉。收入《橫光利一集》，《日本現代文學全集》（東京：講談社，1967 年），卷 51，頁 474-478。譯文參李振聲譯：「橫光利一作品集」（2011.3.1）：
http://www.mypcera.com/book/2003new/wai/hgly/index.html。

[30] 森田能成：〈戰爭と美術〉，《臺灣警察時報》273 號（1938 年 8 月 10 日），頁 144-145。

[31] 安藤更生：《北京案內記》（北京：新民印書館，1942 年）。原臺灣總督府圖書館日文舊籍圖書，今中央研究院台灣史研究所圖書館／中央圖書館台灣分館「日治時期臺灣研究古籍資料庫」藏，安藤更生（1900-1970），早稻田大學教授，中國美術史及考古學專家。1922 年畢業於東京外國語學校法文科，1928 年創立東洋美術研究會，主辦《東洋美術》雜誌。1938 年到中國，收集中國寺廟藝術資料，開設「新民印書館」。參見趙曉陽編譯：《北京研究：外文文獻題錄》（北京：北京圖書館出版社，2007 年 5 月），頁 103。

出版與大量的繪葉書便可得知。觀當時日本出版品風景繪葉書，與江文也《北京銘》所詠古蹟對照，可以發覺兩者之間一一對應關係；《北京銘》乃如導覽詩一般。因而「北京」此一城市的古蹟文本，藉由視覺圖像塑造與傳播，中國政權的符旨已漸漸脫落，留存審美遊賞的符徵而已。新詩人林修二、江文也之書寫北京，或因語言的隔閡，或因地理的懸殊，產生了距離的美感，創造出審美的愉悅，脫略了古典文人對中國歷史的孺慕之情與興亡之感、黍離之悲，但實也不自覺地融入日人之遊賞情調了。

三、胡同幽韻：城市虛靜空間的近代鏡像

素爲遊人稱道而爲北京街道特色的是胡同。「胡同」名稱來歷：一說蒙古語稱城鎮爲「浩特」，入主中原後以稱北京，漢人誤讀成「胡同」。二爲蒙古語稱井爲「忽洞」，有井處爲遊牧民族聚集地，因稱居住地爲「忽洞」，漢人音變爲「胡同」。三則爲「胡」乃漢人稱北方民族，元朝時漢人以「胡同」寄「胡人大同」之意。[32]可知胡同已複寫了自元代以來的近代歷史斑駁滄桑。

與歷史古蹟的展示對照之下，市民日常生活的感知載體，可能更體現在胡同巷弄中。對於遊人來看，「胡同」與「牆」常爲一體兩面，它們常在北京偕行而來。「胡同」猶如城市話語中的句子，它讓語義得以流過，通行直到說話的目的——語旨。因此「牆」爲阻隔界定，「胡同」卻是通行穿越。如果說古蹟石牆爲北京城市的實質空間，胡同則爲城市的虛靈空間。正因其虛，如鏡之「不將不迎，應而不藏」；「胡同」便一如北京城市的鏡框，框住市民的生活與存在，映照其中的悲喜哀樂、榮枯春秋。胡同也因此凝塑了市民的感知樣態——在幽靜的地上勾留著長空日影，

---

[32] 劉勇：〈第三講胡同與四合院〉，《北京歷史文化十五講》（北京：北京大學出版社，2009 年），頁 74。

在有限邊界中迴旋著無盡光陰。林修二觀照到胡同的此一城市特色：

> 然而，比這些更魅惑性的是連在灰色土牆那邊，乾燥的日子揚起塵埃，下雨就變成泥濘的小胡同。小蘇州胡同、秦老胡同、無量大人胡同……仍然留在記憶裏的許多胡同，我懷念胡同的名字本身有溫柔的音韻。
> 在這古都無數的街巷，延長縱橫而屈折，扭轉接在大街的小胡同，從不知名的胡同，到另一不知名的胡同，坐在洋車上被拖著前行。我的心裡傷感的旅愁便會得到安慰，而懷念曾經把它提昇到詩情的古人的雅懷。（頁 296-299）

胡同隨氣候陰晴而換景，隨名稱音韻而縱橫。這虛靈的空間中，寵著悠閒靜謐的氛圍，充滿了詩情雅懷的豐富內容。

江文也甚至說胡同的存在並非爲了人通行經過的實用目的，而是自有其悠然自在的感覺與享受之價值：

> 不是為了讓人和風經過／而是為了要享受黃塵和陽光／悄悄地私語／才長長地橫臥著（一．11〈胡同〉，頁 28）

看來胡同的靜謐，一如市井平民，自有因帝王貴族權力所不及的驕傲。除了靜謐，胡同實爲小市民的生活舞臺。江文也注意到胡同中穿梭的音樂家：

> 賣東西的　也歌唱著邊賣邊走著／乞討的　也歌唱著邊乞討邊走著／某詩人　說這是生命的呼叫　但／不　彷彿歌唱　才是真的（一．13〈胡同的音樂家們〉，頁 32）

相較於連雅堂的〈市樓題壁〉：「弔古傷時且莫論，屠門一醉幾黃昏。荊卿已死漸離廢，無復歌聲起國魂」。[33]同樣的市井場景，連雅堂由歌聲想像國魂，江文也卻由「藝術至上」的觀點說：「彷彿歌唱　才是真的」。

都城中心的榮華，轉瞬即逝，都城邊緣的胡同，卻恆如千秋。這也正是古老北京最真實的力量。林修二說：

> 在那裏遇到過任何人物，看過的任何生活片斷，都會使我遺忘了在都會孕育的焦躁念頭，那是多麼悠閒而安寧喲。……他們跟祖先一樣順從接受的習慣，經營他們的安易生活，曾經在歷史上都沒有受過妨礙。那是無論處於任何酷烈的境遇，都會看得開，而會找出心安理得的人的本性；或許，無論任何文化的解釋也永恆無法解及的吧。一切都是緩慢的，卻持著堅強的生活力，必須是從自然的條件，也從永久的歷史產生出來的中國的真實力量才行。（頁 298-301）

可以說，胡同是北京城市的虛空間，真實展現市民生活存在；雖在人境，卻安寧悠閒無都會的喧囂與躁進；人民安之若素，堅忍如恆。此一空間成爲一「鏡像」般，凝塑了市民的共同感知，也反映市民在近代歷史中的存在認同。

自古以來，中國人的理想世界便習慣以「壺中世界」的空間來體現，如文人畫中所畫的隱居天地，多呈壺形空間（如巖洞、草堂之類）。因此胡同宛如「壺中世界」在城市中的再現。這樣的感知形態，塑造了北京近代市民的「鏡像」認同。「鏡像」（specular image, image spéculaire）是雅克・拉岡（Jacques-Marie-Emile Lacan, 1901-1981）所提出的一認同階段的芻形。人類的小孩透過認同鏡像而開始在鏡像期（Mirror stage）建

---

[33] 連雅堂：〈市樓題壁〉，《劍花室詩集・大陸詩草》。

構其自我（EGO）；[34]對來自外在世界的自身反映（即鏡像中母親提抱嬰兒的映像）產生一種原始的認同，並產生幻想性認知，他所成形的自我影像（imago）只是以理想我 (ideal-I)的情況出現。援用此則我們可以說，胡同天地雖狹隘，卻又溫暖和諧而安寧，讓人有一理想世界的錯覺。由胡同透視到的北京城市，再由胡同透視出的祖國大地，一猶鏡中的母親，與市民主體緊緊連繫在一起。

然而「鏡像」另一方面，小孩在這時間內，視覺上也開始能分辨：鏡像中小孩和母親的身體是分開的兩獨立個體。與原生時母體合一的境況比較，分離獨立產生無比的創傷，也帶來最原始的痛苦。這種生理學上的分離狀態和心理上的痛苦，結合成鏡像期的初始經驗。因此北京的「胡同鏡像」，不禁讓人思索：圍牆封避了遼闊的視域，阻絕了大氣交換的曠野空間；因而一則迴旋著自我的優雅身影，一則憂傷於與母體的分離，恐懼於不速之客異己的入侵。北京城市的胡同鏡像，體現在中國的近代史上，或許就是鎖國政策與閉關自守，排外仇外的塵氛始終未消。

如東交民巷，便成了胡同鏡像下的「異己」。據當時《北京案內記》〈一、北京の地理中記載〉：「東城的西南角附近是東交民巷，在北清事變之後成爲公使館區域，列強大公使館、兵營、外國銀行商社羅列，行道樹甚美，展開特殊的異國風景。[35]在二、名勝舊蹟又說：「東交民巷……宛然西洋都市的景觀，但此地域內禁止支那人居住，行政權也掌握在使館界管理委員會的手裏。」[36]因而對北京市民而言，這是一不屬於他們的外國領土。林修二來到此地，以其受日本大學英語系的教育，對此地

---

[34] 他指的是一個人在鏡中所反映的自己的身體，這個自己的形象，同時是自己和大寫他者（OTHER）。參見「鏡像 specular image, image spéculaire」詞條，狄倫・伊凡斯（Dylan Evans）著，劉紀蕙等譯：《拉岡精神分析辭彙》（*An Introductory Dictionary of Lacanian Psychoanalysis*）（臺北：巨流出版社，2009年），頁 319-320。

[35] 安藤更生：〈一、北京の地理〉，《北京案內記》，頁 2。筆者中譯。

[36] 安藤更生：〈二、名勝舊蹟〉，《北京案內記》，頁 19。筆者中譯。

的西洋景致就充滿激賞，卻也不解北京市民的排洋行爲：

> 洩漏在槐樹、洋槐繁茂間隙，那美麗的陽光裡，連接著舊式灰色的牆壁，在那頂端染了丹青鮮明的英國領事館前，站著裝飾娃娃型的哨兵，敷設在合歡花草點綴的花壇東交民巷一帶，是各國領事館隱藏各種策略林立著的區域。但是這個區域，是北平最有風韻、留著靜謐，使我特別喜歡的地方。（頁 292-295）
> 這麼一想，我便想對那些釘在城門的「打倒英國」幾個大字，以及牌樓或貼在街角的反英海報，還有，在城外貧窮農家的土牆也寫著「排英」的文字，〔問〕畢竟有甚麼意義？很想知道民眾對這些標語，持著甚麼真意?（頁 300-303）

洋館猶如北京城市話語中的外來語般。對於這外來符號，林修二以一欣賞者的眼光注視欣賞，卻也不解北京市民對於洋館的攻擊排斥。對於中國人民來說，洋館是外來列強壓迫的符號，因而對之充滿了恐懼與排斥。這應證了鏡像階段的文化，常在滿足中難以再接受外來的訪客，甚而就是抵制與排斥；他者只能在外不斷地叩關。

如果胡同是北京城市文化的句子形態，洋車則是使句子流動的語氣、文氣：

> 在北平，晚上也洋車。白天也洋車。如此在交通上，還有配在城壁或城門點綴的風景來說。那些如此多數量的洋車群。在北平是不能或缺的存在。……不管在大街或胡同，或毫無目的的散步，也可以坐在洋車上搖晃著；穿過城門，經過大街的牌樓下。常在小胡同轉彎的時候，漂流在古都的那種氣氛便會溫和地擁抱我。（頁 290-293）

林修二對洋車在胡同中奔行轉彎的書寫，一如處理音樂中旋律氣韻的流轉，優雅之至。的確在北京，即使洋車夫也都有所講究：

> 不管任何低階級的人，不喜歡裸腳是中國的風習之一，因此車伕也穿鞋子握緊車把，搖動上半身，拖著洋車而跑。海跑邊吐唾液，搪鼻子，成群的時候偶而發出怒號。要說他們拖車跑，其實不如說被車推著飛跑較逼真。（頁 292-293）

關於車夫不裸腳的習慣，在陳逢源〈北京禮讚譜〉也曾提到。或許胡同鏡像的感知形態，對於他者的賤斥，似也表現在北京洋車夫這勞動階層上，這正是優雅的自我形象使然。「勞動的粗魯」似乎也是一「他者」，未能融入北京的境界中。林修二在北京也就不禁說：

> 想起往昔豪華的朝儀，極盡榮華的宮廷生活，數一數遷幾次的歷史映幕，在我心裡雖然浮現出悲哀的「民眾」，但也不喜歡由於傷感而打破沈醉於歷史的我底夢。譬如，看到淋著微雨追趕黑豬和羊，走在古老城壁旁邊的可憐少年，就把那少年的命運，跟隔牆裏的豪華生活做比較，究竟是否有必要？我不知道。不過，我只是愛那原有的情景，充滿著情趣的一幅美麗的畫，以一篇美麗的詩加以愛惜而已。（頁 302-305）[37]

那麼北京的鏡像認同就全在其文化光暈上——高貴的威儀、優雅的斯文，只合於消費性的觀賞，不合於生產性的勞動吧！在三0年代民眾藝術理論崛起，「民眾」此一觀念是不可迴避的主題。但放在世代榮耀的北京城中，它卻成了一不知如何安置的符號，彷彿一除不盡的餘數，讓藝術家苦惱不已。林修二這段話說得隱微，但北京無法安置勞動的現實，

---

[37] 本段文字筆者略微潤飾。

讓日人有此不能生產只能消費的城市觀，或許就埋下建構「東亞協同體」的一個理由。

貴族長居的古都原是完滿無缺，唯一溢出這境界之外的便是「民眾」，一如戲劇中的「檢場」，無關乎情節，無與於意境，但卻又是使意境繼續進行的重要因子。我們想到克莉絲蒂娃（Julia Kristeva, 1941-）說：「卑賤體（abject），它是我們既已拋棄又無法分離的東西，我們無法像避開一般物體那樣避開它，想像的異體，卻是真實的威脅，它呼喚著我們，終將把我們吞沒。因此使卑賤情境（abjection）出現的，並非來自清潔或健康的欠缺，而是對身份認同、體系和秩序的攪亂，是對界限、位置與規則的不尊重。是一種處於二者之間、曖昧和摻混的狀態。」[38]北京的胡同鏡像，並無法將卑賤勞動民眾完全分離、排除在外，它雖然無法融入古典優雅的境界，卻終將反過來呼喚著中國。如此江文也詩說：

> 那彎曲的背部／那默默的眼底／這大陸柔弱的堅強　在你身上／但　誰想過　你也有生活？（四・4〈洋車夫〉，頁 176）

「這大陸柔弱的堅強　在你身上」，似道出這除不盡的餘數，卻是承受整個中國大地「理想我」鏡像的最底層力量。這溢出的他者餘數，後來竟成中國歷史走入世紀蛻變的最重要因素。

古代胡同作爲北京都市結構的特色，也呈顯了此一城市在精神層面的特質原則。林修二欣賞胡同的悠閒靜謐，理解北京一切之所以緩慢之故；謂其有堅強的生命力，從中國的自然與歷史中產生。但緣於現代都市興起的新感覺派如橫光利一看法就不同。他觀察世界上的大都市說：佛羅倫斯的精緻圓滿之美是據物理學設計；巴黎的分析思維特質是據幾何學設計，因巴黎城市形狀具有一座標原點，此原點很明顯便成了精神

---

[38] Julia Kristeva 著，彭仁郁譯：《恐怖的力量》（*Powers of Horror: An Essay On Abjection*）（臺北：桂冠出版社，2003 年），頁 6。雖然其所謂「卑賤」較傾向道德超我所不容者，但本文在此只是借用其形式義。

的中心。無意識地行走在巴黎這座城市裏，頭腦卻不知不覺地走進了笛卡爾（René Descartes, 1596-1650）的頭腦；因此沒有比巴黎更能讓人意識到「我思故我在」這一精神上的座標原點的地方了。至於北京，他說：街區的原點在哪裏最初是不知道的。可以說，在北京所見到盡是失去自我的東西。一走進這座城市，便會產生出一種彷彿回到出生前之故鄉的感覺。在這裏，人們對什麼都不會很介意。[39]這樣原鄉感覺的城市，就是以古蹟鋪疊實體空間、以胡同錯落虛靈空間，而並無所謂的座標原點。因而無關乎思維，只喚起感覺，適於休閒也適於安眠。橫光利一作爲新感覺派的靈魂人物，其對於都市的感覺分析是相當敏銳的。他曾讚揚上海能刺激人思考東亞之現代性問題，南京是謀求科學中國之復興，而認爲北京比其他所有城市更適合於安眠。他說：北京的美便是這樣一種如同死亡一般展現在我們面前的美。這與巴黎那種上了年歲的靜謐是絕然不同的。北京只是在「吾身既非實在」中不知不覺修建而成的，它是根本不重分析、而在不斷演變更迭的現實之上就堆積而成的一個都會。[40]如果這代表了當時日本新知識份子對北京的觀察，那麼，北京對於日本遊客，以至於對於臺灣新知識份子，仍然擁有一座城市的光暈，似乎不是來自歷史上深重的聖道傳統，也不是來自現代思維的翻騰飛躍，而是來自那如宋代郭熙之《林泉高致》中所說：「世之篤論謂山水有可行者、有可望者、有可遊者、有可居者」[41]的審美感知愉悅秘境。

---

39 見〔日〕橫光利一：〈北京と巴里〉。收入《橫光利一集》，《日本現代文學全集》，卷 51，頁 474-478。譯文參李振聲譯：「橫光利一作品集」（2011.3.1）：http://www.mypcera.com/book/2003new/wai/hgly/index.html。

40 同前註。

41 〔宋〕郭熙：《林泉高致》，《宋人畫學論著》（臺北：世界書局，1975 年），頁 6。

四、興奮如光：象徵主義超現實境界的召喚

鐘鼎／山林，本爲天性異趣的場域，但在三、四0年代的北京，卻如此詭辯地重疊反轉：昔時中國的鐘鼎重地，此時卻轉爲山林般的引人暢神遊觀，當然也異於古時的山水林泉。然則北京對於臺灣新詩人的「光暈」——那來自審美感知的愉悅秘境，是如何被感知與開啓的呢？

林修二詩師承日本超現實主義理論領導者西脇順三郎。就其閱讀，多也廣泛涉獵：舉凡近代短歌詩人石川啄木、浪漫主義詩人島崎藤村、新感覺派橫光利一、川端康成、作家崛臣雄，以至法國詩人讓·柯克多……皆其師法對象，大抵自日本近代短歌至西方象徵主義、新感覺派以至於超現實主義等的現代流派，皆其法乳；這些正是文學之走向現代主義的新興美學。在他訪北京之前，已有許多精彩的超現實之作：如〈黃昏〉（1936）句構之不合語法場，組合之銜接異常，時間是不連續的超現實所構成的奇異幻境；〈海風〉（1936）將外在現實、內心情感與文化文本雜揉，而成一種異度空間——虛構的境界；〈影〉詩中力的轉移，象徵生命的時間逐一遞變，動力如鏈條般，在物與物之間秘響旁通，時間也在變易中若斷還續；〈鶯〉（1935）中鶯啼清冷的聲音，召喚風月雨雪，將四面八方的空間與未來不確定的時間都連繫起來，如時空裂變之後的重新組構。[42]林修二的詩常是對物象的超現實想像、時空交錯融合的虛構幻境。

江文也的文學興趣初受高中老師島崎藤村（1872-1943）啓蒙——日本最重要的浪漫主義詩人之一。爾後江文也對歐洲思想與藝術中現代主義潮流都極其醉心，從尼采哲學到波特萊爾、馬拉美和瓦雷里的詩歌，以及馬蒂斯、魯奧和夏加爾的繪畫。1934 年臺灣之行啓發他一如夢如幻境界，其中聲音、色彩和其他感官元素神秘的互相回響應和，形成象徵

[42] 見筆者：〈第四章 極地日光：美學變易下的時空結構〉，《現代性詩意啟蒙：日治時期臺灣新詩的文化詮釋》（高雄：國立中山大學出版社出版，2007 年），頁 196-197。

主義的「通感」現象（synaesthesia）。此一視景在 1938 年移居北京後更得以發揮。[43]

可以說他們兩家所浸淫寖饋的現代主義各流派，都強調超越事物的具體形象，而在更抽象層次的形、色、聲、光上構築文學空間之美。而北京的煙雲光華，正提供他們展現這境界的空間。因此對北京的書寫，都極具法國象徵主義波特萊爾的 Correspondances（〈萬物照應〉）[44]十四行詩的特色——此詩精要的詩法，預期了西方象徵主義與超現實主義的興起。林、江二人詩文，如將〈萬物照應〉中的景觀——詩中所進入的象徵森林、感官互相連通所形成的「通感」、曖昧朦朧的語言，情景交融主客合一的象徵世界——全然易爲北京一城。

林修二〈槐樹的回憶〉以一抒情境界的召喚，就具有象徵主義對城市風景行吟巡禮的漫遊特色，也如西脇順三郎將西洋詩的主知精神與東洋詩的哀愁美感融合的超現實詩學。如在書寫東交民巷時：

> 但是這個區域，是北平最有風韻、留著靜謐，使我特別喜歡的地方。站在洩漏的美麗陽光裡，沿著牆壁，看扛著籃的賣販的影子消失。淋著小雨，聽著走在花壇旁邊的自己的腳步聲：喜歡獨自走在這條步道上。還有在晚上，坐在提燈淡光搖晃的洋車上穿過那些叢林，忽而仰望夜空，因有星星閃爍而高興的時候……，接

---

[43] 王德威：〈史詩時代的抒情聲音：江文也的音樂與詩歌〉。

[44] 杜國清譯文為：「『自然』是一座神殿，那兒活柱／不時地發出曖昧朦朧的語言；／人經過那兒，穿越象徵的林間，／森林望著他，以熟識的凝視／／像那悠長的回聲在遠方混合／於幽暗深奧的一種冥合之中，如光明亦如黑夜之廣漠無窮／芳香色彩和聲音互相呼應著／有的芳香涼爽如幼兒的肌膚／碧綠如牧場而且柔和如木笛，／別的芳香，腐敗、得意、豐富。／／具有無限物那種無窮擴張力／——像龍涎香麝香安息香與焚香，／在高唱著精神與感官的狂歡」見杜國清：〈萬物照應，東西交輝〉，《詩論・詩評・詩論詩》（臺北：臺大出版中心，2010 年），頁 94-95。

> 觸那周圍的風韻、深入靜謐，是我感到最美最快樂的一刻。（頁292-297）

陽光、小雨、星光，透過感覺的互相聯通，流淌著抒情精神的風韻世界，也有種獨入秘境的竊喜；尤其靜謐，更是到達這境界的天梯。飯塚保〈滿鮮支を見る〉說：北京街道之靜，行道樹之美，頗有古都悠長韻味，一如日本的京都。[45]此一類比實與林語堂所見相同。所以無論京都或北京，這東方古都的城市之美乃指向那超越現實的「神韻／光暈」。一向服膺超現實主義的林修二便以其直覺敏銳補捉。又：

> 沒有人影的牆垣上，青棗結果了，悠閒的中院庭裡石榴開了紅色小花。在霧茫的美麗早晨有繪水車旋轉的聲響，或在午后才落影的行商販賣聲，都沒有打破充滿在胡同的靜寂，反而更增加了胡同靜寂的氣氛。（頁298-299）

這段「靜寂」的書寫，此中自有客觀環境中悠閒靜謐的氛圍，但也喻示一種絕對的靜，空無人影，花果自開；偶有早晨水車旋轉、午後的小販叫賣，但仍未打破這渾然的靜寂。一樣也是超越可聽見的而諦聽到那不可聽見的微聲秘響。這些書寫特質都如其師西脇順三郎論詩時所說：「詩的世界中所表現出來的美，或者寂寥，象徵著永恆」[46]。

而江文也《北京銘》基本上並未胎息自中國古典詩，其中或許帶有日本俳句影子，但主要是稟自象徵主義精神，將北京四季風景賦與壯麗的啓示和閃爍的頓悟；其使用的音樂性修辭、自由體詩行（Vers Libre），也如瓦雷里或馬拉美作品。[47]但我們仍想仔細分析這豐沛的隱喻象徵與

---

[45] 見飯塚保：〈滿鮮支を見る〉。

[46] 杜國清：〈西脇順三郎的詩論——殉美的瀆神者〉，《詩論・詩評・詩論詩》，頁132。

[47] 參見王德威：〈史詩時代的抒情聲音：江文也的音樂與詩歌〉。

幻覺想像之美學，其來源究竟如何。以下將由幾個角度切入：

（一）形式

以形式觀察角度切入，書寫城市，顯現了江文也新詩的美學起源。如：

> 並無任何支助的圓柱一支／突出於空中／看吧　人的血液裏仍然住有獸類／白晝的天空　有笑聲呵呵（二・8〈在圓明園廢墟〉）
>
> 沉重地　載上天的重量／白塔寺　傲慢地站著……（二・9〈白塔寺〉）
>
> 雕刻者誰　人不知其名／線條流動　比古希臘和近代更美的／美麗的九龍／沉醉於自己的姿態　興奮如光（二・17〈北海九龍壁〉）
>
> ……景山　白塔　林塘　五龍亭／一圈圈迴轉的　是蓮花　是荷香？（二・20〈在畫舫上〉）
>
> 實在的　無遮掩的一直線／胸膛擴展／雖不願意　人化成氣體飛上天空／弧　無限地噴出氣泡的嚴肅樂園（三・10〈天壇〉）

江文也把握這些景物的形式，都具有幾何線條（二・8、20、三・10）、也具有雕刻量感與質地（二・9、17），如印象主義畫家或雕刻家之觀察景物，犖犖幾筆便能把握大要。主體之伸入客體，在形式的選擇上大塊落墨，如詩所說：「實際上　在那裡並無任何東西／是道路　是一個誑語／任何人皆可大膽邁步／刻入大自然的腳跡　終成為一切的道路」（四・8〈自萬壽山智慧海頂上〉）。只要大膽賦形，就會成為道路。

但這種對形式的感知究竟是東方的還是西方的？試舉一例比較：

> 白色壺塔放置在那裡／靜靜地向南流動的輪廓和朦朧的塊狀物恰成對比／低低地　擴展在水面的複合體／越過水線　溢滿碧天的色調　是愉悅的鳴響（二・4〈金鰲玉蝀的橋上風景〉）

江的新詩則以「輪廓、塊狀物、對比、複合體、色調……」等抽象形式凸出描摹。若比較古典詩同樣書寫金鰲玉蝀者，在連雅堂詩中：「金鰲玉蝀倚中天，太液池頭奏管弦。夜半軿車空碾月，紅牆一角隱秋煙（北海即太液池，自開禁後非復舊時清閟）」或也有形式感，但不明顯，而是隱於意象之中；中國古典漢詩意象大抵源於唐詩所定調的「中等抽象／具體」的程度。高友工論唐詩說：唐詩未用細節修飾，使名詞意象多為「始原語」，呈現類性與共性。[48]漢詩傳統實都未出此基準。因而若與抽象取勝的現代詩比起來，中國古典詩的視角基本上仍是具象寫實的。宗白華就認為西方文明預設了抽象心智的系統結構，而相對的，中華文明的觀念框架是「數」與「象」的對位；「數」是指「理」（邏格斯）的形構；而「象」是指世界的譬喻化展現。[49]因此雖然中國亦自有其數的形構與象的譬喻之「形式」觀，但此間「數的形構」也多半隱於「象的譬喻」中。若要從物象中抽出純粹幾何形式的觀物視角，仍須由近代科學發展之後，以科學性抽象心智視角分析抽離具體物象方能產生的純形式。所以，江文也詩中對北京城市形式美的把握，乃是以西方之抽象心智系統，嘗試構圖東方景物的輪廓；偶而依違於中西美學之間。如在智慧海頂的雋語，有現象學海德格《林中路》[50]的理念，而現象學之影響近代文藝思潮已明顯可見；但道路與諍語的辯證，似又迴響「道

---

[48] 見梅祖麟、高友工著，黃宣範譯：〈論唐詩的語法用字與意象〉，《中外文學》第 1 卷第 10 期（1973 年 3 月），頁 50-51。

[49] 宗白華：〈形上學（中西哲學之比較）〉，《宗白華全集》（合肥：安徽教育出版社，1996 年），卷 1，頁 591-621。

[50] 馬丁・海德格（Martin Heidegger）著，孫周興譯：《林中路》（臺北：時報出版，1994 年）。

可道，非常道」（《道德經》1 章）[51]，含有東方哲學智慧的蛛絲馬跡。然而以其自幼所受西式科學教育的知識背景來看，抽象形式的觀物視角仍是其先決條件。

（二）氛圍

在中國美學在形質之上，關於氛圍的意符，自有品藻的角度，如：「氣韻」、「風神」等，皆取自大自然的意象。象徵主義波特萊爾〈萬物照應〉也有：「芳香色彩和聲音互相呼應著／有的芳香涼爽……，別的芳香，腐敗、得意、豐富」。《北京銘》中也充滿這些芳香、煙嵐等等：

> 然而　楊柳萌芽／一切　生物／似乎　難以忍受／噢　此勾魂的濃濃妖氣（一・15〈春〉）
>
> 說是積翠　說是推雲／在瓊島上春霞滿布的時節／啊啊　可是你卻說／顛痴醉於寵妃之夢（一・25〈晚春於北海瓊華山〉）
>
> 任何僧人們　苦行者　都是否曾見過？／這銷魂的恍惚／光在戲耍　空氣在舞蹈／而我　羞於衣裳的瞬間（二・1〈成熟〉，頁 60）
>
> 湖水似天空／天空似湖水／燕子多如蛾　鬧著／故喧鬧地鳴叫著　追逐夕陽（二・22〈夏天夕暮，在五龍亭〉）
>
> 陽光一絲一絲　滲入細胞／靜寂一絲一絲　滲入細胞／細胞長久以來想要知道的這一切／細胞　如今卻只是無知地　也不睜張眼（一・24〈在萬壽山山背〉）

這些詩中，景物萬象或化爲金黃色澤（一・14）、繽紛光波（二・24）；春來時有勾人的妖氛，流動旋轉（一・15）；陽光與靜寂浸潤入體內，同樣無聲（二・24）；山嵐之積翠推雲，簇擁成繁華之夢（一・25）；

---

[51]〔魏〕王弼注：《老子道德經》，《四部要籍注疏叢刊・老子》（北京：中華書局，1998 年），頁 82。

自然的光與空氣，嬉戲飛舞自成天籟，人爲的衣飾反成多餘（二・1）；連禽鳥也參與這嬉戲飛舞的氛圍（二・22）。這一切彷彿在諸神狂歡的盛典中。

但北京尚有另外的芳香，是中國美學氛圍品藻中較少見的「塵」。「塵」總是一負面意符，有則只如《道德經》所云：「和其光，同其塵，是謂玄同」（56 章）[52]，或如六祖名偈：「本來無一物，何處惹塵埃？」但北京之多塵是無可迴避之事，江在詩中以一印象主義式的視角視之爲一可欣賞之意符，一如「氣韻」、「風韻」，進而帶動了其他物象：

> 突然地　流動／流動　流動　滔滔地滾流／萬物　成為一堆牽引悲鳴／把光波染成金黃　轟轟地／　　在流動之中　旋轉（一・14〈蒙古風襲來〉）
>
> 可是　靜寂的故鄉／也因過路之人／起了喧噪和塵埃／同行者染滿泥土（一・12〈伴侶〉）

同樣書寫北京的黃土沙塵，連雅堂有詩：「西風獵獵雨沙天，鎮日攤書擁被眠。賴有素心人慰籍，瓶花茗椀自翛然。（都中風起，飛塵滿天，惱人特甚）」[53]。詩中爲躲避飛沙而索居，在索居中尋求伴侶慰藉；境界已明顯由外轉向內閉鎖。但在江詩中北京的風沙飛塵，在觀照之下也成一風景，因而在行程泥塵中，也自能呼朋引伴；塵埃自有一感染人的氛圍，凝聚成境界的召喚力。

他在〈作曲餘燼〉中甚至將塵沙提升到「玄同」的高度：「黃了又黃矣／於是變了白／生物無一匹／萬年無人怪」，似乎空氣中不時飄浮的繽紛微物，都在其玄同下幻化而出。「在這裡乾燥底茫漠黃土中，只於這裡，原色堆積！……一切生物不顧左右地來。我感嘆著這原色的魅力」。在這氛圍的晃盪下，他說：「細胞也融化了變成空氣；旋舞於瓦上，飛上柳梢

[52]〔魏〕王弼注：《老子道德經》，《四部要籍注疏叢刊・老子》，頁 111。

[53] 連雅堂：〈燕京雜詩〉，《劍花室詩集・大陸詩草》。

頭。大氣像蕩兒！我閉了眼睛，啊！視線引起螺旋，消入九天！是！大地也像蕩兒！」其〈作曲餘燼〉甚至如此跋語：

> 輝亮著的塵，也是痛苦的塵，可是這個塵，又像是火燄似的塵。可是塵重／視界又眩／渺渺茫茫／道程遼遠[54]

將「塵氛」賦與如此深厚意涵，又提高到審美本體論的高度，可謂中國美學史上所少見，而是江文也在北京，特殊敏銳的感覺／直覺才創造而出的現代性品藻，一如波特萊爾在巴黎所開闢的「惡之華」審美論述。

（三）光

前人已指出《北京銘》充滿了光的禮讚。[55]在北京城的光芒裏，詩人看到了繽紛萬象：

> 滿溢的豐盛／沉溺於光中／如果　再仰視天空／你說　還何不足（一·23〈昆明湖上〉）
> 在被破壞的東西上／亦在破壞者上面／以無以倫比的金色之光／今日　太陽仍無聲地迴轉（二·7〈無題〉）
> 綠色 3 號濾光器慌忙對伸縮鏡頭 2 的鏡說／晃眼　別再窺視了／時在晌午　一切都輝煌得如發光體／翡翠般的空氣中　呼吸也停住似的（二·18〈紫外線〉，頁 96）
> 那是　多如光的塵埃／那是　舞踊如塵埃的光／但　那是恍／但　那是惚（三·3〈某一瞬間〉）

---

54 江文也著，廖興彰譯：〈作曲餘燼〉，《江文也文字作品集》，頁 329。

55 見周婉窈：〈想像的民族風：試論江文也文字作品中的臺灣與中國〉。另見王德威：〈史詩時代的抒情聲音：江文也的音樂與詩歌〉。

瀰漫空間　愛上這光的喲／其自身　即是永恆者／而這裡　永恆已非必要／餘下的　只是一瞬間消逝的／　　一齣戲（三・4〈現象〉）

發光的草／發光的蟋蟀／發光的無限靜寂中／發光的天　我彷彿聽見它深深耳語的午後（三・7〈在北海大西天〉）

光其光　並非耀輝／光之耀　並非企圖性的耀輝／那是　光與黑暗之極的光／光　不須光的光（三・14〈遇龍之日〉）

這無與倫比的金色之光（二・7），滿溢而豐盛，使人沉溺（一・23），是超越視覺之外（二・18）的光，亮晃晃地照耀景物（二・18），也照耀空氣中的塵埃（三・3）。愛上這光的，旁通某種秘響（三・4、7），也如在時間的瞬間恍惚（三・3、4）。這光是超越一切相對的「破壞／被破壞」（二・7）、「明／暗」（三・14）、「永恆存在／瞬間消逝」（三・4）辨證的光。引申到人生境界，可以融解人性的陰暗面、背部的意識──「這光　無論如何也不恰意／因此　他們弄巧成拙把任何東西也當作影子／可是影子　只窺視影子的形狀／成為光之光　將溶解影子」（三・17〈小報告〉），也可消解成與敗、貧與富的對比，所有現象都可能反轉，人也因此而有所成長。

中國美學中對「光」，如《孟子》所謂：「充實之謂美。充實而有光輝之謂大。」（14 卷〈盡心下〉）[56]是儒家明亮的美學，或夸父追日式的神話精神，或屈原式的「吾令羲和弭節兮，望崦嵫而勿迫」（《楚辭・離騷》）[57]的古典士大夫人格。但東方美學有更大層面是不強調光。道家的「道之為物，惟恍惟惚。惚兮恍兮，其中有象。恍兮惚兮，其中有物。」

[56]〔漢〕趙岐注，〔宋〕孫奭疏：《孟子注疏》，《十三經注疏》（台北：藝文印書館，1981 年），頁 254。

[57]〔宋〕朱熹：《楚辭集註》（臺北：國立中央圖書館善本叢刊，1991 年），頁 20。

（《道德經》21 章）[58]隱含「恍惚若有光」之意；《莊子》〈齊物論〉也言「葆光」，[59]韜光養晦是道家美學特色。日本美學中更盛稱「陰翳」，如谷崎潤一郎《陰翳禮贊》所云：東方人對光線微弱，聽其自然，反而沉潛于幽暗中，在其中卻自然地發現了美。然而西人進取，常常不絕地追求光亮，些微幽暗也要苦心地設法消除。這大概是東西方人的氣質相異之故。西方人所謂「東方的神秘」或即指黝暗所具有的無形寂靜。[60]因而我們要問：江文也詩中的光由何而來？除了北京風和日麗之光外，學者云：其光或來自古城的輝煌，或詩人心靈之眼，或法悅之啓示，甚而有日本「帝國太陽」的隱喻。[61]其實將光提升到如此超越的高度，尙有西方源於基督教的美學。如《聖經·創世紀》:「神說：要有光，就有了光。」（1:3）《以賽亞書》:「日頭不再作你白晝的光，月亮也不再發光照耀你。耶和華卻要作你永遠的光，你神要爲你的榮耀。」（60:19）[62]江文也對於基督教並不陌生。其自謂中學時即有牧師贈其《新約》（後附聖詠一百五十首），從此成爲他所愛讀的一本書。[63]後也爲雷求明神父（P. Allegra）譜《聖詠》、《彌撒曲》。受基督教影響，西方近代則如印象主義繪畫在觀物時特別注意光影變化，象徵主義詩也擅於發揮「光」之美學，波特萊爾〈萬物照應〉詩就說：「於幽暗深奧的一種冥合之中，如光明亦如黑夜之廣漠無窮」。因而江文也詩中的光，其實也源自西方美學。

（四）空間、時間

北平許多古蹟的空間，本具中國建築美學。如紫禁城建築的主題，

---

58 〔魏〕王弼注：《老子道德經》，《四部要籍注疏叢刊·老子》，頁 92。

59 見〔晉〕郭象注，〔清〕郭慶藩集釋：《莊子集釋》（臺北：華正書局，1979 年），頁 83。

60 谷崎潤一郎：〈陰翳禮讚〉，《陰翳禮讚》（東京：中央公論新社，2009 年），頁 7。

61 見王德威：〈史詩時代的抒情聲音：江文也的音樂與詩歌〉。

62 《聖經》和合本（香港：聖經公會，1989 年），頁 872。

63 江文也：〈寫於《聖詠作品集》完成後〉，《江文也文字作品集》，頁 307。

即爲體現帝王的權力和威嚴；以嚴格對稱佈置於中軸線，以顯示嚴肅整齊氣概；又如天壇，意在表現「天人感應」的思想，圜丘、祈年殿都表示了「天圓」的宇宙觀。身處其中，詩中的空間書寫是否就依存於中國美學的空間意識呢？如以下諸詩：

> 我　伸開手臂／大叫　左手是東　右手是西／於是　現在於故宮之上　向南驅馳過去的一點／瞬間　戳了我的腦後／／噢再從鼓樓要回歸的一點／重疊於這一瞬間的瞬間／／要把我貫穿的一直線／我　悚然顫慄（二・2〈自景山上〉，頁 62-65）
> 天與地／把人結合在那些光的大庭院／那棟建築物　於今將步下臺階／在那邊舉行感謝的祈禱（三・9〈祈年殿〉）
> 深深　深深／遠遠　遠遠／高　更高的／啊啊　無邊溢滿的存在（三・11〈立於祈年門的一瞬間〉）
> 這裏沒有蒼穹／抬頭一仰望／有的　只是天而已／蒼天　在那裡深深地擴展著（三・12〈在圜丘壇〉）
> 宛如　遺失空氣的空間之中／無限地　透明之光　搖晃／萬物皆是聾的靜謐／彷彿看見天蕊的深深白晝（三・18〈秋天正午〉）
> 箭樓　不張牙舞爪／亦無些許　憤怒的表情／有此青天　有此軀體／是向擴展的空間打出的　一個巨大的協和音（三・23〈在前門的箭樓〉）

可見江文也詩中多是地理空間與意識空間的疊合，空間意識常是左右上下對稱的中心（二・2），向無垠的深、高、遠拓展（三・9、11）。而「天」並非物質的天，而是如具有神靈般的蒼天，無限深遠（三・12）。因此空間中的「光」與「空氣」都是透明的（三・18）。

空間與時間的綜合上，空間中的建築也可比擬於時間中的音樂（三・23），如西語所謂：「建築是凝固的音樂，音樂是流動的建築。」[64]而中

---

64 此說始自十八世紀貝多芬，後歌德《歌德對話錄》、黑格爾《美學》都曾表述

國的時空意識也是「用心靈的俯仰自得的眼睛來看空間萬象，中國的宇宙觀是時間率領著空間，因而成就了節奏化、音樂化了的『時空合一體』。」[65]象徵主義通感經驗，也具有悠遠時間與廣漠空間的混合的宇宙感覺，如波特萊爾詩中：「像那悠長的回聲在遠方混合」。由此看出其既是依存於中國時空美學，但也兼容西方美學以至象徵主義對並時性空間的神秘思索。

詩中時間書寫方面：

> 無須任何牧歌的靜謐／彷彿嚴肅重疊嚴肅的怠惰之一時／地球似乎停止迴轉／世界　於今在太廟悠然地齧食日影（二．5〈太廟〉）
>
> 噢　在黃土上　展開　節令的祝祭／現在　是白晝　是夜晚？／一切的喧囂　消失在何方／宛如　全生涯　盡在眼前的一剎那（二．6〈在太廟後〉）

時間恍似靜止（二．5），又是在剎那與瞬間（二．6）。因此靜止並非空間式的永恆堅固想像，而是當下即是的「瞬間」詮釋。

而就書題觀之，「銘」之具備語言符號的歷史記憶，似與中國史書傳統相擬。但此「銘」乃以肉身感性與外在物色相摩相盪的時間意識，又有象徵主義韻味。如〈萬物照應〉開頭所說：「『自然』是一座神殿，那兒活柱／不時地發出曖昧朦朧的語言；／人經過那兒，穿越象徵的林間，／森林望著他，以熟識的凝視」。人生就是旅人穿越象徵森林的經歷，似乎這「銘」又是北京不時發出的朦朧語言。全書四季結構的設計，是一頗具日本文化特性的時間意識——無始無終的循環時間，時間的圓周被分節畫爲四季。四季是深植日本傳統的意識，如《枕草子》以「春曙、夏夜、秋夕、冬晨」爲開頭，《古今和歌集》最初六卷是四季之歌；平安

此觀點。

[65] 宗白華：〈中國詩畫中所表現的空間意識〉，《宗白華全集》卷2，頁426、440。

時代以後，更加關注四季的變化，俳諧甚至發展爲體例性的「季語」。如此強調四季，不僅是中國、印度所無，亦歐洲所無。[66]就這一點而言，《北京銘》時間意識很大成分則擷取了日本的美學意識。

另外對瞬間、當下的強調，亦日本俳句固有特質。但其間又有波特萊爾都市漫遊者[67]所強調的暫時性、瞬間實質、特殊性、偶發性、對世界的涉入感。漫遊者志在探索其所處時空的現代性，企圖從瞬間無常中蒸餾永恆；不尙抽象的形上層面，強調在世存有（being-in-the-world）的形下感覺層面；因除了當下時空，沒有任何位置可以眺望整體的領域。[68]在日本近代則如新感覺派「無常人生中，唯一能把握的只有現在，只有瞬間，人唯一能信賴的不是記憶、夢想，是感覺」[69]之意。江文也詩中對瞬間的詮釋，與這些美學皆相關聯。因此《北京銘》中的現代性，即在當下遷流不居的瞬息時空意識中，與亙古永恆的古都殿堂相並比相抗衡。

（五）凝視／諦聽

中國美學向來有極深的超驗傳統，因而有「形而上者謂之道，形而下者謂之器」的層次分野。中國美學對於感官的視覺聽覺，也多強調超越形象與聲音，如老子云：「五色令人目盲，五音令人耳聾」（第 12 章）、「大音希聲，大象無形」（第 41 章）[70]；對於聽覺，最著者爲《莊子》〈齊物論〉所揭：「人籟、地籟、天籟」[71]。這些必然也都積澱於北京一城中。

---

[66] 加藤周一著，彭曦譯：《日本文化中的時間與空間》（南京：南京大學出版社，2010 年），頁 14-15。

[67] Baudelaier, Chardes: “The painter of Modern Life”,. Selected Writings on *Art and Literature*. Trans. And introd. P. E. Charvet. London:Penguin, 1972.

[68] 楊麗敏：〈都市漫遊者艾略特：倫敦現代生活的畫師〉，《中外文學》第 34 卷第 2 期（2005 年 7 月），頁 35。

[69] 見杜國清：〈川端康成與詩的小說〉，《詩論．詩評．詩論詩》，頁 191。

[70] 〔魏〕王弼注：《老子道德經》，《四部要籍注疏叢刊．老子》，頁 86。

[71] 〔晉〕郭象注，〔清〕郭慶藩集釋：《莊子集釋》，頁 45-50。

江文也在北京，又是如何凝視這座城市？

> 想看　看不見的東西／我　如青天一般把眼睛張開／／可是可以不看的東西／陸續　進入眼底／／實在　實在的／不知如何是好／／啊　躊躇之間／看見了 可以不看的東西（一・2〈凝視者之一〉）
>
> 於是　我閉上眼睛／如果不閉眼我會活不下去／但　這樣正好／盲人喲　此處的美　更加灼傷了我（一・3〈凝視者之二〉）
>
> 為此光　我暈眩／而今　我歡樂於醒覺之死／似乎　更尊貴者煽動著我／啊　拿去吧想要的一切東西（一・4〈凝視者之三〉）
>
> 燕子啊／追逐的視線　碰到白雲／化為玻璃球／重疊於碧天（二・11〈低氣壓過後〉）
>
> 生命　於今將發酵／似沉沉地墜落於無限的深淵／目眩的魚鱗之幻覺／是陶醉？　是法悅？（三・8〈給北海湖畔岩石〉）
>
> 堅強的　柔弱的／這些　而今成為卍字　是漩渦似的兩個視線／可是　曉得看光以來／人　便看不見任何東西（四・5〈無關心〉）

視覺方面，江文也大抵符於東方感覺學，但也與西方象徵主義相通。象徵主義的「通感」不僅感覺互聯感通；視覺也包含了可見／不可見（一・2），常要超越可見的以透視不可見的（一・3、4、四・5）。這樣的視線可以追逐燕子而杳入天際（二・11），也可因目眩於魚鱗而沉入深淵（三・8）。至於聽覺：

> 苦惱　原本是極微小／苦惱　人們詮釋苦惱以來／苦惱　繁殖了苦惱／苦惱　本身即是苦惱的大地／　　那何必尋求更多的苦惱[72]（四・6〈自火車上〉）

[72] 「苦惱」日文原文為：「くのう」，與火車行駛的聲音相近。

叫賣著　歌唱流連／叫化子　也歌唱徘徊／詩人　如此說　這是生命的叫喊／其實　喜歡唱唱歌　才是真的（一·13〈胡同裏的音樂家〉）

切過角樓　在遙遠的彼方／群燕　高聲地／吱吱鳴轉的五月午後／是的　囀就是此情景（二·10〈燕子〉）

何等清澄的鳴響／宛如　自糖水中　取出一般／叮叮噹　叮叮噹　似有還無地微妙／宛如　大地變甘酸（二·15〈賣酸梅湯的來了〉）

不要那樣　吹奏吧／唐突地吆喝的話　女人也噴飯笑出來嗎／今天　無刀給你磨／無光澤的情景　與刀一起折斷了（二·16〈磨刀匠吹喇叭〉）

聰明的靜寂／噢　深邃的睿智／蓮花香　漣漪　日光若無需要／那麼　你也以生銹的釣鉤垂釣吧（二·21〈天下無事〉）

一切　在森林裏沉睡／人與天　一如牆壁和甍瓦／一切　幽閒無聲息／到底　我要甚麼　在想甚麼（二·25〈夏〉）

烏鴉的羽音　雨一般地降落／是閻羅王之衣嗎　裾引滿天空／悠長的　黑色流向北方／噢　烏鴉　荒野裏　仍放置屍體嗎（四·1〈嚴冬夜明〉）

透明宛似失去的天／藍碧更疊藍碧／萬物遺失的聽覺／一個巨大的透明體（四·16〈孤獨〉）

同視覺一般，聽覺也含可聽見／不可聽見，可聽見的如「苦惱」火車輪轉聲（四·6）、午後的鴿笛（一·6）、胡同裏的叫賣、叫化子的歌唱（一·13）、賣酸梅湯的鳴響（二·15）、磨刀匠吹喇叭（二·16）、燕子喧鬧（二·10）、烏鴉羽音（四·16）；不可聽見的是——牧神舞著震動空氣，翳入神秘的天聽（一·6）；似有還無地微妙音波，使大地變甘酸（二·15）；天下無事，一切靜寂，只有深邃的睿智（二·21）；沉浸於北京城市，一如沉睡於大自然森林，凝靜中沉思，悄無聲息（二·

25）——不可聽見的「天籟」，也是萬物遺失的聽覺，它既是客體也是主體，是如此透明，如天之虛無，是一個巨大的透明體。

北京古城之於江文也，簡直是一聲音形色的巨大儲存所，一切音籟的撥動，一切光波的觸擊，都讓他的感官直覺，一再衝到狂喜之境，因此所有的聲音在有情與無情之間迴盪，所有的形象由極限向無限翻騰；遂使其詩想聯翩，靈感紛披而至。如波特萊爾藉著幻視幻聽五官通感，表現出統一與多義的互相辯證的詩體驗，所創造出的象徵世界「具有無限物那種無窮擴張力……在高唱著精神與感官的狂歡」。——但一切又全然歸於一絕對的無，絕對的靜，如馬拉美的作詩體驗所說：

> 詩是不可解的，詩是神秘謎語。……寂靜即未加工的話語；因無話語，詞語完全不在場，而可純粹的交流。詩人所尋求的話語，其語言全部力量在於不存在，其全部榮耀是展示其不在場中一切全不在場。這是一種非實在、虛構的語言，是使我們去假想的語言。它來自靜，又回到靜。[73]

我們看到林修二與江文也所觀照的北京光暈，所感受的北京境界之召喚，與當時中西美學思潮如何錯縱交會。林修二冰雪聰明的智慧，既合於東方神秘的靈性；其超現實主義的直覺，又不離西方現代的心智；於是較自然簡易地補捉了北京的光暈。而江文也醉心東西美學，因此就較顯出調合融會的巨大力度與複雜過程。他曾說自己在音樂上「在我過去的半生，爲了追求新世界，我遍歷了印象派、新古典派、無調派、機械派……等一切近代最新底作曲技術」[74]，但他歷覽各種流派美學後來說：「我寧可否定我過去半生所追究那精密的西歐音樂理論，來保持（中國

---

[73] 〔法〕莫里斯・布朗肖（Maurice Blanchot）著，顧嘉琛譯：〈第二章：接近文學空間〉，《文學空間》（北京：商務印書館，2005 年），頁 20。

[74] 江文也著、廖興彰譯〈寫於《聖詠作曲集》（第一卷）完成後〉，《江文也文字作品集》，頁 307-309。

音樂）這寶貴的缺點，來再創造這寶貴的缺點。」[75]所以可知江文也在詩風上，必也既想承接西方現代主義等的新精神，又力圖沉浸於東方古國的神秘脈動裏。其間悄然微妙的過渡，在在顯出西方現代與東方古典間的張力。其所醉心的西方現代主義是經由日本中介而得，其熱切的中國情感是來自俄國導師齊爾品的啓蒙；其對東方的自覺實要借助於西方民族主義的回歸，對中國的體悟也多要借助日文的轉嫁（前人已說：其詩中的「法悅」之境，或仍承襲自其師山田耕筰）。他的現代性，凸顯了殖民性、民族性、國際都會性的含混特質。[76]中國美學強調：「神采爲上，形質次之。」但林修二、江文也的西式教育背景，使他們無法擺脫形質，因而他們力圖由北京客觀的有形物質溯源而上到無形神韻，由遊觀主體的視聽感官逆流而上到冥想淵府。如此說來，他們兩人所觀照的北京光暈，都在離散情境之下，藉由一巨大的他者鏡像反轉／倒映／折射而成的光暈了。

五、視域差異：舊邦與新命之間

北京自古以來的文化傳統，傲視群倫。雖然當時的北京，中國的政治權力已然退出，但文化權力仍保留在城市之中。當日本皇軍以勝利之師進京，北京讓出了政治主權。昭和 12（1937）年 8 月 20 日的《まこと》報導：「あゝ！この感激：皇軍、堂堂と北京に入城　萬歲の聲、天地にとどろく」。[77]這固然是日本官方的觀點，塑造了北京市民簞食壺漿以迎王師的景象，但也可想見當時日軍長驅直入的勝利之姿。由昭和 13（1938）年 11 月 10 日《まこと》中仍可見皇軍大勝景象的多幅照片。但在文化主權上呢？《支那事變と無敵皇軍》更刊出北京大成殿祭孔盛況之照片。祭孔大典，日本在臺即相當重視，《まこと》昭和 11 年（1936）

---

[75] 江文也著，廖興彰譯〈寫於《聖詠作曲集》（第一卷）完成後〉。

[76] 見王德威：〈史詩時代的抒情聲音：江文也的音樂與詩歌〉。

[77] 《まこと》第 285 號，第 3 版，昭和 12（1937）年 8 月 20 日。

10 月 20 日就有臺北大龍峒的孔廟祭典報導。[78]當然日本政府入華刻意保護古蹟、隆重舉行祭孔大典，對於中國文化的保存用心，與意欲成爲東亞共主的企圖，不難想見。北京一城，一如孔廟所保存的禮樂傳統，自古以來奏響著歙如的樂章，如今在日本帝國入侵、殖民主義方興未艾的背景之下，宛如兩個權力國度的交鋒。雅頌樂章的古典懷想，「大東亞共榮圈」的殖民式抒情召喚，詭異的是：兩種話語居然都有著共同的抒情語氣，境界同一式的映像觀照，異曲同工、貌合神離地勾畫著自己的權力國度，在北京的宮牆中，東亞的昔時帝國與今日帝國之間，正在兄弟鬩牆，方興未艾。北京，「北京」——乃因此成爲千古以來無上權柄之城，再上置一層的差異空間。

所以北京城市文本，本已隱涵了中國此一龐大意旨的符號，兩位詩人之觀照北京，難免受當時日本或西方對中國表象的描述所籠罩。因此林修二、江文也詩文中對北京美境的察覺，除了北京城客體物色神韻之薰染召喚外，是否也帶有日本、以至西方近代以來對中國表象的目光呢？

據學者研究，日本近代對「中國表象」的描述，有三次高潮：一爲安政開國（1858）之後的文久年間到明治改元（1868），此爲初次描繪中國表象，多爲潛外使節或留學生路經中國而搜集情報之類。第二次則甲午戰爭結束至日俄戰爭爆發十年間。此時日本的民族認同已確立，以近代國家國民的價値判斷，視中國、朝鮮爲「文明國」的反面形象——散漫、懶惰、不潔，應由日本來開化教導。第三次則大正後半期持續到太平洋戰爭結束。這時是以日本爲中心的東方主義視角。當時的作家、詩人在西方「世紀末」感性的薰染下，以一顛覆性的價値觀，重新發現唯美的中國。[79]如谷崎潤一郎貫穿其一生的「支那趣味」，即是接受西歐的唯美主義與永井荷風的文學後，發現與自我潛質相符的世界，終而領悟

---

[78] 《まこと》第 255 號，第 4 版，昭和 11（1936）年 10 月 20 日。

[79] 劉建輝：〈產生自日本的中國「自畫像」〉，收入中國社會科學研究會編：《中國與日本的他者認識》（北京：社會科學文獻出版社，2004 年），頁 83-104。

到一種「崇惡」的精神，其背後正隱藏著精神的「營養源」。[80]此時興起「支那熱」的潮流，中國已成爲日本帝國主義視野下的浪漫對象。

準此，林、江二人大約在第三期以日本爲中心的東方主義視角下，因而在西方象徵主義與超現實主義等流派的洗禮後，重新發現唯美之中國；而他們來自臺灣，文化身份上的離散情境，使他們對於北京的觀照，似乎較當時現實的北京更富崇高與唯美，更宜於作爲一審美客體來觀照。或許無有國界、無有意識形態的離散情境，反而更易接近文學的思維、天地的心蕊吧！如比較當時未隨國民政府遷移後方而居留北京的「前線詩人」，將發現前線詩人眼中的北平破敗而荒涼一如廢墟般的「邊城」。[81]雖然投射了艾略特《荒原》的視角，猶可於其中發掘惡之價值而加以創作入詩，然其意義或在於哀悼、批判與省思，而不在於審美與觀照。如此比較之下，則臺灣新詩人在離散情境下所投注的目光，對北京城市文本，豈不更開啓了另一嶄新的風景與折射的光暈。

當然我們也必須了解當時日本知識份子的心態、日本文人的文學觀與美學觀與日本政權離合關係。如夏目漱石的文學業績和福澤諭吉的「脫亞論」有共通處。「脫亞論」是要擺脫亞洲各國之聯繫而學習西洋，夏目漱石也未曾將中國、朝鮮等亞洲國家納入前景視野，而只是一等待賦與意義的背景課題。[82]又如橫光利一的亞洲主義與日本大東亞共榮圈的關

---

[80] 劉建輝：〈作為東方主義的「支那」趣味——谷崎文學中的另一種世紀末趣味〉，收入譚晶華主編：《日本文學研究：歷史足跡與學術現狀（日本文學研究會三十週年紀念文集）》，頁 106-119。

[81] 如：「忽然狂風像狂浪捲來／滿天的晴朗變成滿天的黃沙／……卷起我的窗簾子來／看倒底是黃昏了／還是一半天黃沙埋了這座巴比倫？」（〈風沙日〉）見何其芳：《何其芳全集》（藍棣之主編。石家莊市：河北教育出版社，2000 年），頁 56-58。又：「有客從塞外歸來／說長城像一大隊奔馬／正當舉頭怒號時變成石頭了。／／……悲世界如此狹小又逃回／這古城。風又吹湖冰成水。／長夏裏古柏樹下／又有人圍著桌子喝茶」（〈古城〉）。同前揭書，頁 44-46。

[82] 池田好士：《文化の顔をした天皇制》（社會評論社，昭和 61 年）。引自張小玲：《夏目漱石與近代日本的文化身份建構》（北京：北京大學出版社，2009

係緊密，他一直爲文推動著大東亞文學會議。如果臺灣文化／文學界多少也受日本文人文學觀之影響，是否就已無形中接納了其政治版圖的規劃，收編入當時大東亞共榮圈的陣容中？然而，其實箇中環結尚非如此簡單……。

日本帝國主義爲擴張版圖而有「大東亞共榮圈」之舉。當日本知識份子的理性認知又如何？也就是說日本知識份子如何將日本軍國主義之「大東亞共榮圈」合理化？據子安宣邦考察：對於日本來說，中國曾經是一個巨大的他者存在，但自福澤諭吉（1834-1901）《文明論概略》（1875）倡脫亞入歐，中國已被視爲「東洋的專制」與「東洋的停滯」，日本企圖取代中國爲亞洲中心位置而加入西歐新文明。西方成爲日本新的他者形象，是日本念茲在茲所欲比並者，中國反已不在日本眼中。但二十世紀上半葉三０年代之後，歐洲構築的他者形象「亞細亞生產方式」影響了日本，使日本重新回頭正視中國。馬克思規定不具有資本主義社會發展必然性者稱爲「亞細亞生產方式」；日本社會學者受此影響，從此立場來認識中國傳統社會；認爲「日支事變」日本對中國的軍事干涉，乃是一歷史實踐——要將中國社會從停滯性的傳統束縛中解放出來，並承擔使其新生的使命。他們期待，新生的中國與先進的日本一道將成爲構築亞洲新協同體的盟友。[83]「東亞協同體」的理念便是日本帝國意欲重組世界秩序而構築出來的，至四０年代更擴大包含了東南亞而爲「大東亞共榮圈」。

我們先看獲選爲望月基金會旅行隊拔萃的文章，作者到北京近郊看到沃野千里，乃想到這日後將成爲東亞的大穀倉，[84]然則這是否代表著旅行隊考察所必須肩負的使命——構築支那的視線，想像東亞的眼光？而前第三節所引林修二對北京胡同生活的「一切緩慢」的同情理解，反

年），頁 166。

[83] 〔日〕子安宣邦著，趙京華譯：〈巨大的他者——近代日本的中國像〉，《東亞論——日本現代思想批判》（長春：吉林人民出版社，2011 年），上編，頁 75-76。

[84] 飯塚保：〈満鮮支を見る〉。

不合於此行考察的目的。（豈因如此而未獲選至拔萃文章中？）而林修二關於「民眾」的隱微說法，若以日本帝國一端的論述光譜，則可由橫光利一觀點來穿透。他說：北京有消費城市一說。不事生產者，代復一代。頹廢的極度積累，厚重得使人喘不過氣來，也制服了步入此間的人們的反抗。一進到北京，現實世界中的健康之物便喪失殆盡，會覺得北京是世界上最美最舒適的都會。它那女性氣質的壯麗，委實是世界上獨一無二的。[85]謂北京為消費城市，只具有虛飾之美——美麗舒適的陰柔特質，缺乏健康勞動的陽剛力氣。這不知是褒或貶？或者就是由所謂「東洋的停滯」來評價吧！

然而，臺灣新詩人究竟是否同意這樣的藍圖呢？相較於古典詩人陳逢源直斥的：「應聲蟲唱作新民」坦白表露的國家認同意識，新詩人卻在中日兩國交鋒下的差異空間發聲。林修二有感於中國歷史進入二十世紀，箇中曲折與北京一城的風華煙雲緊密連繫，說：

> 留下有幾個世紀影子的這個街的風貌，堅強的生命力，不屈於國家，顯然不屈於一切的民族具有的強韌的生命力，在那兒脈動著，那是繼承力量順從到現今仍然不變的中國的力量。連中國人都毫無感覺被遺忘了的以往長久的歷史，我都能夠親切地回憶而感受。（頁 290-292）

最後一句實頗耐人尋思。究竟說話者的身份是誰？顯然是未認同於中國北京的外人，但以一非中國的視角，深深感受中國人的生命，且能回憶連中國人都遺忘的記憶。這又頗耐人尋味了。是超越中國乃至能更甚中國的發話聲音嗎？

這裏似有內藤湖南（1866-1934）成立「支那學」時的超越性話語聲

[85] 見〔日〕橫光利一，〈北京と巴里〉。收入《橫光利一集》，《日本現代文學全集》，卷 51，頁 474-478。譯文參李振聲譯：「橫光利一作品集」（2011.3.1）：http://www.mypcera.com/book/2003new/wai/hgly/index.html。

音：「此等事業（支那古典學）在今日，比之支那的學者，日本學者著手來做自有其自由方便之處，因此，我等同人願朝著這個方向邁進。」[86]這正代表了日本近代知識份子的中國觀。內藤湖南強調爲該國提出其有關國家經綸的重大論述，這是類似於殖民地經營中，本國知識份子認識觀察殖民地的超越性視野。但林修二，我們在其詩文中幾乎找不到他介入時局的一點影子；他好似徹底的超越現實，無與於局勢，唯一可嗅出時局社會性的文章是〈列席大東亞佛教青年大會〉[87]；文中除了詳細記錄大會中所倡導的「大東亞」論述，也偶而表露其自己的看法：

> 然而，東亞圈的盟主日本，跟同圈內的有力國臨邦支那之間，還在「兄弟鬩牆」未結束，這是悲哀的事實。要把東亞造成名符其實的東亞，……東亞諸民族要拿出所有的力量結合為一，自己來建設輝煌的東亞黎明。……在我心裏不斷地思考了那些。（頁500）

林修二對於日支之間鬩牆未完的事實，並未完全偏向日本一方。可知林修二在接受大東亞共榮圈的時代話語時，並非不加思考地全盤吸收，而是有其自主性的反思。因此我們也不認爲他在北京時，就完全認同日本本國的知識份子，具有宗主國認識觀察殖民地的姿態。毋寧說，林修二其實是抱著浪漫的理想主義色彩，他所盼望的是東亞的大同：

---

[86] 內藤湖南：《支那古典學の研究法に就きて》，《內藤湖南全集》（東京：筑摩書房，1979年），卷7，頁163-164。又參子安宣邦著，趙京華譯：〈近代知識與中國觀——「支那學的成立」〉，《東亞論——日本現代思想批判》，下編，頁146。

[87] 1943時大會在東京舉行，林修二奉總督府內臺灣佛教會指名以臺灣在家佛教身份參加。林修二時在東京療病，躊躇再三後決定抱病參加。見林修二日文原著，陳千武漢譯，呂興昌編訂：〈列席大東亞佛教青年大會〉，《林修二集》（臺南：臺南縣文化局，2000年），頁485-523。

> 我想起東亞……
>
> 我轉向了眼光。河溝的水藍而澄清。惶恐的心情，看大內山的松翠充滿瑞氣。天空很美，燒成玫瑰色。我獨自想著不遠的東亞美麗的玫瑰色黎明。（頁 516）

其實，他只是恆從一超越性的抒情視野來看世界罷了。他其實是一落籍於天上的詩人。如他臨終前只說：「啊！我的星星將隕落了……」。

江文也在北京時所創作的交響樂〈孔廟大晟樂章〉、所鑽研的樂論〈上代支那正樂考〉等等，爲中國文化本體論與日本大東亞主義間創造了不可思議的對話。他或想自外於戰爭，專心頌揚古國儒家音樂，但 1940 年大東亞共榮圈之宣佈，他以大型舞劇共襄盛舉；[88]1943 年的〈一宇同光〉樂曲或受共榮圈「八紘一宇」之影響。[89]然而即使他的音樂不免時代的喧囂騷動，《北京銘》詩中則常以一絕對境界的思維迴避了兩個權力場域的交鋒，如莊子所謂的「得其環中」。對於北京或中國，他巧妙地以俳諧方式反諷：

> 銅製的獅子狗　齜牙　瞪著天／說　人這東西是可笑的／路過這裡　就嘟噥著／現在還走在歷史之中　而走過去／倒底歷史這東西是甚麼？齜牙／瞪著天　說（二・12〈太安殿的獅子狗〉，頁 84）

當中國說：「天視自我民視，天聽自我民聽」[90]，江文也卻將其轉換成象徵主義的凝視與諦聽：

---

[88] 王德威：〈史詩時代的抒情聲音：江文也的音樂與詩歌〉。

[89] 周婉窈：〈想像的民族風：試論江文也文字作品中的臺灣與中國〉。

[90] 見〔漢〕孔安國傳，〔唐〕孔穎達等正義：《尚書正義》，《十三經注疏》（台北：藝文印書館，1981 年），頁 155。

> 青藍的晴天／必是　小牧神舞著飛昇／朗朗地　震動空氣／於是　蒼穹似傾聽的耳朵一般擴展著（一・6〈鴿笛〉）

對於大東亞論又何嘗不如此。他也說：

> 空氣本身　已然令人眷戀的北京喲／所謂文明物　毫無關係似的／也許那是對的／如今　一切　對你來說／顯得像欺騙孩子一般吧（四・21〈無題〉頁 210〉）

意思是：個體在北京的歷史之前，是何等渺小，所謂「現代文明」與悠久的歷史文化相比，也如孩童之幼齡般。如此迴避了日本大東亞的「文明論」。所以其詩語常在語言辯證中創造了北京的差異空間。

如果在北京，無論（中國）文化權力或（日本）政治權力，都必須以磅礴的空間爲場域才能施展，那麼他說：

> 用不著造假　安慰自己／不錯　這裡是廣大的／遼闊　無涯地遼闊／而且　那是等於無的遼闊」（四・20〈希望〉，頁 208）

但北京在江文也詩中，只是無涯無盡的時空框架，現象卻只是稍縱即逝。若要尋找希望，在此是廣大無垠，充滿希望；但也等於是「無」的遼闊——無所謂希望。日本帝國的聖戰意識，在此其實也化爲虛無。從現實的角度來客觀檢驗，或如江文也所說：

> 說在那裡　總是沒辦法／因而想如果在這裡　總會有辦法嗎？／噢　朋友喲　那才是趕往敗北之路的／在這荒脊的黃土上人會饑餓於一根草的（四・19〈某時，給東京的朋友〉，頁 206）

在這裡　逃避　不意味著敗北／那　是一種自然／那　還可以說是一種成長／是人像空氣和光線一般　會變得豐裕（三・22〈逆說〉，頁 158）

無論是個人的出路，或共同體的命運，敗北其實都不是絕望，反而是一種成長。如果皇軍到此是堂堂的勝利，詩人在此卻作了反轉。說話者的聲音，並非日本帝國勝利者的口吻，而是潛入古老文化傳統空間後，異化爲另一永恆國度的說話者。或許作爲皇民的一份子，其所念茲在茲的「聖戰／敗北、希望／虛無」，在此都作了「得其環中」的反轉辯證。江文也由他後來的生命，或可謂其對古國傾心，但無論如何，他總擺脫不了殖民地臺灣之子的影子。始於臺灣，終於臺灣，1934 年的「臺灣舞曲」使他在國際上取得身份，生平的最後一首詩：「島的記憶／日夜撫摩／無論好壞／島，謝謝。」[91]也證明了他的身份認同。然則他寓居在北京時的客旅光陰，及其所創造的奇異光暈，是否是當時臺灣不見出口的「敗北意識」，潛隱在此轉喻而成的另一解答……？

六、結語

處於離散情境下的臺灣新詩人，對北京城市的觀照，一方面作爲中國文化的「他者」，與中國古典抒情境界作深度對話；一方面作爲日本帝國的「他者」，對東亞協同體（進而大東亞共榮圈）的未來想像作辯證反思。這對話與反思也是中國文化古典境界的現代性思考，或是東亞文化在離散情況下如何而能保其召喚力的叩問。北京的悠久歷史與博大文化，使其成爲一累積巨大遺產的世紀文本，城市空間也宛如歷史遺蹟的巨大漩渦，不斷將人吸入其中。在這巨大的古董之城中，或仍有足多的

[91] 原文為：「島の記憶を／朝夕撫て磨く／善くも惡くても／島よ！ありがとう！」

事物營造著夢境，令人沉緬、令人耽溺；因而旅行到此仍然是個美好的夢，捨不得醒來的夢。在廢墟殘骸之中，過往的古中國權力現實已鬆弛，未來的東亞共榮圈則尚未確定，所有的輝煌符號已不具有任何意義，意義的缺席呈現了城市文本閱讀上的空白，卻以另外一種審美的向度召喚著異鄉遊客，召喚著他們以超越現實目的的審美感知來觀照。如林修二所說：

> ……一直想，果真——在古都留下世紀裏過於豪華的宮殿，站在華美的舞臺確有價值的人物，真的有其存在嗎？那些巨大的殘骸，白天把皮膚讓太陽曬亮，下雨時淋的潤濕，夜間又在星光下繼續夢見早已褪色了的夢話。（頁 306-309）

北平故都，就是以這樣的境界形態的城市美學，讓隔海而來的旅人，從裏至外，由感官知覺到意識無意識，浸潤在那已褪了顏色的夢話中，因爲那裡曾經存在過的權力與榮華，充滿人類普遍的欲望。即便如今只剩下一些符號的形式，卻仍然迴旋著無盡的召喚餘波……。

歷史古蹟爲實質空間，胡同巷弄則爲城市的虛靈空間。在虛靈空間中，如鏡像階段中的感知，北京人形塑其近代的自我認同身影，遊客也在此觀照其間的自我與他者之差異。境界如一抒情詩，而古典境界的古城，面對現代性的時代巨變，如何繼續優雅地存在？或已然出現裂變的轉折？在日本占領的一段期間，讓此一問題引爆出來。禮樂傳統與東亞共榮圈的交鋒，使境界形態原本是一權力國度的事實突顯出來。我們發現「禮樂傳統」中所有的境界都可能只是一封守的閉鎖圈，當另一權力場域「東亞共榮圈」的臨到，兩者交鋒之下，城市的抒情頌歌之中乃浮現「差異空間」。而新詩人在此差異空間的縫隙中——一方面要抽離於古典境界的祖祧雅頌，一方面也迴避著日本皇民的帝國之眼——努力尋找一未爲權柄所臨在的純然審美空間。然而我們不禁要問：或許這兩方的場域力量實在太強了，一個旅人在北京古都，是否真能抵得了這古典境界的抒情召喚，挺立出一以現代性理性爲主體的城市文本呢？

文學是文本交織的（自我折射的）建構。茱利亞・克莉絲蒂娃（Julia Kristeva）所提出的「互文性」（intertextuality）理論，謂一切文本都具有「自我折射性」（Self-reflexivity），[92]文學與文化的文本皆然。文學文本與文學以外的文化文本實可能有種秘響旁通的關係；因此我們嘗試在北京文本中看到不同的折射光暈。比較林修二、江文也二人的北京觀照，則林以西方超現實主義結合東方的美感哀愁，形成一抒情性頗濃的書寫風格。其所讚美，乃以直覺輕觸而遊於無窮；其所批判，也只以隱微含蓄筆調欲言又止，顯出圓而神的靈性智慧。江文也則多方涉獵觸角較廣，嘗試彌合西方與東方、中國／日本間的差異與鴻溝。對於讚美，他以象徵主義與中日美學並行的審美進路相參；對於批判，他則以俳偕式的幽默調侃反諷，顯出一種方以智的思維形態。他們對北京的書寫，與其說是對北京古都的心領神會，毋寧說是殖民地臺灣之子在參與一場當時的西方現代主義、東方古典傳統的交響對話——討論著諸方對一座城市的想像、一個公共空間的理想視界。他們所觀照的北京城，不只喚醒古都的神韻靈魂，也是旅人在旅途中，有時感悟，有時迷失，探索個人生命和浩瀚歷史的穿梭徬徨；更是回應世界潮流中的東方／西方、民族／國際、殖民／帝國、舊邦／新命間循環往復的質疑與叩問……。

---

[92] 參見 Julia Kristeva, *Desire in Language:A Semiotic Approach to Literature and Art*, Leon S Roudiez, ed. (New york: Columbia University Press, 1980) , p.36.

引用文獻

（一）古籍

〔漢〕孔安國傳，〔唐〕孔穎達等正義：《尙書正義》，《十三經注疏》，台北：藝文印書館，1981 年。

〔漢〕趙歧注，〔宋〕孫奭疏：《孟子注疏》，《十三經注疏》，台北：藝文印書館，1981 年。

〔魏〕王弼注：《老子道德經》，《四部要籍注疏叢刊・老子》，北京：中華書局，1998 年。

〔晉〕郭象注，〔清〕郭慶藩集釋：《莊子集釋》，臺北：華正書局，1979 年。

〔宋〕朱熹：《楚辭集註》，臺北：國立中央圖書館善本叢刊，1991 年。

〔宋〕郭熙：《林泉高致》，《宋人畫學論著》，臺北：世界書局，1975 年。

（二）近人著作

王德威：〈史詩時代的抒情聲音：江文也的音樂與詩歌〉，《臺灣文學研究集刊》第 3 期，2007 年 5 月，頁 1-50。

江文也著，葉笛譯：《北京銘：江文也詩集》，臺北：臺北縣文化局，2002 年。

________，廖興彰等譯：《江文也文字作品集》，臺北：臺北縣立文化中心，1992 年。

杜國清：《詩論・詩評・詩論詩》，臺北：臺大出版中心，2010 年。

何其芳著，藍棣之主編：《何其芳全集》，石家莊市：河北教育出版社，2000 年。

周婉窈：〈想像的民族風：試論江文也文字作品中的臺灣與中國〉，《臺大歷史學報》第 35 號，2005 年 6 月，頁 127-180。

宗白華：〈中國詩畫中所表現的空間意識〉，《宗白華全集》，卷 2，合肥：

安徽教育出版社，1996 年。

______：〈形上學（中西哲學之比較）〉，《宗白華全集》，卷 1，合肥：安徽教育出版社，1996 年。

林修二日文原著，陳千武漢譯，呂興昌編訂：《林修二集》，臺南縣：臺南縣文化局，2000 年。

林語堂：《輝煌的北京：中國在七個世紀裏的景觀》（*Imperial Peking: Seven Centuries of China*），北京：外語教學與研究出版社，2009 年。

洪棄生：《洪棄生先生遺書・八州詩草》，臺北：成文出版社，1970 年。

《風月報》第 84 期 4 月號（下卷），頁 16「詩壇」專欄（1939 年 4 月 24 日）

奚密：〈臺灣人在北京：1949 前在京臺灣作家簡論〉。收入於陳平原、王德威主編：《北京：都市想像與文化記憶》，北京：北京大學出版社，2006 年。

梅祖麟、高友工著，黃宣範譯：〈論唐詩的語法用字與意象〉，《中外文學》第 1 卷第 10-12 期。

許雪姬：〈1937 至 1947 年在北京的台灣人〉，《長庚人文社會學報》第 1 卷第 1 期（2008 年），頁 33-84。

連雅堂：《劍花室詩集・大陸詩草》，臺北：台灣銀行經濟研究室，1960 年。

陳平原、王德威主編：《北京：都市想像與文化記憶》，北京：北京大學出版社，2006 年。

陳逢源：〈北京禮讚譜〉，《臺灣藝術》第 1 期，1940 年 3 月 4 日，頁 27-32。

______：《溪山煙雨樓詩存》，臺北市：陳逢源先生文教基金會，1986 年。

張小玲：《夏目漱石與近代日本的文化身份建構》，北京：北京大學出版社，2009 年。

楊雅惠：《現代性詩意啓蒙：日治時期臺灣新詩的文化詮釋》，高雄：國立中山大學出版社，2007 年。

楊熾昌日文原著、呂興昌編，葉笛漢譯：《水蔭萍作品集》，臺南：臺南市立文化中心編印，1995 年。
楊麗敏：〈都市漫遊者艾略特：倫敦現代生活的畫師〉，《中外文學》第 34 卷第 2 期，2005 年 7 月。
《聖經》和合本，香港：聖經公會，1989 年。
趙曉陽編譯：《北京研究：外文文獻題錄》，北京：北京圖書館出版社，2007 年。
劉勇：《北京歷史文化十五講》，北京：北京大學出版社，2009 年。
劉建輝：〈產生自日本的中國「自畫像」〉，中國社會科學研究會編：《中國與日本的他者認識》，北京：社會科學文獻出版社，2004 年，頁 83-104。
譚晶華主編：《日本文學研究：歷史足跡與學術現狀（日本文學研究會三十週年紀念文集）》，南京：譯林出版社，2010 年。

（三）外文書目

〔日〕子安宣邦著，趙京華譯：《東亞論——日本現代思想批判》，長春：吉林人民出版社，2011 年。
〔日〕內藤湖南：《支那古典學の研究法に就きて》，《內藤湖南全集》，卷 7，東京：筑摩書房，1979 年，頁 163-164。
〔日〕加藤周一著，彭曦譯：《日本文化中的時間與空間》，南京：南京大學出版社，2010 年。
〔日〕安藤更生：《北京案內記》，北京：新民印書館，1942 年。
〔日〕谷崎潤一郎：《陰翳禮讚》，東京：中央公論新社，2009 年。
〔日〕森田能成：〈戰爭と美術〉，《臺灣警察時報》273 號，1938 年 8 月 10 日，頁 144-145。
〔日〕宮島貞亮：〈書評：《支那研究》〉，《史學》第 9 卷第 3 號，頁 156-157。
〔日〕橫光利一，〈北京と巴里〉。收入《橫光利一集》，《日本現代文學全集》，卷 51。東京：講談社，1967 年，頁 474-478。
Dylan Evans（狄倫・伊凡斯）著，劉紀蕙等譯：《拉岡精神分析辭彙》（*An*

Introductory Dictionary of Lacanian Psychoanalysis)，臺北：巨流出版社，2009 年。

〔法〕Julia Kristeva, *Desire in Language: A Semiotic Approach to Literature and Art*, Leon S Roudiez, ed. New york: Columbia University Press, 1980.

〔法〕Julia Kristeva 著，彭仁郁譯：《恐怖的力量》(*Powers of Horror: An Essay On Abjection*)，臺北：桂冠出版社，2003 年。

〔德〕Martin Heidegger（馬丁・海德格）著，孫周興譯：《林中路》，臺北：時報出版，1994 年。

〔法〕Maurice Blanchot（莫里斯・布朗肖）著，顧嘉琛譯：《文學空間》，北京：商務印書館，2005 年。

〔俄〕Roman Jakobson, *Style in Language*, ed. Thomas A. Sebeok, Cambridge, MS: MIT Press, 1960.

〔德〕Walter Benjamin（華特・班雅明）著，許綺玲譯：《迎向靈光消逝的年代》，台北：台灣攝影出版社，1998 年。

《三田評論》第 446 號（1934 年 10 月）、第 470 號（1936 年 10 月）、第 471 號（1936 年 11 月）、第 507 號（1939 年 11 月）。

《まこと》第 285 號，第 3 版（1937 年 8 月 20 日）、第 255 號，第 4 版，（1936 年 10 月 20 日）。

（四）網路資料

〔日〕橫光利一著，李振聲譯：「橫光利一作品集」(2011.3.1)：http://www.mypcera.com/book/2003new/wai/hgly/index.html。

白鷺鷥音樂館網頁（2010.10.10）：http://folkartist2.e-lib.nctu.edu.tw/collection/Egret/zheng_he/top2.html。

Refractional Aura of Diaspora Situations: Perspective in Beijing of Taiwanese Modern Poets during the Late Japanese Colonial Period

Yang Ya-Hui*

〔Abstract〕

This paper explores the Beijing（北京） writing by Lin Shuji（林修二） and Jiang Wenye（江文也）after the colonial period of Japanese in 1937. Lin Shuji and Jiang Wenye, the typical East Asian modernist's experience, are writers with identity of dual colonialization of the Japanese regime and the Western culture. Under the diaspora situations, their perspective in Beijing, as the other to Chinese culture, deeply dialogued with Chinese classical tradition, furthermore, as the other to Japanese empire, dialectically reflected on the imagination to future Greater East Asia Co-Prosperity Sphere, and ultimately, responded to the challenge of the Western modernism. This contemplation in Beijing which shows a different aura from the former, not only makes the charm of the ancient capital awake, but also reflects symphonic dialogue which Taiwanese participating with Western modernism and Oriental classical tradition. Their visiting to Beijing is also a wandering

* Professor, Department of Chinese Literature, National Sun-Yat-sen University.

by which the traveler on the road to explore personal life and vast history. What’s more, it responds the questions between the East and West, national and international, colonial and imperial, old state and new mandate, in the global trend.

Key words: Japanese colonial period, Taiwan's Modern Poetry, Lin Shuji（林修二）, Jiang Wenye（江文也）, Beijing（北京）

歷史視域與身分認同

時空視域的交融：文學與文化論叢
頁 167~211 國立中山大學人文中心.2011

論中唐詩人的社會地位

陳家煌*

〔摘 要〕

中國在科舉制度建立以前，士人的社會地位深受出身、門第、婚宦左右，知識分子就算擁有文學才能，文學才能所能提升士人們的社會地位也非常有限。士人讀書爲了求仕，但唐代以前，仕進權力掌控在世家大族手上，門第血緣，成了仕途順利與否的最重要因素。唐代因科舉取士，取士之標準，有很大的因素取決於士人的社會聲望。因此，能詩的詩人們，便逐漸以詩名博得社會敬重，因此「詩人」也就形成中唐以後特殊的社會身分。詩人憑藉其詩人身分於舉場或仕途中得利，在詩人升遷至高官而握有政治權力後，又以詩歌鑑賞者的身分，拔擢其他有詩歌才能的詩人，因此中唐後廟堂之上，有許多能詩大臣。詩人地位受到社會重視，造成政治權力的轉移。詩人本來僅是類似俳優的才藝之士，到了中唐以後，逐漸由權力結構的邊陲地位取得中心的地位。詩人地位的提升，關乎社會對能詩之士的價値判斷，詩人的地位提高，也關乎詩人們是否有詩人身分的認同。本人將從三部分切入探討詩人地位，一是詩人地位於中唐時如何受到重視，二是中唐能詩之士如何形成詩人群體以博取社會聲望，三是詩人們如何靠詩人聲望於社會權力運作中得利，並進入主流的世俗價値中。希望從這三個角度觀察中唐的詩人地位後，能對中唐的詩人地位有較清楚的理解。

---

* 國立中央大學中國文學系專案助理教授

收稿日期：2011 年 3 月 9 日，審查通過日期：2011 年 5 月 12 日

關鍵詞：唐詩、中唐、詩人、詩人地位、詩人身分

一、前言

詩歌寫作的才能，雖然從魏晉時就受到世人重視，但自東漢以降至南北朝間所謂的中古時期，門閥貴冑勢力依然是主宰社會的主要力量，士人雖有文學創作的才華，但主要都要依附貴族方能求取溫飽、擔任相對卑微的官職。在唐代之前，鮮少有出身寒門而憑一己之力進入到政治權力核心，更遑論僅擁有文學才華的士子。[1]左思〈詠史八首〉中的「世冑躡高位，英俊沈下僚。地勢使之然，由來非一朝」[2]，便是所有中古時期文士的怨嘆。中古時期自隋煬帝開創科舉取士以來，就算出身寒門之士子，若有傑出才華，則可經由科舉取士制度，取得出身資格，擔任官吏。在初、盛唐時，如蘇瓌、宋璟、張說、張九齡等，均進士及第，而在仕途上有所發揮。只是在唐代經由科舉取得出身之士子，在政治權力場域中，依然不敵資蔭任官的士族豪門。不過在唐代，進士出身成為社會地位的評判標準之一，如《唐摭言》所言：「進士科始於隋大業中，盛於貞觀、永徽之際，縉紳雖位極人臣，不由進士者，終不為美」[3]，世族庇蔭雖然能直取官職，但是自唐高宗以後，以進士出身者特為人所重視，如高宗宰臣薛元超曾說：「吾不才，富貴過人。平生有三恨：恨不以進士擢第，不娶五姓女，不得修國史」[4]，這種器重進士出身的情況，到了中唐以後更加明顯，到了晚唐宣宗時，進士出身竟然成了皇帝愛羨的身分表徵：

---

1 當然在高門世族勢力下，也不是完全沒有依憑文學才華能脫穎而出的寒士，但數量幾乎微乎其微不成比例，關於這點，可參見王瑤：〈政治社會情況與文士地位〉，《中古文學史論》（北京：北京大學出版社，1998 年），頁 17-22。

2 〔梁〕蕭統編，〔唐〕李善注：《文選》（上海：上海古籍出版社，1986 年），卷 21，頁 988。

3 〔五代〕王定保：《唐摭言》（台北：世界書局，2009 年），卷 1，頁 4。

4 〔宋〕王讜撰，周勛初校證：《唐語林校證》（北京：中華書局，1987 年），卷 4，頁 384。

> 宣宗愛羨進士，每對朝臣，問「登第否」？有以科名對者，必有喜，便問所試詩賦題，並主司姓名。或有人物優而不中第者，必嘆息久之。嘗于禁中題「鄉貢進士李道龍」。[5]

此則記載或許誇大了唐宣宗對進士出身士子的愛羡，但是卻也在某種程度上反映了唐人重視進士出身的心態。在這段記載中，值得注意的是唐宣宗「或有人物優而不中第者，必嘆息久之」，那一類的舉子會被社會判別爲「人物優」，而此優異人物「不中第」時，會嘆息久之，深以爲憾？應舉士子如何取得社會聲名，以利進士錄取？另外，若是詩作優異，被視爲詩人，則是否有利於仕途，一個擁有寫詩才華的人，可否從詩人取得相應的名位？詩人地位於唐代社會被如何對待，這些問題都是本文想要探討的課題。

在唐代以出身、婚姻、官位來定位一個人的地位，世俗社會的主流價值中心，不外乎名利權勢。擁有文學才華的人，在唐代以前，雖然受到重視，不過掌權者並不見得會將世俗名位給予文人或詩人。在唐代之前，以世族大家的權力結構爲中心，文人的地位被排除於政治核心之外，詩人聲望並不見得能成爲擷取社會名位的有力條件。但是在中唐時，若文人擁有相應的文名，或是文士被視爲詩人，其詩名則似乎能孚獲社會聲望，如是，詩人便更有機會藉詩名之便，進入政治場域的核心中。原本位於權勢邊緣僅擁有詩名的士子，在唐代的詩人社會地位提升的環境下，就算是寒門出身，亦有可能擔任高官。詩人聲望成了詩人取得仕進的方便法門。因此在中唐以後，若詩人擁有相當的社會聲望，其仕途可能會順遂許多；相反地，若擁有詩人聲望的文士，得不到與詩名相應的權位，則會令社會大眾嘆息扼腕。這種「詩人地位」大幅提升的現象，在唐以前的魏晉南北朝時期，幾乎不會發生。詩人地位被重視，本文認爲興於初唐，而盛於中唐以後，因此在中唐以後許多被視爲詩人的人物，幾乎都能得到不錯的社會地位。因此就算賈島、溫庭筠等人無法進士登

---

[5] 同前註，頁 370-371。

科，也能得到地方縣尉或幕府僚佐的位置。所以就算這些詩人們再怎麼感嘆著升沈下僚而不得志，但是若對照南北朝以前的詩人處境來看，中、晚唐享有詩人聲譽的文士，其仕途遭遇相形之下則順遂許多。

二、中唐詩人地位的提升

在本文中所謂的地位，乃是與名、位、勢、利相關的社會地位。中國中古時期社會地位的確立，不外乎出身與婚、宦。出身門第之高下不可改變，而婚、宦則可能可以藉由個人努力獲致成功。魏晉以降至唐朝，婚宦爲士人提升社會地位的途徑之一，誠如陳寅恪所言：

> 若古代之士大夫階級，關於社會政治者言之，則中歲之前，情感之部為婚姻。中歲以後，事功之部為仕宦。……南北朝之官有清濁之別，如隋書貳陸百官志中所述者，即是其例。至於門族與婚姻之關係，其例至多，不須多舉。故士大夫之仕宦苟不得為清望官，婚姻苟不結高門第，則其政治地位，社會階級，即因之而低降淪落。[6]

中古士子政治地位與社會階級，跟婚、宦二者息息相關，故陳寅恪在《元白詩箋證稿》中論及元稹對崔鶯鶯始亂終棄，最後攀娶韋貫之的女兒韋叢，便著眼於元稹欲與世家高第結姻，以提高其社會地位，並期望婚姻能成爲仕進的有利條件。

元稹乃典型唐人熱中於權勢之人，他曾對摯友白居易說：「凡人急位，其次急利，下急食」[7]，在教誨姪兒時，亦訓喻：「嗚呼，及其時而不思，既思之而不及，尙何言哉？今汝等父母天地，兄弟成行，不於此

[6] 陳寅恪：《元白詩箋證稿》（台北：里仁書局，1982 年），頁 82-83。

[7] 〔唐〕元稹：〈敘詩寄樂天書〉，《元稹集》（北京：中華書局，1982 年），卷 30，頁 353。

時佩服詩書，以求榮達，其爲人邪？其曰人耶？」[8]元稹教誨兒姪佩服詩書的目的，乃在求榮達，因此榮達乃唐人追求最高的世俗價值。同樣的觀念，也出現在同是中唐人的韓愈與中晚唐之交的杜牧詩中，如韓愈勸子讀書，於〈符讀書城南〉詩中，便提到認真於詩書的人，可以「一爲公與相，潭潭府中居」，可以位至公卿，不認真讀書的人，便落到「一爲馬前卒，鞭背生蟲」，淪爲下位僕役。[9]此外韓愈〈示兒〉詩，更是韓愈誇耀自身富貴官職以勸誘兒子努力汲取功名。同樣的，杜牧在〈冬至日寄小姪阿宜詩〉中，亦以世俗價值來解釋爲何要努力讀詩書，其目的乃是爲了要求取社會相應的名位，因此，杜牧在對姪兒誇耀家世及著名文人後，對於屈、宋、班、馬、李、杜、韓、柳等人雖然有很高的文學評價，不過杜牧勸姪兒讀書，乃是著眼於更世俗的價值：

> 願爾一祝後，讀書日日忙。一日讀十紙，一月讀一箱。朝廷用文治，大開官職場。願爾出門去，取官如驅羊。[10]

用功讀書是爲了取官，杜牧明確地表達出唐人熱中的心態，並視爲理所當然。這些詩人將追求富貴名位視爲是現實人生追求的價值所在。雖然也有很多詩人的詩作中也鄙夷富貴名位，不過那可能是一時喪志或失意的抱怨，唐人於世俗價值追求的目標仍然是功名利祿。但是除了官位、財富等世俗價值的社會地位外，在中唐以後逐漸興起了「詩人」亦是值得社會敬重的身分階層，或許這種身分或階層與官位比較起來並不明確，但「詩人」卻是中唐士人或社會逐漸認可的身分，並且可以成爲某種值得誇耀的身分。

---

[8] 〔唐〕元稹：〈誨姪等書〉，《元稹集》，卷 30，頁 356。

[9] 詩見〔唐〕韓愈著，錢仲聯集釋：〈符讀書城南〉，《韓昌黎詩繫年集釋》（上海：上海古籍出版社，1984 年），卷 9，頁 1011。

[10] 〔唐〕杜牧著，吳在慶校注：〈冬至日寄小姪阿宜詩〉，《杜牧集繫年校注》（北京：中華書局，2008 年），卷 1，頁 81。

迄唐爲止，世家門第與婚宦雖是評定個人社會地位之標準，但是隋唐以科舉考試取士之後，以科舉考試取得入流任官的出身資格，似乎成爲寒族士子努力的目標。以進士出身，則能於日後仕途有相當大的助益，而新興的進士階層與固守禮法的山東士族兩階層之衝突，陳寅恪認爲是中唐牛李黨爭的肇因：

> 蓋陳鄭為李（德裕）黨，李楊為牛黨，經術乃兩晉、北朝以來山東士族傳統之舊家學，詞彩則高宗、武后之後崛興階級之新工具。至孤立地胄之分別，乃因唐代自進士科新興階級成立後，其政治社會地位逐漸擴大，馴致舊日山東士族如崔皐之家，轉成孤寒之族。若李（珏）之流雖號稱士族，即使俱非依託，但舊習門風淪替殆盡，論其實質，亦與高宗、武后由進士詞科進身之新興階級無異。迨其拔起寒微之後，用科舉座主門生及同門等關係，勾結朋黨，互相援助，如楊於陵、嗣復及楊虞卿、汝士等，一門父子兄弟俱以進士起家，致身通顯，轉成世家名族，遂不得不崇尚地胄，以鞏固其新貴黨類之門閥，而拔引孤寒之美德高名翻讓與山東舊族之李德裕矣，斯亦數百年間之一大世變也。[11]

南北朝以降，「地望」、「婚」、「宦」是社會地位的重要指標，但是這種標準到了唐代高宗、武后有所變動，不以「資蔭」出身的科舉「進士科」入流的士人，得到了社會的肯定和重視，在陳寅恪的觀點中，山東士族與進士詞科進身之新興階級有所衝突，並成爲中唐之後牛李黨爭的主因。

有唐一朝，進士科考試初始只考試策，到唐高宗調露二年（680）加考帖經，並加考雜文二首，而雜文便是所謂的詩賦，但是加考詩賦雜文，亦足以證明高宗武后時期，詩歌的發展已取得社會基礎，政府便以詩賦取士，以順應社會潮流，如傅璇琮所言：

---

[11] 陳寅恪：《唐代政治史述論稿》（台北：里仁書局，1982 年），頁 79-80。

> 可見以詩賦作為進士考試的固定格局，是在唐代立國一百餘年以後。而在這以前，唐詩已經經歷了婉麗清新、婀娜多姿的初唐階段，正以璀燦奪目的光彩，步入盛唐的康莊大道。在這一百餘年中，傑出的詩人已經絡繹出現在詩壇上，寫出了歷世經久、傳誦不息的名篇。這都是文學史上的常識。應當說，進士科在八世紀初開始採用考試詩賦的方式，到天寶時以詩賦取士成為固定的格局，正是詩歌的發展繁榮對當時社會生活產生廣泛影響的結果。[12]

唐詩繁榮興盛的原因，非本文重點，但是唐高宗以後加考詩賦雜文，一方面反映了唐詩繁榮並足堪成爲考試內容與斷定人才的標準，一方面也令有志於進士科考試之文人，能加強詩賦形式技巧的訓練。畢竟押韻、平仄、對仗、句法、用典，均屬於詩歌技巧，唐代進士科以詩賦取士，詩賦均有特定的文學形式，進士科考試的「省試詩」，又是五言八韻律詩，因此若不熟悉考試形式，便不可能上榜。如沈亞之（元和十年進士）便曾敘述他考進士科落榜的原因：

> 時亦有人勉亞之於進士科，言得祿位，大可以養上飽下。去年始來京師，與羣士皆求進，而賦以八詠，雕琢綺言與聲病，亞之習未熟，而又以文不合禮部，先黜去。[13]

所謂「賦以八詠」便指五言八韻律詩的省試詩，而「文不合禮部」，亦指考試之賦有一定的形式要求，沈亞之因爲詩、文不合格式，因此落榜。[14]一方面因爲唐詩的興盛，所以進士科考試加考詩賦，而一方面又因爲進

---

[12] 傅璇琮：《唐代的科舉與文學》（台北：文史哲出版社，1994 年），頁 179。

[13] 〔唐〕沈亞之：〈與京兆試官書〉，收入〔清〕董誥等編：《全唐文》（北京：中華書局，1983 年），卷 735，頁 7590。

[14] 〔唐〕李賀的〈送沈亞之歌〉，便是安慰沈亞之元和七年落第不中進士舉之詩作。

士科加考試賦，又使得有志於進士科考試的士子，鑽研詩律，所以南宋嚴羽便認爲：「唐以詩取士，故多專門之學，我朝之詩所以不及也」[15]。可見進士試詩賦，便逼得士人學習寫詩範式，如白居易自述其求學過程：「十五六，始知有進士，苦節讀書。二十已來，晝課賦，夜課書，間又課詩，不遑寢息矣」[16]，白居易爲了考進士而戮力課詩、賦。寫作詩賦的能力成爲士人於高宗、武后之後考中進士的必要條件。[17]此外，擅長舉場詩賦考試之士人，亦能得到舉子及一般士人的推崇，如唐人趙璘《因話錄》便記載：「李相國程、王僕射起、白少傅居易兄弟、張舍人仲素爲場中詞賦之最，言程式者，宗此五人」[18]，所謂的「程式」，便是符合禮部規定的詩賦格式，因此李程等五人，因爲擅長寫作科舉文字，亦被時人推崇。

所謂的「詩人」，除了能以文字展現性靈以言志外，成爲詩人必備的條件當然是能熟悉並準確地掌握詩律。當然，在盛唐時期可能因爲進士科於貢舉或省試需要寫作合格的五言八句排律，因此在盛唐中唐時便出現了王昌齡《詩格》、皎然《詩式》或《文鏡秘府論》、《李嶠百詠》這類指導寫作的書籍，[19]在能夠準確地掌握詩律後，方能以詩作於場屋中得利。因爲科舉重視詩賦格律，在《國史補》中便有宋濟偶一失韻而成笑柄之故事：

---

[15] 〔宋〕嚴羽著，郭紹虞校釋：《滄浪詩話校釋》（台北：里仁書局，1987 年），頁 147。

[16] 〔唐〕白居易：〈與元九書〉，《白居易集》（北京：中華書局，1979 年），卷 45，頁 962。

[17] 關於詩賦取士的討論，可參閱李浩：〈第十章——「詩賦取士」說平議〉，《唐代三大地域文學士族研究》（北京：中華書局，2008 年），頁 200-214。

[18] 〔唐〕趙璘：《新校因話錄》（台北：世界書局，1991 年），卷 3，頁 16。

[19] 相關論述可參見葛曉音：〈創作範式的提倡和初盛唐詩的普及——從《李嶠百詠》談起〉，《詩國高潮與盛唐文化》（北京：北京大學出版社，1998 年），頁 235-250。

> 宋濟老於文場，舉止可笑，嘗試賦，誤失官韻，乃撫膺曰：「宋五又坦率矣！」由是大著名。後禮部上甲乙名，德宗先問曰：「宋五免坦率否？」[20]

詩賦押韻有定式，非專力於詩則不能合格，士人參與禮部科舉考試，作詩自不能坦率，唐人舉子均知此事，因此宋濟故事就成爲舉場中流傳的笑柄。

詩人身分於中唐亦成爲地位的象徵。當然，在唐代，官職乃是評價一個人社會地位的主要條件，因此，在唐人詩文著述中，提到他人時，姓氏必帶官銜，這種現象其實至清朝結束爲止，均是如此。但是自中唐以後，詩人亦可成爲身分表徵的頭銜，柳宗元（773-819）便撰有〈送詩人廖有方序〉，稱呼廖有方爲「詩人」，[21]而不舉其「鄉貢進士」之頭銜；而元稹於〈敘詩寄樂天書〉一文中，自敘年少時亦經常與楊巨源往還寫詩：「不數年，與詩人楊巨源友善，日課爲詩」[22]，視楊巨源爲詩人，不舉其官職；白居易也在〈與元九書〉中提出他所認可的詩人：

> 況「詩人」多蹇，如陳子昂、杜甫，各授一拾遺，而迍剝至死。李白、孟浩然輩，不及一命，窮悴終身。近日孟郊六十，終試協律，張籍五十，未離一太祝。彼何人哉？彼何人哉？況僕之才，又不逮彼。[23]

在這段文字中，白居易視陳子昂、杜甫、李白、孟浩然、孟郊、張籍爲詩人，雖感慨其社會主要身分：「官位」職等，並不符合他們詩才，但白

---

[20] 〔唐〕李肇：《國史補》（台北：世界書局，1991 年），卷下，頁 56-57。

[21] 文見〔唐〕柳宗元：〈送詩人廖有方序〉，《柳河東集》（上海：上海古籍出版社，2008 年），卷 25，頁 418。

[22] 〔唐〕元稹：〈敘詩寄樂天書〉，《元稹集》，卷 30，頁 352。

[23] 〔唐〕白居易：〈與元九書〉，《白居易集》，卷 45，頁 964。

居易亦以其「詩人身分」而重視他們。[24]中唐能詩之士甚夥，但如《舊唐書》所言：「元和主盟，微之、樂天而已」[25]，元稹、白居易當然是以能詩聞名，且被時人視爲詩人的代表，在《唐摭言》則有白居易的妻舅楊汝士以詩作壓倒元、白而得意之事：

> 寶歷年中，楊嗣復相公具慶下繼放兩榜。時先僕射自東洛入覲，嗣復率生徒迎於潼關。既而大宴於新昌里第，僕射與所執坐於正寢，公領諸生翼坐於兩序。時元、白俱在，皆賦詩於席上。唯刑部楊汝士侍郎詩後成，元白覽之失色……汝士其日大醉，歸謂子弟曰：「我今日壓倒元、白」。[26]

楊汝士以壓倒元、白爲榮，並得意而歸，向子弟誇耀。由這段記載可知，在宴會場合，即席賦詩的行爲中，他人所在意的並非官職大小，而是在座諸人何人負有詩人聲望，而在這場宴會中，元、白二人乃被視爲詩人代表。楊嗣復於寶歷元年、二年，連二年掌貢舉，[27]所謂的先僕射，便是指楊嗣復的父親楊於陵。楊於陵於《舊唐書》本傳載：「長慶初，拜太常卿，充東都留守。年高，拜章辭位。寶曆二年，授檢右僕射、兼太子太傅。」[28]因此此事應發生於寶歷二年楊於陵卸東都留守回長安述職之際。在此宴會中，當然以右僕射楊於陵、禮部侍郎楊嗣復父子爲主，但由《唐摭言》所記載文脈可知，賦詩場合中，元、白擅場，而非以詩人身分聞名於世的楊汝士，自以壓倒元、白而得意莫比。

---

[24] 關於唐代詩人概念的轉變，參見陳家煌：〈論中唐「詩人概念」與「詩人身分」〉，《文與哲》第 17 期（2010 年 12 月），頁 138-145。

[25] 〔後晉〕劉昫等撰：《舊唐書》（北京：中華書局，1975 年），卷 166，頁 4360。

[26] 〔五代〕王定保：《唐摭言》，卷 3，頁 32。

[27] 〔清〕徐松撰，趙守儼點校：《登科記考》（北京：中華書局，1984 年），卷 20，頁 724、736。

[28] 〔後晉〕劉昫等撰：《舊唐書》，卷 164，頁 4294。

詩人地位的提升，有很大的條件乃是其詩作優異，得乎社會名望，如上文所舉的元、白二人，於《舊唐書》中的記載中，除了他們於任官時得到良好政績外，亦透露出二人以詩聞名於世，爲社會重視的現象：

> 稹聰警絕年，年少有才名，與太原白居易友善。工為詩，善狀詠風態物色，當時言詩者稱元、白焉。自衣冠士子，至閭閻下俚，悉傳諷之，號為「元和體」。既以俊爽不容於朝，流放荊蠻者僅十年。俄而白居易亦貶江州司馬，稹量移通州司馬。雖通、江懸邈，而二人來往贈答，凡所為詩，有自三十、五十韻乃至百韻者。江南人士，傳道諷誦，流聞闕下，里巷相傳，為之紙貴。觀其流離放逐之意，靡不悽惋。……穆宗皇帝在東宮，有妃嬪左右嘗誦稹歌詩以為樂曲者，知稹所為，嘗稱其善，宮中呼為元才子。荊南監軍崔潭峻甚禮接稹，不以掾吏遇之，常徵其詩什諷誦之。長慶初，潭峻歸朝，出稹〈連昌宮辭〉等百餘篇奏御，穆宗大悅，問稹安在，對曰：「今為南宮散郎。」即日轉祠部郎中、知制誥。[29]

元稹雖然是靠著明經登第取得出身任官資格，並於貞元十八年通過吏部平判科任校書郎，於元和元年於制舉「才識兼茂明於體用科」奪得榜首而任左拾遺，以年少才俊之姿活耀於憲宗初期政壇。但是元稹於元和五年遭貶於江陵府士曹參軍後，仕途躓蹇，至元和十四年方從通州司馬徵還任膳部員外郎，十年貶逐，詩作日富，也使元稹身爲詩人的地位更加鞏固，聲價日增。後得唐穆宗賞識其詩，仕途順遂，不旋踵而以郎官行中書舍人之職（知制誥）。元稹於穆宗長慶年間官位驟升，應當與詩名日隆有相當程度的關係。

同樣的情況也發生在白居易身上。白居易於〈與元九書〉中清楚地提到自己因詩作而成名：

---

[29] 同前註，卷 166，頁 4331-4333。

> 然僕又自思：關東一男子耳，除讀書屬文外，其他懵然無知。乃至書畫棋博可以接群居之歡者，一無通曉，即其愚拙可知矣。初應進士時，中無緦麻之親，達官無半面之舊，策蹇步於利足之途，張空拳於戰文之場，十年之間，三登科第，名入眾耳，跡升清貫，出交賢俊，入侍冕旒：始得名於文章，終得罪於文章，亦其宜也。日者，又聞親友間說，禮、吏部舉選人，多以僕私試賦判，傳為準的；其餘詩句，亦往往在人口中。僕恧然自愧，不之信也。及再來長安，又聞有軍使高霞寓者，欲娉倡妓，妓大誇曰：我誦得白學士長恨歌，豈同他妓哉？由是價增。又足下書云：到通州日，見江館柱間，有題僕詩者，復何人哉？又昨過漢南日，適遇主人集眾樂，娛他賓。諸妓見僕來，指而相顧曰：此是秦中吟、長恨歌主耳。自長安抵江西三、四千里，凡鄉校、佛寺、逆旅、行舟之中，往往有題僕詩者。士庶、僧徒、孀婦、處女之口，每每有詠僕詩者。此誠雕蟲之戲，不足為多。然今時俗所重，正在此耳。[30]

這麼一大段引文，全是白居易自誇其詩名，但由於是詩人自道，所以應該真確可信。白居易雖然認爲詩在人口之佳作是雕蟲之戲，但是白居易詩作傳布天下，妓女誦詠白居易詩作竟能增價，則白居易以詩作取得天下聲名，便如白居易自言：「始得名於文章」。白居易在參加進士舉前，曾上書給事中陳京，提到「居易，鄙人也，上無朝廷附離之援，次無鄉黨吹煦之譽，然則孰爲而來哉？蓋所仗者文章耳，所望者主司至公耳」[31]，在唐代舉行科舉取士的同時，社會逐漸注重士人的文學才能，因此，出身較爲微賤的白居易才能以詩名博取社會聲望，以利仕進。

---

[30] 〔唐〕白居易：〈與元九書〉，《白居易集》，卷 45，頁 963-964。

[31] 〔唐〕白居易：〈與陳給事書〉，《白居易集》，卷 44，頁 950。

三、能詩之士形成詩人群體

余英時於〈漢晉之際士之新自覺與新思潮〉一文中，提及東漢時期「士之群體自覺」：

> 東漢士大夫在政治、經濟及社會各方面之發展，近人言之已詳，所當申論者，即士大夫之社會成長為構成其群體自覺之最重要之基礎一點而已。惟自覺云者，區別人己之謂也，人己之對立愈顯，則自覺之意識亦愈強。[32]

余英時於此段論述後，接著便提到東漢士大夫之所以有意識地形成士大夫集團，乃是自別於外戚、宦官兩大權力集團之外，故由身分上形成士大夫之群體自覺。士階層自古便有，在唐代之前，士人雖能寫詩，但是詩人並不依文學才能結合成團體以自異於其他身分之士人。自中唐以後，才逐漸有詩人隱然結成群體以自異社會其他階層之士人，依群體力量於博取社會聲望，並於其間得利。

日本學者花房英樹於《白居易研究》中，將中唐文人分爲「大曆十才子」、「浙西唱詠集團」、「韓愈聯唱集團」、「白居易唱和集團」與「姚合贈答集團」等五大集團，其中大曆十才子與釋皎然爲首的浙西唱詠集團屬中唐前期（大曆、貞元），其餘則屬於貞元至長慶末的中唐後期的文學集團。[33]花房氏以「集團」概念來解釋中唐的文學活動，在1970年代的中唐文學研究，乃是一大創舉。中唐文人彼此因文學創作理念或文學形式相近而結合，一同倡和、聯唱或贈答，以集體創作的方法形成文學風潮，改進文學技巧，進而形成文學集團，而團體內之文人有認同感，願意參與文學同好的集體創作（如聯句詩的寫作），或是呼應文學友人的

---

[32] 余英時：《士與中國文化》（上海：上海人民出版社，2003年），頁251。

[33] 花房英樹：《白居易研究》（京都：世界思想社，1971年），頁164-186。

詩作（如次韻、和詩），或者是彼此酬唱贈答。文人們這種因爲外在文學環境刺激而影響其創作的現象，在中唐，尤其是貞元、元和後，愈加明顯。[34]中唐詩人，尤其是元和詩人，其結合已不限於文學上的志同道合，亦有因政治理念而結合的集團。呂正惠於《元和詩人研究》中將元和詩人分爲「柳宗元、劉禹錫集團」、「元稹、白居易集團」、「韓愈集團」、「賈島、姚合集團」四大元和詩人集團外，並深入剖析其集團成員與其結合的因素。如呂正惠所言：

> 元和文人的交往與活動，除了私誼與社交外，有時已類似現代所謂「文學活動」的性質。如韓愈之好為人師，收授門徒，身邊常圍繞著一群文人；如元稹、白居易之彼此切磋、互相影響，因而形成特殊的文學主張，都是在私誼之外更進一步的以文學的共通性來結合在一起。依此而論，元和文人的集團性要大過盛唐詩人。盛唐詩人雖有王孟、高岑之分，但只是後人依照作品的性質加以分類。至於像韓孟或者元白，則明顯有特殊的文學風格促使他們更密切來往。[35]

以「集團性」來研究元和詩人，呂正惠應該是接受了花房英樹的觀點並發揚光大。而正如呂正惠的看法，元和時期的詩人結合，是有意識的結合，依文學風格或是文學主張主動地去結交文學同好，推動文學運動與建構文學理論。關於元、白文學集團的形成與成員，呂正惠分析得極爲

[34] 陳家煌在評述花房英樹所謂的「白居易唱和集團」與呂正惠的「元稹、白居易集團」後，認為以白居易為中心之詩人群體之所以大量創作並彼此酬倡贈答，乃是因為白居易的推動與鼓勵，陳家煌並將以白居易為中心的詩歌集體創作行為，定位為「白居易所主導之元白文學互動」，其中論述，參見陳家煌：《白居易詩人自覺研究》（高雄：國立中山大學文學院，2009 年），頁 51-66。

[35] 呂正惠：《元和詩人研究》（台北：東吳大學中文所博士論文，1983 年），頁 71。

透徹，他指出元白初期的新樂府詩寫作，乃是受其共同友人李紳的影響，在李紳的新題樂府詩二十首的基礎上，精益求精，造成極大的社會效果。在呂正惠的論述中，指出元稹與李紳結識的契緣，乃是藉由元稹的岳父韋夏卿的關係開始，並且闡述了元稹此生重要的友人李景儉與竇群也是在韋夏卿任東都留守時所結識的。在重重論述後，得到「韋夏卿在元稹所建立的政治關係網中實具有相當的影響力」[36]的有力結論，而呂正惠於書中續論元白交遊，最後得到如下的意見：

> 綜合以上所說，整個元、白集團的份子是相當複雜的。有基於政治關係而認識的（如同年登科、同官、或同出韋夏卿之門），有基於文學而成為朋友的（如楊巨源或張籍）。而其中，有的還不能算是詩文之交，是純政治因緣而成為平生至交的，如崔玄亮、李建。所以，整個元、白集團的結合並不像劉、柳集團或韓愈集團那麼緊密，其中顯然有親疏之分。但正因為元白集團這種「兼包並蓄」的特色，反而更容易讓我們了解到，元和文人在政治與文學上各種複雜的關係。[37]

元、白的交遊就如同呂正惠上文所言，是極爲複雜的人際網絡。呂正惠在論韓愈集團時，亦以社會背景、條件、出身作爲考量，通觀這個團體成員後作出了下面的評論：

> 以上種種足以說明，以韓愈為中心的韓愈集團，是相當具有朋友義氣的小團體。就出身而論，他們都沒有什麼背景。他們在政治上唯一的基礎，就是韓愈日漸響亮的文名，以及隨著文名而來的官位的提升。也只有靠著韓愈影響的日漸擴大及官職的日漸重

---

36 呂正惠：《元和詩人研究》，頁 94。

37 同前註，頁 99。

> 要，他的朋友才比較有出頭的機會。作為一個團體的中心人物而言，韓愈的熱誠與義氣是很能令人佩服的。[38]

在這段敘述中，「韓愈日漸響亮的文名，以及隨著文名而來的官位的提升」作爲韓愈集團在政治上唯一的基礎的看法，是頗令人玩味的觀點。也就是，韓愈的文名日漸響亮後，官位可以靠文名來提升。雖然呂正惠在論文中並沒有專就這點提出證據佐證，但是這個看法卻是正確無誤的，中唐文人士子想要在政治上有所作爲的一個非常重要可以憑據的有利條件，就是「文名」與「詩名」。

花房英樹與呂正惠以「集團」的概念來統攝中唐的諸多詩人，並以外緣研究論及詩歌發展，在卅年前左右的確是研究方法上的大突破。但是中唐詩人彼此關係及外緣聯繫，是否有強烈的「集團性」，可以用集團來稱呼，似乎可以再加以斟酌。集團性質的士人結合，通常是以政治利益相近彼此結黨，例如陳寅恪於《唐代政治史述論稿》中，論及統治階級之變遷升降緣由，乃是「關中本位政策」下之「關隴集團」權勢逐漸被進士出身之新興統治階級侵凌；中唐後牛李黨爭緣由，亦是因山東舊士族與新興科第出身之階級之彼此爭權結果。[39]政治上黨同伐異，以政治利益結合之團體，乃有強烈排他的「集團性」，故可以集團稱之。中唐詩人於文壇爭名，在揚才露己博取聲名時，並不見得會強烈地攻擊其他的詩人或文人。因此以「集團」概念來分類中唐詩人，固然有其方便性與真實性，但是在後出轉精的學術研究中，似乎以「詩人群」或「詩人群體」的概念來統攝稱呼詩風接近、交遊密切的詩人們，會比較妥當。

在劉寧的《唐宋之際詩歌演變研究——以元白之元和體的創作影響爲中心》一書中，明確地提出「詩人群」的概念，在此書中，劉寧提出元、白之後出現的「臺閣詩人群」、「寒素詩人群」、「貴胄詩人群」、「干謁詩人群」、「隱逸詩人群」、「五代十國詩人群體」等概念，雖然劉寧的

---

[38] 同前註，頁 119。

[39] 陳寅恪：《唐代政治史述論稿》，頁 79-80。

分法有可商確之處，但是劉寧提到：

> 在詩人群體的劃分中，通常需要考慮的是兩個因素：一是詩人的具體交游關係，即人事的接近；二是詩人之間的共同創作特徵和詩學追求，即詩風的接近。對於不同歷史時期的不同類型的詩人群體，這兩個因素在劃分群體中所具有的意義是不同的。像建安七子、西晉二十四友、南朝幕府文人集團都可以稱為詩人群體，它們主要是圍繞著一個獎掖文學的統治者而形成。中唐的詩學群體基本上是根據不同的詩學追求而形成的不同詩人交遊群體，它反映了中唐詩歌的新變競呈以及由此帶來的詩學繁榮，在劃分這兩個詩群體中，詩人具體的交游關係是很重要的考慮因素。[40]

劉寧以「人事的接近」與「詩風的接近」來區分詩人群，中唐的詩人聚合爲群體，大體上不外乎此二種原因。但是，在中唐的詩壇，或稱之爲文學的場域（field）中，詩人和詩人間的連繫不論是因交游或是詩觀接近的結合，通常是羈縻而不穩定的某種關係。詩人間的關係連繫，大部分的實際情況都僅止於吹噓揚譽，彼此讚揚對方的詩才，並獲得相應的詩名。若說詩人間有類似結盟似的強烈連結，在政壇上的運作可能存在，但是在詩壇或文壇上，關係可能不那麼明確。

賈晉華則以「集會總集」的內涵來思考「詩人群」，他於《唐代集會總集與詩人群研究》一書中，對「詩人群」的概念作了他自己的定義：

> 與集會總集直接相關聯的另一個重要概念是「詩人群」。詩人群雖然不是一個新概念，但長期以來一直與「詩歌流派」的概念混淆不清，從而影響了研究的深入和規範。本書為詩人群下了一個明確的定義，即指在一定時間段裡，曾經聚集於一定地點從事詩

---

[40] 劉寧：《唐宋之際詩歌演變研究——以元白之元和體的創作影響為中心》（北京：北京師範大學出版社，2002 年），頁 96。

> 歌唱和或其它文學活動，彼此聯繫密切而又相互影響的一定數量的詩人所形成的群體。雖然此類詩人群體往往表現出相近的文學傾向，但其最突出的特徵卻是社交人事關聯，體現了中國古代詩人在孔子「《詩》可以群」的觀念影響下所形成的特殊聯結紐帶，比詩歌流派的概念更切合中國古代詩歌發展的傳統，特別是唐以前詩歌發展的傳統。[41]

詩人群的概念容易與詩作風格流派混淆，賈晉華提出了以風格區分詩人群體的不足之處，他也很明確地以將詩人群形成限定在「定時」、「定地」及「定集」這三點上，因此在他的書中分別討論了「《翰林學士集》與太宗宮廷詩人群」、「《景龍文館記》與中宗文館學士群」、「《大曆浙東聯唱集》與浙東詩人群」、「《吳興集》與大曆浙西詩人群」、「《汝洛集》、《洛中集》及《洛下遊賞宴集》與大和至會昌東都閑適詩人群」、「《漢上題襟集》與襄陽詩人群」、「《松陵集》與咸通蘇州詩人群」等七大詩人群，附編再論及「河汾詩人群」、「高宗武后時期三大修書學士群」、「韓孟詩人群」、「唐末五代廬山詩人群」、「唐末五代泉州詩壇」等，前七大詩人群是有明確的唱和總集成書，而此書附編的五大詩人群，則以「社交人事關聯」爲主要聯繫依據。依賈晉華所言，亦符合書中所定義之「詩人群」概念。在賈晉華的分類中，其實很明確的，不論唱和總集之有無，他的分類標準除了以唱和詩集的有無爲準則以外，從結果而論，他的分法與詩人所屬的「身分群體」有著相當密切的關係。「宮廷詩人」、「文館學士群」固然是以館閣學士身分方能形成群體，「浙東詩人」、「浙西詩人」亦是僚客身分依附於幕主的一種文學倡和群體，洛下以白居易爲首的「閑適詩人群」，又都是處於半退休狀態的東都分司官，另外，「咸通蘇州詩人群」其身分雖然與官吏身分無涉，但是「隱士」亦是一種身分。因此，賈晉華所認爲的「詩人群」的形成基礎，雖然想擺脫傳統的以詩歌風格

41 賈晉華：《唐代集會總集與詩人群研究》（北京：北京大學出版社，2001 年），頁 2。

爲區分方式，重視「社交人事關聯」的區隔分法，但是附編的五大詩人群，又難免陷入以風格區分詩人的傳統形式。雖然本人認爲用形式風格爲區分方法並非全然不可取。[42]

「詩人身分」的形成，關乎時代整體士人的想像，亦即文士中專力於詩或詩藝卓然有成之人，以詩人自居，進而以詩人立身於社會，並將詩人身分向外界索取或是建立相應的詩人聲名，藉由詩人身分所建立起的聲名，來抬高身分，並從中得取相應的名利權位。這其中過程如何進行，詩人身分如何被建立，聲名如何被烘抬，詩人如何依其詩作提高其社會地位。雖然這些課題在中國詩歌研究上，屬於詩歌外部研究，但若是能理解詩人們如何以詩得到社會聲望，並就中得到成就感或社會價值，則或可能更清楚地理解詩作中詩人的得意與感慨。

現今所有人幾乎將「詩人」此一身分視爲理所當然的存在，但究竟「詩人」其內涵爲何、何種人才可以被視爲詩人、詩人如何於社會上自處，以及那些人有資格自詡爲詩人，並且以詩人自居。關於何謂「詩人」本質（essence）的質性研究（Qualitative Research），專就「詩人」其內涵及定義加以論述的專門著作，在現今中文學界似乎研究尚未深入。歷來文學研究者所研究的兩大面向，一是詩作本身的研究，一是詩人生平的研究，前者可能涉及文學史或文學批評史的範疇，而後者則是專力於時代背景及詩人周遭交誼的相關考據。詩歌流變、詩歌風格的闡述、詩人生平及所處時代等，在目前唐詩研究中，都已取得相當大的成就。

「詩人」一詞，幾乎是漢朝以後才有的名詞，在十三經、先秦諸子等上古著述中根本找不到「詩人」這個語彙。從漢朝到盛唐爲止，「詩人」一詞沒有一處例外均指《詩經》作者而言。「詩人」這個語彙被用來指涉寫詩之人，大概始於初唐而大興於中唐以後。但是在中唐時，詩人亦同

[42] 關於中、晚唐詩人群體如何組織、如何運作，本人持續進行深入研究中。感謝匿名審查人於此處提供本文不足之處，在日後的研究中，本人將闡述詩人群體的相關研究成果。

時被用來稱《詩經》作者與寫詩之人。[43]「詩人」這個語彙概念的轉變，正說明了詩人這個身分在中唐有很大而且激烈的變化。用來專門指稱高貴的「《詩經》作者」的「詩人」，因爲詩歌創作的人口變多了，逐漸轉化爲我們現在概念中的詩人。這可以說是中唐詩歌普及後，詩歌創作者用「詩人」一詞來自許或稱讚他人，藉以抬高自己身分的一種方式。但是從另一個角度而言，「詩人」這個專屬於《詩經》作者的專有名詞，等於是被降低地位而用來指涉每個能寫詩的人身上。這在文學史語彙的使用上，是一個有趣的現象。漢代揚雄在《法言》裡所提到的「詩人之賦麗以則，詞人之賦麗以淫」，到了中唐有了極大的轉變。雖然中唐以後還是有人以「詞人」來指涉寫詩之人，但是大量地使用「詩人」一詞來自稱或稱呼他人，這可以說是寫作詩歌的文士想要抬高身分的一種做法。也就是被稱爲詩歌作者的「詞人」們想要佔領或擁有《詩經》作者「詩人」的稱謂或頭銜，而最後，他們也真的成功了。北宋以後，以「詩人」來稱呼作詩之人，明顯地比以「詞人」來稱呼作詩之人還多，並且以「詩人」來稱呼《詩經》的作者，反而會被視爲一種好古的寫法。

只是詩人群如何崛起，詩人群如何產生自己是詩人的自覺，詩人又如何從詩人這個身分得益（不管是仕途上的權位或是世俗聲望），這些都是在處理當時文學現象時，所應當注重的。「詩人」觀念的轉變，始於中唐，「詩人身分」以某種特定階層被世人重視，應該也是肇始於中唐。

詩人群於中唐是否真的形成某種特殊的社會「階層」，其實還是有値得深入研究的必要。以階層的概念來看待唐代詩人群，首先要先探討唐代「文人階層」形成的過程。不論是世族階層、官宦階層、或是文士階層，在各朝代都有不同的涵意及規範這些特定群體的分界，亦即舉出這些群體之所以異於其他群體的區別（differentiation），世族以門第高下爲區別標準、官宦以官職高下爲標準，而文士則以掌握某些特定知識來區分是否爲文士。在唐代，雖然依舊是以世族高第爲主的的政治群體壟斷政治利基（niche），但是安史亂後，世族在政治上的掌控力逐漸式微，

[43] 參見陳家煌：〈論中唐「詩人概念」與「詩人身分」〉，頁 138-145。

雖不見得消失，但是權力壟斷的現象不再。由科舉考試取得入流任官資格之寒族子弟愈多，在政治權力版圖上逐漸與世族子弟彼此抗衡、相互角力，士人的文學聲望在中唐後，甚至可以凌駕世家大族出身的社會聲望。

龔鵬程將唐朝士人以詩文鬻名、博取社會名望的現象，以「文學崇拜」一詞涵攝之。龔鵬程的〈文學崇拜與中國社會：以唐代爲例〉[44]一文，洋洋灑灑、引經據典，在描繪文學社會的形成與社會對文學崇拜，深入論述而切中肯綮，呈現相當說服力。此文先論述唐代進士如何受社會尊崇，繼而論述唐朝文學崇拜的現象，以及因社會崇拜文學，僧侶階層、妓女階層均以寫詩爲標榜自我的手段，最後論及「文學社會」的形成。龔鵬程此文，引用很多的文獻史料作爲例證，皆翔實可信。但是如果仔細分析龔先生的例證，我們可以發現，龔鵬程在文章中所舉出作爲文學社會的形成與文學崇拜現象的例證，幾乎都是中晚唐以後的例子。其實這也從側面來證明本文所謂的詩人地位的升降變動，其實是從中唐後所發生的階層變動。

龔鵬程於此文中亦提及「社會階層的文士化」現象，文章中提到唐社會也出現了非文士階層的群體，憑藉著寫詩的能力來提高身分、自我標榜，例如詩僧、能詩的道士女冠以及青樓藝妓等。値得注意的是，龔鵬程所謂的「文士化」的階層群體，所資引爲例證，幾乎都是以能否「寫詩」或「詠詩」爲評判標準。換言之，龔文中所謂階層群體的「文士化」，其實就是階層群體的「詩人化」。而龔文中所舉例之現象，亦是發生於中唐之後，沒有任何一例是發生在中唐之前的初、盛唐時期。詩僧、能詩女道士、能詩之青樓藝妓，以自己擁有寫詩的技能，應酬逡巡於文士之間，藉詩才博取社會聲名，若說中唐以後社會普遍瀰漫著「文學崇拜」，倒不如說是因爲詩人階層的興起，詩人擁有能增價及品評他人的權力後，這些非文士階層的詩人群們，便趁勢成爲詩僧、女伎詩人、道士詩

[44] 龔鵬程：〈文學崇拜與中國社會：以唐代為例〉，《文化符號學》（台北：學生書局，1992 年），頁 307-401。

人，而他們向社會自詡及抬高自身身分的條件，便是寫詩的才能，藉詩作博取聲名。

若依龔鵬程的說法，中唐之後社會上逐漸形成文學崇拜的風氣，那麼，首先必須先考慮的是詩人們爲何能以寫詩的能力得到社會各階層人的肯定，進而形成「崇拜」的現象。龔鵬程於〈文學崇拜與中國社會：以唐代爲例〉一文中，僅提出唐代文學崇拜的「現象」，而並未提及其原因。詩人們能擁有勢力，雖然不見得要成群結黨，但是「聲望」的獲得，則必須得到社會有力人士的揚譽吹嘘。亦即詩名的形成，除了詩作本身能動人外，詩作被何等人稱許，被何等人喜愛，方是詩人是否能成名的主要原因。何種人方有資格品評他人詩作？何種人的稱譽方能形成社會共識？這個問題其實關乎「文學建制」如何運作，以及文學場域「權力」的分配問題，亦即在詩歌評價上，發言權或主導權操控在何人手裡。若是從外圍的社會價值來重新審視所謂的中唐「詩人群」，則詩人的地位，在當時的文人階層處於何種評價、佔據何種領域或資源，何人爲文章盟主，詩人聲價如何被塑造及評定，將是重新考慮「詩人群」形成原因的一個重要思考面向。近來研究者多將中唐視爲「唐宋變革期」的重要時間轉折點，在中國史分期中，中古史與近古史的分際，現今的歷史學者亦視中唐爲政治與社會產生重大變遷的時期，因此中唐士人身分與活動，便成重要的研究課題，如龔鵬程所言：

> 魏晉南北朝、隋及唐代前期，因為是士族門第社會，所以並沒有一個獨立的士階層。要到唐代中晚期，世族結構改變後，士階層才能形成。對此，我運用世族結構分化之概念，說南北朝以血統宗族為社會階層劃分的條件，但此時宗族同時占有知識與權力，是一種多功能組織。安史亂後，功能分化，世族在血統意義上轉為單純的宗族；在權力關係上，與九品中正制結合的政治特權，因科舉而日削，王權日盛；在知識意義上，經學禮去掌於世家的情形也有了改變，不惟不復由彼壟斷，也逐漸由科舉知識階層所

> 取代。這種新興的知識階層，面對唐宋之變局，覃思如何開創新的文化契機，才造成了宋文化的新格局新方向，出現了與唐詩風格迥異的宋詩。[45]

唐宋之際的變革、唐型文化宋型文化之差異、唐宋詩風格的區別，現今文學史家類能言之。龔鵬程上文扼要地綰合承繼了陳寅恪、內藤湖南以降的歷史學者研究成果。士階層當然自古便有（或稱爲「士大夫」），中國政治基本上也是以士人爲統治核心，只是各時代政治圈的士人（知識階層）成分不同。上古時期握有政權的是「氏族」，中古是「世族」，而近古以降握有政權核心的，則是無關乎血統血緣承繼關係的「士人」，因此，在中古、近古時期之交，誰能握有知識權力，就大致上能掌握政治權力，宋代以後統治階層尤其如此。

士人在政治上逐漸掌權，如龔鵬程所言，乃是安史亂後，世族、貴族壟斷政權的情況被打亂（並非打破，中唐時期掌權的，還是以世族貴族爲主），因此寒族子弟趁著以科舉取得入流資格進入政壇，再加上德宗以降愈形重視翰林院及重用科舉出身的士人，[46]以科舉入仕的士人增多後，在政壇上形成勢力，逐漸與世族等在政治上的既得利益者爭權，也就是說，不以血統血緣爲政治權力爲考量，乃是從安史亂後、中唐時期開始，[47]因此進士科人數每年錄取人數雖然少（約卅人），但是進士登科

---

[45] 龔鵬程：《中國文人階層史論》（宜蘭：佛光人文社會學院，2002 年），頁 44。

[46] 唐德宗息武並重視科舉入流士子，慎選士官，倡導文學，對後來元和詩人受社會重視，並以詩文創作得到社會聲望與自我成就感，或者可以概括的認為，德宗重文的態度，間接地造成元和詩文的興盛。相關論述可參考陳家煌：《白居易詩人自覺研究》，頁 21-27。

[47] 雖說如此，但是終唐一代，庇蔭入流還是唐朝主要官吏入仕來源，以科舉取得出身的士人，雖然逐漸握有權力，但是在人數上所佔的比例依然不高，這要等宋代全面以科舉為取士之途後，庇蔭取士才逐漸消失，這也就是唐宋政治運作最大的不同之處，也是唐朝為中古世紀的結束、宋朝為近古世紀開端的主要原因。

後，等於是取得了知識階層某種程度的發言權，成爲知識階層權力核心的一分子。

唐代文史研究者，均相當重視科舉研究，而科舉考試的重要性，若不從世襲庇蔭出身逐漸遠離權力核心階層來考察，就難以看出爲何進士科登第的士子，何以能以人數極少的比例，掌握龐大的政治資源。若不瞭解擁有知識力量的士人階層如何逐漸侵蝕世族世襲權力，我們也難以體會爲何像杜牧那種公族子弟，會在〈上宣州高大夫書〉一文中，反對「科第之選，宜與寒士，凡爲子弟，議不可進」[48]的做法，並主張科舉錄取名額不能排斥世家大族之「子弟」。因爲在中唐後，光靠世族的庇蔭任官，若輕易捨棄掌握知識權力的資格，將不利於仕進。只是進士的錄取與否，雖然主要取決於應舉者才華，但是主持貢舉之座主與貢生在社會上相應的聲望文名，亦是登科的重要因素。文人相與讚譽形成社會聲望以求進士登第的情況，觀《唐摭言》一書便知其梗概。

因此，詩人群體的研究便與社會風尙、社會價值、政治權力與政治地位的遞嬗變化息息相關。本文所謂詩人地位，亦是指能詩之文士，如何憑藉寫詩的才能，獲得政壇與文壇領袖或掌權者的賞識，以寫詩才能獲得政治上的援奧與相應的社會名望。擁有詩歌才華，跟與其相應而獲得的政治、經濟資源爲何，均是值得深入探討。

如上所述，「詩人」一詞，自漢以降迄中唐，均指《詩經》作者而言，時至中唐，方有文人以「詩人」一詞取代「詞人」、「詞客」、「騷人」等詞彙來指涉能詩之文人，這也可以看出所謂的「詩人」至中唐，藉由科舉或是幕主官吏等外圍力量，讓詩人成爲特定階層。詩歌的寫作屬特殊才華，自建安以來，能詩之人多被人以才子視之，但是如賈晉華《唐代集會總集與詩人群研究》一書中提到中唐前期的詩人群們，不論是宮廷詩人群亦或是翰林學士群，詩人的身分均依附於君王或是某些特定權勢的供養，因此君王或是如中唐郭曖等擁有權勢之人，對於詩人而言，乃是一種類似保護人或資助者的角色（Maecenas），所謂的即席賦詩、賦詩

[48]〔唐〕杜牧：〈上宣州高大夫書〉，《杜牧集繫年校注》，卷 12，頁 848。

贈袍等，對詩人詩歌評斷優劣的權力乃在這些資助者身上。如唐玄宗時成立的翰林院延請李白任翰林供奉，亦是對文藝喜好的君王贊助擁有詩歌才華的創作者的某種贊助保護形式。但是到了中唐，政治權力逐漸向擁有知識發言權的新興知識階層靠攏後，若詩人擁有相當詩名，如孟郊、張籍等人，亦可經由韓愈等人的揚譽吹嘘博得進士登第的入流資格。詩名的定位與詩歌優劣的評定權力，已不限於君王或貴族。中唐後，評定詩歌價值高下的權力，逐漸轉移到亦是擁有寫作才華的另一群詩人身上。所謂的「路逢劍客須呈劍，不是詩人不獻詩」[49]，這話雖然是出自晚唐僧人之口，亦可見中唐之後，文學評價論斷權力已逐漸轉移至同爲文學創作者的「詩人」手中。

四、詩人聲望成為取得名位之有利條件

白居易於元和十年（815）於長安任太子左贊善大夫時曾寫過一詩〈重到城七絕句．張十八〉，詩句如下：

> 諫垣幾見遷遺補，憲府頻聞轉殿監。獨有詠詩張太祝，十年不改舊官銜。[50]

張十八乃張籍，而白居易此詩乃是感嘆張籍居太常寺太祝之冷官十年之久而不遷官，但是此詩值得注意的是：爲何「詠詩」之張太祝，十年不昇遷的情況，會使白居易深深感慨？[51]

---

[49] 語出晚唐臨濟義玄禪師語，見〔宋〕普濟撰，蘇淵雷點校：《五燈會元》（北京：中華書局，1984 年），卷 11，頁 648。

[50] 〔唐〕白居易：〈重到城七絕句．張十八〉，《白居易集》，卷 15，頁 302。

[51] 姚合（781？-846）亦曾經感慨張籍任太祝久不遷官，曾寫一詩〈贈張籍太祝〉：「絕妙江南曲，淒涼怨女詩。古風無手敵，新語是人知。飛動應由格，功夫過卻奇。麟臺添集卷，樂府換歌詞。李白應先拜，劉禎必自疑。貧須君子救，

以詩人身分或文人身分博取聲名，從中取利干祿，描寫得最爲真切的資料，莫過於韓愈〈寄崔二十六立之〉這首五古長詩的前段：

> 西城員外丞（元和初，立之以前大理評事黜官，再轉為藍田縣丞，西城謂藍田也），心跡兩屈奇。往歲戰詞賦，不將勢力隨。下驢入省門，左右驚紛披。傲兀坐試席，深叢見孤羆。文如翻水成，初不用意為。四座各低面，不敢捩眼窺。升階揖侍郎（立之中元和四年進士第，知舉侍郎劉太真），歸舍日未敧。佳句喧眾口，考官敢瑕疵。連年收科第，若摘頷底髭。回首卿相位，通途無他岐。豈論校書郎，袍笏光參差。童稚見稱說，祝身得如斯。儕輩妒且熱，喘如竹筒吹。老婦願嫁女，約不論財貲。老翁不量分，累月笞其兒。攬攬爭附托，無人角雄雌。由來人間事，翻覆不可知。[52]

此詩全詩共八十一韻，上所引部分乃最前面的十七韻。此詩前十七韻描寫崔立之成名之經過，從「往歲戰詞賦」以降，極力描寫崔立之因爲詩文俱佳，而中進士舉。詩中的「佳句喧眾口，考官敢瑕疵。連年收科第，若摘頷底髭」便是極力渲染崔立之文名卓立，考官迫於文壇輿論不得不讓崔立之登第，故「佳句喧眾口」之文名，便與是否能輕易地「連年收

病合國家醫。野客開山借，鄰僧與米炊。甘貧辭聘幣，依選受官資。多見愁連曉，稀聞債盡時。聖朝文物盛，太祝獨低眉。」從此詩「甘貧辭聘幣，依選受官資」可知，張籍以「循資格」的方式久不遷美官，雖有各地方鎮以重幣延聘張籍入幕，亦被張籍推辭。姚合此詩著重在張籍空有詩名而不得美官，獨守太祝一職，不因貧困而離開長安，準確地描寫張籍任太祝時，當時文士的一般想法，因此張籍亦挾詩名與當時文士之期待，最終於擔任水部員外郎之職，身任郎官入南省，張籍亦喜不自禁，白居易等當時重要文人均有詩祝賀。筆者推測張籍不赴幕府聘的主要原因，可能與他身患眼疾有關。姚合詩見：《全唐詩》，卷 497，頁 5651。

[52] 〔唐〕韓愈：〈寄崔二十六立之〉，《全唐詩》，卷 340，頁 3816-3817。

科第」有著極大的關係。文名在外，除了能輕易地連年登第外，日後宦途亦可能「回首卿相位，通途無他岐」般順遂無比。而自「童稚見稱說」這句開始，則是韓愈以略爲誇飾的語氣，描繪了時人對於崔立之以文章取得名位的忻羨之意，這也可以看出崔立之文學上的才能，乃是他得到社會名位、聲譽的最好工具。

若擁有文學上的才華，則能博取時人的讚譽，在文壇上成名後，便能在科舉考試中取得優勢，聲勢壯盛後，連考官都必須參考輿論意見，讓文名極盛之士人登科。[53]唐人若得文名，大部分的人都想依文名而攫取相應的名位，若名位與文名不符，便會產生相應的怨艾，如劉禹錫於〈郡齋書懷寄河南白尹兼簡分司崔賓客〉一詩所提到的：

> 謾讀圖書三十車，年年為郡老天涯。一生不得文章力，百口空為飽暖家。綺季衣冠稱鬢面，吳公政事副詞華。還思謝病吟歸去，同醉城東桃李花。[54]

劉禹錫寫此詩時，仍是在蘇州刺史任上，而蘇州牧之前，劉禹錫已擔任過連州、夔州、和州三州刺史。唐人重朝官而輕外任，故劉禹錫有爲郡老天涯之嘆，而一生不得文章力，更是劉禹錫對自己空有文學才華卻得不到相應職位的深刻感慨。在這裡，我們疑惑的是，爲什麼劉禹錫仍不滿足於富庶的蘇州太守職位，而在此詩腹聯以商山四皓之綺季稱美崔玄亮、並用漢代河南守吳公兼擅文采來稱美白居易後，詩末卻想謝病吟歸？白居易曾以〈和夢得〉一詩回應了劉禹錫的不滿：

---

[53] 關於科舉考試前士子以納卷、行卷等方式向當時知名文人自我介紹，期冀吹嘘揚譽以取得文名的行為，相關研究可參見傅璇琮：《唐代科舉與文學》（台北：文史哲出版社，1994 年），頁 259-296。

[54] 〔唐〕劉禹錫：〈郡齋書懷寄河南白尹兼簡分司崔賓客〉，《全唐詩》，卷 360，頁 4067。

> 綸閣沉沉無寵命，蘇臺籍籍有能聲。豈惟不得清文力，但恐空傳冗吏名。郎署迴翔何水部，江湖留滯謝宣城。所嗟非獨君如此，自古才難共命爭。[55]

綸閣指的是中書省，而綸閣無寵命即是劉禹錫不受皇帝青睞，無法入中書省任中書舍人掌書君命制誥。因此雖然劉禹錫在蘇州有極大的政績（蘇臺籍籍有能聲），但白居易認為此乃「冗吏」所為之事，不足以彰顯劉禹錫的真正價值。詩作中更以何遜、謝眺二詩人慰勉劉，亦可見白居易乃以「詩人身分」來看待劉禹錫。才難共命爭之語，亦可視為安慰之辭。[56]

劉禹錫以詩人詞客自居，但是在擔任蘇州刺史時，卻因政績卓著，唐文宗因賜金紫（金章紫綬）。賜金紫乃一種皇帝的恩寵，雖然所賜之金紫於官職品位昇降無關，但是卻是身為官吏的極高榮譽。[57]但是劉禹錫

---

[55] 〔唐〕白居易：〈和夢得〉，《白居易集》，卷 31，頁 697。

[56] 白居易於劉禹錫任禮部郎中兼集賢院學士時，曾於〈和集賢劉學士早朝作〉詩中提到：「暫留春殿多稱屈，合入綸闈即可知」，春殿即指春官禮部，禮部郎中乃清要之南省郎官，白居易尚稱劉禹錫屈於禮部，而推斷劉禹錫定能入右省為中書舍人。詩見《白居易集》，卷 26，頁 581。而中書舍人一職，乃是唐代文士所嚮往的美職，凡文人均企想此一官職，故韓愈於〈祭柳子厚文〉中曾感慨：「子之文章，而不用世，乃令吾徒，掌帝之制」，以柳宗元一生不得任中書舍人為恨事，由此句可見，唐朝以文士詩人自居後，心目中之所謂「用世」，乃是任中書舍人執掌制誥，中唐五大文人中，僅劉、柳二人未曾擔任中書舍人，韓愈、元稹、白居易都曾任中書舍人。擔任過中書舍人一職，亦是更加確立了知名文士的文壇地位。文見〔唐〕韓愈著，馬其昶校注：〈祭柳子厚文〉，《韓昌黎文集校注》（上海：上海古籍出版社，1987 年），卷 5，頁 323。

[57] 李肇於《國史補》中曾記載：「貞元末，有郎官四人，自行軍司馬賜紫而登郎署，省中謔為四軍紫」，唐人於品階服色相當重視，散官階五品以上始可服緋，三品以上服紫，但是基本上唐人極少在世時散階可到四品以上。服紫乃皇帝恩寵而賜紫綬金章，故此四郎官應該散階六品以下，故服色為綠，而腰綬為紫，其紫綬當是因軍功而賜，故南省同僚因而笑謔，蓋不合常理也。文見〔

卻於〈酬樂天見貽賀金紫之什〉詩中，在歡娛中卻有著淡淡的惆悵：

> 久學文章含白鳳，卻因政事賜金魚。郡人未識聞謠詠，天子知名與詔書。珍重賀詩呈錦繡，願言歸計並園廬。舊來詞客多無位，金紫同遊誰得如。[58]

「含鳳」乃暗用楊雄草玄而夢吐鳳之典。此詩一開始，以學文章之文人自居，不料卻因「政事」而賜金魚，[59]郡人未識謠詠，亦指太守之詩人身分無法完全發揮，使得吳郡之人無法識詠詩歌。[60]劉禹錫於詩中提到舊來詞客多無位，亦即此刻劉禹錫乃是以詩人身分自居，將自身視爲詞客詩人，但「詞客多無位」的看法，可視爲劉禹錫以文才得不到相應官職的一種溫和抱怨。

詩人身分與名位間之關係，除了如上所述以詩才得不到相應名位會使人惆悵嗟嘆外，另外，便是中唐詩中所常見，當仕途不顯達時，時人

唐〕李肇：《國史補》卷下，頁 52。

58 《全唐詩》，卷 360，頁 4067。

59 元稹因為穆宗寵幸特深，故於長慶初年賜金紫，白居易亦於文宗時任秘書監，受文宗敬重而於大和元年賜金紫，故金章紫綬之賞賜，在於皇帝對此人之好惡，賜金紫乃皇帝特賜之恩典。文宗好詩而素不喜劉禹錫，所以當文宗提議設置詩學士七十二員時，宰相楊嗣復曰：「今之能詩，無若賓客分司劉禹錫。」文宗的表現是不悅而不答，之後設置詩學士之事亦寢而不行。此記載見〔宋〕王讜撰，周勛初校證：《唐語林校證》，卷 2，頁 150。

60 白居易赴任蘇州刺史時，劉禹錫曾贈詩句：「蘇州刺史例能詩，西掖今來替左司」，西掖指白居易曾任中書舍人之身分，而韋應物以曾任左司郎中赴任蘇州刺史，故有蘇州刺史例能詩，以詩人身分稱美歷來的蘇州刺史，白居易於劉禹錫初赴任蘇州刺史時，亦有「何似姑蘇詩太守，吟詩相繼有三人」，直截以詩太守將韋應物、白居易、劉禹錫三人串連，當然，此三人之共同身分除了蘇州太守外，另外便是著重在三人共有之詩人身分。劉詩見〔唐〕劉禹錫：〈白舍人曾長寄新詩有遊宴之盛因以戲酬〉，《全唐詩》，卷 360，頁 4060；白詩見〔唐〕白居易：〈送劉郎中赴任蘇州〉，《白居易集》，外集卷上，頁 1510。

便標舉其詩人身分來與其仕宦相對。中唐時賈島以詩人身分見重當時，蘇絳於其〈賈司倉墓誌銘〉中提到：

> 公展其長材間氣，超卓挺生，六經百氏，無不該覽，妙之尤者，屬思五言。孤絕之句，記在人口。穿楊未中，遽罹誹謗，解褐授遂州長江主簿。三年在任，卷不釋手，秩滿遷普州司倉參軍。諸侯待之以賓禮，未嘗評人之是非。[61]

蘇絳於此墓誌銘中，提到賈島屢試進士而不中舉，亦即賈島並未取得「出身入流」之資格。雖說是遭到誹謗而授長江縣主簿，但是縣主簿至少是九品上之流內官，無出身入流資格的賈島，竟能「解褐」爲縣主簿，其實是有很大的制度上的問題。[62]賈島未能進士登第，同以詩人自許的姚合亦屢屢於詩中感嘆：

> 日日攻詩亦自彊，年年供應在名場。春風驛路歸何處，紫閣山邊是草堂。[63]

紫閣峯爲長安南郊終南山其中一峯，杜甫〈秋興八首〉中亦有「紫閣峯陰入渼陂」之句。此詩亦是暗指賈島今年落第不能歸鄉省親，必須繼續於長安近郊準備來年科舉考試。姚合感慨賈島就算日日攻詩，亦無法登

---

[61] 〔唐〕蘇絳：〈賈司倉墓誌銘〉，《全唐文》，卷 763，頁 7937。

[62] 賈島能參加科舉，表示他有貢生資格，雖說他十上不第，但是資格仍在，在唐時通常落第諸生，是不可能入流任官，他們唯一的出路便是由各地方鎮幕府以「薦授」或「奏授」的方式，取得檢校官頭銜，充當幕府佐僚，但是通常職位也不高。遂州長江縣是上縣，縣主簿或縣令通常由明經登第之人擔任，而賈島進士未第而任長江縣主簿，卻被認為是懲罰，由此亦可知進士科之尊貴。只是，問題在於，為什麼資格不符的賈島能去做長江縣主簿，這就跟為何資格不符的杜甫能任左拾遺一樣，日後有機會我再為文討論這一類的問題。

[63] 〔唐〕姚合：〈送賈島及鐘渾〉，《全唐詩》，卷 496，頁 5631。

第。官位爲實，名望爲虛，在中唐，就算被公認爲詩人，若無法登第取得出身之入流資格任官，亦難於政壇上有所發揮。

賈島詩名於中唐已盛，姚合任監察御史分司東都時，便於洛陽懷念遠在長江縣任縣主簿之詩人賈島：

> 洛下攻詩客，相逢祇是吟。夜觴歡稍靜，寒屋坐多深。烏府偶為吏，滄江長在心。憶君難就寢，燭滅復星沈。[64]

唐人常以烏府柏臺作爲御史臺之代稱。詩客聚會，姚合整夜思念的是遠在滄江爲吏之賈島，亦即意謂詩客攻詩，而真正之詩人乃遠在長江縣而非今夜洛陽聚宴之地。賈島之所以遠離京、洛文壇中心，其原因乃在於他未能於進士科登第。

進士科登第對文士而言具有極大的重要性，關係著日後宦途順遂與否。進士登第對文士來說是亦相當困難之事，在唐代不糊名的科舉考試，登第與否牽涉到家世背景、文壇聲名、政治運作及複雜的人際關係，在唐代科舉考試過程，不見得全然靠文才便能中舉。賈島之無法登第，與他出身非世族子弟、缺乏政治奧援有相當大的關係。中唐士子進士登科前後心境的轉變，姚合於〈感時〉一詩描摹得很貼切：

> 憶昔未出身，索寞無精神。逢人話天命，自賤如埃塵。君今纔出身，颯爽鞍馬春。逢人話天命，自重如千鈞。信涉名利道，舉動皆喪真。君今自世情，何況天下人。[65]

登科前登科後，是否取得出身入流資格，前後神態心境竟相差如此巨大。此詩寫出了登第前後的反差，也反映出唐代（尤其是中唐之後）文學才能、詩人身分與隸屬於個人的自信和驕傲有相當大的程度是依附在進士

---

[64] 〔唐〕姚合：〈洛下夜會寄賈島〉，《全唐詩》，卷 497，頁 5641。

[65] 〔唐〕姚合：〈感時〉，《全唐詩》，卷 498，頁 5663。

登第與否。所以姚合的「信涉名利道，舉動皆喪真」真是一語中的、一針見血。這也難怪孟郊於貞元十二年以四十六高齡登第時，寫下了〈登科後〉一詩：「昔日齷齪不足誇，今朝放蕩思無涯。春風得意馬蹄疾，一日看盡長安花」[66]，其得意之情，溢於言表，毫不掩飾。

因此，在科舉中登第乃是中唐士人（包含自認爲是詩人之士人）於世俗社會立身第一件要緊之事。詩人身分雖然可以爲應舉取得有利的條件，以詩名文名提高中舉的機會，但是若無法登科，詩人所擁有的聲名亦無所用於世。在中唐時，就算以詩人身分於社會立足，但是這些詩人們亦一一應舉，鮮有例外。[67]在詩人們以詩作自豪的同時，他們也幾乎全部想要得到世俗名位。一方面寫詩，一方面想當官，中唐時想以純粹的詩人身分立足於世俗社會，幾乎是不可能之事。因此，除了上文所列能詩之詩僧、道士外，中唐詩人所要謀得的另一身分即是官員身分。當擁有詩人身分卻無法進士登科時，便會引起後代同樣以詩人身分自居之士人感慨，例如在晚唐時韋莊（836?-910）便上奏作〈乞追賜李賀皇甫松等進士及第奏〉一文：

> 詞人才子，時有遺賢。不霑一命於聖明，沒作千年之恨骨。據臣所知，則有李賀（790-816）、皇甫松（?-?皇甫湜之子）、李羣玉（?-862?）、陸龜蒙（?-881?）、趙光遠、溫庭筠（812?-870?）、劉德仁、陸逵、傅錫、平曾（元和長慶中人）、賈島（779-843）、劉稚珪、羅鄴（與羅隱羅虬號三羅）、方干（809-888?）。俱無

[66] 〔唐〕孟郊：〈登科後〉，《全唐詩》，卷 374，頁 4205。

[67] 李賀因父名「晉肅」而必須避諱無法應進士舉，在當時引起韓愈不滿及聲援，韓愈因作〈諱辯〉以堵天下悠悠之口，但李賀終究礙於物議而無法赴進士舉。韓文見《韓昌黎文集校注》，卷 1，頁 60-63。姚合於〈送陳倜赴江陵從事〉一詩中，雖然提到「才子何須藉科第」，但終究是安慰之辭，可知下第士人，其出路便如此詩中所提：「荊州勝事眾皆聞，幕下今朝又得君」，只有前往各地幕府依附方鎮帥，但此詩最末提到「新什定知饒景思，不應一向賦從軍」，可知姚合乃以詩人來看待陳倜。姚合詩見：《全唐詩》，卷 496，頁 5629。

> 顯遇，皆有奇才，麗句清詞，徧在詞人之口。銜冤抱恨，竟為冥路之塵。伏望追賜進士及第，各贈補闕拾遺。見存惟羅隱（833-910）一人，亦乞特賜科名，錄升三級，便以特勅，顯示優恩。俾使已升冤人，皆霑聖澤，後來學者，更勵文風。[68]

此文作於唐昭宗光化三年（900）十二月韋莊任左補闕時。此文所謂詞人才子，由文中所舉之例便可知，這十五人文采均在詩作，他們共通點便是被世人視爲詩人，並且都於舉場屢戰屢敗，終其一生，無法登第。此文值得讓人探討的是，爲什麼這些「詞人才子」無法登科及第，韋莊會將這種事視爲「銜冤抱恨」？也就是在韋莊或晚唐一般人心中，這些人是應中舉而未中舉的詩人。如果再以年代加以比較的話，同樣是詩人未中進士舉，韋莊卻漏掉了孟浩然、李白、杜甫這三位盛唐大詩人。孟、李二人一生無官，杜甫雖官至檢校工部員外郎，但此官銜也不是經由科舉途徑得來，爲何韋莊在乞追賜詩人進士及第時，不溯及既往，而唯獨從李賀開始？

韋莊此文，幾乎呈現了中唐以後，若是有「麗句清詞，徧在詞人之口」之詩人，在主觀認定上，就應當要進士登第，否則便是銜冤抱恨，令後人同情。因此韋莊於文末便提到朝廷該用特賜科名的方式，讓他們的冤恨能得以平反，如此才能使「後來學者，更勵文風」。詩名與名位間的關係，從中唐發展到晚唐，被詩人們要求能一致，若享有文名的人不能順利中舉，便會引起社會的不滿。如唐人趙璘《因話錄》中之記載：

> 進士陳存能為古歌詩，而命蹇。主司每欲與第，臨時皆有故，不果。許尚書孟容舊相知，知舉日，萬方欲為申屈。將試前夕，宿

[68] 〔唐〕韋莊：〈乞追賜李賀皇甫松等進士及第奏〉，《全唐文》，卷 889，頁 9287-9288。括弧內之生卒年或所處年代為筆者所加。

宗人家。宗人為具入試食物，兼備晨食，請存偃息以候時。五更後，怪不起，就寢呼之，不應，前眎之，已中風不能言也。[69]

許孟容於元和八年（813）以兵部侍郎知貢舉。[70]唐人「進士」爲未登第舉子之通稱，[71]陳存擅古歌詩而不中舉，主司每欲與第，由此可知，詩人享有聲名若無法登第，則會引起社會關注，故陳存應舉時，「萬方欲爲申屈」，若陳存沒有突然中風，則在許孟容掌貢舉時，依其詩人社會聲望，應可上榜而獲一第。[72]

其實如果擅長作詩的人，若能通過進士科考試取得出身入流資格，優美動人的詩作是非常好的社交工具。尤其送人遠行之祖餞賦詩、宴會席上賦詩及遊會場合賦詩，乃是中唐文士最重要的公開展現文才的社交活動，這可以從《全唐文》中保存的諸多詩序中得見。如于邵所言：「賦詩追餞者，翰林之故事」[73]、「左右歡甚，詩人興全」[74]、「置酒高會，徵詩寵行」[75]、「夫以卿士大夫之會，未嘗不引詩人之興，以宣其志」[76]、

---

69 〔唐〕趙璘：《因話錄》（台北：世界書局，1991 年），卷 6，頁 51。

70 〔清〕徐松撰，趙守儼點校：《登科記考》，卷 18，頁 654。

71 〔唐〕李肇《國史補》中曾記載：「其都會謂之舉場，通稱謂之秀才，投刺謂之鄉貢，得第謂之前進士」，文見《國史補》，卷下，頁 55。而進士乃未第前鄉貢進士之通稱也。

72 唐人薛用弱《集異記》記載歧王命王維以琵琶奏〈鬱輪袍〉及所撰詩卷向當時公主干謁，公主讀了王維之詩後稱「皆我素所誦習，常謂古人佳作，乃子之為乎？」王維遂因公主之力，得京兆府解頭而一舉中第。薛用弱為中唐人（穆宗長慶年間曾任光州刺史），鬱輪袍之事多有可疑，姑且不論王維是否真有此事，但中唐人認為以詩干聲名以利於中舉，則是當時人一般想法及觀念。此事見〔唐〕薛用弱：《集異記》（台北：世界書局，1991 年），卷 2，頁 8。

73 〔唐〕于邵：〈送王郎中赴蘄州序〉，《全唐文》，卷 427，頁 4348。

74 〔唐〕于邵：〈送趙評事之東都序〉，《全唐文》，卷 427，頁 4350。

75 〔唐〕于邵：〈送房判官巡南海序〉，《全唐文》，卷 427，頁 4356。

76 〔唐〕于邵：〈初夏陸萬年廳送奉化陸長官之任序〉，《全唐文》，卷 428，頁 4360。

權德輿所言「公乃備觴豆之祖之，類歌詩以貺之」[77]、「眾君子祖道或賦，列爲一編」[78]、「故自戴臨川蕭王二柱史已降，皆徵文貺遠，字用五字而詞多楚者」[79]、「六曹官諸官、兩掖近臣侍繼滎陽之唱者凡若干篇，列於左方」[80]、「眾君子中飲皆賦，使鄙夫類之」[81]、梁肅所言：「是日惜歡會不足，乃用觴豆宴酬，以將其厚意，意又不足，則陳詩贈之」[82]、「於是乎酒酣歌詩，以代雜珮之贈」[83]、「非詩歌無以見惜別之志，不可以不賦」[84]、韓愈之「京師士大夫，多爲詩以贈，而屬愈爲序」[85]。祖餞賦詩，所展現的是即席的文才，而中唐漸多的所謂詩序或贈序，便是將這些送別詩集合彙編後，於文前由某一人寫序以敘述背景本事。當然，此類贈序文，自初唐王勃、楊炯等人集中便有許多篇，送別贈詩，亦非自中唐開始，但是像袁滋於元和八年赴襄陽任山南東道節度使時，「六曹官諸官、兩掖近臣侍繼滎陽之唱者凡若干篇，列於左方」，幾乎朝廷清要官全出席唱和祖餞，這可能是大歷後才有的現象。李肇於《國史補》所記載：

> 郭曖，昇平公主駙馬也。盛集文士，即席賦詩，公主帷而觀之。李端中晏詩成，有荀令何郎之句，眾稱妙絕，或謂宿構。端曰：「願賦一韻。」錢起曰：「請以起姓為韻。」復有金埒銅山之句，

77〔唐〕權德輿：〈奉陪李大夫送王侍御史往淮南浙西序〉，《全唐文》，卷 490，頁 5007。

78〔唐〕權德輿：〈送循州賈使君赴任序〉，《全唐文》，卷 490，頁 5008。

79〔唐〕權德輿：〈送崔端公赴江陵度支院序〉，《全唐文》，卷 491，頁 5010。

80〔唐〕權德輿：〈送袁尚書相公赴襄陽序〉，《全唐文》，卷 491，頁 5015。

81〔唐〕權德輿：〈送許協律判官赴西川序〉，《全唐文》，卷 492，頁 5018。

82〔唐〕梁肅：〈送謝舍人赴朝廷序〉，《全唐文》，卷 518，頁 5264。

83〔唐〕梁肅：〈送朱拾遺赴朝廷序〉，《全唐文》，卷 518，頁 5266。

84〔唐〕梁肅：〈送竇拾遺赴朝廷序〉，《全唐文》，卷 518，頁 5266。

85〔唐〕韓愈：〈送張道士序〉，《韓昌黎文集校注》，卷 4，頁 268。

> 曖大出名馬金帛遺之。是會也，端擅場。送王相公之鎮幽朔，韓翃擅場。送劉相之巡江淮，錢起擅場。[86]

詩人在即席賦詩的場合中展現敏捷詩才，並以詩句有所謂「擅場」之稱。但是在編集詩時，大多都以官位高下依序排列，如于邵所稱：「其賦離之什，則亞相崔公冠于首矣，群公其次第之」[87]，在聚會場合所作之詩，詩才與官位，乃是當時人所重視的兩種社會身分。

唐人官職昇遷雖有一定的準則，但是六品以下的官員詮選，除清要官、郎官、供奉官、諫官、風憲官外，亦即六品下旨授官員，基本上由吏部詮選。五品以上冊授、制授或六品以下之敕授之常參官，已出選門，由中書門下承詔而授，官職的授予取奪權力，乃在宰相或皇帝手上。[88]因此文壇上的文名或詩名，在依規定辦理詮選的程序上可能無所用處，但是若能入五品以上或入六品以下之常參官（如監察御史、尚書省各部員外郎）或供奉官（如拾遺、補闕）這類出吏部選門的官後，文壇聲名，便是升官的一個重要因素。例如《舊唐書・韓愈傳》就記載：

> 愈自以才高，累被擯黜，作〈進學解〉以自喻……執政覽其文而憐之，以其有史才，改比部郎中、史館修撰。踰歲，轉考功郎中、知制誥，拜中書舍人。[89]

《新唐書・韓愈傳》的記載是「執政覽之，奇其才，改比部郎中、史館

---

86 〔唐〕李肇：《國史補》，卷上，頁 21-22。

87 〔唐〕于邵：〈送崔判官赴容州序〉，《全唐文》，卷 427，頁 4356。

88 唐代的內外文武百官，其授官形式有四，即三品以上官冊授、五品以上制授、六品以下朝參官、供奉官敕授、六品以下京官與地方官旨授。這四種授官中，只有旨授方需要參加詮選，審查其「資」與「格」，由吏部依其資格，授與相應的職位。關於唐朝官員的詮選，王勛成有相當明確翔實的研究成果，見王勛成：《唐代詮選與文學》（北京：中華書局，2001 年），頁 138-219。

89 《舊唐書・韓愈傳》，卷 160，頁 4196-4198。

修撰」，二書雖然不同，但不論是憐之抑或是奇之，韓愈成功地以一篇文章打動宰相，由本來國子博士之冷官，一舉躍升清要郎官之列，最後竟任文士嚮往的美職：中書舍人。

當然，元稹和白居易也可能有相同的際遇，《舊唐書‧元稹傳》記載：

> （元和）十四年，自虢州長史徵還，為膳部員外郎。宰相令孤楚一代文宗，雅知稹之辭學，謂稹曰：「嘗覽足下製作，所恨不多，遲之久矣。請出其所有，以豁予懷。」稹因獻其文。……楚深賞之，以為今代之鮑、謝也……穆宗皇帝在東宮，有妃嬪左右嘗誦稹歌詩以為樂曲者，知稹所為，嘗稱其善，宮中呼為元才子。荊南監軍崔潭峻甚禮接稹，不以掾吏遇之，常徵其詩什諷誦之。長慶初，潭峻歸朝，出稹〈連昌宮辭〉等百餘篇奏御，穆宗大悅，問稹安在，對曰：「今為南宮散郎。」即日轉祠部郎中、知制誥。朝廷以書命不由相府，甚鄙之。[90]

元稹進呈詩歌而受當時宰相令狐楚喜愛，接著又得穆宗寵信，竟由膳部員外郎之「南宮散郎」，一日中便升至祠部郎中知制誥（以郎中官行中書舍人之職），日後又因爲穆宗對元稹的喜好，不只將元稹真除爲中書舍人，甚至兼任翰林承旨學士，而於穆宗長慶二年拜相。傳中所謂「朝廷以書命不由相府，甚鄙之」，便是指元稹之授官不合程序，元稹之官資名望不足而能知制誥，乃穆宗的非次拔擢。當然，元稹之所以受到穆宗喜愛，一開始乃是因爲他的詩名。在元稹入翰林之前，白居易入翰林院爲翰林學士的過程亦與元稹受知於穆宗相似：

> 居易文辭富豔，尤精於詩筆。自雔校至結綬畿甸，所著歌詩數十百篇，皆意存諷賦，箴時之病，補政之缺，而士君子多之，而往往流聞禁中。章武皇帝（憲宗）納諫思理，渴聞讜言，（元和）

---

[90] 《舊唐書‧元稹傳》，卷 166，頁 4332-4334。

> 二年十一月，召入為翰林學士。三年五月，拜左拾遺。居易自以逢好文之主，非次拔擢，欲以生平所貯，仰酬因造。[91]

雖然白居易不見得是因爲詩歌受到憲宗賞識而入院任翰林，而是他三登科的優異國家考試成績得名受憲宗賞識，意存諷賦的諷喻詩寫作，也是任左拾遺兼翰林學士後才開始創作的作品，[92]但是白居易終究是以詩歌聞名於當時，「文辭富豔，尤精於詩筆」，對於白居易初期的仕途有著絕對的幫助。

雖然詩名有時可以在仕途得到幫助，但是有時也可能得到反效果，如孟浩然因「不才明主棄」之詩句而惹惱唐玄宗，便是大家耳熟能詳的例子。[93]另外，唐宣宗時亦有一例：

> 宣宗坐朝，次對官趨至，必待氣息平均，然後問事。令狐綯進李遠為杭州，上曰：「我聞李遠詩云：『長日惟消一局棊』，何以臨郡？」對曰：「詩人言，不足有實也。」仍薦廉察可任，乃許之。[94]

令狐綯爲宣宗時宰相，故有選官拔擢人才之責，但是杭州刺史爲「制授官」，必須得宣宗同意。此則記載寫出唐宣宗除了關心吏治外，對於臣屬之詩作亦時常諷詠，故隨口能吟出李遠之詩句。令狐綯的回答，更落實了中唐以後詩人身分的重要性，以李遠身爲詩人，故「不足有實」，來搪塞宣宗對李遠爲人之疑慮，而以「廉察」來彰顯李遠之官吏身分。亦即，在令狐綯眼中，李遠同時擁有詩人及官吏二身分，二者是不相衝突的，而這一點也說服了唐宣宗，使李遠杭州刺史的任命能完成。

---

[91] 《舊唐書・白居易傳》，卷 166，頁 4340-4341。

[92] 相關考證參見陳家煌：《白居易詩人自覺研究》，頁 168-172。

[93] 《新唐書・孟浩然傳》，卷 203，頁 5779。

[94] 〔宋〕王讜撰，周勛初校證：《唐語林校證》，卷 2，頁 95。

自中唐以後，詩人地位逐漸地提升，因此到了晚唐昭宗時甚至出現「以詩卷及第」之事：

> 天復元年，杜德祥榜，放曹松、王希羽、劉象、柯崇、鄭希顏等及第。……松，舒州人也，學賈司倉為詩，此外無他能，時號松啟事為送羊腳狀。希羽，歙州人也，辭藝優博。松、希羽甲子皆七十餘。象，京兆人，崇、希顏，閩中人，皆以詩卷及第，亦皆年逾耳順矣。時謂五老榜。[95]

雖然這則以詩卷及第的記載發生於唐末接近五代時，這些新及第之士子亦年老力衰，但從這次考試錄取這些人亦可知，主持貢舉之人亦因五老詩名而給予一第。

中唐時，因詩人名望取高位之人，還有許多例子，晚唐更多例，限於篇幅，就不多舉了。只是在這兒要說明的是，當官是當官，寫詩是寫詩，雖然寫詩得到文壇聲名，可能在宦途中得到比較好的幫助，可是若是缺乏吏才，則仕途依然無法順遂。例如中唐有名的詩人張籍，擠到了水部員外郎的清要郎官位置，最後還是回到國子司業的冷官中；孟郊更是只當到縣尉，還因爲不諳公務，要找人來代班，薪俸還要分一半給別人；賈島官當得也不好，張祜是根本沒當官，雖然他們的詩作都受到時人喜愛，均是中唐當代便以詩聞名的詩人。取得相當名位的詩人，通常都是兼有傑出吏才的人，例如元、白、韓、柳、劉等人。中唐高官擅詩的人很多，只是他們的官名蓋過他們的詩名，如武元衡、裴度、權德輿等人，這也就是當我們在討論詩人身分與名位之間的關係時，只能說詩名能產生相當的名望，能讓有權力的宰相或主持詮選的吏部侍郎在擇官時，容易想到這個詩人，但是在官場上吏才與人際關係才是決定官位尊卑的主要原因。但是「詩人身分」受到當時人極大的尊重，甚至有可能依此聲望登科入流、取官揚才，這種社會價值氛圍的轉變，始至唐代科

---

[95] 〔五代〕王定保：《唐摭言》，卷 8，頁 90-91。

舉盛行，而大興於中唐以後。宋代之後，便有以詩人自居，而不顧官吏身分的純粹詩人出現，如黃庭堅、陳師道等，甚至到了南宋，也出現了姜夔、陸游等人。姜夔根本沒做過官，大概也不想當官，而陸游的進士乃是南宋孝宗「賜進士出身」。宋朝以降，開始有人不當官而致力於詩詞，到了明代，甚至出現名爲「山人」的文士群體。這些人，不將求取官位成爲一生懸命的人生價值，因此能致力於文藝。因爲價值多元，故官位昇降、仕途順逆，於官場上的波折，亦不致於對宋代以後的文人造成強大的打擊，伴隨著任官而產生的種種悲哀亦隨之減低。日人吉川幸次郎於《宋詩概說》中提到宋詩「悲哀的揚棄」的特質，或許從詩人地位的興起、詩人價值的被重視，官員身分不成爲社會唯一認同的價值中心，從這些角度來重新理解宋詩悲哀的揚棄，則更能有所體悟。

五、結論

本文從文學外緣側面的社會價值轉變來討論詩人身分的提升，以及詩人們如何成群博取社會聲望，進而以詩人聲望爲無形資本，於科舉考試中得利。「詩人」一詞概念內涵從唐代開始，逐漸轉變成社會某種身分的稱謂，以「詩人」來稱美他人或自譽，則大興於中唐以後。在中唐之前社會之俗世價值以門第、婚宦爲標準，到了中唐時，詩人身分則逐漸受到重視。如果門第、婚宦爲宰制士人是否能得到世人認同的價值中心，那麼擁有文學才華的詩人們，則逐漸地以價值邊陲的詩人身分，爭取社會的普方認同。在邊陲價值漸次向中心價值逼近的過程中，我們可以發現，詩人們可以藉由博取社會聲望令仕途順遂。在詩人擁有詩名後，漸漸地進入到政治的權力核心之中，最後，在上位握有權勢的人物們，大多都是能詩擅文的文學創作者，因此這些詩人官吏們，也能大量提拔與自己同類的詩人文士。在初唐或盛唐之際，朝廷大臣以詩聞名的士大夫所佔的比例不多，但是自中唐之後，絕大部分擁有幹練吏才的大臣們，均能寫作優美漂亮的詩作，如裴度晚年與白居易於洛下倡和、令狐楚與白居易為詩友、李德裕雖然不由進士出身，卻留下許多絕佳詩作。達官貴人的「詩人化」，並重視自身寫詩的才藝，也正說明了能寫詩變成了中唐以後涉足名利權力場域中文士的基本才能。

詩人身分自中唐以後逐漸成為社會認同的身分，而掌權的官員們，逐漸擁有官員身分與詩人身分，官位雖美，但詩人的稱謂頭銜則更為高雅。詩人在唐代以前，乃是遠遜於官員職稱，但是，中唐以後，開始有以純粹詩人身分自居的詩人，其地位，亦受世人推崇。推崇詩人地位的狀況，到了宋代以後更為明顯。雖然被視為詩人，可能無法直接從中得利，但是詩人聲望受重視，卻使詩人成名後，更能以間接的方式得利於世間，不論是名、位，被視為詩人兼官員，總是比純粹擔任官職來得有利。詩人地位的提高，讓許多詩人於官場不得志之時，亦將人生追求的核心價值，不全部建立在利祿權位之上，在仕途不順遂之際，也可漸次地將人生追求的目標，轉向文學藝術地位的建立上。因此，本人認為，宋代詩人地位的確立，甚至凌駕於官吏地位之上，乃是一種社會價值的反轉（reverse），這種反轉，依布爾迪厄的看法，亦是某種程度的權力場域的倒置。或許唐宋詩風差異，由此點外緣因素切入，可能可以得到新的詮釋，不過這個看法，還需要經過不斷地研究論證，才能成立。

附識：本文為國科會專題研究計畫〈中唐詩人群與詩人地位研究〉（計畫編號：98-2410-H-008-056-）部分研究成果。本文初稿蒙兩位匿名評審提供寶貴修改意見，以及日後可繼續深入的研究方向，特此致謝。

引用文獻

（一）古籍

梁・蕭統編，唐・李善注：《文選》，上海：上海古藉出版社，1986年。

唐・韓愈，錢仲聯集釋：《韓昌黎詩繫年集釋》，上海：上海古籍出版社，1984年。

唐・韓愈撰，馬其昶校注：《韓昌黎文集校注》，上海：上海古藉出版社，1987年。

唐・白居易：《白居易集》，北京：中華書局，1979年。

唐・柳宗元：《柳河東集》，上海：上海古籍出版社，2008年。

唐・元稹：《元稹集》，北京：中華書局，1982年。

唐・杜牧撰，吳在慶校注：《杜牧集繫年校注》，北京：中華書局，2008年。

唐・趙璘：《新校因話錄》，台北：世界書局，1991年。

唐・李肇：《國史補》，台北：世界書局，1991年。

唐・趙璘：《因話錄》，台北：世界書局，1991年。

唐・薛用弱：《集異記》，台北：世界書局，1991年。

五代・王定保：《唐摭言》，台北：世界書局，2009年。

後晉・劉昫等撰：《舊唐書》，北京：中華書局，1975年。

宋・普濟撰，蘇淵雷點校：《五燈會元》，北京：中華書局，1984年。

宋・王讜撰，周勛初校證：《唐語林校證》，北京：中華書局，1987年。

宋・嚴羽著，郭紹虞校釋：《滄浪詩話校釋》，台北：里仁書局，1987年。

清・徐松撰，趙守儼點校：《登科記考》，北京：中華書局，1984年。

清・董誥等編：《全唐文》，北京：中華書局，1983年。

（二）近人著作

王瑤：《中古文學史論》，北京：北京大學出版社，1998年。

王勛成：《唐代詮選與文學》，北京：中華書局，2001 年。

余英時：《士與中國文化》，上海：上海人民出版社，2003 年。

花房英樹：《白居易研究》，京都：世界思想社，1971 年。

呂正惠：《元和詩人研究》，台北：東吳大學中文所博士論文，1983 年。

李浩：《唐代三大地域文學士族研究》，北京：中華書局，2008 年。

陳寅恪：《元白詩箋證稿》，台北：里仁書局，1982 年。

______：《唐代政治史述論稿》，台北：里仁書局，1982 年。

陳家煌：《白居易詩人自覺研究》，高雄：國立中山大學文學院，2009 年。

______：〈論中唐「詩人概念」與「詩人身分」〉，《文與哲》，第 17 期，2010 年 12 月，頁 138-168。

葛曉音：《詩國高潮與盛唐文化》，北京：北京大學出版社，1998 年。

劉寧：《唐宋之際詩歌演變研究——以元白之元和體的創作影響爲中心》，北京：北京師範大學出版社，2002 年。

賈晉華：《唐代集會總集與詩人群研究》，北京：北京大學出版社，2001 年。

傅璇琮：《唐代科舉與文學》，台北：文史哲出版社，1994 年。

龔鵬程：《文化符號學》，台北：學生書局，1992 年。

______：《中國文人階層史論》，宜蘭：佛光人文社會學院，2002 年。

On the status of poets during The Mid-Tang Dynasty

Chen, Chia-Huang*

[Abstract]

In this paper, I propose to discuss the poets' status during mid-Tang dynasty. Poet as a supernumerary title, literati of poets were not equal to bureaucratic scholars during Tang dynasty. But the literati who had literary ability would grab the reputation to get higher social rank via the Imperial examination（科舉考試）. The relation between poets and bureaucracies is the emphasis what I want to demonstrate. But the relationship between social rank and the evaluation of literary reputation during mid-Tang is hard to interpret. Therefore I would describe the evolution of poets' status in mid-Tang to see how the poets' reputation could promote the poets' social position. The social repute of celebrities was always depending upon pedigree, marital relationship and bureaucratic class till mid-Tang. But the power of estimation to sort masterpieces shifted to the groups of poets from mid-Tang by degrees. The variation of this phenomenon is the main theme I want to describe in this paper.

Keywords: Tang poetry, Mid-Tang, poets, the status of poets

---

* Assistant Professor, Department of Chinese literature, National Central University.

時空視域的交融：文學與文化論叢
頁 213~256 國立中山大學人文中心.2011

從《東瀛采真錄》看太虛法師與臺灣人士的漢詩唱和

施懿琳*

〔摘 要〕

臺灣佛教自明清以來一直與中國佛教維持著密切的關係。1910 年代中期，經由日本在臺人士的努力，臺灣佛教體質逐漸與日本新興佛教相似，但是與中國佛教依然有著一定程度的聯繫。這個轉折階段，中國革命僧太虛法師因緣際會，在 1917 年來到臺灣，將旅臺的佈教活動及詩歌酬唱編寫成《東瀛采真錄》。這本珍貴的作品，目前臺灣近代佛教史研究者雖曾引用，主要還是著眼於臺、日、華宗教界的交流互動，較少關注到宗教的交集之外，還有一種同樣為三邊所共用的文化資源——此即漢詩的唱和，也同樣在這樣的場合中持續進行著。這些漢詩究竟是在什麼樣的情境下寫成？內容為何？透過「漢詩」這個媒介，太虛乃至同時代的臺日僧人、居士，表達了什麼樣的相同或不同的思想和情感？傳遞了什麼樣的價值觀？在日治臺灣佛教界，這樣的互動表徵了什麼樣的意義和價值？這是本文所試圖探討的議題。

關鍵詞：太虛法師、東瀛采真錄、日治時期、漢詩、臺灣詩人

* 國立成功大學中國文學系教授

收稿日期：2011 年 3 月 23 日，審查通過日期：2011 年 6 月 10 日

一、前言

日本領臺之初，臺灣佛教界原本仍維持明清以來與福建佛教之間密切的關係。一直到 1915 年「西來庵事件」[1]後，始產生巨大變化。經由日本在臺曹洞、臨濟兩大法脈的努力，臺灣佛教體質逐漸與日本新興佛教相似，但是與中國佛教間的關係，依然藕斷絲連。這個轉折階段，一位中國革命僧——太虛法師[2]因緣際會，在 1917 年來到臺灣，將旅臺的佈教活動及詩歌酬唱編寫成《東瀛采真錄》，1918 年秋交由基隆月眉山靈泉寺出版。這本珍貴的作品，目前臺灣近代佛教史研究者曾引用，[3]但是主要是著眼於以華、臺、日宗教界的交流互動，卻較少關注到除了宗教的交集外，還有一種同樣爲三邊所共用的文化資源——此即漢詩的唱和，也同樣在這樣的場合中持續進行著。《東瀛采真錄》裡，不只記錄太虛法師走訪臺灣、日本的行程，也抄錄了這個旅程裡的漢詩唱和活動

---

1 西來庵事件發生於 1915 年，是日治時期臺灣人武裝抗日事件中規模最大、犧牲人數最多的一次，也是臺灣人第一次以宗教力量結合反抗日本統治的重要事件。因為策劃革命的地點在臺南市西來庵五福王爺廟，所以稱為「西來庵事件」；起義事件首要人物是余清芳、羅俊、江定等人，又稱為「余清芳事件」。參見王見川：〈西來庵事件與道教鸞堂之關係——兼論其周邊〉，收入王見川、李世偉：《臺灣的宗教與文化》（臺北：博揚文化，1999 年），頁 309-328。

2 太虛法師（1890-1947）浙江崇德人，1905 年出家後往寧波天童寺依寄禪和尚受具足戒，後往永豐寺就岐昌和尚學經，與閩僧圓瑛、會泉法師為同參。1912 年任廣州雙溪寺住持，1922 年任湖南大溈山寺住持，1927 年 5 月應聘至廈門南普陀寺任方丈。1933 年兩屆方丈任滿後，引退返回上海，但自始至終與廈門佛教界保持密切聯繫。在閩六年，對廈門佛教制度及閩南佛學院學制和教學內容進行改革，對閩地的佛教發展貢獻極大。參見廈門市佛教協會編：《廈門佛教誌》（福建：廈門大學出版社，2006 年），頁 278-280。

3 如慧嚴法師：〈日本曹洞宗與臺灣佛教僧侶的互動〉，即藉由太虛法師《東瀛采真錄》探討中華僧人眼中的善慧法師與當時的政商界以及曹洞宗的關係，收入氏著《臺灣佛教史論文集》（高雄：春暉出版社，2003 年），頁 185-234。

與作品。這些漢詩是在什麼樣的場合書寫？內容爲何？過漢詩的書寫，太虛乃至同時代的臺日僧人、居士，表達了什麼樣的思想和情感？有什麼樣的意義與價值？是本文所試圖探討的議題。

二、臺灣佛教與福建鼓山湧泉寺的關係

臺灣佛教原初發展，主要來自中國南方的系統。臺灣玄奘大學的慧嚴法師據前人文獻資料考察後指出，臺灣明清時期的佛教源流主要來自三系：福清黃蘗寺、怡山長慶院（即所謂西禪）、鼓山湧泉寺。三系皆爲禪宗，前兩者屬臨濟宗，後者則屬曹洞宗。這些宗派雖然都與臺灣有關，但是真正與臺灣有長時間密切互動者，則屬鼓山湧泉寺。[4]1895 年日本領臺後，殖民者雖試圖利用不同管道觀察並操控臺灣的各個層面，比如派遣擅長傳統漢詩文的官員前來與臺灣士紳文人進行詩歌唱和，以達到某種程度的籠絡功能。[5]在宗教上，也安排來自日本各派僧侶的隨軍佈教師，對臺灣的宗教界進行瞭解，並要求「對於本島寺院之住持、僧侶，必須特別深加啓發」[6]。然而，在這樣的政治力干預下，臺灣僧人與福建佛寺之間，依然維持密切的互動關係。1919 年宗教課長丸井圭治郎歷經三次全臺宗教調查所撰寫的《臺灣宗教調查報告書》指出：

> 原來臺灣無傳法授戒的大道場，凡本島僧侶之上乘者，皆以遊鼓山，彼等亦不致敢想說法佈道，只依樣於龕前看經禮拜而已……

---

[4] 慧嚴法師認為鼓山屬曹洞而非臨濟宗，在〈明末清初閩臺佛教的互動〉一文有詳細考證，參見氏著《臺灣佛教史論文集》，頁 74、89、頁 112-117。

[5] 楊永彬：〈日本領臺初期日臺官紳詩文唱和〉，收入若林正丈、吳密察主編：《臺灣重層近代化論文集》（臺北：播種者文化，2000 年），頁 105-181。

[6] 江燦騰：《日據時期臺灣佛教文化發展史》（臺北：南天，2001 年），頁 30。

> 臺灣人欲為有相當地位的僧侶，要赴鼓山受戒，取得僧侶的資格……[7]

這從日治時期臺灣幾個重要佛寺的僧侶，莫不與福建，尤其是與鼓山湧泉寺之間維持密切的互動可以證明。以當時臺灣幾個重要的道場爲例：靈泉寺善智、善慧法師，淩雲寺寶海、本圓、覺淨法師，開元寺榮芳、義敏、玄精、傳芳、得圓、捷圓法師，法雲寺妙果法師都曾遠赴鼓山受戒。本圓法師曾在中國叢林學佛長達十一年（1900-1911），開元寺住持傳芳法師更在福州湧泉寺修行達三十年之久（1881-1913）。此外，也有直接從福建來，在臺灣形成具影響力的派系者，如法雲寺的覺力法師。[8]臺灣僧人除了赴中國受戒外，亦有部分僧侶留學中國佛學院，如法雲寺僧人羅妙吉便是畢業於太虛法師倡建的佛教改革重鎮——武昌佛學院。[9]中國學者何綿山分別從：福州鼓山湧泉寺爲南方著名的叢林、清朝規定臺灣僧侶必須前往福州鼓山湧泉寺受戒[10]、臺灣佛教界與鼓山湧泉寺有

---

[7] 參見丸井圭治郎：《臺灣宗教調查報告書》第 1 卷，（臺北：捷幼書局復刻，1993 年 3 月）。此處譯文，採自慧嚴法師：〈明末清初閩臺佛教的互動〉，《臺灣佛教史論文集》，頁 103。

[8] 參見慧嚴法師：《臺灣佛教史論文集》，頁 111。

[9] 以上參見慧嚴法師：〈明末清初閩臺佛教的互動〉，《臺灣佛教史論文集》，頁 111；李世偉：〈日據時期中、臺佛教交流略論〉，《圓光佛學學報》第 3 期（1999 年 2 月），頁 293-304。

[10] 〈敕賜鼓山湧泉禪寺同戒錄〉載清乾隆三十八年（1773）四月十六日所頒佈的敕令：「查閩省大小叢林，雖計二十有奇，惟閩縣東關外鼓山湧泉禪寺，建自唐代，清朝康熙三十八（1699）、五十三（1714）等年及乾隆七年（1742），曆奉敕賜禦書藏經，寺宇整肅，為全省名勝福區。該寺住持、方丈，道行優長，僧眾亦皆恪守清規。應請通飭各屬，按照巷、堂、寺、觀，遍行出示，諄切曉諭，凡有僧尼，年在二十以上、六十以下，應行受戒者，即赴閩縣鼓山湧泉禪寺受戒。其雖系叢林，未奉清朝敕賜字樣，亦不得開壇秉戒。從前冒開戒壇之處，永行禁止。如有隱匿違犯，一經發覺，嚴行治罪……凡有僧尼應行受戒者，即赴閩縣鼓山湧泉禪寺受戒，其餘不許冒開戒壇，濫行招集」。

著極深的淵源且互動頻繁、臺灣佛教界的僧人只有在福州鼓山受戒後才有發展空間……等角度說明日治初期雖然政權轉移，閩臺佛教的交流依然連綿不斷的原因。[11]臺灣學者闞正宗認為，日本在臺灣各宗派普遍存在若干問題，最主要的障礙是語言問題，這使得初期來臺從軍僧，只能從原初向臺人佈教的預定計畫，轉向以在臺日人為佈教對象，致使臺灣人信仰日本佛教的數量遲遲未能增加。後來日本曹洞宗與臨濟宗採取與本島關鍵影響力人物、寺廟結盟的方式，「如曹洞宗吸收基隆月眉山靈泉寺的善慧法師、臨濟宗吸收五股觀音山的本圓和尚及臺南開元寺加入自身的宗派下」[12]才使得兩宗派的信徒在大正年間以後持續增加。闞正宗另一個值得注意的探討焦點即：1910 年代晚期臺灣靈泉寺、淩雲寺、開元寺的負責人雖然都曾到福建受戒，但是在日本推行「寺廟加盟」的活動時，[13]卻已經有路線的轉折。促成本太虛法師來臺的善慧法師，即屬於其中具代表性者之一。

以下首先說明來臺前，已儲備能量準備進行中國佛教改革的太虛法師的生平概況，以及促使他來臺的原因。其次說明邀請太虛法師來臺的基隆靈泉寺善慧法師的崛起過程，及其在當時臺灣佛教界所扮演的角色。而後以太虛法師《東瀛采真集》為對象，觀察當時華、臺、日三方佛教界人士的漢詩酬唱，及其中所透顯的意涵。

轉引自何綿山：〈日據時期臺灣僧人赴福州鼓山湧泉寺受戒原因初探〉，《福州大學學報（哲學社會科學版）》2009 年第 4 期，頁 8，此文後來收入氏著〈1895-1945 年的閩臺佛教關係〉，《閩臺佛教親緣》第二章（福建：福建人民出版社，2010 年），頁 83-84。

[11] 參見何綿山：〈1895-1945 年的閩臺佛教關係〉，《閩臺佛教親緣》第二章，頁 76-88。

[12] 闞正宗：《臺灣佛教史論》（北京：宗教文化，2008 年），頁 101。

[13] 江燦騰：《日據時期臺灣佛教文化發展史》，頁 177-198。

三、太虛法師訪臺之緣起

（一）來臺前的中國近代革命僧釋太虛

太虛法師（1890-1947），俗姓呂，乳名淦森，學名沛林，祖籍浙江崇德，生於海寧長安鎮。1904 年在蘇州一小廟出家，後來又到鎮海禮謁師祖奘年法師，法師爲立表字太虛。是年 11 月，由奘年法師陪同，在寧波天童寺從寄禪和尚受戒。12 月經寄禪法師介紹，赴寧波永豐寺從岐昌法師[14]學。由此開始研閱《法華經》、《楞嚴經》及《指月錄》、《高僧傳》等，並購買《詩韻集成》，兼習詩文，這是太虛法師與詩藝結緣的開端。1906 年至 1907 年間，太虛往返於天童寺與永豐寺之間，分別從道階法師學《法華經》，從岐昌法師學《楞嚴經》，並受道階法師鼓勵，發心系統性地閱讀「大藏經」。在此期間，適逢長太虛十一歲的福建古田縣圓瑛法師（1878-1953）在天童寺從寄禪和尚習禪，又常到永豐寺訪岐昌法師。圓瑛長於詩文，太虛正在學詩，二人遂由詩文結爲朋友，1906 年 7 月太虛與圓瑛法師在天童寺訂盟爲弟兄。[15]

1907 年秋，經由圓瑛法師介紹，太虛往慈溪汶溪西方寺閱讀大藏經，此舉對太虛一生影響頗大。印順法師在《太虛大師年譜》中說：「大師閱《般若經》有省，蛻脫俗塵，于佛法得新生自此始。」[16]這是太虛法師學習佛法的一次大飛躍。1908 年溫州來的華山與湖南來的棲雲兩位具革新思想的法師，先後到西方寺，與正在閱藏的太虛法師相見，彼此相互切磋，爲太虛開展了廣大的視野並且認知佛教革命的重要。由此因緣太虛法師開始閱讀具啓蒙思想的書籍報刊：康有爲的《大同書》、嚴復

---

[14] 岐昌法師別號水月，浙江鄞縣人。少出家於江東永豐寺，以表唱水陸懺文見長，亦能詩。1917 年與太虛法師相偕到臺灣主持靈泉寺法會。參見江燦騰：《日據時期臺灣佛教文化發展史》，頁 198。

[15] 參見印順法師：《太虛大師年譜》，收入《妙雲集》（臺北：正聞出版社，1987 年），中編之六，頁 29-30。

[16] 參見印順法師：《太虛大師年譜》，頁 32-33。

的《天演論》、譚嗣同的《仁學》、章太炎主編的《民報》、梁啓超主編的《新民叢報》、鄒容的《革命軍》乃至孫文的著作，對他後來的佛教革新運動，有著深刻的影響。在兩和尚的鼓勵下，太虛法師於 1909 年春，前往楊文會居士創辦的新式佛學學堂「南京祇洹精舍」求學，與歐陽漸、釋仁山、釋智光、釋開悟、釋惠敏等同學。該學堂以現代教育爲主，充滿了蓬勃的活力，由楊文會講授《楞嚴經》，蘇曼殊講授英文，諦閑和尚任學監，後來因經費不足，半年後該精舍便中止教學，但是這階段對太虛在佛法的修習與詩文的寫作上助益頗多，而充滿現代氣息的新式教育，更使得太虛大開眼界，提供他後來推動僧伽教育改革，一個可借鑒的模式。

1910 年春，太虛隨棲雲法師前往廣州籌辦「粵僧教育會」，由此結識了不少當地社會名流與革命人士，也結交了許多詩文上的朋友，如鄒魯、葉夏聲、陳靜濤、鄧爾雅等。從革命黨人處，讀到了包括托爾斯泰、巴枯寧、蒲魯東、克魯泡特金、馬克思等人的著作，受到西方政治學說，包括：無政府主義和社會主義的影響。1911 年 8 月武昌起義，太虛法師意識到：中國政治革命後，佛教也必須革命，而改革佛教的首要任務即是聯絡全國青年僧，建立新組織。於是，他前往南京，發起組織「中國佛教協進會」，並往訪孫文，爭取民國政府的支援。1912 年 1 月太虛與仁山等青年法師至鎮江，因批判金山寺僧的專制與把持寺產，發生「金山寺事件」[17]，太虛自云：「我的佛教革命名聲，從此被傳開，受著人們

[17] 印順法師引太虛自傳說明此事：「……擬上書教育部，以金山寺改辦僧學堂……到金山，住觀音閣，與寺中方丈青權，監院蔭屏，知客霜亭等，籌設開會會場，印發會章宣言，通告鎮江、揚州、南京、上海的各處僧眾，及鎮江軍政商學各界……開會時，到二三百僧眾，而各界來賓亦到三四百人，以鎮江社會黨員佔多數。發起人推我為主席，講明設會宗旨，宣讀會章，尚稱順利。但仁山演說後，即有揚州僧寂山，登臺演說批駁。激動仁山怒氣，再登臺，歷述青權、寂山等向來的專制，提議即以金山寺辦學堂，全部寺產充為學費。來賓大為鼓掌。寂山向僧眾高聲呼打，群眾騷動……當晚，仁山率廿餘同學入寺，劃定會所房屋。次晨即開始辦公，入庫房查點賬簿，及向禪

的尊敬，或驚懼、或厭惡、或憐惜。」[18]於是太虛的受戒師寄禪法師將他召至上海，參與「中華佛教總會」的籌建工作。不久，寄禪法師逝世，太虛法師於追悼大會上發表佛教「三種革命」的主張，即：教理革命、教製革命、教產革命。這種振興中國佛教的積極作爲，有支持者，亦有大力詆毀者。1913 年 3 月，「中華佛教總會」在上海正式成立，《佛教月報》創刊，由太虛法師擔任主編，藉此園地闡述革新佛教的見解，可惜半年後，《佛教月報》因經費缺乏而停刊。1914 年 7 月，第一次世界大戰爆發，太虛感慨：「歐戰爆發，對於西洋的學說，及自己以佛法救世的力量，發生懷疑，覺得如此的荒棄光陰下去，甚不值得。」[19]遂於是年 10 月，於普陀山錫麟禪院閉關潛修，至 1917 年春始出關。閉關期間，日有常課，他潛心研習各宗著述及《楞嚴經》、《起信論》等經論，探究《楞伽經》、《解深密經》等唯識經論，[20]先後撰成《佛法導論》、《整理僧伽制度論》、《人乘正法論》、《首楞嚴經攝論》等著作，以及〈教育新見〉、〈哲學正觀〉、〈訂天演〉、〈論周易〉等文，對如何實現以佛法救世救國救民的精神和佛教改革的途徑，作了進一步的探索。1916 年 8 月 25 日，孫文視察舟山群島，偕同胡漢民等人來到普陀山，了餘、道階老法師陪遊。孫文爲太虛手題《昧庵詩錄》並署姓名于左，太虛即奉詩以呈，詩曰：「卓犖風雲萬里身，廿年關係國精神。舒來日月光同化，洗出湖山看又新。佛法指歸平等性，市民終見自由人。林鐘送到歡聲壯，一惹豪

堂宣佈辦學……霜亭等已於某夜，率工役數十人，打入會所，仁山等數人受刀棍傷。遂起訴法院；經月餘，判決青權、霜亭等首從五、六人，數年或數月的徒刑。而會務及金山寺務，均因以停頓，紛不可理。」參見印順法師：《太虛大師年譜》，頁 52-53。

[18] 參見〈太虛自傳〉，「太虛大師全書」(2011.8.25)：http://www.buddhaway.org/T00-taixu.htm。

[19] 參見太虛法師：《我的宗教經驗》，收入印順文教基金會編：《太虛全書》第 41 冊（臺北：中華佛典寶庫，2008 年），頁 348。

[20] 參見〈太虛自傳〉，「太虛大師全書」(2011.8.25)：http://www.buddhaway.org/T00-taixu.htm。

吟起比鄰。」[21]1917 年 2 月 4 日，太虛出關，不久便代替圓瑛到臺灣講演佛法，而後赴日本考察佛教。這次的東瀛之行，使太虛法師對自己在閉關中的研究和見解更增加了信心，從此開始他爲時三十年的佛教改革運動和弘法事業。[22]

（二）善慧法師在臺灣佛教界的角色扮演

促成太虛法師臺灣之行的是基隆月眉山靈泉禪寺住持善慧法師（1881-1945）。靈泉禪寺爲臺北三大新興道場[23]中，發展最早，速度也最快的佛寺，主持該寺的善慧法師堪稱臺灣佛教界的重要代表人物。法師俗姓江，字常覺，別號露堂、覺仙。父親江順鼎，航海經商，熟知水性，時常往來於閩臺間，後定居於基隆。江善慧四歲遭逢清法戰爭法軍圍攻基隆將近一年，戰況慘烈，因此自幼即感受到戰爭的威脅。九歲入「媽成書房」，經過多年研習，奠下深厚的漢文基礎，[24]乃日治時期臺灣僧人中，漢詩創作數量頗多者，爲臺北最大詩社「瀛社」社員。十六歲（1896）隨母親郭氏皈依「龍華教」（齋教），1900 年拜基隆地區龍華派張太空爲師，同年又跟隨前往福建鼓山湧泉寺受戒，而後返回基隆的妙密禪師學習佛典。1902 年妙密禪師圓寂，江善惠與同門胡善智相偕赴鼓山湧泉寺拜妙蓮老和尚之徒景峰法師爲師，剃髮出家受三壇大戒，並嗣法於志泉老和尚。兩人在鼓山湧泉寺見習半年後返臺，開始往後創立基隆月眉山靈泉禪寺，弘法利生的事業。據江燦騰考察，靈泉寺的建寺申請始於 1903 年，1905 年胡善智於信徒會議上宣佈，但次年 9 月胡

---

[21] 參見印順法師：《太虛大師年譜》，頁 44。

[22] 參見「太虛法師網頁」（2010.10.8）：http://218.108.238.136:82/gate/big5/www.zjcnt.com/zt/txfs/ny304.htm。

[23] 臺北三大新興道場即：基隆月眉山靈泉禪寺（善慧法師）、臺北五股觀音山凌雲禪寺（本圓法師）、新竹大湖郡觀音山法雲寺（覺力和尚），參見江燦騰主編：《臺灣佛教的歷史與文化》（臺北：靈鷲山般若文教基金會，1994 年），頁 51。

[24] 江燦騰：《日據時期臺灣佛教文化發展史》，頁 182。

善智即逝世，此後建寺的工作就完全由江善慧獨自承當。幸有基隆士紳許梓桑[25]大力支持，始於 1908 年建成大殿，並由福州鼓山靈泉寺性進法師取名爲「月眉山靈泉寺」。[26]佛殿竣工後，將舉行菩薩安座開光典禮，當時大本山總持寺的貫首石川素童師，因臺灣縱貫鐵路通車，與各宗派管長應臺灣總督府邀請來臺。11 月 6 日受善慧法師之邀到靈泉寺，上殿拈香誦經。佛教刊物《宗報》曾如是記載石川走訪靈泉寺的狀況：

> ……十時因豫先有出自兩本山末寺的本島寺院靈泉寺住持釋善慧提出寄錫的祈願，在高岸布教師的嚮導下……走了特為靈泉寺開鑿的山路一里多，來到山門頭，三十多名安居僧，具足威儀出迎……該寺是北部第一巨剎……現住持釋善慧，年齡才二十七歲，學殖德望，臺灣僧侶中無可比倫的碩德，夙為本島人所皈依。[27]

其後，該寺又陸續興建功德堂、天王殿、東西兩廊（報恩堂、西歸堂）；並於 1910 年佛誕日爲在家信眾傳戒，這是臺灣佛教史上第一次由本土僧人傳戒，意義非凡。江燦騰認爲善慧法師是一位擅長多角經營道場的佛

[25] 據許雪姬主編：《臺灣歷史辭典》：「許梓桑（1874-1945）字迺蘭，基隆市人，淡水縣庠生。日人領臺後，任基隆區街莊長事務所書記，1901 年獲授紳章，1903 年任基隆區街莊長，街莊改制後升為基隆區長。1921 年復擢升為基隆街助役，未幾退職。歷任基隆總商會會長、公益社理事等職，1937 年任臺北州會議員，服務地方 40 餘年。晚年築迺園，鼓吹詩學，為臺北瀛社中堅，亦曾任吟稿合刊詩報社、大同吟社社長，著有〈筠窗吟草〉一卷，《臺灣詩薈》曾選載其詩文。今基隆市玉田裏梓桑巷即為紀念其故居而命名。」參見「國家文化資料庫」(2010.10.01)：
http://nrch.cca.gov.tw/ccahome/website/site20/PDFFiles/0808.pdf。

[26] 江燦騰：《日據時期臺灣佛教文化發展史》，頁 187。

[27] 參見：《宗報》293 號，明治四十二年（1910 年 3 月），轉引自慧嚴法師：《臺灣佛教史論文集》，頁 208。

教界人士，1911 年起他西渡中國，走訪上海、杭州、天童、普陀山等各地道場，返臺後又親訪各地道場，意圖建立良好的合作關係。這樣的費心經營，果然獲得頗佳的成效，臺灣西部和東部有許多寺院，包括新竹淨業院、臺中慎齋堂、彰化曇華堂、嘉義朝天宮、奉天宮、臺南開元寺、法華寺、高雄慈鳳宮，都成了月眉山靈泉寺派下的道場。[28]1912 年善慧法師東渡日本，與肄業於東京曹洞宗第一中學校的弟子沈德融，相偕走訪石川管長，獲得總本山贈賜一部大藏經，[29]這是臺灣寺院第一次有如此珍貴的典藏。同年 9 月 1 日起至 25 日止，在靈泉寺舉辦「愛國佛教講習會」，召來全島各地僧俗人士共三十名前往聽講。講者及講題有：靈泉寺住持善慧法師講《心影集》、靈泉寺布教師渡邊靈純講三國佛教歷史、福建會泉法師講《金剛經》、前清秀才蔡桂林講授漢文、地球及各國現勢、教育敕語……二十五天的研習效果頗好，得到曹洞宗別院負責監督指導的門脇探玄師的肯定，認爲這是臺灣第一次僧侶講習，將來可往臺灣各地推展。[30]此外，善慧法師又於 1913 年到印度緬甸等地，請回玉佛和佛舍利；[31]1914 年赴中國請回舍利塔一座，[32]使靈泉寺的寶物愈多，聲譽日隆。

1915 年「西來庵事件」後，臺灣齋教受到的打擊最大，整個臺灣宗教界也因此呈現低靡的現象。日本當局派遣文學士丸井圭治郎從這年開始督導並進行臺灣宗教調查，1919 年丸井圭治郎據報告資料，撰成《臺灣宗教調查報告書》，對臺灣宗教界有更細膩深入的瞭解。這階段值得注意的是善慧法師於 1917 年參與「臺灣佛教青年會」會務，也擔任「臺北佛教中學林」教務工作，使他在臺灣佛教界擁有更多的資源，也有更穩當的地位。日本在臺灣的宗教改革對善慧而言，並未造成負面的影響，

---

[28] 江燦騰：《日據時期臺灣佛教文化發展史》，頁 188-189。

[29] 參見：《臺灣日日新報》第 6 版，1912 年 5 月 17 日。

[30] 參見：《臺灣日日新報》第 5 版，1912 年 10 月 3 日。

[31] 參見：《臺灣日日新報》第 6 版，1914 年 1 月 11 日。

[32] 江燦騰：《日據時期臺灣佛教文化發展史》，頁 193。

他依然運用多種資源，壯大靈泉寺的聲勢。因此會有本文探討的 1917 年藉著三塔建成，邀請中華高僧前來主持法會，以及在臺日本僧人熱烈與會的盛大活動。

（三）島國維新功在佛，神州宏教望歸師：中華僧人對太虛東遊的期待

承上所說，太虛法師之所以會有臺灣之行，主要是大正六年（1917）基隆靈泉寺新建三塔落成，該寺住持善慧法師邀請圓瑛法師與七塔寺前住持岐昌法師前來主持水陸法會。圓瑛原已應允，後又因寧波接待寺、福建會館等事忙，不得前往，遂轉請交情深，且剛出關的太虛法師相代。太虛法師原已有意前往日本瞭解佛教發展的狀況以及與歐學調劑之方，《東瀛采真錄》緒言說：

> 第聞扶桑之俗，廉察強悍，得力於我佛金剛般若之旨甚多……余年未冠，友生之遊學東鄰者，嘗歷歷為之稱誦。既服事佛學，竊抱宏願，幻身於言論界，以闡揚佛法、昌明佛教為唯一之責任……雖知日本頗有關於佛故，常欲一覘吾教與歐學調劑之方法……忽因緣臺灣之行，順道以赴日本。動成止機，靜為躁根，抑何奇迕參錯之甚歟？[33]

因此請圓瑛去信善慧，若能在臺灣水陸法會事畢後，陪他到日本一遊，方允前去。

善慧回信，意甚殷勤懇切，遂有太虛法師的臺灣之行。

行前，有中華僧俗二眾於寧波觀音寺共組的「木犀香吟社」社友：

---

[33] 參見太虛法師著：《東瀛采真錄》（臺北：臺北廳基隆靈泉寺，1918 年），頁 1。

[35] 此詩收入太虛法師著：《東瀛采真錄》，頁 2。以下引詩文凡出自《東瀛采真錄》者，皆在詩文後標頁數，不再逐一加註。不過，原書所錄詩無有詩題，茲據《太虛全書》所收《潮音草舍詩存》補。

圓瑛法師、陸鎮亭太史、王吟雪等人，在上海為太虛餞別。從當時的送行詩中，可看出中華佛教界人士對太虛東渡的期待。首錄圓瑛法師之作，題曰〈太虛法師代予遠赴東瀛，用木犀香吟社香韻，賦此聊當陽關三疊〉[35]：

> 詩囊禪缽曼陀香，今日浮槎渡遠方。惜別偏憐遊子意，豪吟不讓謫仙狂。半生歲月曾如駛，滿鬢鬚眉幾欲霜。此去東瀛酬壯志，味盦應續句琳琅。

太虛法師於 1914 年 10 月在普陀山錫麟禪院閉關時，嘗自署曰「昧盦」。1916 年夏，將所寫詩稿集為《昧盦詩錄》[37]，並於是年秋出版。因同樣耽愛詠詩而與太虛結為兄弟交的圓瑛法師肯定太虛之詩雄健豪邁有如謫仙李太白，並期許此去東瀛，應可充分發揮其雄心壯圖，亦必將有無數琳琅佳句，可為《昧盦詩錄》再作續編。太虛作〈東遊答圓瑛禪兄原韻〉答云：

> 錫山清夢倦寒香，又說男兒志四方。迦葉當年破顏笑，菩提何處歇心狂。
> 且攜詩缽貯滄海，待詠梅花傲雪霜。只恐此行難代得，胸無萬卷玉琳琅。

---

[37] 《昧盦詩錄》，編集於 1916 年夏。「昧」有深潛、渾樸、芒昧、愚蒙意。太虛法師以「昧」為別署，因其青年時代，「心情勇銳，目空一切」、「在禪慧融徹中，俠情奔湧，不可一世」。但是空有才華與熱情，無法推進革新佛教。後憬然而悟，乃於 1914 年閉關普陀，即求有所以建僧弘法而覺世。參見印順法師：《太虛大師年譜》，頁 6。

太虛對圓瑛的高度評價與期許，表示謙而未能。最重要的是「只恐此行難代得」句，認爲自己在佛教裡的身份地位，實無法與擔任「寧波市佛教會長」揚名閩浙叢林的圓瑛相比，「難代得」，是謙辭也是事實。不過，如果從長遠的時間來看，太虛往後所啓動的佛教改革之火，假如沒有這一次東瀛之行的話，恐怕不會這麼快的燎原燃燒！

其他幾位「木香犀詩社」社員的贈詩，則較明顯地表達出期待太虛此行，在華、臺、日關係上，能使得上力氣；也希望借此機會了解日本的佛教改制之實況。試看以下幾首詩：

> ……中日國交泯虎視，佛耶教爭息鷹瞵。挽回東亞盲爭局，端賴君傳妙法親。（窮奩苦佛）
>
> ……頹筆尖頭談武略，破詩瓢底啟文明。等閒咳唾西來意，師範東瀛課佛程。（谷非玉皇）
>
> ……島國維新功在佛，神州宏教望歸師。即今破浪乘風去，龍象昌明會有期。（吟雪慶茂）

日本自從推行「明治維新」之後，快速地吸收西方文明與技術，在亞洲以驚人的姿態崛起，1894 年甲午戰爭打敗大清帝國，1895 年臺灣成爲日本第一個殖民地。1904-1905 年日俄戰爭，又締造第二次奇蹟，打敗歐洲的強國，迫使俄國讓出中國東北的諸多利益，1905 年日本勢力入侵朝鮮，1910 年復將朝鮮納爲殖民地。在政治上謀求革新，在生產方式上以現代化的工業取代傳統農業，在思想上，則在模仿西方的長處、開展世界性的視野之時，同時融入本國傳統的舊文化。給予民眾一定程度的自由，卻也同時強調家庭價值、天皇威權，強調務實主義、民族主義……。[38]日本的崛起，對中國而言是一個相當大的刺激，過去的藩屬國而今竟躋身世界強國之列，而在這樣的勢力拓展中，日本對軍閥割據中政局混

---

[38] 肯尼斯・韓歇爾（Kenneth G. Henhall）著，李忠晉譯：《日本史——從石器石代到超級強權》（臺北：巨流，2003 年），頁 91-126。

亂的中國，也多次加以干涉，尤其第一次世界大戰時，中國的政治形勢不斷地生變，日本則在不同形勢下採取不同態度，基本上還是以有利於日本鞏固和擴大在華權益爲原則。[39] 太虛法師前往臺灣的 1917 年秋，恰是中、日關係反覆不定，亦敵亦友的階段，苦佛在送行詩裡所說的，希望藉著太虛的傳佈佛教挽回東亞紛亂的局面，說明白了其實就是指日本侵略臺灣、朝鮮，並對中國東北虎視眈眈，這一次的東瀛行希望能對中日關係能有所改善。對佛教徒而言，隨西方強權而來的耶教勢力，同樣在中國與日本的宗教界造成一定的激盪，因此期待太虛能力振佛教精神，平息耶教所帶來的宗教論爭。雖然對新興的日本存有戒心，但眾人也不否認該國佛教有可借鑑之處。「島國維新功在佛」、「師範東瀛課佛程」，玉皇的說法頗爲有趣，推崇日本維新的成功，卻又將成功之故指向佛教。這種說法，確實在一般的歷史論述裡難得一見，這裡指的應是日本具有一定規制楷範的革新佛教，對有意推行中國佛教革命的太虛而言頗值得參考。太虛在回應玉皇的詩裡答云：「舌存終末說真法，禮失還須問野氓。」（頁5），以一種不卑不亢的姿態說明，佛教原有的精華本在中國，而今中國時局紛亂，反而必須前往日本學習——這是所謂的「禮失求諸野」，這樣的說法，還是以中國爲核心，革命的目的是要重振佛教的真精神，把當時頹敗變質的劣習窳風去除掉，而遠方的東瀛恰保留了傳統中國某一部份的精華，值得借鑒。

四、《東瀛采真錄》所載佛教文化交流與漢詩唱和

1917 年太虛帶著剛完稿的《真常之人生》及《昧盦詩集》，於西曆 10 月 11 日與岐昌長老從上海搭「春日丸」出發，因護照問題與船期故，[40]先到日本門司，再轉搭「亞加利丸」赴臺灣。10 月 19 日抵基隆港，隨

[39] 吳彤：〈中國參加一戰與日本的關係〉，見「中國論文下載中心」（2010.10.10）：http://www.studa.net/lishi/090215/1058427.html。

[40]《東瀛采真錄》：「詢知直赴臺灣，須十九日始有船，遂決計附十一日船，由門

即乘肩輿直上月眉山。

（一）月眉山靈泉寺之題詠

爲設立三塔而舉辦的法會訂於西曆 10 月 28 日舉行，因此太虛法師在靈泉山有十天左右的等待期，《東瀛采真錄》記錄了初登月眉山所見：

> 不二門開道有師，（原詩註：由基隆至靈泉寺，約六里，行三里至月眉山麓，有門額曰「不二法門」）進行無復費疑思。紆青路比長安直，環翠亭留小住宜。隔樹幽溪消世慮，聞鐘梵刹見僧儀。此身又在深山裏，初夜當看月似眉。（〈登月眉山〉，頁 14）

靈泉寺位於基隆與臺北平原之間的月眉山山腰，1881 年清法戰爭時，曾遭法軍圍攻近一年，日治初期仍留有當年痕跡。建寺之初，前往靈泉寺的山路依然相當曲折難行，臺北瀛社詩人林湘沅有「山形屈曲走盤蛇，蔓草縈○[41]夾道斜」、「行到溪間介成路，居人道是法兵開（甲申之役，法蘭西從該地進兵，半○之間，闢開一路）」、「莫問當年舊營壘，秋高氣爽草蕭蕭（寺後廢壘，爲林統領朝棟屯兵禦法蘭西之營盤）」（〈遊月眉山靈泉寺即事〉[42]）等句，可略知其概況。1915 年春，由於「不二門」的興建，使得上山者有了明確的指標，道路不致於太難行。從太虛法師「此身又在深山裡」的感受，可知此寺遠離塵囂，有著幽靜、清寂之感。太虛在另一首長篇的〈日本發臺灣寓靈泉寺即事〉詩裡，更清楚地描述了靈泉寺周邊的景況，有當年戰爭留下的遺跡（煙墩乃防禦用的烽火臺）、迂迴的山道以及清揚的寺鐘：

司轉基隆」，頁 10。

41 凡所引詩文打○，表示字跡模糊，難以辨識，以下同。

42 刊於《臺灣日日新報》第 3 版，1911 年 11 月 14 日。

……沿途多煙墩，回首杳帆檣。高躋不二門，盤紆過崇岡。疏林度梵鐘，幽卉含妙香。庭殿闇闔開，金碧何輝煌。湛湛靈鷲泉，勝地最吉祥。鸞鸞峨眉月，佛子示覆障……此山伏金精，佛面金色黃。此山含寶氣，峰髻寶塔粧。出山一猛獅，舞若青鳳凰。入山一香象，宛如綠鴦鴛。塔心啓玲瓏，寺形合圭璋。製作關天人，才巧雙難量。自我入山寺，淫淫雨不暘。隱隱三仙宅，攀探徒悵望……（頁 23）

由於疏豁清曠，遠離塵囂，靈泉寺不但是佛教聖地，同時也是北臺文人經常聚會吟詩的場所，「月眉秋色」、「靈泉晚鐘」爲「基隆八景」之二，可見其雅趣。林湘沅有〈遊月眉山靈泉寺即事〉詩云：

幾彎曲折入山門，款接高僧笑語溫。領略清閒懶歸去，敲詩直欲到黃昏。（社友雲年、梓桑攜賞品來○寺擊缽吟）[43]

顏雲年、許梓桑、李石鯨都是基隆當地的士紳，與靈泉寺主持善慧法師都爲北臺最大詩社「瀛社」的成員，當來自中國同樣喜好吟詠詩歌的太虛法師來到之時，當然也不能例外地要在此進行「以詩會友」的聚會。《東瀛采真錄》裡記錄了當時北臺文人應和太虛法師〈登月眉山〉之作：

聞道達磨初祖師，離香國土為何思。揚帆更向東方渡，持鉢真傳西法宜。幸有神光稱後覺，豈無僧璨仰前儀。一花五葉隆千古，心印依然映月眉。（黃淡梅〈和太虛法師登月眉山詩〉，頁 24）

---

[43] 刊於《臺灣日日新報》第 3 版，1911 年 11 月 14 日。

[45] 據太虛法師〈太虛自傳〉:「法會一星期，設講演臺，我及日本布教師三人輪流講演佛學。日僧由善慧剃徒德融翻譯；我的言語也非臺灣人能懂，由善慧親自翻譯」,「太虛大師全書」(2011.08.25)：
http://www.buddhaway.org/T00-taixu.htm。

太虛同體世尊師，教化中天慰所思。出世心通持世法，儒家道合釋家宜。逢迎四海稱芳躅，契合三生仰德儀。愧我東瀛參末座，也隨龍象嘉揚眉。（黃淡梅，同上）

欲向名山訪導師，門由不二免疑思。腸迴曲徑深深入，醮建良辰事事宜。千載無塵瞻廟貌，三生有幸拜豐儀。執經問難秋林下，新月彎彎慶似眉。（古雲梯〈和太虛法師登月眉山詩〉，頁 24）

淵源道學足為師，況復詩文繼左思。千里神光環照耀，萬家生佛拜應宜。是空是色原無相，逃俗逃禪妙有儀。何幸此間陪末席，得瞻芝宇喜揚眉。（許梓桑〈和太虛法師登月眉山詩〉，頁 25）

妙諦西方道可師，菩提深處最追思。色空悟到天無月，水火難侵佛有儀。舌底蓮翻花散彩，眼中跡幻俗堪宜。等閒卓錫來千里，大闡宗風到月眉。（李石鯨〈和太虛法師登月眉山詩〉，頁 25）

徹理通玄說是師，拈花一笑令人思。杯浮江上傾情仰，錫卓峰前駐跡宜。初進山門安步履，遙看亭榭狀容儀。秋心橫掛三生石，坐話奇緣喜溢眉。（蔡桂村〈和太虛法師登月眉山詩〉，頁 25-26）

世塵捨去伴吾師，環翠仙居絕俗思。梵塔峻成藏骨處，靈泉湧出濯心宜。溪聲長廣三賢說，山色淨清十聖儀。新道場中新佛住，慈悲圓滿月懸眉。（齋籐道癡〈和太虛法師登月眉山詩〉，頁 26）

這幾位文人中，黃淡梅是靈泉寺的在寺教讀，在太虛抵達之初即刻讀了他的《真常之人生》，當時罕見有臺灣僧人著書，黃氏故有詩讚云：「拜讀佳章欲斷魂，金聲玉振大雄門。千秋不易真常道，一氣呵成不見痕……」。儒士黃淡梅對佛學的投入，頗得太虛的肯定：「居士黃淡梅在寺教讀，敦構有古君子風；研鑽般若，亦有心得」（頁24）。從上列諸家詩來看，黃淡梅確實最能擺脫一般應酬之作，從禪宗的傳承及精神來強調太虛法師的法脈，及其與曹洞宗靈泉寺之間的關係。次首則更能突顯出太虛蘊蓄的「佛教革命」之思維，是以「出世」的精神進行「入世」（持世）的關懷，此即後來太虛法師「人間佛教」的基礎所在。至於其中的唯一一位日本僧人齋籐道癡，則是日本曹洞宗在臺佈教師，同時是臺北佛教中學林領袖教授（頁29），他的詩寫得頗細緻，以「人」（太虛）與「地」（月眉山）交錯書寫，既呼應題旨，也點明了太虛此次來臺的任務——爲完成的三塔舉行法會。對於眾人的熱情相迎，太虛法師以〈答靈泉山諸德〉（頁26）一詩總體回應：

> 定知詩律杜陵師，佳句抽來絕妙思。古貌古心雙不借，名山名士兩相宜。瀛臺自昔神仙宅，蓬闕應存漢晉儀。笑我秋瓠浮五石，漫遊何幸識芝眉。

首四句言諸子詩之特色：詩律師法杜甫，屢見巧思佳句，且風貌遠古，自然具足，不假他求，誠爲名士居名山。五六句言臺灣自昔爲海外仙山，島上居民至今保有傳統漢晉威儀。最後則用莊子〈逍遙遊〉以五石之瓠浮於江海之典故，說自己的渡海東來，與諸君子相見甚爲榮幸。

若與離滬時，「木香犀詩社」社員的酬答詩相對照，太虛似乎並未達到同儕們所期許的「江河淮海猶兄弟，莫逆同爲骨肉親」（玉皇）的目的。不過，細繹兩間的互動，雖然語言有某種程度的隔閡，[45]但透過「漢詩」卻能串聯起彼此的親切感，臺灣漢詩人從中國禪宗的「一華五葉」、「文繼左思」、「儒釋相合」描述他們眼中的太虛法師，而太虛更用「師杜陵」、「漢晉儀」將臺灣詩人放在中國傳統的脈絡裡，同質化彼此的關係。因此，靈泉寺的初相見，不只是純粹的應答酬唱，藉由漢詩與佛教串聯起的文化交流，於焉展開。

（二）參與靈泉寺法會與走訪臺北佛教中學林

靈泉寺因三塔落成而舉行的七壇水陸大法會，於 1917 年西曆 10 月 28 日開始舉行，共有千餘人參加。會首爲當地名紳巨商：顏雲年、許梓桑、張清漢、魏水昌等，法會內容有：迎聖諷經、秋季祭典、石塔開幕、祝釐萬壽、祠堂回向、設放水燈、大施餓鬼、追薦國殤。臺灣總督以下諸官廳，都派員參與；華文、和文各家新聞，也加以報導。在這次的法會中，太虛法師與岐昌法師共主水陸壇，最後一天與日本在臺各宗布教師數人輪流說教，太虛發表了闡述大乘佛法的演講，認爲梵天猶有邪見，小乘未免偏執，因此須掌握佛法大旨，以真諦超出世間；以俗諦普渡眾生。由於 1907 年善慧法師加入日本在臺曹洞宗僧籍，建立了與日本曹洞宗的關係，並擔任臺北佛教中學林[46]「學監」之職。因此這一場盛大法會，佛教中學林的日本教師齋籐道癡、熊谷泰壽、井上俊英、新美俊逸也率領學生前來與會，彼此之間有了進一步的交流。太虛有〈臺灣靈泉寺贈日本布教師〉云：

> 適化隨緣豈有常？善行方便此登場。師僧父母分三塔（祖師開山塔一、父母報恩塔一、僧眾普同塔一），中外東西會一堂。苔壁青深苦秋雨，紗窗紅滿喜朝陽。月眉山色靈泉佛，才讀開宗第一章。（頁 29）

代理大本山臺灣別院林長出席的齋籐道癡法師有詩贈太虛法師：

> 詩梵繙開獅子鳴，群山伏處獨崢嶸。栴檀馥郁中華地，腦裂百獸闐莫聲。（頁 29）

---

[46] 該校由日本曹洞宗兩大本山及臺灣曹洞宗眾僧及信眾所共同建立，於 1917 年 4 月開學。參見太虛法師：《東瀛采真錄》，頁 29。

以「獅子吼」喻太虛之講法，百獸聞後為之腦裂，可見其震撼力之大，影響之深。此外又以芳郁的栴檀香為喻，對於出身中華的太虛法師有著極高的推崇。在閱讀完太虛法師近著《真常之人生》之後，齋籐道癡又贈詩云：

> 迷來迷去未迷少，說妙談玄亦罪多。況復紛紛塵界事，九年面壁是不磨。（頁 29）

謂空花夢幻般的人生，不迷惑的覺悟者絕少，一般人談玄說妙卻無法真正掌握人生要旨，唯有像達摩祖師那樣的修行者，才能在面壁九年之後，得見那不生不滅的真常之心。這詩用來比況閉關三年甫出關的太虛法師，頗為切當。以上所見詩歌互贈酬答，基本上都是以相當友善的態度，將來訪的太虛推崇到極點。

至於華日僧人真正交鋒，是在靈泉寺太虛與布教師熊谷泰壽的筆談。因為涉及實際的意見溝通與訊息交換，這裡不用溫柔敦厚、曲折婉約的傳統詩來表情達意，而是直趨問題，切中要害。兩人主要就中國與日本目前的佛教概況及重要宗派作了說明，其中有一段精彩的答辯最為人所矚目，即太虛法師對日本佛教「各宗自為部勒，不能融合成一大佛教團」以及人「帶妻食肉」的行為甚表無法認同，認為此與在家眾無異，不得稱為僧侶。熊谷則以：一、此日本宗教特徵，二、時代產物，三、信徒要求，四、明治時期寺制，幾個原因來說明，太虛均一一加以斥駁，並強調「僧侶當以佛祖之偉大人格為師法，戰勝國俗、時勢、政權等等，以保持其清淨律儀，始能拔俗而不為俗溺」（頁 35-36）。如果帶妻在家的話，只能等同於臺灣的龍華教派，不得稱為出家僧侶。排除日本真言宗這種無法令人苟同的作法之外，太虛其實對日本佛教還是有若干肯定之處。熊谷在答覆太虛詢問日本各宗分門研究時，答云：

> 日本佛教各宗分門研究，書籍宏富。各宗學者，應用歐美新研究法義甚精緻……又日本佛教徒於印度哲學之研究，不依支那佛典，直討究梵文之佛教原典，亦不劣歐美……（頁 32-33）

日本佛教不只應用歐美新的研究方法，為佛學研究開展出新的視野，而且直接從梵文原典取材，不依循由中國轉譯之二手材料，確實有可取之處。這是為什麼具有革新佛教思想的太虛法師會想藉此機會，到日本一遊，觀摩其佛教革新狀況之故。

西曆 11 月 6 日太虛與岐昌法師在滯留十七日之後，終於要離開靈泉寺，行前，太虛有〈疊初登月眉山韻〉贈別，認為此行頗有收獲，值得多方師法：

> 此行歸去有餘師，半月優遊足我思。塔隱九層分合巧，韻成三疊唱和宜。陰晴不測天經濟，道俗交參佛律儀。曾憶似眉初夜月，更看後夜月如眉。（頁 31）

該寺教讀黃淡梅有三首詩和之，詩中或稱太虛為「吾師」、或稱「我師」，濃濃的離情別緒，溢於言表。他以靈鷲山說法的佛陀、雞足山修行的迦葉比擬太虛，這次東來雖只短暫相聚，卻讓一位臺灣漢塾師對之仰望不已，第二首詩用了杜甫「渭北春樹」、「江東暮雲」之典，表達臨別時眷戀難捨之深情。第三首則以「中國高僧」與「臺灣野鶴」對顯出中華與臺灣佛教界的巨大差異，令向慕傳統漢文化的靈泉寺教讀黃淡梅感慨不已：

> 送行無贐送吾師，抱憾離亭抱憾思。句短情長難作別，新交如舊最相宜。鷲頭峰下追遺跡，雞足山頭想像儀。獨恨秋帆揚般若，基隆江上望芝眉。

重九追隨侍我師，歸與興嘆動愁思。離亭話舊花垂淚，握手言旋菊謝宜。渭北春天愁樹隔，江東日暮望雲儀。何時復渡臺灣地，夜看眉山月似眉。

惠我鴻裁是我師，離亭菊淚痛腸思。欣看中國高僧聚，愧立臺灣野鶴宜。召伯甘棠留德澤，遠公遁跡想威儀。於今話別靈泉寺，尚望重遊看月眉。（頁 31）

（三）臺灣之遊方

離開月眉山之後，太虛與岐昌法師一行接著抵達基隆區，接受區長同時也是漢詩人許梓桑的邀宴，兩位法師均題字詠詩，以回應北臺紳商的請求。其後，住宿中學林，並往遊北投溫泉，經臺北神社、公園、動物園，太虛〈自傳〉中寫道：「基隆爲商埠，而臺北爲都會，乃臺灣菁華所萃的現代化都市，有公園、游泳池等。基隆的水族館及臺北的溫泉浴，深留美感」[47]。返回中學林之後，岐昌等人於 11 月 8 日先返滬，太虛續留臺灣，擬於赴日前先作數日之遊。特別是 11 月 18 日起，臺中將開展覽會，當地佛教徒擬請太虛與善慧兩法師主佛教講臺。這是太虛來臺第二個重要的佛教活動。

1. 彰化曇華佛堂之擊缽詩會

往訪中臺灣，值得注意的一站是彰化「曇華佛堂」的聚會。該佛堂興建於道光三十年（1850），日治後成爲靈泉寺派下道場，堂主林普借著中華高僧訪臺的機會，邀請太虛、岐昌法師及善慧法師及臺中諸日本布教師前往說法。1920 年代的臺灣，說法與吟詩活動，往往密不可分。在尚未說法前，岐昌與太虛法師分別針對彰化道場寫了詩，爲靈泉之會再

---

[47] 參見〈太虛自傳〉，「太虛大師全書」(2011.08.25)：http://www.buddhaway.org/T00-taixu.htm。

續前緣：

> 今日彰城法會開，群英濟濟此俱來。曇花再現臺中地，造就生民向上才。（岐昌，頁 39）

> 彰明法化曇華堂，七日光明現道場。一會靈泉儼未散，人天百萬露當陽。（太虛，頁 39）

這一次的彰化之行，太虛對鹿港許普樹居士印象深刻，特別在書中提起對此人的期許：

> 許居士為龍華派佛教徒中之碩望耆德，嘗朝參江浙諸名山大剎，研究內典，覃精佛理。初任佛教中學林講師，以病辭去，與龍華派信徒，和光同塵，隨緣化導。予告以臺灣齋友頗多，信心亦足，甚望有智德之士，結一佛學社，發心研究佛教大乘經典。互相講說，開導未知，令了解佛法之精義。皆真正皈依三寶，而造成一完美無間之佛教團，以發揚佛教精神……（頁 40）

這是太虛來臺之後，第一個嘗試勸說修持大乘佛法的對象，由此可見其東來，除了主持法會外，還有化導臺灣民眾信仰大乘佛教的積極目的。當天晚上，有彰化區長楊吉臣及當地士紳文人甘得中、施爾錫、施至善、黃臥松、林天爵諸君往訪，太虛對於留學東京的林天爵所主張的「欲使人精研佛學，當先昌明漢學，故擬以「佛學同提倡之」（頁 40）相當認同，也支持書房教師黃臥松「耶教既興，儒佛應同心禦侮，不可更分門戶」（同上）的主張。太虛法師在這段記錄之末寫道：「彰化鹿港亦臺灣舊時名地，故中華思想較優也」（頁 40）所謂中華思想較優，應指具有較濃厚的漢民族意識與漢學涵養，太虛訪臺後期鹿港洪棄生（月樵）亦來信表達仰望之情，此容後文再說。

西曆 11 月 12 日（農曆 9 月 27 日），南北往來奔波的太虛與打道回中國的岐昌法師作別後，復至彰化曇華堂參加晚宴，廳長勢山倡議開擊缽吟會，並先成一絕，太虛有詩和之。厥後，與會的新聞記者永鳥益雄（蘇南）、彰化公學校訓導王敏川、地方士紳吳筱西、李祖試、陳安、黃臥松、施寄庵、壽澄、立峰等，皆來向這位遠自中華來的高僧致意，或推崇其在佛教上足以作爲指引群迷的偉大導師：「好向如來荷佛力，宏施法雨濟群迷」（王敏川）、「彰城住錫因緣在，袪惑全憑不世僧」（陳安）；或推崇其文學成就，有「山谷詩詞早著名」（吳筱西）之句。其中，太虛對鹿港文人施寄庵評價最高：「渾脫流利，詩臻化境，有順手拈來皆成妙諦之樂，固推寄庵，寄庵實爲某詩社之詞宗也」（頁 46）。彼此之唱和應答如下：

> 西來一葦迓高僧，洞徹無神論有徵。地愛曇花新駐錫，人為迦葉舊傳燈。瀾翻慧舌群生仰，月印禪心一片澄。自信道緣殊不淺，江淹喜見惠休曾。
>
> 邂逅相逢入道僧，名場回首渺難徵。色身偶現無遮會，法眼真如不夜燈。生對春風沾物化，神為秋水照人澄。陶然隨喜忘機地，玉版參禪得未曾。（施寄庵）
>
> 未值嵩山面壁僧，幸聞遺教道堪徵。願將文字有為法，傳作光明無盡燈。北拱群星爭燦爛，東流萬派與清澄。詩壇今夕參三昧，佛也拈花歎未曾。（太虛法師和詩）

施寄庵不只詩寫得好，對太虛法師在近代佛法尤其是禪宗方面的成就，也有一定程度的了解與推崇。「洞澈無神論有徵」，應是針對太虛曾發表在《佛教月報》上長篇論著〈無神論〉，引發佛教界的論戰，給予「信而有徵」的肯定，並以「西來一葦」、「迦葉傳燈」等禪宗語，將太虛比擬爲禪宗始祖迦葉尊者，以及將之引入中土的達摩祖師。最後以南朝才子江淹與詩僧惠休的相逢，比擬自己與太虛的見面，給予雙方面高度的評價。至於太虛的和詩：「願將文字有爲法，傳作光明無盡燈」則表達了願以有限的著述講經，化爲無窮無盡、傳達甚深妙諦的光明燈，照亮那些長處於幽暗深淵的受苦眾生之悲心。最後兩句「詩壇今夕參三昧，佛也拈花歎未曾」則將「禪」與「詩」緊密地結合，依太虛看來，今夜的詩會絕非一般用來應酬唱和的文學活動，而是具有強大的穿透力，讓有緣人得以因之參悟禪定之妙境，若然，佛陀將再度拈花微笑，讚嘆這得未曾有的千古奇緣。

彰化文人群中還有一位私塾教師黃臥松值得一提。臺灣文學史上黃臥松最受矚目的是他在 1918 年「因憤慨風俗頹壞，人心不古」，召集中南部地區文人士紳籌組「崇文社」，採取每月出一課題，刊登在報紙上，向全臺徵文的方式，藉此延續漢文命脈。內容多屬「挽救世風之事，扶持名教之端，爲我臺所宜設施，島民所常勸勉者」；文體包括「論說、議解、策辨、考記以及檄文」。從 1918 年始至 1941 年黃氏因病停止徵文止，共結集出版了《崇文社百期文集》、《崇文社二十週年紀念詩文集》、《鳴鼓集》等詩文作品。對維繫漢文、提振道德，以及諸多社會議題，都相當關注。[48]太虛訪臺之時，崇文社尚未創立，但已可從黃臥松贈太虛法師的詩裡，看到他著眼於世界弱小民族受到強權欺壓的不公平現象，對道德沉淪、人心澆薄的關懷與不安；認爲佛教的慈悲，可與儒家的仁愛精神相呼應，因此這次的聚會應是儒佛聯合共挽時代狂潮的最佳時機：

> 強權兩字為公理，塗炭生靈滿地球。好把慈悲宣佛法，汎將博愛勸賢流。合同有志聯宗教，游歷無心互唱酬。矯健文章天演駁，采真又作愧吾儔。

---

[48] 參見施懿琳：〈日治中晚期臺灣漢儒所面臨的危機及其因應之道：以彰化「崇文社」為例〉，《從沈光文到賴和》（高雄：春暉出版社，2000 年），頁 271。

文明教育仗精神，末俗澆漓偽亂真。汩沒綱常無孝悌，銷沈道德為金銀。狂瀾未挽中流柱，世事推移萬斛塵。黃菊已開重九節，梅花又放小陽春。

兩字慈悲佛法明，拔諸苦惱度人生。道高有志興宗教，古佛東來萬眾迎。（頁 44）

太虛和其第一首云：

戰國世重開地局，殺人場欲闢星球。群魔忍看爭千劫，一鏡誰懸仰萬流。有漏雜心因莫造，眾生同業果須酬。漫漫長夜沉沉夢，一念圓明便不儔。（頁 45）

不知是否因恐涉及日本殖民者敏感話題之故，在此太虛避開了批判強權欺凌弱勢的不公不義，也未呼應黃臥松所提的「合同有志聯宗教」，佛儒可以聯合來拯救生民的苦難，而從「業果」的角度來說明眾生受難之因。假如無法讓心靈修持到清淨無染的境地，吾人皆會以「有漏」[49]之心造種種惡業，而眾人往往因造共業而嘗受同樣的果報。唯有具圓滿的清淨念，才可能突破如漫長黑夜般的惡夢，不復與眾生共同承受那難以掙脫的永恆磨難。在此太虛與黃臥松似有未能完全聚焦的對話。黃臥松也有詩贈善慧法師，對其心懷悲憫，創建靈泉寺以渡化眾生，有著高度的推崇：

萬里乘槎天竺行，心存濟眾悟無生。禪林創闢靈泉寺，佛道光輝在至誠。（頁 45）

---

[49] 「漏」者「煩惱」之異名，含有煩惱之事物，謂之有漏。參見陳義孝編：《佛學常見詞彙》（臺北：福智之聲出版社，2004 年），頁 14。

善慧有詩答云：

> 萬里風帆一葦行，無心濟眾度無生。禪林草草靈泉設，佛道光輝仗共成。（頁 45）

2. 臺北佛教中學林之盤桓

太虛法師來臺，臺南連雅堂曾有書函邀約南行，太虛也有意前去。後善慧因靈泉寺有要事不克分身，只好取消南下，改應臺北佛教中學林德融師之邀，北上盤桓數日。這次的駐留，讓太虛對臺灣新興佛教有更多的了解，尤其是善慧法師之弟子德融、德林、德專、德茂的優良表現，讓他有「佼佼善大師，股肱多賢良」之讚嘆。透過具有留學日本經驗的德融師之介紹，太虛對日本佛教其學制，有了進一步的了解。也在德林師的引導下，略能閱讀和文書籍，這在德融引導太虛至臺北圖書館閱書時，頗有助益。此外，太虛又因熊谷之引介，閱讀近代日本佛教鉅著，即村上專精所著《佛教統一論》，了知日本各宗派原本門戶森嚴，而彼此之間之所以願意聯合各派，乃欲發展歐美之布教事業之故。（頁 50）

11 月 17 日南下臺中前夕，有善慧信徒周永福偕其公子周祖要及友人吳天送、烏金、林湘沅等來宴請太虛與善慧法師。周祖要夫人余芬蘭女士，才敏能詩；同行中有徙居臺北的臺南文人林湘沅，亦能詩。於是一個小型的詩會，又在筵席間展開，太虛法師應善慧之請有詩贈芬蘭女士：

> 得到瑯嬛福地游，應曾慧業幾生修。豈徒書勝十年讀，渾不劍行千里流。何處帝天成電笑，無多佛法付風謳。火中優鉢誰能似，秋後霜英紅未休。（頁 51）

林湘沅有和詩，推崇太虛有若東晉的慧遠、唐代的詩僧賈島，乃至晚唐五代的畫僧貫休：

> 暫捨名山海外游，知君清福本前修。遠公遁跡因時現，島佛題詩到處留。結契何分儒與釋，放懷不覺詠和謳。萍蹤幸得風吹聚，劇喜尊前拜貫休。（頁 51）

以儒士自許的林湘沅認爲只要彼此情意投合，儒與釋本無界線，可以一起放懷詠歌，對於太虛的到來表達了歡迎之意。與彰化的黃臥松一樣，林湘沅試圖透過漢詩將儒佛做聯結，拉近了彼此間的距離。太虛緊接著和林湘沅詩云：

> 最愛離騷讀遠游，湘波渺渺憶前修。雞林價格曾懸解，鴻雪因緣喜跡留。今後應教常紀念，此間何幸共清謳。高風千古林和靖，寧止能詩皮日休。（頁 51）

首二句先將彼此共通的文學傳統追溯到楚辭，以屈原〈遠遊〉篇的「悲時俗之迫阨兮，願輕舉而遠遊。」作爲自己當下處境的表徵，三四句藉由「價重雞林」之典，讚許詩人作品流傳廣遠價值極高，而此次來臺雪泥鴻爪般的印跡，能與臺地文人結下詩緣，備覺珍貴。末二句以林和靖、皮日休爲喻，讚揚林湘沅的文才和節操，應該當下珍惜此時此刻的相聚，以及以詩詠歌的機緣。接著太虛與善慧同作絕句，贈周永福周祖要喬梓：

> 佛心通處即靈山，福慧深修不等閑。應與眉峰千古月，共流光耀滿人間。（頁 52）

周祖要夫人余芬蘭和其韻，以「詩佛」稱譽太虛法師，不只宗教行誼超越凡俗，亦且擅長吟詩：

> 欣聞飛錫下靈山，到處留題不等閑。今夕蓬門拜詩佛，一時榮耀極人間。
> 未能脫俗入靈山，慚愧虛生亦等閑。願得慈雲常愛護，不教流落在塵間。（頁 52）

這次的會面雖多應酬之作，但是由於漢詩這個具有共同記憶的文化載體之催發，使得中華高僧與原不相識的臺灣士紳文人有了良性的互動。

3.「臺中衛生教育展覽會」之佛教演講

11 月 18 日太虛與善慧法師及隨行的妙元、德茂二法師乘車赴臺中，參與臺中廳於臺中中學所舉辦的「教育衛生展覽會」。這個展覽會規模頗大，約可容納萬餘人參觀，每日團體及個人前來者總數約有十餘萬，主要展示有關教育、衛生方面的訊息（頁 54）。學者范燕秋指出這個展覽會充滿了日本當局展現其殖民成效的意味：

> 運用「分類式陳列法」，確立以觀覽者為中心的展場規劃，建立衛生展品的邏輯及系統關係，提供觀覽者系統性的衛生認知。但此舉亦有利殖民當局操作母國/殖民地、衛生/不衛生等深富殖民意涵的展示方式……在地方官廳所舉辦的衛生展覽會，展場內部及外部都摻雜商業利益……並因相關物品之消費活動，而使「衛生」知識或概念向日常生活滲透。[50]

會場展示的不只有衛生訊息，亦「展出圖畫、習字等學生作品，參展者包括臺灣、日本、朝鮮、樺太（庫頁島）、滿州及中國、南洋諸學校，並展出東美校教師參考作品」[51]。至於臺灣佛教界也藉此機會舉辦相關

[50] 范燕秋：〈「衛生」看得見：1910 年代臺灣的衛生展覽會〉，《科技、醫療與社會》第 7 期（2008 年 10 月）。

[51] 黃華源：〈清末到日治時期（1885-1945）社會變遷下臺灣書法之考察〉，「陳丁

的活動。據《東瀛采真錄》所載，佛教演講會講師的寓所在慎齋堂[52]，至於在臺中中學的衛生展覽會會場，太虛於抵臺中的夜晚也曾前往參觀：

> 遙見電光晃耀之長額一方，書為「臺中展覽會佛教講演所」，壁間則選列日夜間之演題與講師氏名。臺上供觀音像一，點綴頗佳……（頁 53）

從 11 月 20 日起，共安排太虛法師講六個晚上的「我之佛教觀」，由善慧法師翻譯。由於善慧的信徒頗多，太虛的演講內容又有林柱印刷分送，加上報紙的鼓吹，因此聽眾常佔滿席。而臺灣龍華教齋友許普樹、臺灣教師德融及日本教師龜田等演講成效亦好（頁 54），爲當時臺灣的新興佛教做了相當有力的宣揚。

4. 與臺灣中部文人互動

展覽會期間，太虛法師曾應臺灣望族林紀堂之邀，與善慧、德融、德林、妙元、德茂等法師往訪霧峰林家，分別有詩贈林紀堂、階堂：

奇百歲紀念——《二十世紀臺灣書法發展回顧》學術研討會」，國立歷史博物館、國立台灣藝術大學主辦（2010.11.6）：http://cart.ntua.edu.tw/upload/st/201005/201005-04.pdf。

52 據許雪姬編撰：《臺灣歷史辭典》云：「臺中慎齋堂位於臺中後壠仔，現址臺中市北屯區山西路，原是龍華教普宵派下壹是堂派的齋堂，鹿港慎齋堂是其直屬的齋堂。1754 年由閩南來臺的蔡普榮所創建，嗣後衣缽由張普傑繼承，是為第二代住持。繼由賴善德氏任職，是為第三代住持，賴氏為此齋堂置田產凡 17 甲，又遷堂址于後壠里，即今現址。由此，該堂成為一經濟富裕的齋堂」。1917 年臺中展覽會會期曾經提供佛教講演師的住宿，太虛法師為慎齋堂作詩云：「慎獨知幾道自尊，齋心義出孔顏論，清虛悟徹龍泉水，火性融空法界溫」。見「國家文化資料庫」(2010.11.6)：http://nrch.cca.gov.tw/ccahome/website/site20/contents/014/cca220003-li-wpkbhisdict003554-1042-u.xml。

> 悠然當戶有青山，花木陰濃鳥語閒。領略此中高雅趣，能令世慮一時刪。（贈林紀堂）
> 五桂堂連花萼樓，名園喬木德馨留。秦皇漢武空存想，輸我蓬萊仙島遊。（贈林階堂）

贈林紀堂與階堂詩，主要就霧峰林家的特色和景觀而言，視其宅第與庭園若蓬萊仙島，能令俗慮皆消。其後，太虛法應林獻堂及林幼春之邀，至獻堂家爲該區士女演說「佛法之實踐」(頁 57)。次日，有詩寄林烈堂和林獻堂：

> 鎔歐冶亞鑄文明，學子莘莘起古瀛。教育界中君泰斗，佛宗也仗覺民生。（贈林烈堂）

> 淨名居士是前身，會得無言道最真。卻引文殊來說法，一時傾讚動天人。（贈林獻堂）

林烈堂熱心教育事業，曾極力推動臺中中學及高等女學校的創設，故太虛以「教育界泰斗」譽之，認爲他能融合歐亞之思想文明，在臺灣栽培優秀學子，這種透過學校制度以培育人材的方法，當前佛教亦依循之。至於給林獻堂的詩，評價似乎更高了。這首詩寫於太虛爲霧峰士女說法的次日，《采真錄》並未記載太虛法師與獻堂的互動與對話，但是從贈詩可以看出太虛對林獻堂的看重，認爲他是一位極具智慧且善於說法的難得人才。首句將林獻堂比擬爲「淨名居士」——即維摩詰居士。維摩詰是音譯，淨名乃意譯，意思是「以潔淨無染而著稱的人」。維摩詰原是東方無垢世界的金粟如來，爲引導居士學佛，現居士身。一日示病相，意欲引發眾人探問以宣達佛理，但聲聞羅漢、諸大菩薩自知智慧不及，都不敢前往問疾，最後只好推派智慧第一的文殊菩薩前去。

兩人論法道義，運不可思議之神通，說不可思議之妙法，精彩絕倫，天人皆爲讚賞傾動，故放光地動，花落如雨。這應該是太虛法師講法時，林獻堂曾與之精彩的對談所致，否則大師不可能輕易地將佛教中推爲智慧第一的文殊菩薩典故運用到詩中來，用以讚賞獻堂。這一頁對話的空白，令人好奇，卻因文獻不足，只能姑且付之闕如。

太虛滯留臺中時，有鹿港遺老洪月樵（別署棄生）聞大師遊臺，託弟子致贈《寄鶴齋詩譽》二集，並致書信云：

> 僕處荒海，心在中原久矣。而方外名流，尤僕所千里神交者也。聞上人本吾儒一脈，有託而逃，殆亦如明末王翰、萬壽祺，感憤滄桑，棄冠帶而披緇，一稱願雲師，一稱萬道人者歟？頃稔上人飛錫臺中，吐廣長舌，現菩提身，說蓮花法。僕聞之不覺神往心馳，恨不得皈依玉塵，聽生公講偈耳。爰特寄上近刷小詩二部，聊結香火之緣。昔白香山託詩集如滿禪師，僕非欲謬希前賢，特以僕在此間，鬱鬱不樂，潛夫雖未遂九州之行，少文終懷五岳之志。他日者表上通臺，帕出函關，擬由吳淞口而溯錢塘潮，游明聖湖而謁普陀山，則與上人拈花握笑，將藉此詩為賓介之方。惟望上人攜歸武林勝地，置諸花木禪房，不效徐陵涼德，沈魏收之書於江中；不作世翼詭行，投信明之詩於水底，則幸甚！此請禪安，梵福不一
>
> 臺中鹿港街洪月樵再膜拜
>
> （頁 58-59）

信中表達對故國詩友，及方外人士的傾仰之情，並將這種交誼比擬若當年白居易與香山如滿禪師以文字交，結「香火社」，是儒士與詩僧交友的典範，令人神往。太虛以《真常之人生》、《佛教與吾人之關係》、《昧盦詩集》回贈後，洪月樵寄來書函，對太虛的教法及詩作，讚譽有加。認爲太虛說法，清楚指點迷津，猶如達摩祖師前來教化；其詩則清新俊逸，

足以和史上的詩僧惠休、齊己、皎然相提並論：

> 太虛法師梵座慧鑒：昨日蒙惠示佛書、禪語二卷、昧盦詩一卷，鍼芥相投，僕深幸託詩之得人。僕早歲慕《楞嚴》、《法華》二經，因多方求得一覽，覺其茫無涯涘，不免望洋興阻。乃昨偶味上人說法，頓見彼岸有筏，不必讓達摩一葦渡江也。昧盦之詩，戛戛生新，無蔬筍氣。又觀上人志在遠公、支公一流，而詩已兼釋惠休、釋齊己，釋皎然一流矣。……僕深喜與藝苑諸公結翰墨因緣，恰與上人結香火因緣同時，頗不寂寞。願上人飛錫鹿港，作廣大教主，則僕益幸甚！另者，易翁實甫，才氣亦僕所素仰，公如知其住址，幸乞指示去介。又敝同學蔡君子昭亦工詩，欲乞昧盦詩一卷，幸賜珠玉。此請梵安
>
> 臺灣　鹿港大有口三六八，洪月樵膜拜
>
> （頁 59）

太虛雖知「臺南爲鄭成功治臺舊都，鹿港亦昔日盛地，爲憑弔古跡名勝者所當至」[53]，惜因忙於說法，又有日本之行，未能撥空讀洪月樵詩，亦未能應邀往鹿港一遊。等到法會結束，始在北上車中讀洪月樵詩：「覺其故國之思，流露行間。殆謝皋羽、張蒼水之流亞歟？而其自序及跋語，尤瑰麗沉痛」實臺灣難得一見的人才。（頁 59）因此，有詩和洪月樵〈感懷〉二律寄之，表現了太虛法師極具文采的一面，詩前序，出之以駢儷之文，豔麗而蒼涼：「珠碎南崖，槎浮東海。變入滄桑，注破冬青之引；迸來哀憤，幻成春豔之歌。聞夏聲而如在，知漢澤之猶存，爰和鶴唳，用達鶯鳴。」詩云：

[53] 參見〈太虛自傳〉，「太虛大師全書」（2011.08.25）：http://www.buddhaway.org/T00-taixu.htm。

曾聞天網說恢恢，贊佛梅村拜五臺。蓬島連雲秦代望，潛流有水漢時來。聊從大海遊懷放，怕向中原醒目開。雞鶩一群只逐食，治平無復英雄才。年年不共不能和，早是光陰六載過。據社憑城狐鼠逞，噬人肥己虎狼多。浴雲嫌我帶龍氣，講學逢君隱鹿河。便好蒿萊同沒盡，不關臨去轉秋波。（頁 59-60）

素未謀面的兩人，透過詩歌互抒懷抱，彼此的隔閡幾乎已然化解。太虛以一位關懷中國命運的僧人之角度，誠實地告訴深懷故國之思的臺灣遺民，中國目前因軍閥割據而產生的困境，所謂「怕向中原醒目開」、「治平無復英雄才」、「據社憑城狐鼠逞，噬人肥己虎狼多」，民國建立至今已六年，仍遲遲無法推動共和政體，軍閥據地自肥而不顧國運，使人憂慮痛心! 太虛對當時中國的失望竟至於此，這也是他之所以銳意要改革中國佛教的原因吧！

11 月 30 日臺中佛教演講會結束，太虛法師至臺中寺拜訪住持大野鳳洲法師，彼此亦以詩相酬答。首先是大野贈詩云：

相逢非主亦非賓，無說無言道最真。領略這般清意味，三千法雨潤天人。

太虛答云：

百城煙水卅年身，來作支公座上賓。目擊道存溫伯雪，不須言說自情真。

大野詩泯除了相對的「主」、「賓」身份，以「無說之說」來表達道的真諦。若能領略箇中況味，天人當會歡喜信受。太虛則運用了禪宗《遷住歸宗語錄》的典故：

> 仲尼與溫伯雪，久欲相見。一日稅駕相逢於途路間，彼此無言，各自迴去。洎後門人問曰：「夫子久欲見溫伯雪，及乎相見，不交一談，此乃何意？」仲尼曰：「君子相見，目擊道存」。[54]

所謂「目擊道存」，只要情感真摯，藉由兩目相視，便能透見彼此證悟之道，何必言說？真是高手過招，不落言詮。與太虛法師同來諸人亦皆有詩：

> 莫論親疏談主賓，相逢知己總天真。偶從席上成佳趣，吃蜜啞吧笑入神。（善慧法師）
>
> 一會今宵是佛身，非儒非道亦非賓。浩歌歸去無多子，性朗心光見本真。（林普聯）
>
> 今生福德是前身，彈鋏歸來席上賓。漫道奇才蘇氏子，釋中妙理本天真。（林普崇）

次晨，太虛法師即將北上，林普聯贈以龍華派羅祖五部論，及朝暮課誦，並作詩送別，表現依依別情：

> 一會臺中合又分，圓音今後渺難聞。臨岐揖別無他贈，兩字平安送與君。

林普崇亦有詩云：

> 聚散無常合又分，驪歌欲唱耳難聞。臨岐此別無他贈，惟祝青山遠送君。

[54] 參見《黃龍慧南禪師語錄》所錄《遷住歸宗語錄》（2010.11.7）：http://www.baus-ebs.org/sutra/fan-read/003/04-020.htm。

又有居庭主王尙假贈別詩：

> 禪師何幸度東來，邂逅相逢展覽開。教育都歸佛宗主，講經說法滿全臺。

爲感眾人之情意，太虛法師依前人韻總答之：

> 出岫閒雲偶爾來，會逢展覽此中開。得君一角袈裟地，盡化臺灣作講臺。（以上，頁 62-63）

（四）別筵與詩

12 月 2 日太虛法師在善慧法師的陪同下將東渡日本，靈泉寺監院德馨法師、教讀黃淡梅、慶安宮德專師，以及基隆士紳許梓桑、顏雲年，在基隆爲其餞行。太虛有感諸君情意，疊韻示別：

> 別離容易又銷魂，不異秋風出國門。碧海粼粼搖夢影，青山隱隱認詩痕。欣從名士稱禪客，愛此蔗鄉接橘村。兩月優遊一彈指，萍踪絮跡本難論。（頁 73）

顏雲年和云：

> 江頭話別總銷魂，短舸飄然出海門。聚散萍踪渾似夢[55]，東西泥爪好留痕。虎溪韻事圖三笑，獅巔嚴寒雨一村。塵世茫茫天欲醉，醒人獨向上乘論。（頁 73）

---

[55] 「渾似夢」，《東瀛采真錄》作「渾以梵」，誤。

許梓桑和云：

> 長亭折柳暗銷魂，何日親登般若門。東國好憑尋佛跡，南溟相與證詩痕。心隨帆影過千里，人到天涯各一村。後會有期重聚首，禪機聖道快談論。（頁 73）

黃淡梅另有詩云：

> 惠我詩文數百篇，玩來玩去起詩顛。如聞玉磬聲聲徹，細讀金鈴箇箇圓。立說應超龍樹輩，著書寧異馬鳴賢。從今買棹歸中國，魚雁還期一氣聯。（頁 74）

從西曆 10 月 19 日抵臺，至 12 月 2 日由善慧法師相陪赴日，太虛法師在臺灣待了將近兩個月，這期間他從若干管道知悉日本統治下臺灣佛教界的概況，也將進一步前往日本對其僧伽制度作更多的瞭解。來臺，雖只是太虛走訪日本的中繼站，但是這是太虛首次出國門，也是首次與日本人統轄下的臺灣漢文人如此貼近的互動。「欣從名士稱禪客，愛此蔗鄉接橘村」，臺灣這個盛產甘蔗與柑橘的南國，以及島嶼上殷殷仰望故國名僧來訪的文士之熱情相待，都令他難以忘懷。顏雲年承太虛詩「萍蹤絮跡」的意象，以「聚散萍踪渾似夢，東西泥爪好留痕」繼續寫漂泊不定之感，第五句用慧遠「虎溪三笑」典，頗爲切當。東晉禪師慧遠在廬山修行，三十餘年間，不下山、不入城，送客也從不越過虎溪。一日，儒者陶淵明、道士陸修靜兩人來訪，三人相聚，相談甚歡。下山時，不知不覺過了虎溪，因聽到虎嘯，三人才驚覺，不禁相顧失笑。這種不拘思想信仰，彼此相投契，以致渾然忘我的快樂，在太虛來訪時臺灣漢儒依稀得以感受。許梓桑則以爲，太虛來臺主要透過詩歌吟哦與臺灣文人有了精神上的聯結，至於佛教的思想義理，乃至儀軌制度的探索，恐怕必須前往東國日本探求。顏、許二人雖支持基隆地區的佛教事業，對月眉山靈泉寺貢獻頗多，但其本質還是儒家的。因此，視太虛這次的臺灣行，藝文交流的成果可能大一些。至於，靈泉寺教讀黃淡梅則不然，他閱讀過太虛法師的《真常之人生》，在太虛法師離開靈泉寺時，曾以詩多次尊稱太虛爲「我師」，是屬於能夠瞭解佛法義理的人。因此，在他的贈別詩中，除了讚揚其詩文，如玉磬、如金鈴外，更從佛教的角度推許太虛「立說應超龍樹輩，著書寧異馬鳴賢」著書立說的成就，足以和造《中觀論》的龍樹菩薩及造《大乘起信論》的馬鳴菩薩相提並論，將太虛在佛法中的成就，提到一定的高度。

五、結論

1916 年開始有志整理中國僧伽制度的太虛法師，1917 年的訪臺之行以及接續的日本之旅，證明了他所整理的僧伽制度論，如分宗組織等，確實與維新以來的日本佛教頗相印合。而在「本原佛義、聯成一體」方面，太虛認爲中華佛教還是勝過日本一籌，假如中國能成爲歐戰前的近代民主國家的話，僧伽制度的改良應有實施之日。[56]

由於應佛教人士之邀，前來臺灣進行宗教活動，因此有將近兩個月的臺灣行，太虛以北臺灣爲據點，足跡到達中臺灣。受限於後續日本之行，未能走訪南臺灣，此外他雖與當時重量級的臺南文人連雅堂、鹿港文人洪月樵有書信往來，也互有贈書，卻又緣慳一面，相當可惜。太虛在臺的活動大致在以下幾個地點：基隆靈泉寺、臺北佛教中學林、彰化曇華堂、臺中慎齋堂、展覽會舉辦的臺中中學以及霧峰林家。與他互動的人士僧俗皆有，佛教界人士有：善慧法師、黃淡梅教讀、日本布教師齋籐道癡、熊谷泰壽、中澤慈愍、臺中寺大野鳳洲；龍華教派的林柱、許普樹、張清火、林普聯、林普崇。臺日士紳，則有：臺灣北部紳商許

[56] 參見〈太虛自傳〉，「太虛大師全書」(2011.08.25)：
http://www.buddhaway.org/T00-taixu.htm。

梓桑、顏雲年，彰化廳長勢山、區長楊吉臣、新聞記者永鳥蘇南，以及彰化公學訓導王敏川、私塾教師黃臥松、記者林湘沅、施寄庵，中部士紳商林階堂、紀堂、烈堂、獻堂、干得中、施至善、林天爵、吳筱西、黃子清、林峻山……等。

《東瀛采真錄》所見以漢詩相酬唱的場合，主要是在佛寺、佛教中學林以及齋堂，因此吟哦的詩歌大多與佛教思想密相扣合。東渡之初，「木香樨吟社」社友對太虛的期許：改善中日關係、借鑑日本維新、平息佛耶教爭……前兩項多少已達成部份功效。藉由漢詩唱和，拉近中華、臺灣、日本三邊的關係，在關鍵人物善慧法師的穿針引線下，彼此之間因爲共享的文化資產「漢詩」而有了心靈的交流，也化解了因語言隔閡而產生的距離感與陌生感。至於在其它場合舉行的詩會，比如基隆許梓桑的邀宴、靈泉寺信徒周永福父子的晚齋、霧峰林家的聚會等，雖非佛教場所，參與的對象也有部份與佛教關係較遠，但由於是以「中華名僧太虛法師」爲主的聚會，臺灣文人士紳多少因此撥動了「祖國情懷」，他們試圖透過漢詩，將佛教思想與臺灣漢文化脈絡相結合，化用古典詩中有關佛教與儒家的典故，在與中華僧人聚會時，說著共同的故事，憶念著共同的人物，成爲臺灣士紳文人安頓心靈鄉愁的憑藉。

臺灣行是太虛法師走訪日本的先聲，透過在臺日僧與臺灣佛教界人士的引領，他開始對日本佛教教義主張及制度改革有了初步的了解。在二十世紀初期臺灣、日本同步走向佛教改革之際來訪，對他返華之後的佛教革命事業有不容忽視的重要性。就臺灣詩歌發展史來看，1917 年太虛法師的訪臺，爲臺灣漢詩注了濃厚的佛教元素，更重要的是他堅毅的改革信念與教證如一的實踐精神，與日本真言宗和尙「娶妻食肉」的表現相較，有著極大的反差。讓臺灣佛教徒具體地看到大乘佛教應該有的修行境界，這對當時面對日本新興佛教崛起有措手不及之感的臺灣文人具有一定程度的安撫與提振作用。這也是爲什麼臺灣文人對於太虛的來訪有這麼多的欣喜，對於他的離去又有這麼多的不捨之故。從靈泉寺教讀黃淡梅與太虛法師的酬答詩中，應該可以獲得具體的證明。

引用文獻

太虛法師：《我的宗教經驗》，收入印順文教基金會編：《太虛全書》，臺北：中華佛典寶庫，2008 年。

太虛法師：《東瀛采真錄》，臺北：臺北廳基隆靈泉寺，1918 年。

王見川：〈西來庵事件與道教鸞堂之關係——兼論其周邊〉，《臺灣的宗教與文化》，臺北：博揚文化，1999 年。

印順法師：《太虛大師年譜》，收入《妙雲集》，臺北：正聞出版社，1987 年。

江燦騰：《日據時期臺灣佛教文化發展史》，臺北：南天，2001 年。

江燦騰主編：《臺灣佛教的歷史與文化》，臺北：靈鷲山般若文教基金會，1994 年。

何綿山：〈1895-1945 年的閩臺佛教關係〉，《閩臺佛教親緣》，福建：福建人民出版社，2010 年。

李世偉：〈日據時期中、臺佛教交流略論〉，《圓光佛學學報》第 3 期，1999 年 2 月。

肯尼斯・韓歇爾（Kenneth G. Henhall）著，李忠晉譯：《日本史——從石器石代到超級強權》，臺北：巨流，2003 年。

施懿琳：〈日治中晚期臺灣漢儒所面臨的危機及其因應之道：以彰化「崇文社」爲例〉，《從沈光文到賴和》，高雄：春暉出版社，2000 年。

范燕秋：〈「衛生」看得見：1910 年代臺灣的衛生展覽會〉，《科技、醫療與社會》第 7 期，2008 年 10 月。

陳義孝編：《佛學常見詞彙》，臺北：福智之聲出版社，2004 年。

廈門市佛教協會編：《廈門佛教誌》，福建：廈門大學出版社，2006 年。

楊永彬：〈日本領臺初期日臺官紳詩文唱和〉，收入若林正丈、吳密察主編：《臺灣重層近代化論文集》臺北：播種者文化，2000 年。

慧嚴法師：〈日本曹洞宗與臺灣佛教僧侶的互動〉，《臺灣佛教史論文集》，高雄：春暉出版社，2003 年。

________：〈明末清初閩臺佛教的互動〉，《臺灣佛教史論文集》，高雄：春暉出版社，2003 年。

闞正宗：《臺灣佛教史論》，北京：宗教文化，2008 年。

Using Dongying Caizhen Lu to Consider the Writing of Chinese poems between Master Taixu and Taiwanese poet

Shih, Yi-Lin*

[Abstract]

Since the Ming and Qing dynasties, Taiwanese Buddhism had maintained a close relationship with Chinese Buddhism. In the mid-1910s, because of efforts by Japanese people in Taiwan, the character of Taiwanese Buddhism gradually became more similar to the newly rising Buddhism in Japan. However, a considerable connection still remained with Chinese Buddhism. In this transitional stage, Chinese revolutionary monk Master Taixu came to Taiwan in 1917 serendipitously, and wrote his proselytizing activities and poetry lyrics into *Dongying Caizhen Lu*. Even though researchers of contemporary Taiwanese Buddhist history have cited this precious work, they are still more concerned with the exchange and interaction among the religious world of Taiwan, Japan, and China; there is less concern for the cultural resource used by all three sides outside of religious overlap – the chorus of Chinese poems – which also continued in

* Professor, Department of Chinese Literature, National Cheng Kung University.

this context. What was the context in which these Chinese poems were written? What was their content? Through the medium of "Chinese poetry," what similar or different thoughts and emotions were expressed by Taixu and Taiwanese and Japanese monks and lay practitioners in the same period? What values were conveyed? In the Buddhist world in Taiwan under Japanese rule, what meanings and values are reflected by such interaction? These are the issues that this article seeks to explore.

Keywords: Master Taixu, Dongying Caizhen Lu, Japanese occupation , Chinese poems , Taiwanese poet

時空視域的交融：文學與文化論叢
頁 257~289 國立中山大學人文中心.2011

自我的裂解與混雜
——論謝雪漁的漢詩敘事與身分認同

江寶釵*

〔摘 要〕

日治時期臺灣是一個多元文化資源彼此遇接的時代，在遇接的過程裡，傳統文人的主體性演繹爲繽紛多彩的混雜、流動。本文聚焦於謝雪漁，以其詩歌創作爲主，略及其詩話論述，探討雪漁（1871-1953）如何從反思其往來交遊的感舊寄懷、記者生涯、以及他的日常生活，如何展現其用世的企圖，在此一展現裡，他如何一再斡旋於臺／日戚黨、傳統中國／現代帝國、民族主義／殖民帝國主義、他的自我因此而呈現於文本之中的裂解、混雜之道，追問其中究竟隱含著怎樣的文化意義？

關鍵詞：日治時期、臺灣、謝雪漁、許南英、裂解、混雜

* 國立中正大學中國文學系與臺灣文學研究所合聘教授

收稿日期：2011 年 5 月 2 日，審查通過日期：2011 年 6 月 10 日

一、前言

日治時期臺灣是一個多元文化資源彼此遇接的時代，在遇接的過程裡，傳統文人的主體性演繹爲繽紛多彩的混雜、流動。本文聚焦於筆墨生涯多采多姿的謝雪漁，他在書寫事業與職場生涯各有表現，他寫詩歌、散文、評論、小說；實際投入抗日運動，也與抗日師友交遊，卻同時也是日府的協力者，在殖民體制下擔任記者、編輯、公務員。他遊移在反抗者與協力者之間，產生怎樣的身分認同？

本文的身分認同議題爲一文化研究，研究徑路則奠基於文本。事實上，相關研究在目前爲數稀落的漢詩研究中相對地已有爲數不少的學者涉及。[1]這些論述或針對其小說、散文、詩歌等單一文類類型申論，爲跨文類論述留下可論述的空間。本文以雪漁詩歌創作爲主，散文爲輔，偶爾涉及小說、詩話，具體的材料有三種：庚午年（1930），雪漁臨六十

[1] 屬專論者如蔡佩玲的學位論文《同文的想像與實踐：臺灣傳統文人謝雪漁的漢文書寫研究》（臺北：國立政治大學中文研究所碩士論文，2009 年 7 月），該文指出雪漁在他的時代裡多重的社會角色與活動，同時也分析其重述、轉譯、再寫殖民者話語的歷程與特色；林豐慧的〈日治時期臺灣傳統文人的應世之道——以謝雪漁為例〉（《臺北市高職國文科教學輔導團電子報》第 9 期〔2008 年 6 月〕：http://203.71.210.5/tpchinese/epaper/9706/index.htm）則追跡雪漁生平及其事業追求，結論認為他一生以名利經營為首務。非專論者如黃美娥論身體與國民性、游勝冠對於漢文人＝文明開化＝服膺殖民現代性，新文人＝文化啟蒙＝抵抗殖民之二分框架的再思（〈舊瓶裝舊酒——論日治時期舊文人「新」文化視域的封建性〉，收入《臺灣古典文學研究集刊》〔2009 年 6 月〕，頁 253-255、257-288）、梁鈞筌〈如果戰爭在遠方——日治臺灣的歐戰演義／衍異〉則論漢文人的歐戰書寫（中正大學臺文所主編：《第七屆全國臺灣文學研究生學術論文研討會論文集》〔臺南：臺灣文學館，2010 年〕，頁 194-224）、王俐茹〈層遞與位移——日治初期臺灣文人身分變遷與《臺灣日日新報》〉論傳統漢文人報刊中的位移（《第七屆全國臺灣文學研究生學術論文研討會論文集》，頁 113-149）等等，莫不各照隅隙，有益於本文的撰述。

之齡，將詩作「藉資還曆紀念」編作爲一小冊的《奎府樓詩草》[2]、昭和十年（1935）另集的《蓬萊角樓詩存》[3]、《詩海慈航》二卷附《蓬萊角樓詩存》一卷，以及發表在報刊文章。其次，既有的論述在分析雪漁的身分認同時，詳於其與帝國有力者的交遊、現代性，疏於其與故國師友的交遊，未必能呈現其全貌。本文的論述除了以前二者爲主，更留意後者，期以更全面呈現雪漁身分認同的裂解與混雜。

筆者以爲，雪漁的詩作以追憶師友戚黨之交遊爲主，《奎府樓詩草》便以對生平所受知諸師長、前輩，暨其所交遊諸同儕、親友事跡之吟詠，分爲兩部份，已故者編爲中卷，共一百二十首，輯作「感舊篇」；健在者一百三十五首，爲下卷，稱「寄懷篇」。這種以交遊爲主而撰寫、編次的作品，無意中建置出一個日治時期文人交遊的「場域」，不僅涉及自我與群體，個體與社會建制（學校、報社），更能凸顯族裔（臺／日人）、階層（統治者／被統治者）的問題，足以成爲吾人近窺其身分認同的根據。如果再加上雪漁發表於報刊的散篇，更能使我們的分析遊刃有餘。

本文便以上述文本爲基礎，始於對雪漁反思其往來交遊的感舊寄懷中，分析他如何擺盪於中／日文化的詩歌創作中，展現其用世的企圖，投入記者事業，以及他對現代性生活的轉折。在此一展現裡，雪漁如何一再斡旋於臺／日戚黨、傳統中國／現代帝國、民族主義／殖民帝國主義、他的自我因此而呈現於文本之中的裂解、混雜，追問其中所隱含的文化意義。

---

[2] 辛未正月，昭和五、六年間四百五十一首古詩、近體詩合三卷付梓，即《奎府樓詩草》。

[3] 此係編纂昭和七年以來作品八十四首的成果。

二、劉琨末日賦詩哀——「故國」交遊的回首

近年來，後殖民文學理論時興，取用後殖民文學理論做爲臺灣文化詮釋徑路者，不在少數。然而，在對理論的使用過程裡，往往過度向帝國／被殖民者、統治／被統治階層傾斜，忽略個人主體性的複雜度。林豐慧對謝雪漁的研究，或許是一個頗具體的案例。林氏以爲，謝雪漁敏銳嗅出當時政治、社會、文化氛圍，離棄儒生時期的師友關係——特別是與許南英的關係，他們是師生，又是曾經共同抗日的盟友。林氏以爲雪漁以文人的光環、漢詩的手段，時時表達自己對日本的政治、文化認同，攀附權貴，以資獲得他所冀望的功成名就。[4]筆者感到疑惑的是，當我們仔細閱讀謝雪漁題詠許南英（1855-1917）的多首詩，卻獲得完全相反的結論：在這些詩裡，雪漁不僅不改他對許南英的孺慕，而且洋溢著祖國情懷。

林豐慧的案例賦予重讀雪漁詩作以再省雪漁身分認同的意義。也許我們在強調殖民帝國重塑被殖民者身分的種種投入時，似乎也應該觀照被殖民者所傳承的文化體系，這時候，容格（Carl Jung, 1875-1961）的「集體潛意識」便能給我們重要的啓發。根據容格，先人世代的生活方式與生命經驗，在個體能夠思考前，便已透過語言、生活方式在他的心靈進行無數的銘刻，它與個人無意識並不相同，因爲它並非被我們遺忘，而是我們意識不到的內容。謝雪漁是漢人，他的心靈承載著漢人的文化遺產，形成他生命的底層意識，更不要說，傳統文人是他最早的身分構成，很早便決定了他的生命基調。底層意識中的傳統文化，再加上學習與浸染，他與此一文化中的其他人分享共同的價值理念，並不知不覺受

[4] 林豐慧：〈日治時期臺灣傳統文人的應世之道——以謝雪漁為例〉，《臺北市高職國文科教學輔導團電子報》第 9 期（2008 年 6 月）：http://203.71.210.5/tpchinese/epaper/9706/index.htm。

其支配。[5]這或許可以解釋雪漁確實接受日本文化，形成認同，但卻仍對他的師友、祖國維繫某種感情。而這些感情便流動在他的詠懷裡。對於雪漁這部分感情的分析，就他與許南英的交遊，提供了極佳的切入點。在〈進士許南英夫子〉對許南英做生平概述的這首詩裡，他寫道：

科名春榜得經魁，不入詞林負藻才。
浩劫心傷家國事，劉琨末日賦詩哀。[6]

這首詩起始寫許南英得意於科場，自十六歲應童子試後，可以說無役不舉，歲試、鄉試，由秀才、舉人，會試時雖然三次落榜，卻仍然考上進士。中恩科會魁後，朝廷授兵部車駕清吏司主事，但他呈請回籍，同時，亦堅辭蓬壺書院山長的聘任。[7]詞林，是翰林院的通稱，雪漁說他不入詞林，指的應即許南英無意於仕途這件事。未幾，遭乙未之變，許南英任籌防局統領，積極協辦團練，等到事不可為，化裝為漁民，遠走大陸，隨後遊歷南洋。浩劫一句便出此原委，並屢見於南英自己的詩作。[8]接著，雪漁以劉琨譬之。劉琨為西晉末人，有才略，通音律、詩歌，後因兵敗於石勒，丟了并州，投奔鮮卑首領、晉朝幽州刺史段匹磾，後被囚，自知性命難保，作《重贈盧諶詩》，名傾一時。詩前半用姜子牙、管仲等典故，表達對晉室的忠誠，後半描述其壯志未酬的遺憾：「何意百鍊剛，化為繞指柔。」這便是雪漁所用的末日賦詩的典故，用來說許南英的才

---

5 Jung, C. G. (1934-1954), *The Archetypes and The Collective Unconscious*, (1981 2nd ed. Collected Works Vol.9 Part 1), Princeton, N.J.: Bollingen.

6 謝雪漁：〈進士許南英夫子〉，收入黃純青、謝雪漁：《晴園詩草／雪漁詩集》（臺北：龍文出版社，1992 年），頁 39。

7 陳昭吟：〈「歸去來兮宜興賒」？——論許南英《窺園留草》中的仕隱意識〉，「臺南一中國文科網站——學術專欄」（2010.12.12）：http://www.tnfsh.tn.edu.tw/teach/chi/new/file/。

8 許南英一生略歷請見許南英：《窺園留草》（南投：臺灣省文獻委員會，1993 年），頁 219-231。

略，不欲爲異族統治，爲國家民族效命，以致流亡海外，窮愁賦詩，充滿英雄末路之感。南英的末路之感，時時可見，如〈贈陳省三觀察、雨三鹺尹昆仲〉：

浮家寄鮀浦，獨客入羊城。地已牛皮棄，人餘虎口生。
壯心銷烈士，悲激灑新亭！末路誰相顧，元方兩弟兄。[9]

才俊如南英，家國殘破，壯心已矣，淪落到嚐盡人情冷暖，有誰能伸出援手，只有陳省三、雨三兩兄弟。這或者是雪漁劉琨賦末路之詩旨所在。

這時候，雪漁生平第一次外調。許南英與他相遇，相遇地點，根據南英自定年表，是時他在漳州，不太可能是菲律賓，是否雪漁遶道去漳州看他呢？爲這次相逢，南英寫了〈表弟謝汝銓有斐律賓之行，順道過訪〉兩首，其第一首云：

意外晤玄暉，一朝慰夢想。相別二十年，喜君更倜儻。
忘分老師生，言情舊戚黨。問我新中華，河山猶莽莽。[10]

詩以晤面爲起句。許南英未必自許爲李白，但他以李白傾慕的謝玄暉譬喻雪漁，暗指他才調清發，對他推崇備至。[11]兩人自乙未濶別，到這時見面，前後十七、十八年了，二十年是舉其成數。在南英眼中，這些年後雪漁益顯得神采煥發，兩人誼爲師生，實爲益友，談起生平的交遊，不覺感慨系之，最後一句說雪漁問起甫成立的新中國目前的狀況如何，

---

[9] 許南英：〈贈陳省三觀察、雨三鹺尹昆仲〉，《窺園留草》，頁 36-37。

[10] 此詩見編於《窺園留草》，辛亥（1911），頁 102。

[11] 玄暉，即六朝詩人謝眺，號宣城，李白對他的推崇，幾乎到無以復加的地步。李白不只在某些詩作的風格上模擬他，如〈玉階怨〉，更在詩裡不只一次地稱頌他，化用他的詩句，如：「解道澄江靜如練，令人長憶謝玄暉。」（〈金陵城西樓月下吟〉）。清人王士禎〈論詩絕句〉就這樣描述李白：「白紵青衫魂魄在，一生低首謝宣城。」

當時中國內憂外患，南英遂也只能回答還在一片草木幽森，有待建設的「莽莽」之中，這或許是對照殖民主在臺灣的力行現代化的建設成果而產生的判斷。同題的第二首，則提到南英爲雪漁送行：

老來舒倦眼，閱遍幾滄桑。夢寐家千里，棲遲水一方！
暮雲歸岫晚，春雨洗天光。送汝乘風去，波瀾歎望洋！[12]

暮雲春雨，略改杜甫春日憶李白的典故：「渭北春天樹，江東日暮雲。」不僅再度確認彼此的友誼，也指謂對遠行在即的雪漁必然懷抱的思念。

1912 年，許南英返臺掃墓探親，南社同人在醉仙樓爲他開歡迎會，他自己感慨系之，寫下「時爲此邦人，今爲此邦客」[13]的詩句，與社友遊竹溪寺，又往岡山超峰寺，然後一路北上，至臺北、基隆。櫟社、竹社、桃社都爲他設宴，雪漁擔任副社長的瀛社自不例外。這一年，顏雲年築「環鏡樓」，招集全島第一次詩人聯吟大會，雪漁邀許南英主詩盟，成《環鏡樓唱和集》（1920）。[14]

雪漁另有〈憶窺園〉，對於許南英在世變後去留的抉擇，事業的動盪，奔走的勞頓，家業不存的窮愁，充滿感同身受的理解（sympathetic），其詩云：

磊落屈奇才，王郎斫地哀。蕭牆起禍變，劫幻紅羊灰。
踉蹌俱出走，盡棄其所有。閩粵歸故鄉，茫茫喪家狗。[15]

---

[12] 許南英：〈表弟謝汝銓有斐律賓之行，順道過訪〉，《窺園留草》，頁 102。

[13] 許南英撰，本詩未收於《窺園留草》，見吳守禮：〈許南英父子與我家〉，《書和人》創刊號（1965 年 5 月），頁 5。「老醫之家・許南英父子與我家」：http://olddoc.tmu.edu.tw/chiaushin/shiuleh-18.htm。

[14] 同前註。

[15] 謝雪漁：〈憶窺園〉，《雪漁詩集》，頁 79。

上引磊落句化用杜甫〈短歌行——贈王郎司直〉：「王郎酒酣拔劍斫地歌莫哀，我能拔爾抑塞磊落之奇才。」意謂南英如王郎空有俊偉的鴻才，卻因爲生不逢時，拔劍起舞，斫地悲歌，遇到世變，以致倉惶出走，個人與家族基業毀於一旦，他在 1897 年返閩粵原鄉，被派到廣東做知縣，未獲實職。1901 年後，他先後出任徐聞、陽春、三水等縣的知事，辛亥革命後，出任福建漳州民事局長、調福建龍溪縣知事，但在任都不久。1916 年，許南英爲生計赴蘇門答臘棉蘭爲當地僑領張鴻南編寫生平事略，次年水土不服罹痢疾，卒於棉蘭。從磊落奇才，到爲生事東西，[16]從富甲據一方，到蕩然何所有，於無所去從裡四處奔波，際遇直如喪家之狗，其辭可謂極盡沉痛。而在杜甫口中，王郎如豫章良木，又如滄溟巨鯨，[17]這是杜甫對王郎的賞譽，也是雪漁對南英的讚辭。由以上所陳，則南英與雪漁相知甚深，相互推許，正是印證了南英所說的「忘分」，情誼逾於師弟。南英對雪漁的影響更表現在他的詩作裡：

> 珠履孟嘗門下客，寧彈劍鋏歌馮驩。
> 欲說秦師燭之武，壯不如人老更難。[18]

上引七言古體詩中的數句，以馮驩爲例，期待明主如孟嘗君，可惜行年已老，自己恐怕無法追上燭之武，最後一事無成。

存在於南英與雪漁之間的顧惜之感，證諸兩人的交遊，自有來歷。南英既曾任雪漁教席，又於雪漁有知遇之音，南英任統領，雪漁佐之；雖然乙未之變後，兩人做了不同選擇，一內渡，一留臺，卻並未影響交

---

[16] 陳金樹：〈丘逢甲在南遊詩中所表現的心態〉，「佛光大學世界華文文學研究網站」（2010.11.30）：http://www.fgu.edu.tw/~wclrc/drafts/Singapore/chen-chi/chen-chi-02.htm。

[17] 杜甫〈短歌行贈王郎司直〉的原文是：「豫章翻風白日動，鯨魚跋浪滄溟開。」見「新詩改罷自長吟：全唐詩檢索系統」：http://cls.hs.yzu.edu.tw/tang/database/index.html。

[18] 謝雪漁：〈寄滿洲國外交總長同宗介石君〉，《雪漁詩集》，頁 82。

誼，反而在濶別的懷念夢想裡，更加深彼此的知遇之感。二十年後重逢於臺灣，昔年的師生同志，已成今日的異國朋友，國族身分巨變，並未阻絕兩人的往來。也許是這種深刻的知音之感，使得雪漁寫南英的這幾首詩，都能興味淋漓，言外之意綿綿不絕，令人徘徊永思。

事實上，爲雪漁之教席者，不只是許南英，爲大家所熟知的，還有蔡國琳，雪漁也寫詩詠記他——〈孝廉蔡國琳夫子〉：

十年絳帳鄭祠中，靜夜窮經燭火紅。
不第春官無所恨，藻詞才子譽瀛東。[19]

這首詩首句說蔡玉屏於同治十三年與楊士芳、王藍玉等議建延平郚王祠，奏請核准，於光緒元年告峻，蔡於祠旁設帳多年，[20]雪漁便〈自敘〉他十五歲從蔡玉屏夫子學，第二句稱讚他用功，比起許南英在科場的順遂，蔡國琳的落拓尤甚，但他無所遺憾，因爲在改隸後，他獲授紳章，深得臺南縣知事磯貝靜藏的器重，受聘爲臺南縣參事，在揚文會裡甚動觀瞻，[21]譽滿東瀛。這首詩儘管在短短四句裡涵括蔡國琳的一生際遇，或亦不無若干雪漁發自內心的欽羨，卻是了無寄寓，缺乏詩歌的情味。這也可以看出這首詩酬應的成份大於唱和。

雪漁對於乙未變後以遺民自居的傳統文人，在字行間多少都流露一種矜惜之情，如〈林幼春（1880-1939）吟友〉：

深愧田横島上無，不終呫嗶作迂儒。
詩題也自藏深意，教詠群鴉噪鳳圖。[22]

---

[19] 謝雪漁：〈孝廉蔡國琳夫子〉，《雪漁詩集》，頁 39。

[20] 見王振惠等主修：《台南市志》卷 7（人物志）（臺南：臺南市政府，1979 年），頁 353。

[21] 見《臺灣列紳傳》（臺北：臺灣總督府，1916 年），頁 285-286。

[22] 謝雪漁：〈林幼春吟友〉，《雪漁詩集》，頁 74。

詩一開始遺憾臺灣沒有田橫的義士，而幼春不願終其一生只作「呻其呫嗶」的迂儒，後來才會投入政治運動，對於幼春的心儀不在話下，接著說幼春的詩歌題詠每每隱藏著深沉的寓意，一般人的作品與他相比，直如群鴉聒噪對上鳳凰綸音。整首詩對幼春的人品拔出與詩作寄寓遙深的禮讚。

如果詩的隱晦尚不足以教我們確認雪漁對故國交遊的依戀，則在《蓬萊角樓雜錄》中的這段對林朝崧的評論，可以證明吾人所言不虛：

> 林朝崧（1875-1915，編按：「崧」，原文作「梧」，應誤，校改之），字俊堂，號癡仙，臺中霧峰人也。生有夙慧，繼以力學，少以詩名。曾補博士弟子員。乙未改隸，遷居桐城，轉居黃浦，徧歷名山大川，益助其雄壯磅礴之氣。氏歸梓里，益刻意為詩，不與塵事。……癡仙遊北，瀛社款以吟樽。即賦謝云：「釵光鬢影映高樓，一醉從教萬事休。交好無分新舊雨，花嬌能散古今愁。江山北府空形勝，鴻雁西風感素秋。俱是新亭南渡客，可憐無淚哭神州。」悲歌慷慨，令人讀之欷歔。著有《無悶草堂詩存》。詩載其中。陳瘦雲常謔之曰：「一身都是病，無地可容醫。」余還曆紀念《奎府樓詩草》，感舊篇絕句云：「一身都病不容醫，萬縷春蠶自縛詩。無悶那知仍有悶，言癡莫認是眞癡。」蓋紀實也。[23]

在這段論述裡，雪漁不僅盛讚癡仙的才華，也表達癡仙不堪回首故國的悲歌。

雪漁的詩集，編成於殖民政權時期，早期的詩作幾乎不在收錄之列，因而，吾人無法窺其對易代真正的想法。但他既受過清國教育，深濡漢

[23] 謝雪漁：〈蓬萊角樓詩話〉，《風月報》30 期（1935 年 9 月 16 日），頁 2。

詩傳統，故國不堪回首，「堪笑報秦燕太子，荊卿匕首督亢圖」[24]、「彈鋏籌焚券，投金報擊綿」[25]很可能隱喻他所參與的失敗的抗日運動。對於國族抵抗的失敗，豈無遺憾？這便可以解釋，他何以對傳說裡丘逢甲捲款隨唐景崧內渡一事大表不滿。在〈進士丘逢甲先生〉一詩裡，他直言無諱地加以訶責：「飛電燕京誓枕戈，待臣死後始言和。家資席捲隨唐遁，伏處羊城愧恨多。」[26]捲款而走究竟爲海外留命脈，以待東山再起？還是挾公以濟私，爲自身的海外逃亡鋪路？但不管如何，這都成爲最壞的示範。回到雪漁對個人的去處抉擇，島上既無田橫，效夷齊的意義似乎也不大，因此，他在〈庚午孟冬猴山指南宮吟宴賦似同遊〉一詩裡便寫道：「夷齊清節誰能似？不敢登山歌采薇。一枕邯鄲竟無夢，浮雲富貴知先機。」[27]於是，雪漁的不遇之感、國族之想、抗日不成的生命創傷便只能寄託於對許南英的詠懷，以及對林幼春這一類文人的推重裡，伴隨著他被遺忘的其他記憶、知覺與被壓抑的經驗，成爲一種類似在天候不佳時隱隱作痛的關節炎了。

三、同沾治化皇猷普——帝國事業的投入

傳統文人只是謝雪漁部份的身分構成，可能殖民政府報刊的記者、編輯才是雪漁更重要的身分。報刊對雪漁而言，並不是無望於科考後的替代性舞臺，其目的只在獲得揚名、擢升，他對於記者此一職業，有深入的觀察，自主的期待。而帝國在臺灣爲了達到政治利益所需要的文化

[24] 謝雪漁：〈廖菊友芸弟職西螺莊長奉命視察滿洲歸途過訪並示旅吟因賦二章述懷〉之二，《雪漁詩集》，頁 95-96。

[25] 謝雪漁：〈讀黃茂笙君病中吟有動於懷率爾和之〉之三，《雪漁詩集》，頁 86-87。

[26] 謝雪漁：《雪漁詩集》，頁 45。

[27] 同前註，頁 7。

資源，他因自己的兩次爲言政外調，更有著獨到的體會。本節將對雪漁之記者身分與帝國事業之牽扯做若干說明。

（一）記者生涯與身分認知

謝雪漁在〈入報社誌感〉一文裡，認定記者是記憶、倫理與知識的守門人。也就是說，記者同時被賦予史官、教化、啓蒙的任務。[28]不過，我們可以想見的是以中國史官的職業類比記者，相去毫釐而失之千里。主要是，史官通常在蘭臺修史，是尊崇的菁英職業，而記者在報館上班，面對的是閱讀的公眾。三年後，雪漁再撰〈記者論〉一文，這一次他能比較實際地正視記者爲具特殊技藝的知識分子：「記者云者，即記事之人之謂也。……專指從事新聞雜誌之編輯者而言。」而記者們，固「不必學問高深，然亦不可無辨別事理之常識，報紙者所以紹介事物於社會，故分門別類」[29]。謝雪漁反思社會對記者一職的評價，他的描述就有顯著的不同。新聞社是改隸後才有的，是以本島人士把記者一職當做是「抄書傭」。隨著臺灣的現代化，雖然稍稍明白新聞的旨趣，對於記者的資格略有所知，卻仍然視之爲「文人末路、藉筆墨以餬口者」。他們對記者，往往予取予求，認爲記者應該爲他們「掩諱劣跡」，一旦東窗事發，被新聞暴露了，立刻「遽爾翻臉，相視如仇者」[30]。可是在現代社會裡，記者之所以爲記者，正是有他們與其他職業不同的專長與尊嚴：

> 然余為記者之主義，在乎文明事物，已略有所知者，為紹介於社會同胞，稍盡幾分義務，不在於責善。所以為此言者，欲彼諱疾忌醫者，知記者之為記者，有其義務，不可對於記者，挾有惡感情，致受野蠻之誚也。[31]

---

[28] 謝雪漁：〈入報社誌感〉，《臺灣日日新報》第 3 版，1905 年 3 月 7 日。

[29] 謝雪漁：〈記者論〉，《漢文臺灣日日新報》第 4 版，1908 年 2 月 2 日。

[30] 同前註。

[31] 同前註。

記者是新知識的傳播者，也是社會現象的觀察者。在這個基礎上，他認爲記者分兩派：一爲硬派，一爲軟派。前者，即掌政治、法律、經濟、農工商、教育、文學、美術之評論報道者。後者，即任艷事及社會事務之報導者。記者與史官一致的地方，就是兩者都要秉公報導，「故上自公卿，下逮庶人，凡有容止態度，稍詭於道，能害社會者，不肯寬假，正言諭之，直筆誅之。記者之上乘者，有無冠大臣之稱」[32]。

做爲臺灣第一大報的記者，雪漁致力於世界新知的吸收，與廣東、日本記者交流，[33]雪漁在〈記者論〉中所提到歐美記者的情況：

> 彼為記者者，一朝釋褐，直登廟堂，居權要地，措施政治者指不勝屈，是報館為賢才之韜晦處也。故記者有所言論，有所報道，國人信之，政府採之……。各國文明之開發，其藉記者之力者，實為多大……。[34]

在這段敘述裡，雪漁指出歐美、或是日本內地記者發表政治言論所能發揮的力量，它們往往是國家社會進步的推動者。[35]

---

[32] 同前註。又日本過去發展大、小新聞時，使用硬派、軟派記者的分類方式，相關的使用脈絡請見木村毅：〈明治新聞記者氣質〉，《明治文學全集》（東京：築摩書房，1979 年）。

[33] 〈歡迎記者團續聞〉，《臺灣日日新報》第 4 版，1920 年 7 月 12 日。日本曾在臺灣召開記者大會，可參〈記者大會詳報〉，《漢文臺灣日日新報》第 5 版，1908 年 10 月 25 日。雪漁對於相關的交流活動，曾經加以詠敘，如〈本社設席北投歡迎廣東記者團諸公，餘有微恙不赴，賦此寄呈，既希郢政〉，《臺灣日日新報》第 4 版，1920 年 7 月 12 日。

[34] 謝雪漁：〈記者論〉，《漢文臺灣日日新報》第 4 版。

[35] 有關臺灣傳統文人與記者身分之關係，可參考王俐茹：〈層遞與位移——日治初期臺灣文人身分變遷與《臺灣日日新報》〉，《第七屆全國臺灣文學研究生學術論文研討會論文集》，頁 113-149。以及藍士博：〈從傳統文人、知識份子到印刷媒體世代——日本統治時期臺灣知識社群的第三種詮釋〉，《第七屆全國臺灣文學研究生學術論文研討會論文集》，頁 152-190。

不過，事與願違。雪漁很快見識到殖民政府對於文明進步所能容忍的邊界。大正六年十二月（1917）頒行的「臺灣報紙發行令」，包括三十四條，相關條則苛細繁雜，對新聞一概採取「許可制」、「保證金制」、「檢查制」。其中的第二、三條規定出版品出版前要送赴檢查；若有不當的言論，有關單位逕行查禁。[36]而雪漁自身的兩次外調，都以言政遭忌，就是官檢下對他最好的教訓。雪漁的身分是官報的記者，對於殖民政府的政策，難作直接批評，卻有他隱而不宣的看法。他在詠寄領導新學的〈府議員林獻堂吟友〉，也有一番見地：

> 休將政見憤分歧，交誼不渝惟一詩。
> 試向華林園裡聽，蛙聲原自有官私。[37]

上引這首詩說：不必在意政治意見的不盡相同，維繫人與人的情感的，惟有依傍詩歌。政治意見的不同，似乎不必太過介意，仔細聽聽華林園裡的群蛙，說不定真箇分公有和私有呢！這首詩頗含幽默，對於究責言論嚴厲的殖民政府官檢，是一個意在言外的針砭。

在兩次外調的教訓後，雪漁立刻發現做爲官方報紙的編輯，回應國家政策是他的責任之一，而漢文欄肩負著凝聚臺灣傳統文人，甚至是一般臺灣人之共識的平臺，面對各種時事議題，他不只要有反應，而且要在第一時間反應，並且反應得正確。在皇民化運動以後，雪漁的詩作出現諸多回應殖民政策的書寫。

---

[36] 黎澤霖纂修：〈新聞事業〉，《臺灣省通志稿‧教育志文化事業篇》第五章（臺北：臺灣省文獻委員會，1958 年 2 月），頁 403-406。檢查制度中的「食割」，係日檢割除、塗拭他們認定不妥的文字後，方始准予出刊，以至報上往往出現大大小小的小方塊、小方塊的空白。

[37] 謝雪漁：〈府議員林獻堂吟友〉，《雪漁詩集》，頁 62。

（二）政策書寫與個人志意

雪漁各種配合時事的書寫，相對於他對日華故舊交遊的詠思，在數量上要少得多，但卻可以說是每事必與。日人在花東設立「模範村」（1911-1924），雪漁受邀遊訪，撰下讚頌之詞：「同沾治化皇猷普，各重倫常聖道尊。」[38]昭和五年（1930）發生霧社事件，雪漁作〈霧社蕃叛軍警協勦五旬平感賦〉：

> 昭和庚午秋欲冬，霧社何因偏恣凶。鏖殺蒼靈數三百，小鰍大浪翻千重。星火紛馳羽書急，官民憤氣填膺胸。軍警雙邊命齊下，臨機措置殊從容。搏兔卻教用全力，疾風飄忽高山封。斷崖深谷涉無路，空際飛機偵敵蹤。草木灰塵獸禽匿，砲煙彈雨籠群峰。六社頑迷死相抗，穴藏不得號寒蛩。五旬纔及戰氛靖，妖夢一場醒梵鐘。撫墾徒勞過卅載，縱橫阡陌誰為農。更憐寂寞櫻花放，把酒無人遊興濃。[39]

在詩裡，雪漁不僅將族裔依其人種成素分類，反應當時日本人類學家在臺灣踏查人種所致力植入的觀念，同時，這也是政策採行差別待遇的策略之一。原住民向來被視為臺灣漢人之下，而臺灣漢人又被視為日人之下。因而這首詩，便以原住民兇悍，鏖殺蒼靈為亂，日人勇於靖亂，並重建其地做為敘事張本。飛機偵敵、砲煙彈雨則不忘強調帝國戰力現代性。滿洲國成立，雪漁寫作〈滿洲國創立有賦〉：

> 漢人無憤滿人愉，三月長春建國都。
> 應有詔書遙敬問，匈奴今有大單于。[40]

---

[38] 謝雪漁：〈模範村〉，《雪漁詩集》，頁 24。

[39] 謝雪漁：《雪漁詩集》，頁 12。

[40] 同前註，頁 112。

在上引這首詩裡，明明是日人、漢人與滿人大不相同，卻說是滿漢一皆歡喜。並將滿州喻爲匈奴，則日本爲上國，詩歌語言所隱含的政治，十分清晰。〈滿洲國頒帝制溥儀執政即位謹賦〉，則將日人視爲賡續舊朝傳統的助力：

> 有無分合事何常，朔漠河山祖發祥。
> 縱說新邦仍舊國，翻欣執政作興王。[41]

則，滿國究竟是匈奴之地，還是舊朝上國之地？雪漁的矛盾於此可知。當日人倡組「東亞共榮圈」，他也寫作〈莊櫻癡社弟讀黃種團結共存共榮論感賦索和即次元韻〉：

> 成功士飲黃龍府，應運人生白燕鄉。
> 封衛楚邱齊創霸，桓公恩義那能忘。[42]

在這首詩裡，將日人譬喻爲中國春秋戰國時濟弱解紛，而成就霸主事業的齊桓公，將東亞共榮概平爲亞洲諸小國對日本的盼望，可以看到雪漁如何「援物以類譬」，透過中國歷史的借喻確認東亞共榮的正當性，同時，也爲自己的文化與身分認同，找到記憶上的依傍。

不僅是在個人的創作裡，用力表現對政府的響應，雪漁所主持的瀛社更以徵詩配合國策，相關的事跡早見於明治年間的「恭讀戊申詔敕」[43]，這是天皇每年都要頒予國民敕語，瀛社發爲詩題。伊藤博文去世，出現「弔伊藤公爵」[44]；藤園來臺，有「鎮南山臨濟護國禪寺創成憶藤

---

[41] 同前註，頁 88。

[42] 同前註，頁 113。

[43]〈恭讀戊申詔敕〉，《漢文臺灣日日新報》第 4 版，1909 年 7 月 1 日。該日作者有林石崖、張德名、林清月、江蘊黎、高崚極。

[44]〈弔伊藤公爵〉，《臺灣日日新報》第 4 版，1909 年 11 月 12 日。

園將軍」[45]；懷柔原住民，有「懷安蕃通事吳鳳君」[46]；提倡貿易行爲法制化，則有大正年間的「臺灣民商法施行所感」[47]；1937 年，中日戰爭期間，皇民化運動展開，配合的動作更爲積極，爲破除民間迷信而有「毀金亭」[48]、《風月報》50 期則有日本軍人護身符「千人針」[49]的詩題，這是婦女在街頭收集縫製，贈送士兵，鼓舞士兵戰鬥意志的白色棉布條幅。其名謂便來自每一棉條上繡出的圖案，都有一千名女性一人一針的辛勞，棉條反面則署有親友祈求平安的祝福文字，官方甚至賦予神奇功效，謂其可以避彈。爲了召募軍隊成員，遂有「海軍志願」[50]。此外，更不乏如「征馬」[51]、「嶽少保」[52]、「題鄭成功受降荷人圖」[53]等挪用中國歷史故事的象徵做爲徵詩書寫的主題。至若祝捷的，則有「肉彈」[54]、「祝海南島戰捷」[55]、「祝新嘉坡陷落」[56]等。戰爭後期，物資告急，而有「節米」[57]呼籲節約糧米；海外軍情緊張，遂有「賦得艱危氣益增得忠字」[58]。從這些詩題可以看到瀛社的殖民化程度。

---

45 〈鎮南山臨濟護國禪寺創成憶藤園將軍〉，《臺灣日日新報》第 5 版，1912 年 2 月 3 日。該日作者有洪以南、謝介石、林摶秋、魏清德、李碩卿、謝汝銓等。

46 〈懷安蕃通事吳鳳君〉，《臺灣日日新報》第 4 版，1912 年 2 月 5 日。該日作者有洪以南、謝介石、林摶秋、魏清德、李碩卿、謝汝銓等。

47 〈臺灣民商法施行所感〉，《臺灣日日新報》第 22 版，1923 年 1 月 1 日。

48 《詩報》第 158 期，1937 年 8 月 1 日。

49 《風月報》第 50 期，1937 年 10 月 16 日。

50 《詩報》第 298 期，1943 年 6 月 25 日。

51 《詩報》第 251 期，1941 年 7 月 4 日。

52 《詩報》第 274 期，1942 年 6 月 21 日。

53 《詩報》第 315 期，1944 年 5 月 9 日。

54 《詩報》第 268 期，1942 年 3 月 18 日。

55 《風月報》第 81 期，1939 年 3 月 1 日。

56 《詩報》第 269 期，1942 年 4 月 3 日。

57 《詩報》第 226 期，1940 年 6 月 27 日。

58 《詩報》第 308 期，1944 年 1 月 1 日。

在殖民統治下，如此積極地透過個人作品或社團活動表態，或與雪漁曾兩度遭遇言禍外調，不無關係。但如若以兩次外調做爲雪漁調整心態，加強配合的全部理由，似有不足。或者我們也可以這樣看，在帝國強力治理下，被殖民者多少被其感化，恨不得自己就是日本人。在今日看起來，學者或力表雪漁熱衷名利，投入帝國殖民者的事業，有何風骨可言！然而，我們也不能因是忽視雪漁心中隱藏的感情，最明顯的例子，雪漁爲霧社事件作〈霧社蕃叛軍警協勦五旬平感賦〉，卻同時也寫下〈社蕃婦殉夫詞〉：「……郎戰直愚教滅族，儂存爲累且全貞。應難化厲悲徒死，終不逢辰負此生。螳臂固知千古屈，鴻毛那計一身輕。……」[59]藉著蕃婦守貞殉夫寫滅族的悲哀，螳臂擋車、死如鴻毛，都非男性家國的用詞，是否也意在言外地指出霧社原住民抗日的悲情，隱含雪漁的理解？這首詩一直被研究者所忽略，卻提供我們觀照雪漁一個很特殊的角度。

更有意思的是，一般人看起來，雪漁自記者而漢文部編輯，[60]而臺北州協議會會員，日與統治階層爲伍，惟飛黃騰達可以形容其際遇，但雪漁自己只覺得是「不遇」。在〈觀秋季競馬會〉一詩裡，他寫道：

> 嗚呼國家四境靖刀兵，壯士坐歎髀肉生。老驥伏櫪志千里，食芻不飽空悲鳴。不走疆場走賽場，前途渺渺後茫茫。一鞭殘照閒歸去，侯封無夢熟黃粱。[61]

他自我解嘲不遇於時代，不遇於明主，不遇於事業。他在以詩圖寫自畫像時所呈現的自我評價，也與世人所指爲騰達的雪漁大相逕庭。〈庚午六旬生日自題小照〉之一，他說道：「萬卷讀書無所用，一生風骨空矜持。」在〈辛未還曆書懷〉之二，他感慨系之：「寒酸奈得一身強，氣

---

[59] 謝雪漁：〈社蕃婦殉夫詞〉，《雪漁詩集》，頁 12。

[60] 〈編輯賸錄〉，《漢文臺灣日日新報》第 4 版，1913 年 7 月 28 日。

[61] 謝雪漁：〈觀秋季競馬會〉，《雪漁詩集》，頁 7。

骨稜稜存故態。」[62]他說自己無用、寒酸，卻有自己爲人的堅持。至於這堅持是什麼？筆者以爲，很可能不是個人的身分或國族主義，而是自我實現，遇挫而不折。站在雪漁的立場，他的才華不菲，他既已無清國科舉人士的晉身之階，在殖民國的職場競逐裡，日臺人差別待遇，不僅使他的晉升困難、有限，他更遭遇各種拍馬屁、毀忌，以致有兩次外調。因而，他最常用以自喻的是嚴子陵。[63]在〈漁夫〉這首詩裡，他歎惜：「也似披裘嚴子陵，故人惜無漢光武。」[64]在這方面，雪漁承繼了中國文學傳統書寫中的士不遇情懷與書寫。在他異常積極以投入帝國事業的行動裡，在狀似騰達的成就裡，我們仍然看到其間與個人志意在某種程度上的扞格與衝突。

四、獨向春風似錦開——生活現代性的展現

雪漁站在記者的第一線，以及其自身在日府工作的經驗，他比一般人更融入日人在臺灣創造的現代化生活方式。本節便以他所倡結的社團，以及日常生活兩方面，分析其在帝國統治下的自我認知、文化融入與主體性的混雜。

休閒活動爲日府積極推動以改造臺灣國民性的策略。鼓勵人民結社，透過群聚的情感推動休閒活動的進行，是一個重要的方式。詩社使用漢語從事創造性的思維在社團形態中有其特殊性，它既是知識的，也是娛樂的。在現代化浪潮東襲之前，中國文化是日本取經的對象，清代在與西方接觸的早期，也扮演著領先的角色，因而漢語文化在日本明治維新的過程裡，曾經扮演著關鍵角色，它代表一種進步的

---

62 謝雪漁：〈辛未還曆書懷〉，《雪漁詩集》，頁 13。

63 如〈戲贈辛未歲君〉：「嚴陵千古披裘獨。」〈寄滿洲國外交總長同宗介石君〉：「只合披裘富春去，子陵臺上垂漁竿。」《雪漁詩集》，頁 13、82。詳林豐慧：〈日治時期臺灣傳統文人的應世之道——以謝雪漁為例〉。

64 謝雪漁：〈漁夫〉，《雪漁詩集》，頁 11。

力量，在傳播啓蒙思想的過程裡，最重要的文人團體之一爲明六社，西周、福澤諭吉都來自這個社團。日本明治時期流行漢詩集，又以明初高啓的《青邱集》爲最。[65]然而，隨著維新逐步深入西方現代性的脈絡，大大窄化漢文的政治或文化的空間，臺灣卻在這時候將邁向殖民母國的現代性經驗，治理者對漢語言、文字的迫切需求與鼓勵，促使日本漢文人如土居香國、水野遵等東北人士，或德川幕府的漢文學者，發現一個自我實現更大的可能性而紛紛履臺，與臺灣文人共同開拓了社團的公共空間。

（一）社團與公共空間

日本漢文人宦遊、供職到臺灣，與臺灣文人「唱和迭佳什」。「玉山吟會」的議設以日本人士爲主，邀請陳洛、黃茂清等臺灣士紳共襄盛舉，相互酬唱贈答。類此內／臺「官紳同宴」者有臺南縣的磯貝靜藏、臺中縣的村上義雄、苗栗的橫幅鐵研等，相關刊載即已見於始政一周年（1896）發刊的《臺灣新報》。第四任總督兒玉源太郎來臺主政後，厲行「掖文揚風」政策，最爲世人稱道者，便是在「南菜園」邀宴全臺重要詩人。包括兒玉、後藤民政長官等人在內的唱酬活動更是經常在《臺灣日日新報》出現，從閉鎖的實體空間到開放的虛擬空間，訊息傳播的

[65] 維新的決定性運動為倒幕。倒幕志士之間清初廣東文人廖燕的《廿七松堂集》（池田溫）是最流行的讀物之一，倒幕維新的精神理想之一的水戶學，以朱舜水思想為原型。正如廖肇亨所說：「福澤諭吉熱烈擁抱西方文明的同時，對漢學的痛烈指斥正足以見漢學入其骨髓之深。」見氏撰的短文〈東亞漢語漢文學的翻譯、傳播與激撞：十七世紀至廿世紀〉，「東亞漢語文學的翻譯、傳播與激撞：十七世紀至廿世紀學術研討會」（主辦單位：中研院文哲所），2006 年 12 月 12、13 日：http://www.litphil.sinica.edu.tw/home/news/20061212/20061212.pdf。又廖肇亨：〈領水人的忠誠與反逆：十七世紀日本唐通事的知識結構與道德圖式探析〉，收入張伯偉編：《域外漢籍研究集刊：第三輯》（北京：中華書局，2007 年），頁 201-224。

有效性實質地鼓勵了更多人投入漢詩的吟詠與寫作，[66]創造了「掖文揚風」的效果。

1. 社團活動的舉辦、書寫與刊載

任職報社，雪漁充分掌握了時代「掖文揚風」的氛圍，他決定與《臺灣日日新報》同事林湘沅等，創設瀛社，除了呈請《臺灣日日新報》守屋善兵衛社長同意之外，他甚且透過尾崎秀真獲得兒玉總督的面允。[67]大事底定之後，便推舉政商關係良好的洪以南擔任社長，同時邀請各機關成員、各詩社文人與會。[68]

在江寶釵、謝崇耀〈從瀛社活動場所觀察日治時期臺灣詩社區的形成與時代意義〉這篇論文裡，曾經詳細而清晰地勾勒詩社組織與日臺文人、庶民生活的權力關係。

瀛社本身召開的例會主題應有盡有，把握到庶民日常生活的每一個重要的時間：生、死、離、合，各種人際交遊場合，如洗塵、壯行、悼亡、表彰、婚嫁、祝壽、開業紀念等。或是爲雅興休閒的觀覽活動，如納涼會、觀月會、觀菊會、觀蘭會等，以及宗教信仰儀典的祭孔之會等。就當時的詩社而言，瀛社兼有傳統價值與休閒、社交等多重作用，因而

---

[66] 黃美娥：〈日治時代臺灣詩社林立的社會考察〉，《古典臺灣：文學史．詩社．作家論》（臺北：國立編譯館，2007 年），頁 185-195。王幼華的論文〈日本帝國與殖民地臺灣的文化構接——以瀛社為例〉（《臺灣學研究》第 7 期〔2009 年〕，頁 29-50）則對日人如何運用漢文活動構接帝國與殖民地有更清楚地說明。

[67] 林豐慧：〈日治時期臺灣傳統文人的應世之道——以謝雪漁為例〉。所以必須如此慎重的原因，恐與雪漁官報記者的身分有一定的關聯。

[68] 瀛社創社（1909），初，未設社長、副社長之職，大正七年（1918）始設立幹部等頭銜，見《臺灣日日新報》第 6488 號，1918 年 7 月 15 日。相關論述亦可參考黃美娥：〈北臺第一大詩社——日治時期的瀛社及其活動〉，《古典臺灣：文學史．詩社．作家論》（臺北：國立編譯館，2007 年），頁 229-273。林豐慧：〈日治時期臺灣傳統文人的應世之道——以謝雪漁為例〉。

在區域、功能的分化下，以既有成員爲基礎，以各有嗜好、偏重而另行成立林林總總的次級團體，如中央擊缽吟會、婆娑會等。

在定時會集之外，臨時性詩會亦時有所見，以非固定的其他目的主導活動的產生，1913 年 7 月 17 日林子楨在自宅邀瀛社諸友召開〈怡樓小集〉的詩會，即爲送別黃菊如（1886-1935）赴呂宋、洪以南之日本而設。[69]

做爲北臺第一大社，瀛社參加的成員，或掛有紳章、議員、區長頭銜，或具有總督府、北州、北市協議員身分之經歷者，否則也擁有實業家、記者、醫師等身分，其活動組織展現了臺籍有力者的社會實力；而瀛社會集的來賓中往往出現高官顯要或日籍詩人，在殖民環境下，微妙地建構臺民日人的主客關係，臺灣文化的發展遂產生多元的對話。而從種種跡象看來，雪漁都在這個關係網絡中佔有關鍵的地位。詳後論。

2. 個人交遊的會集、唱和與出版

這個階段，雪漁建立了他極其可觀的帝國交遊圈。這個交遊圈，由日、臺有力人士構成，而且出現在他的吟詠中。除了前舉的林獻堂，以下略舉數例。如辜顯榮曾擔任崇聖會長，1931 年，大龍峒孔廟三殿落成，擔任西配序分獻，當時雪漁擔任西廡分獻，[70]因而〈府議員辜顯榮先生〉獲得雪漁的讚揚，並認爲他將而流名後世：「龍峒聖廟龍山寺，儒釋千秋仰大名。」[71]而〈府議員林熊徵社友〉稱讚林熊徵有經濟之才：「勳頒四等奉恩輝，圜法籌謀家國肥。」[72]在〈藩憲下村海南博士〉這首詩裡，則寫出他與任官的日本文人的交遊：

---

[69] 見〈怡樓小集〉，《臺灣日日新報》第 6 版，1913 年 7 月 17 日。

[70] 林美芬：〈臺灣孔子祀典人文暨儀序空間廟學解構後的衍變〉，《臺灣東亞文明研究學刊》第 3 卷第 1 期（2006 年 6 月），頁 144-145、頁 135-161。

[71] 謝雪漁：〈府議員辜顯榮先生〉，《雪漁詩集》，頁 62。

[72] 同前註。

武官總督改文官，治理權輕忽掛冠。
相贈和歌書一幅，蕭齋懸壁正襟看。[73]

雪漁在報刊上不只寫詩，寫評論，也寫小說。在報刊發表的文字爲他獲得日人的稱譽，如〈督憲川村亞洲先生〉這首詩，便是透過川村寫自己因爲著述而被揄揚的景況：

梅亭酌酒問平生，忝被騷壇識姓名。
傳諭報章詞藻麗，一褒華袞不為榮。[74]

由於報刊現代性而匯集的文化資本於《詩海慈航》付梓之際，表露無遺。日人隆盛的賀詞對於雪漁的論述給予「令人驚歎」的高度評價。瀛社會集所擁有的社會高度，巧妙地連結了瀛社與其他社會有力者的關係，因此構成的文化資本，既屬於瀛社，也屬於雪漁個人。他擔任參事、面見總督、受頒紳章、參加揚文會、出席饗老典、主序孔廟祭典、獲聘爲臺北州協議會會員。雪漁既因漢語文學而獲得地位，另一方面，也使得漢語文學承傳不絕。

[73] 詩見謝雪漁：《雪漁詩集》，頁 57。下村海南，即下村宏（1875.5.11-1957.12.9），日本和歌山縣士族，字海南。1915 年獲柳田國男推薦，轉任臺灣總督府民政長官。任內廢止小學教師制服配劍、笞刑等，設立供臺灣人升學的高等專門學校，亦推行臺灣教育令、市區改正、日月潭發電等計劃。這裡說的是他 1921 年辭職事。下村長於和歌，頗有述作，曾為連雅堂的《臺灣通史》撰序。參考楊儒賓、方聖平的「日治時期臺灣書畫與文書史料數位典 National Tsing Hua University Institutional Repository」（2011.4.12）：http://cpjtt.lib.nthu.edu.tw/。

[74] 謝雪漁：〈督憲川村亞洲先生〉，《雪漁詩集》，頁 58。

（二）日常生活

雪漁新報記者的身分形同公務員，雖有差別待遇，其受薪屬社會階層的上層，而且有規律性的例假日，得以響應休閒活動，並訴諸筆墨以表其踐履。有些休閒活動仍具傳統性質，如〈竹子湖觀櫻〉：

> 步過山隈又水隈，扶筇聊為看花來。
> 竹欄深護新櫻樹，獨向春風似錦開。[75]

這是對個春日郊外冶遊的描繪。我們要特別注意的是，這些休閒活動發生的空間特質，如何與個別主體性互爲指涉地寫出內蘊的混雜：它們既是中國的，也是日本的。在這首詩裡，我們已從新櫻樹看到地景植物的殖民化，「新」做爲「現代性」（modernity）的象徵符碼（signifier），所投射的觀念更代表了殖民帝國對「現代性」線型時間下所展開的未來憧憬，所謂「似錦開」。在〈蓬萊夢遊仙〉裡，則進一步出現內臺一體，富士山與靈藥所在的崑崙仙山虛實相合：

> 雙鳥飛步踏雲輕，富士山頭月正明。
> 甚欲搓丸尋絳雪，挾將靈藥濟群生。[76]

做爲殖民帝國象徵的富士山成爲寄託永恆生命之想像的寓居。〈遊草山浴眾樂園溫泉〉[77]裡從他對自己曾經參與擘劃工作的敘述「籌建曾參議，山靈憶我不」，更教我們看到個人生命經驗在帝國地景之上的銘刻。同題的另兩首則詳盡地描寫溫泉所在地、前往的路程、浴池的感受：

---

[75] 同前註，頁 117。

[76] 同前註，頁 125。

[77] 同前註，頁 16。

大典資同慶，新成眾樂園。天高看覆笠，地小信浮盆。怪石形都醜，神泉氣自溫。煙霞洞中洞，記在七星屯。

溪光侵袂濕，峰影壓簾寒。野鳥喧深樹，荒泉落遠灘。高人來自易，俗客到應難。紗帽何輕棄，神仙不愛官。[78]

再一次地，樂園指出帝國建設下成就新空間的可能性。但如果說，日治時期最具現代性的休閒活動，則非跳舞、野球莫屬。在〈觀跳舞〉這首詩裡，雪漁則表現他較保守的一面，擔心男女肢體接觸下可能引發不當感情：「漫惹琴心蕩，應防璧體傷。坐懷思柳下，真箇淡然忘。」[79]〈觀野球〉[80]對棒球賽極其貼切地描述了球場上攻防的動態：

秋日圓山畔，野球新會盟。襟懷殊磊落，頭角總崢嶸。未肯當仁讓，翻教用力爭。相期摧勁敵，藉以著蜚聲。左右分強翼，後先接短兵。高投神鬱勃，猛襲氣縱橫。匍伏機無失，犧飛勢不驚。生還堅可陷，封殺壘能平。意態疆場壯，功名汗血成。最終輸一點，審判肅規程。

在〈補齒〉這首詩裡，他完全被現代科技所征服：「幸值世文明，補鑲傳妙技。一白粲然新，頗堪啖甘旨。」[81]

郊遊、運動、補齒都屬與身體相關的活動，〈庚午秋分日參列圓山護國禪寺故臺日社員例祭感賦〉，則是心靈層面的信仰活動：

圓山官道曉驅車，一味新涼落葉初。野鳥啾啾蟲唧唧，小畦人出剪秋蔬。禪寺秋分歲輒過，一龕早已識彌陀。題名二百餘人

[78] 同前註，頁 16。

[79] 同前註，頁 15。

[80] 同前註，頁 15。

[81] 同前註，頁 5。

> 錄，誰解此中才士多。廿五年間社濫竽，春秋義例與操觚。淒涼為剪招魂紙，應識龍鍾一故吾。不斟濁酒只添香，一樣西風弔國殤。疏略儀文重情意，人亡何幸未名亡。[82]

圓山護國禪寺是日本佛教於臺灣宣教的重要場所，也是日本佛教徒聚集的會所。以題名看，這是雪漁參與供祭臺日社員的例行活動。以國殤譬往生的社員，固然是對文化人的格外尊重，自此也可以看到日人信仰在傳統文人生活中的浸漬，以及其可能加強認同的功能。

日本因應殖民的經濟需要，大量引進新式文明，傳統文人爲之風靡，現代性成爲認同日本政權的重要梯階。[83]穿木屐、賞櫻花、登富士山、泡戶外溫泉、觀野球、看跳舞，乃至社員供祭圓山護國禪寺，這些詩無一不是日本現代性文化的銘刻。這時候，雪漁與許南英、林癡仙等故國遺民交遊的自我，翩然消失，他的自我經由裂解，到混雜，乃至融入、認同自己爲日本人。

濡染於日本文化之中而感到自在自適，這是日治時期許多臺灣人的集體經驗。相對於中國大陸的戰爭連年，列強劫掠、租界（1895-1911）、辛亥革命（1911）、北伐（1918）、抗戰（1937），人民生活動盪，國家基礎建設廢弛，乃至遭到不斷也破壞，有如一堵殘破的城牆，[84]臺灣卻在不斷地向現代化邁進，金融、交通、醫療、教育水準提高，人民生活大幅改善，平均壽命延長，不只有工作，而且能休閒，在這樣的歷史情境下，中國文人訪遊臺灣者，如梁啓超等都不免深爲讚歎。儘管臺灣與中國有民族的血緣，但倉廩實而後知榮辱，這是最簡單的政治理論。

---

[82] 同前註，頁 32。

[83] 黃美娥：〈帝國魅影——櫟社詩人王石鵬的國家認同〉，《東海大學文學院學報》第 144 期（2003 年 7 月），頁 222-246。後收入氏著《重層現代性鏡像：日治時代臺灣傳統文人的文化視域與文學想像》（臺北：麥田出版社，2004 年），頁 343-380，為附錄。

[84] 這是費穆（1906-1951）在他拍攝的電影「小城之春」（1948）中一再出現的地景，用以指涉戰後殘破的中國。

多數人在實體生活的基礎下，才能有國家民族意識的展現，否則，所謂遺民式的道德倫理的承擔，只能求諸非常少數的個人，如林幼春；至若在雪漁身上，則只保存爲一種隱隱若現的記憶，與現實中的殖民現代性，時相混雜罷了。

這或許可以解釋，雪漁最終堪以託身的，仍然要回到故紙堆裡：「經書事業堪千古，軒冕功名只一朝」[85]。「君子稱名疾沒世，一篇享帚偏珍詩」[86]。「早識英雄非我事，願留詩草以名傳」[87]。對於詩歌書寫青眼有加，意義是多重的。其一，這隱含著詩人在殖民統治現實裡種種不能言說的挫折，雖然這些導致他產生挫折感的事件，隨著他的誨而不言已無可考。其二，它延續著漢學文化傳統中「立言」的想像，以及他對自我才華的信心。更值得注意的是，他對參與創辦瀛社給予崇高的歷史評價，「牛耳騷壇旗鼓在，論功應許錫公侯」[88]。在文化的投入與創成上，雪漁認爲執騷壇牛耳，更是一種封爵建侯的偉大事業。如今看起來，他的預言似乎並未蹈空。由此可見，曾經爲記者的雪漁，自有他個人的思維、視野與識見。

五、結語

本文從三個角度出發：故國師友交遊，投入帝國的事業，開拓漢詩現代性空間，自文本細讀去敞開謝雪漁一生的漢文敘事。

雪漁曾經是抗日的一份子，與許南英始終維持逾乎師生的深摯感情，他也對林幼春、林癡仙抗日文人寄予同情與讚佩；漢傳統文化的軌跡，既表現於他自感不遇之憤懣，更在於他對漢詩社團的情牽一生。

---

[85] 謝雪漁：〈花朝瀛社紀念兼祝餘還曆次久保天隨博士席間偶拈原韻〉，《雪漁詩集》，頁 24。

[86] 謝雪漁：〈庚午六旬生日自題小照〉之四，《雪漁詩集》，頁 13。

[87] 謝雪漁：〈感懷〉之二，《雪漁詩集》，頁 21。

[88] 謝雪漁：〈感懷〉之十，《雪漁詩集》，頁 21。

雪漁具跨越語言之能力，在後來的職場裡，他已不是專業漢詩人，與連橫有極大的不同。他仍然投入詩歌創作，寫作詩話，承擔著教導、傳播詩歌創作，並分擔著漢文教育的救亡圖存。他負責臺灣第一大報《臺灣日日新報》的編務，是臺灣漢文界的一件大事，社團活動的實體空間，與媒體的平面空間實際結合。從此，他能夠經常刊載瀛社詩友的作品，以媒體的加持爲輔，以北臺豐沛的文化、經濟、社群等資源爲核心，以他個人的組織能力與經營魅力，有效地擴大瀛社的規模，使之成爲北臺第一詩社，社員多達百餘人，而自始雪漁即執其牛耳，擔任副社長，後來更成爲社長達二十六年。

透過個人、社團等活動，雪漁對個人記者身分的認知，對殖民主的歌頌，對帝國政策的回應，以及他在休閒活動、宗教信仰融入的殖民現代性生活方式，又圖繪出一個臺灣人變成日本人的樣貌。

做爲一個日治時期有所作爲的臺灣傳統文人，雪漁讓我們真正識知日治時期臺灣傳統文人的裂解、混雜的主體性。

附識：本文承蒙兩位匿名審查人給予修訂意見，在此表達感佩之情。

引用文獻

中文部份

（一）專書

《明治文學全集》，東京：筑摩書房，1979 年。

《臺灣列紳傳》，臺北：臺灣總督府，1916 年。

王振惠等主修：《台南市志》卷 7（人物志），臺南：臺南市政府，1979 年。

林正三、許惠枚編：《臺灣瀛社詩學會會志》，臺北：文史哲出版社，2008 年。

許南英：《窺園留草》，南投：臺灣省文獻委員會，1993 年。

謝雪漁：《雪漁詩集》，臺北：龍文出版社，1992 年。

（二）專書論文

王俐茹：〈層遞與位移——日治初期臺灣文人身分變遷與《臺灣日日新報》〉，收入中正大學臺文所主編：《第七屆全國臺灣文學研究生學術論文研討會論文集》，臺南：臺灣文學館，2010 年，頁 113-149。

梁鈞筌：〈如果戰爭在遠方——日治臺灣的歐戰演義／衍異〉，收入中正大學臺文所主編：《第七屆全國臺灣文學研究生學術論文研討會論文集》，臺南：臺灣文學館，2010 年，頁 194-224。

黃美娥：〈北臺第一大詩社——日治時期的瀛社及其活動〉，《古典臺灣：文學史·詩社·作家論》，臺北：國立編譯館，2007 年，頁 229-273。

______：〈帝國魅影——櫟社詩人王石鵬的國家認同〉，《重層現代性鏡像：日治時代臺灣傳統文人的文化視域與文學想像》，臺北：麥田出版社，2004 年，頁 343-380。

廖肇亨：〈領水人的忠誠與反逆：十七世紀日本唐通事的知識結構與道德圖式探析〉，收入張伯偉編：《域外漢籍研究集刊：第三輯》，北京：中華書局，2007 年，頁 201-224。

黎澤霖纂修：〈新聞事業〉，《臺灣省通志稿．教育志文化事業篇》第五章，臺北：臺灣省文獻委員會，1958 年 2 月，頁 403-406。

藍士博：〈從傳統文人、知識份子到印刷媒體世代——對於日本統治時期臺灣知識社群的第三種詮釋〉，收入中正大學臺文所主編：《第七屆全國臺灣文學研究生學術論文研討會論文集》，臺南：臺灣文學館，2010 年，頁 152-190。

（三）期刊論文

王幼華：〈日本帝國與殖民地臺灣的文化構接——以瀛社為例〉，《臺灣學研究》第 7 期，2009 年 6 月，頁 29-50。

吳守禮：〈許南英父子與我家〉，《書和人》創刊號，1965 年 5 月，頁 5-8。

林美芬：〈臺灣孔子祀典人文暨儀序空間廟學解構後的衍變〉，《臺灣東亞文明研究學刊》第 3 卷第 1 期，2006 年 6 月，頁 144-145、頁 135-161。

游勝冠：〈舊瓶裝舊酒——論日治時期舊文人「新」文化視域的封建性〉，《臺灣古典文學研究集刊》創刊號，2009 年 6 月，頁 253-288。

（四）學位論文

蔡佩玲：《同文的想像與實踐：臺灣傳統文人謝雪漁的漢文書寫研究》，臺北：國立政治大學中文研究所碩士論文，2009 年 7 月。

（五）報刊

謝雪漁：〈入報社誌感〉，《臺灣日日新報》第 3 版，1905 年 3 月 7 日。

______：〈記者論〉，《漢文臺灣日日新報》第 4 版，1908 年 2 月 2 日。

______：〈本社設席北投歡迎廣東記者團諸公，餘有微恙不赴，賦此寄呈，既希郢政〉，《臺灣日日新報》第 4 版，1920 年 7 月 12 日。

〈記者大會詳報〉，《漢文臺灣日日新報》第5版，1908年10月25日。
〈恭讀戊申詔敕〉，《漢文臺灣日日新報》第4版，1909年7月1日。
〈弔伊藤公爵〉，《臺灣日日新報》第4版，1909年11月12日。
〈鎮南山臨濟護國禪寺創成憶藤園將軍〉，《臺灣日日新報》第5版，1912年2月3日。
〈懷安蕃通事吳鳳君〉，《臺灣日日新報》第4版，1912年2月5日。
〈怡樓小集〉，《臺灣日日新報》第6版，1913年7月17日。
〈編輯賸錄〉，《漢文臺灣日日新報》第4版，1913年7月28日。
〈瀛社小集〉，《臺灣日日新報》第5版，1921年6月12日。
〈臺灣民商法施行所感〉，《臺灣日日新報》第22版，1923年1月1日。
〈蓬萊角樓詩話〉，《風月報》第30期，1935年9月16日，頁2。
《詩報》第158期，1937年8月1日。
〈奎府樓詩話〉，《風月報》第47期，1937年9月2日，頁12。
《風月報》第50期，1937年10月16日。
《風月報》第81期，1939年3月1日。
《詩報》第226期，1940年6月27日。
《詩報》第251期，1941年7月4日。
《詩報》第268期，1942年3月18日。
《詩報》第269期，1942年4月3日。
《詩報》第274期，1942年6月21日。
《詩報》第298期，1943年6月25日。
《詩報》第308期，1944年1月1日。
《詩報》第315期，1944年5月9日。

（六）網路資料

吳守禮：〈許南英父子與我家〉，《書和人》創刊號，1965年5月，頁5-8。「老醫之家・許南英父子與我家」：http://olddoc.tmu.edu.tw/chiaushin/shiuleh-18.htm。

林豐慧：〈日治時期臺灣傳統文人的應世之道——以謝雪漁爲例〉，《臺北市高職國文科教學輔導團電子報》第 9 期，2008 年 6 月：http://203.71.210.5/tpchinese/epaper/9706/index.htm。

陳金樹：〈丘逢甲在南遊詩中所表現的心態〉，「佛光大學世界華文文學研究網站」（2010.11.30）：http://www.fgu.edu.tw/~wclrc/drafts/Singapore/chen-chi/chen-chi-02.htm。

陳昭吟：〈「歸去來兮宦興賒」？——論許南英《窺園留草》中的仕隱意識〉，「臺南一中國文科網站——學術專欄」（2010.12.12）：http://www.tnfsh.tn.edu.tw/teach/chi/new/file/。

楊儒賓、方聖平：「日治時期臺灣書畫與文書史料數位典 National Tsing Hua University Institutional Repository」（2011.4.12）：http://cpjtt.lib.nthu.edu.tw/。

新詩改罷自長吟：全唐詩檢索系統：http://cls.hs.yzu.edu.tw/tang/database/index.html。

廖肇亨：〈東亞漢語漢文學的翻譯、傳播與激撞：十七世紀至廿世紀〉，「東亞漢語文學的翻譯、傳播與激撞——十七世紀至廿世紀學術研討會」，中研院文哲所主辦，2006 年 12 月 12、13 日：http://www.litphil.sinica.edu.tw/home/news/20061212/20061212.pdf。

英文部份

（一）專書

Jung, C. G., *The Archetypes and The Collective Unconscious*, 1981 2nd ed. Collected Works Vol.9 Part 1, Princeton, N.J.: Bollingen.

From the schizophrenic to the hybrid self: Xie Xueyu's poetic narration and identity

Chiang, Pao-Chai*

〔Abstract〕

This paper focuses on Xie Xueyu (Hsieh Hsueh-yu) (1871-1953)'s poetry, with some attention paid to his poetry commentary (shihua). It investigates how the poet reflects on his personal nostalgia, his career in journalism, and his daily life, in order to display his ambitions and mediate between his Taiwanese and Japanese social relations, between Chinese tradition and imperial modernity, and between nationalism and colonialism. In the process of mediation, there are splits in the poet's self, which is then reintegrated as a hybrid. This paper ends by probing the cultural meaning of Xie Xueyu's poetic hybridity.

Keywords: Japanese colonial era, Taiwan, Xie Xueyu (Hsieh Hsueh-yu), Xu Nanying (Hsu Nan-ying), schizophrenia, hybridity

---

* Professor, Department of Chinese, and Institut of Taiwanese Literature, National Chung Cheng University.

時空視域的交融：文學與文化論叢
頁 291~323 國立中山大學人文中心.2011

創作與自毀——以郁達夫為例

王幼華*

〔摘 要〕

梅寧哲（Dr. Kare Menninger）在《生之掙扎——破壞自己的人》（*Man Against Himself*）這本書裡談到，人類的行爲中很多是具有自毀（Self-destruction）的傾向，人們經常在進行自我謀殺或慢性自殺，卻不能自我察覺。這個論點用在觀察作家的身上，也甚爲符合。本文舉郁達夫做爲例子，用他的作品爲基礎，分析其中的「裸露症」（Exhibitionism）以及自我攻擊的意識。指出這位作家如何在作品中表現自存（Self-preservation）與自毀的現象。

關鍵詞：梅寧哲、郁達夫、自毀

* 國立聯合大學華語文學系副教授

收稿日期：2011 年 3 月 2 日，審查通過日期：2011 年 5 月 12 日

一、有關於自毀的探討

美國著名的精神病學者梅寧哲（Dr. Kare Menninger, 1893-1990）在《生之掙扎——破壞自己的人》（*Man Against Himself*）這本書中談到人類具有創造與破壞的雙重力量。[1]人不斷在創造新的文明，發展新的科技，另一方面卻不斷的破壞它，用各種難以想像的方法，摧毀辛苦建造出來的事物。創造與破壞的相反力量，始終在人類社會循環。歷史上發生的幾次世界大戰，就是很好的例子。人的身上存在著自毀（Self-destruction）與自存（Self-preservation）[2]的兩種力量。爲何如此，他引用佛洛伊德（Sigmund Freud, 1856-1939）的假設，認爲這兩種力量：

> 就如同物理學、化學、生物學中互相拮抗的二個力量。創造與破壞、建設與摧毀是人格新陳代謝的二面。這和一般細胞能量不滅地轉換相同。[3]

佛洛伊德以自然界的現象解釋這種矛盾的行爲，人類本即爲自然界各種元素的複合體，行爲模式符應這些現象，並不足爲奇。人類有生存的本能亦有趨向死亡的本能，活著的人會試圖過更好的日子，創造更有益於己的環境；亦會製造陷阱，摧毀眼前既有的一切，讓他人或自己無法存活下去。梅寧哲主要的研究就在人的自毀現象，也就是人是如何自覺或

---

[1] 梅寧哲（Dr. Kare Menninger）著，符傳孝等譯：《生之掙扎——破壞自己的人》（*Man Against Himself*）（臺北：志文出版社，1975 年再版）。本書於 1938 年 New York: Harcourt, Brace 出版。他曾在 Boston Psychopathic Hospital 工作，任教哈佛醫學院。後來成立「Menninger Foundation and the Menninger Clinic」，期間出版過許多本有關精神醫學的書。1981 年美國總統卡特（Jimmy Carter）頒給他「Presidential Medal of Freedom」這個獎項。

[2] 梅寧哲著，符傳孝等譯：〈破壞〉，《生之掙扎——破壞自己的人》（*Man Against Himself*）第一部，頁 18。

[3] 同前註，頁 17。

不自覺的摧毀自己，他說：「不幸，幾乎沒有人能夠免除這種自我破壞的傾向。」[4]這樣的說法在解釋人類許多自相矛盾的行爲上，很具有啓發性。

梅寧哲這本書中的第二部分「自殺（Suicide）」及第三部分「慢性自殺（Chronic Suicide）」，舉了許多作家作品及其生平資料做爲樣本，認爲古今中外的作家不少符合這個「現象」。[5]在第二部分「自殺」的討論裏，有兩個重點值得探討的論點：其一是「自殺其實是自我謀殺」。一般常識中的自殺動機，如疾病、經濟困頓、恥辱、挫折、失戀等是造成自殺的原因，但他認爲這些都不是人們自殺的真正動機。大部分的自殺其實是「自我謀殺」；把自己「謀殺」掉更接近這些人的心理動機。因爲在自殺前，人很早便開始進行自毀的行動；[6]許多自殺是一種「謀殺的變型」[7]。其次是「裸露症」（Exhibitionism）的雙重攻擊性。「裸露症」是一種以攻擊他人或自我攻擊的方式，這種病的患者，包含有自戀、自虐與被虐的心理，這類人在向他人「裸露」的行動中，得到很大的滿

---

[4] 同前註，頁 18。梅寧哲說幾乎沒有人能夠免除這種自我破壞的傾向，憎恨與愛（破壞與建設的人格傾向）的平衡狀態（有時不穩定），會因環境的變化，暫時讓人不走極端，會以另外的面目重現。

[5] 如法國散文家孟田（Montaigne, 1533-1592）、德國哲學家叔本華（Schopenhauer, 1788-1860）、意大利詩人里歐巴地（Leopardi, 1798-1837），這些詩人、哲學家「顯得期望死，卻不能忍受殺（自己或被殺）……將不時提出對死欲念的爭辯」。梅寧哲著，符傳孝等譯：〈自殺〉，《生之掙扎——破壞自己的人》（*Man Against Himself*）第二部，頁 75。〈第二部．自殺〉，〈第三部．慢性自殺〉則引用杜斯妥也夫斯基（Фёдор Михайлович Достоевский）《卡拉馬助夫兄弟們》（*Братья Карамазовы*）以及海明威（Ernest Miller Hemingway）、Scott Fitzgerald、John OHora、John Dos Passos 等人的作品及描述，來說明自毀者的心理癥候。

[6] 梅寧哲著，符傳孝等譯：〈自殺〉，《生之掙扎——破壞自己的人》（*Man Against Himself*）第二部，頁 28、29。

[7] 同前註，頁 58。

足和樂趣。[8]然而這樣的「滿足和樂趣」通常是非常危險的，將面臨來自他人難以測知的攻擊，所以它是朝向自我毀滅的行動。不過，大部分人並不會採取自殺如此激烈的動作，那是因爲能夠在兩種力量間找到平衡（equilibrium），內心達到平衡之後，可以抵消或轉移極端的行爲。[9]

第三部分「慢性自殺」的定義是相對於急性、突然式的自殺，是一種「慢慢實現的自殺——得寸進尺的自殺」[10]。他的研究指出，禁慾主義、殉道行爲和酒精成癮一樣，在潛意識裏都是「慢性自殺」的表現。極端的殉道和禁慾行爲，是脫離生命的現實幻想，是對真實人生的「誤說」，「是一種爲社會所接受的精神病」[11]。根據這樣的說法，許多知名的革命家、探險家、作家、科學家也有相同的行爲模式。他們以異於常人的意志力，冒險犯難，挑戰死亡，做出各種「豐功偉業」，因而受到群眾的讚譽。這種「異常」的力量，在其成功後（或不成功卻成名），往往被解釋成正面的教材，其非常人的忍耐，是值得敬佩及傚法的。以作家來說，他們長期不停的寫作，甚至犧牲健康，拋棄家庭，忍受各種煎熬，進行一種長期追求榮耀的「受苦」行動。他們以寫出巨量的卷帙，或者超長的內容，或者提出驚世駭俗的觀念，震動世俗，搖撼人心，這樣的行爲基本上與革命家（成功或失敗的政治人物）、探險家、殉道者的行爲模式、思想動機十分相類。[12]

---

[8] 同前註，頁 68。

[9] 同前註，頁 17、18。

[10] 梅寧哲著，符傳孝等譯：〈慢性自殺〉，《生之掙扎——破壞自己的人》（*Man Against Himself*）第三部，頁 83。

[11] 同前註，頁 89。據作者的意思，所謂「誤說」的意思包括了錯誤的詮釋，誤解的行動兩項內容。

[12] 博爾溫班德洛（Borwin Bandelow）說：「功成名就和社會的贊賞是藝術家的『毒品』，其作用有時比海洛因還大。」這樣的說法，可以解釋部分沉溺於功成名就者的內在動機。見博爾溫班德洛：《隱疾——名人與人格障礙．搖滾樂》（*Celebrities vom schwierigen glück, berühmt zu sein*）（北京：新華書店，2008 年），頁 109。

梅寧哲承襲佛洛伊德「死本能」的學說，認爲「人生一開始就帶有自我破壞的傾向」[13]在這兩部份的論述，特別強調了「自殺」與「慢性自殺」裏的雙重攻擊性、自我懲罰與被虐欲求。許多作家一生的行爲基本上便具有這樣的特質，表現的是自我攻擊與攻擊他人。他們一方面寫出可觀的文學作品，同時也自覺或不自覺的進行自毀的行動。

二、文學家的創造與自毀

藝術家是否有高出常人的精神或心理異常現象，茱達（Adele Juda）博士 1949 年以實際對談及親友訪談方式，調查了一百一十三位藝術家、作家、建築師和作曲家。得出的結果是三分之二的藝術家身心是正常的，但如果是用同樣的人數做調查，藝術家自殺、精神失常及神經質的比率，較相同樣本人數的人高。[14]馬汀達爾（Colin Martindale）博士則以文獻收集與分析的方式，研究二十一位著名的英國詩人（1670-1809）、二十一位法國詩人（1770-1909）的生平，結果有超過一半的英國詩人，百分之四十的法國詩人有顯著的精神病史，包括精神崩潰、自殺、酗酒、幻覺

---

[13] 梅寧哲著，符傳孝等譯：〈破壞〉，《生之掙扎——破壞自己的人》（*Man Against Himself*）第一部，頁 17。康羅・勞倫茲（Konrad Lorenz）說許多學者以不同意「祈死」這樣的看法，而把這種攻擊行為解釋為「維護生命的本能的一種病態結果」這樣的說法尚不能完全推翻佛洛伊德的論點。見康羅・勞倫茲著，王守珍譯：〈人——這個動物〉，《攻擊與人性》（*On Aggresion*）第十三章（臺北：遠流出版社，1989 年 2 版），頁 217。

[14] 凱・傑米森（Kay Redfield Jamison）著，王雅茵、易之新譯：〈3.這…是瘋狂嗎？「爭議與證據」〉，《瘋狂天才》（*Man Touched with Fire manic-depressive illness and the artistic temperament*）（臺北：心靈工坊出版社，2006 年 4 刷），頁 107-108。研究中發現詩人精神異常的比率最高有 50%，音樂家 38%，畫家 20%，雕塑家 18%，建築家 17%。藝術家的兄弟姊妹、子女比一般人更容易有循環性情緒障礙、自殺或躁鬱症。

妄想、精神分裂症、躁鬱症等。[15]這兩項研究的參考價值在於提出了作家、詩人這個「族群」，「正常」比率還是比較高的，並不如一般認爲作家幾乎都這種癥兆的「刻板印象」。然而許多文學工作者，很不幸卻有這方面的問題。有些作家是有精神疾病的遺傳，導致以自殺了結生命，如維吉尼亞·吳爾芙（Virginia Woolf, 1882-1941）[16]、海明威（Ernest Miller Hemingway, 1899-1961）[17]、芥川龍之介（1892-1927）[18]等。他們在精神病的折磨下，以創作呈現了許多心思與身體的衝突、無法遏止的創作與自我攻擊的行動。在兩種力量不斷交互拉扯之下，最後無法阻擋「against himself」的衝動，走向自殺。這便是梅寧哲說的「以自殺取代精神病」[19]。他們不能從症狀中解脫出來，就只能終結痛苦的生命。有些則是罹患了精神病，因而陷入錯亂的狀態無法控制，沒有自殺，但只能過著悲慘的生活。如盧騷、莫泊桑、拜倫都是很典型的例子。

羅曼·羅蘭在《盧騷傳》裏說盧騷（Jean-Jacques Rousseau, 1712-1778）是擅長描寫內心情感的藝術家「有心理學上的奇癖——這兼有他的天才和他的病症的原因。」[20]他五十五到五十八歲之間所寫的《懺悔錄》表現出的精神陷入瘋狂的狀態，書中有一段描述：「我四周的牆壁生了耳朵；我被偵探和謹防的仇敵所包圍……無邊的陰謀環繞著我。」這是相

---

[15] 同前註，頁 108-109。

[16] 凱·傑米森著，王雅茵、易之新譯：〈6.悲慘命運的家譜「躁鬱症的傳奇」〉，《瘋狂天才》（*Man Touched with Fire manic-depressive illness and the artistic temperament*），頁 309-314。

[17] 同前註，頁 315-316。

[18] 芥川龍之介著，賴祥雲譯著：〈芥川龍之介年譜〉，《芥川龍之介的世界》（臺北：志文出版社，1997 年再版），頁 215-216。芥川龍之介的母親在生下他九個月，便精神病發作，治療始終無效，在他十一歲時死亡。

[19] 梅寧哲著，符傳孝等譯：〈自殺〉，《生之掙扎——破壞自己的人》（*Man Against Himself*）第二部，頁 52。

[20] 羅曼·羅蘭（Romain Rolland）著，陸琪譯：《盧騷傳》（臺北：志文出版社，1975 年），頁 36。

當明顯的迫害妄想症發作的情形。1776 年六十四歲到 1778 年六十八歲去世前完成的《孤獨散步者的夢想》、《對話錄》兩書，文字裏明顯有許多發狂的現象，他四周的人都感覺到那不可遏抑的症狀。死時因樹敵太多，被謠傳自殺。遺體經醫師解剖，證實死因爲大腦浮腫死亡。[21]莫泊桑（Guy de Maupassant, 1850-1893）[22]1880 年發表〈脂肪球〉、1883 年〈女人的一生〉之後確立了文名，在歐洲享有盛名。早在這個之前的 1878 年（二十八歲）他的頭髮大量脫落，伴隨神經疼痛。1880 年以後視力衰退，心臟病發作，全身器官都有病變，常有精神錯亂的狀況，寫的作品愈來愈詭異。這個病不能確定是來自遺傳，還是放蕩生活所染上的病毒。1892 年用裁紙刀刺自己的咽喉，被送入精神病院，1893 年病逝。拜倫（George Gordon Byron, 6th Baron Byron, 1788 -1824）一生深受躁鬱症所苦，揮霍金錢，吸食鴉片，男女關係複雜，甚至亂倫。愛吃美食，又害怕體重過重而服用瀉藥。不時情緒失控，有時極度沮喪，有時又非常快樂，最後死在熱病的不當治療之下。在相關的資料裏，明顯的記述了他既狂熱又憂鬱的症狀。[23]這幾位作家一生不斷出現各種特異的行爲，寫出驚世駭俗的論點，對人類思想有著廣大的影響。相對的，因爲病熱的燃燒，觀點的與眾不同，批判性強，在世的時候，爲自己帶來無窮的災難，招來各種的攻擊。

雖然沒有精神病史，褚威格（1881-1942）、朱湘（1903-1933）、太宰治（1909-1948）、三島由紀夫（1925-1970）等作家卻以自殺終結生命。褚威格（Stefan Zweig）一直是個勤奮的著述者、和平主義者，然而身處一、二次世界大戰狂熱的意識型態與戰爭販子的鬥爭裏，無法找

---

[21] 同前註，頁 39、195。

[22] 見高爾德（Stephen Coulter）著，蕾蒙譯：《莫泊桑傳》（臺北：志文出版社，1978 年）。

[23] 見凱・傑米森著，王雅茵、易之新譯：〈5.心志消蝕於暴烈的情緒中「喬治・戈登・拜倫爵士」〉、〈6.悲慘命運的家譜「躁鬱症的傳奇」〉，《瘋狂天才》（*Man Touched with Fire manic-depressive illness and the artistic temperament*），頁 211-268。

到安魂之所。寫出的作品常被刻意曲解，和平的呼籲未被聽聞，讓他深感鬱悶，最後在里約熱內盧與年輕的妻子一起自殺身亡。[24]年輕善感的詩人朱湘，寫有一些辭藻清麗，格式整齊，風格柔婉的作品，他嘗試結合西歐詩風與中國古典詩詞，創造出新體裁的中國新詩，爲新文學展開引人注目的一頁。但還未充分展露創作的天份，便因爲性情孤高偏激，常與人爭執，失去工作。失業一年多後，無法跳脫內心的困境，投江自盡。[25]行事飽受社會批評的敗德者太宰治，一面書寫不倫、醜聞的小說如《人間失格》、《斜陽外》等，一面糜爛的生活，過著酗酒、放蕩的生活，縱情於聲色場所。他在創作與現實裏不斷自我斲傷，追求幻滅感，自殺了四次才得遂所願。三島由紀夫以誇誕的方式，在眾目睽睽下切腹，爲自己建構的死亡美學殉道。他執著於日本武士的傳統精神，無法接受日本社會的資本主義化，金錢與慾望的橫流，將自己堅持的想像世界，粗暴的展現在世人面前。巴爾札克（Honoré de Balzac, 1799-1850）則是一個以創作慢性自殺的典型，他長期不斷的工作，不停的書寫各類型的作品。向書商、期刊編輯人預支金錢，承諾寫不完的作品。《幻滅三部曲》的第一部是在八天之內完成的，爲了寫這部書，他說：「我盡全力每天寫

---

[24] 褚威格（Stefan Zweig, 1881-1942），1881 年生於維也納，猶太人後裔，視巴爾札克為偉大的老師，著有《巴爾札克傳》（*Honoré de Balzac, 1799-1850*），臺灣有陳文雄譯本：《巴爾札克傳》（臺北：志文出版社，1986 年再版）。他也像巴爾札克一樣的勤於著述。褚威格對歐洲的政治、經濟等狀況深感憂慮，在許多文章中表達和平的期望，但戰爭與屠殺未曾停止。1942 年與年輕的妻子一起自殺身亡。

[25] 秦賢次認為朱湘是因為性情孤高偏激，造成這樣的結局，若非如此，以他的學經歷及人脈關係，在當時，謀生應該十分容易。見秦賢次、王宏志合編：《詩人朱湘懷念集‧孤高的沉江詩人——朱湘》（臺北：志文出版社，1990 年），頁 12。有憂鬱症的三毛（1943-1991）1991 年 1 月在浴室上吊自殺。1995 年 6 月有同性戀傾向的邱妙津（1969-1995）在巴黎以水果刀自殺。2003 年 6 月有社會適應不良情況的黃國峻（1971-2003），在自宅自縊身亡。2004 年 4 月罹患憂鬱症的袁哲生（1966-2004）也選擇結束生命。這幾位作家的精神或心理問題，與他們的文學創作之間的關係，值得進一步探討。

作十五小時……除了黑咖啡之外，不吃任何東西。」[26]1842 年四十三歲的他，宣佈將出版《巴爾札克全集——「人間喜劇」》目標是寫出一百四十餘部小說，內容的架構是「描寫整個人類社會的要略」，書中人物多達三、四千人，每部書都代表這部文學巨廈的一個階層。[27]這個巨廈最後大約完成五分之四，寫完二千多個人、九十七部作品，身體就無法負荷了。五十歲時他遭到心臟病、肺病的侵襲，眼睛半失明了，1850 年五十一歲時去世。他不停的創作，爲了寫出震撼人心的作品，不節制的壓榨身體，激發靈感。不自制的追求金錢、物質、名氣、女色的滿足，長期這樣的生活，身心之間的矛盾與衝突，讓生命很快的走向敗壞。

除了精神異常而有計劃的「謀殺自己」的作家外，盧騷、莫泊桑、拜倫、褚威格、朱湘、太宰治、三島由紀夫、巴爾札克等作家，將自己置放在極端的狀態裏，與死亡拔河，所寫的每一部作品事實上都是向自己生命的攻擊，最後身體被如願以償的毀壞了。[28]

三、郁達夫的例子

梅寧哲闡釋自我攻擊的研究，主要是以患病者的案例爲依據。大部分的人都有自我毀壞的衝動，會選擇不同的行動來進行。只是有人選擇

---

[26] 褚威格著，陳文雄譯：《巴爾札克傳》（*Honoré de Balzac, 1799-1850*），頁 293。

[27] 同前註，頁 386。

[28] 榮格對作家這樣的行為有不同的解釋，他認為作家天生受無意識的影響，所以行為專橫，反覆無常，創作的衝動奴役了作家，「甚至不惜犧牲他們的健康和普通人所謂的幸福」。無意識狂暴的力量和機敏的狡猾，逼使作家寫出作品，完全不考慮作家的命運。見卡爾．古斯塔夫．榮格（Carl Gustav Jung, 1875-1961）著，馮川、蘇克編譯：〈4.論分析心理學與詩歌的關係〉，《心理學與文學》（臺北：久大出版社，1990 年），頁 85。榮格的說法能解釋某些作家的情況，但無法解釋許多生活富裕，具有理性精神、行為節制的寫作者。個人較接受梅寧哲的說法，應該比較符合上述所舉的例子。

了「寫作」做爲工具。許多作家的行爲是很好的例證，古今中外許多作家的生平，被做過完整的紀錄與研究，生命史被鉅細靡遺的敘述、討論，資料的完整超過任何醫生對病人所紀錄的案例。梅寧哲指出的「自我攻擊」、「自毀」的行爲，如上節所述在很多作家的身上都可以見到。中國的作家具有這樣特質的不乏其人，知名的作家郁達夫是比較顯著的例子，以下就以他做爲分析的對象。

（一）「裸露症」式的創作

1. 狎邪才子與私小說

1910 到 1940 年間，中國文學界進行的是一種對傳統的拆毀、探索與開創的過程。文學研究會、創造社、新月社、左翼作家聯盟等作家群，所發展的便是各種新文學路線的嘗試，在繽紛多樣的競逐之中，文學的「現代化」逐步的構建出來。創造社的組成者之一郁達夫（1896-1945），是新文學運動伊始的重要作家，他的創作源自於生活的創傷與苦悶，在作品上可以看出受到雙重影響。其一是清末民初上海流行的《花月痕》、《六才子》、《西湖佳話》、《石頭記》等以及「禮拜六派」小說。[29]這類作品不少是專門談嫖說妓，進出娼門，爭捧花魁的傳統言情小說。主角通常是滿腹詩書的才子，與青樓妓女互贈詩文，相愛相惜，譜出一段冶豔淒婉的故事，如此便是當時典型的「洋場才子」。這種習氣在他作品裏可說十分明顯。[30]其二他在日本留學期間（1911-1922）因閱讀盧騷、田山花袋（1872-1930）、谷崎潤一郎（1886-1965）、佐藤春夫（1892-1964）等人的作品，學得了「私小說」寫作的方式，之後便以這種技巧描寫內在的挫敗與哀傷，袒露性的苦悶與幻想，讓作品充滿憂傷頹廢的氣氛。

---

[29] 趙紅梅編：〈五六年來創作生活的回顧〉，《郁達夫自敘》（北京：團結出版社，1996 年），頁 72。

[30] 見劉心皇：《現代中國文學史話．新文學運動面面觀》（臺北：正中書局，1986 年第六次印行），第 2 卷，頁 334。並參引張靜廬的說法。

[31]1910-1940 年代中國新文學作家，普遍向東洋或西洋作家學習，模仿他們的寫作方式，挪用他們的思想，如魯迅的〈狂人日記〉來自果戈里（N.Gogol）同名的〈狂人日記〉，〈藥〉受安特列夫（L.Andreev）影響，胡適新詩的內容及形式與美國女詩人艾媚．洛葦爾（Amy.Lawell）有關連。曹禺的劇本多模仿尤金．奧尼爾（Eugene Oneill），茅盾的小說師承渥普敦．辛克萊（Upton Sincloir）。[32]作家們在選擇模仿的對象時，常與個人的情志與內在渴望相符應，郁達夫選擇了盧騷、田山花袋、谷崎潤一郎等小說家的風格，做爲抒發自我、書寫自我的工具。[33]由於

---

[31] 相關論述甚多，如伊藤虎丸：〈沉淪論——以沉淪和日本文學的關係看郁達夫的思想和方法〉（節譯），收入陳子善、王自立編：《郁達夫研究資料》（香港：三聯書店、花城出版社聯合出版，1986 年），頁 511-526。本文原刊《中國文學研究》第 3 期（1964 年 12 月）。黃川：〈外國作家和文藝思潮對郁達夫的影響〉舉出屠格涅夫、卡爾巴爾．施米特、盧騷、斯特恩、璫生、葛西善藏、佐藤春夫等人對他的影響。收入陳子善、王自立編：《郁達夫研究資料》，頁 412-427。本文原刊《社會科學戰線》1983 年第 2 期（1983 年 4 月）。周綠娟《郁達夫小說受日本近代作家影響之研究》一文，詳細比對、分析田山花袋作品《蒲團》、〈片帆〉與郁達夫〈沉淪〉、〈空虛〉、〈南遷〉；谷崎潤一郎作品《痴人之愛》、〈異端者的悲哀〉與郁達夫〈迷羊〉、〈還鄉記〉；佐藤春夫作品《田園的憂鬱》、〈女誡扇綺譚〉與郁達夫〈沉淪〉、〈十三夜〉等作品的異同，指出這些作品間的關係。見周綠娟：《郁達夫小說受日本近代作家影響之研究》（臺北：中國文化大學中國文學研究所碩士在職專班碩士論文，2006 年）。1923 年 10 月，郁達夫在《創造周報》第 24 期〈海上通信〉文中曾說：「在日本現代的小說家中，我所最崇拜的是佐藤春夫。」這是那個階段的想法。

[32] 司馬長風：《中國新文學史．導言》（臺北：駱駝出版社，1987 年），頁 2、3。另冰心的〈繁星〉與〈春水〉複製了泰戈爾的作品，周作人主倡的所謂「人的文學」理論，仿自日本武者小路篤實、志賀直哉等人的觀念。「都市派」的作家穆時英、施蟄存、劉吶鷗，與日本「新感覺派」的橫光利一、堀口大學等人的作品有神似之處。

[33] 1921 年郁達夫與郭沫若、成仿吾、田漢、張資平等人在東京成立了「創造社」，從此展開了積極的創作生涯。「創造社」初期的創作理論，是主張打倒新文

將個人心理與生理的幽晦私密處，大膽的描繪出來，引起了廣大的注目。表現狎邪、猥褻的情慾作品，在傳統中國通俗小說中可謂車載斗量，這些小說通常被認爲是不入流的作品，容易壞人子弟，有害世道人心。寫作者大都不願以真名示人，避免遭到物議。但郁達夫以日本東京大學留學生的身分，融合了傳統情色小說的習套，使用語體文來創作的新式作品，轟動了當時的文藝界。

在作品中郁達夫描述了自己的憂鬱症、手淫、嫖妓、吸食鴉片、變態性行爲、與他人結怨的種種情節，坦率且逼真，吸引了眾多的讀者，刺激了群眾的窺視慾。這種以文字刻意暴露隱私的「裸露症」，[34]和作家普遍具有的自我揭露現象（self-disclosure）不太相同，在內容上比較接近性慾倒錯（Paraphilia）症狀裏的露陰癖（Exhibitionism）。露陰癖患者通常有會有憂鬱症，性格上也有某些缺陷，並且伴隨著興奮物如菸、酒、鴉片、毒品的濫用等等。這些習性與郁達夫日常的行爲十分相符。梅寧哲解析「裸露症」的患者說，他們表面上出現的是「不符社會規範」的異常行爲，實際上這種行爲還有更深的含義，患者的「行動」除了攻擊他人，引起驚恐與騷動之外，亦包含有自我攻擊的兩重意義；在心理動機上，有著自虐與被虐的傾向。有此症候的「裸露者」在行動中可以獲得到很大的樂趣，他們「攻擊」之後，會盡速逃離現場，然後等待被發現、被處罰、被攻擊，甚至被殺害。這段等待期間是他們最感到刺激與興奮的，且一旦有這種行動，便會一再重複。然而這樣的「樂趣」之後，是強烈的罪惡感、懺悔感。患者知道這是冒著身敗名裂甚或生命危

藝為一二偶像壟斷，期望「藝術獨立」，以表現個人的意志，浪漫的情感與心靈的解放為主。比郁達夫晚一些的「獅吼社」（成立於 1923 年），成員滕固（1901-1941）、章克標（1900-2007）走的也是相類的路線，章克標翻譯過谷崎潤一郎的作品，他所寫的《銀蛇》、〈蜃樓〉深受其影響，滕固的《十字街頭的雕刻美》、《石像的復活》等充滿了唯美與浪漫的情調。這兩位作家與郁達夫皆為留日學生，某些作品風格神似。

[34] 梅寧哲著，符傳孝等譯：〈自殺〉，《生之掙扎——破壞自己的人》（*Man Against Himself*）第二部，頁 68。

險的行爲，將爲自己招來不可測的災難。但不論「攻擊」之後會如何演變，結局會是如何，大部分是他們曾經預想過的結果。雖是如此，他們仍無法控制內在的衝動，這種行爲更多成分是自我的攻擊（against himself），是朝向自我毀滅的行動。

2. 裸露的理由

有關「自我暴露」的部分，除了「私小說」的影響外，黃川〈外國作家和文藝思潮對郁達夫的影響〉認爲這種創作法的淵源來自盧騷（Jean-Jacques Rousseau）[35]，他的《懺悔錄》即是將隱私毫不避諱的攤開在眾人的眼前。這種「過份坦白」的內容，引起閱讀者的騷動，造成見仁見智的看法，因爲議論紛紛，爲作者帶來高知名度。關於這種景況的「實非得已」，他有不少自我辯護的敘述：郁達夫不只一次用「販賣」文章的字眼，來形容自己倚文爲生的情況，因爲找不到工作，收入不穩定。若連文章都賣不出去，不知要如何活下去。〈勞生日記〉說想寫〈喀拉衣兒和他的批評態度〉一文寄給《東方雜誌》，去賣幾個錢。〈村居日記〉裏要自己快寫小說，寫好小說，換了錢來好給王映霞買一點生日禮物。〈厭炎日記〉說寫好了〈微雪的早晨〉七千字，打算要賣給《東方雜誌》。他不避諱描述作家謀生困窘的景況，而有人願意購買，市場會歡迎，作家當然必須時時注意文章是否有「賣點」，要配怎樣的「餌」，魚兒才願意上鉤；寫出怎樣的文章，出版社才願意出版。[36]《郁達夫日

[35] 黃川說：「而這種自我暴露的淵源，就是從盧梭那兒來的。」見黃川：〈外國作家和文藝思潮對郁達夫的影響〉，收入王自立、陳子善編：《郁達夫研究資料》，頁 416-417。

[36] 作為以賣文為生的作家來說，由清末到 1930 年代在中國流行的小說類型有言情、俠義、偵探、商場、譴責等等，郁達夫所選擇的小說路線，所認為可以「販賣」的「市場」，其實與他的人格特質，以及本身對文學的認知有密切的關係。平江不肖生（向愷然）1916 年出版的《留東外史》、1917 年出版的《留東女學生黑幕》對清末民初中國留學日本的種種醜態做過描寫，將許多來此的中國人出入花街柳巷，嫖、賭、欺騙、爭風吃醋、打架鬥毆、勾心鬥

記九種》出版「後敘」說，自己將生活記錄全部「揭開在大家眼前」，讓大家「知我罪我」其實是很無奈的。[37]他覺得日記中所記的這兩年生活，足以將感情上的變遷，遭遇屈辱的情況，受人明刀暗劍的傷害等等，藉此書的出版可以有所「申剖」；而這種恩怨是非，也可能是讀者有興趣的。他說文人到賣日記和書函的地步，是走到末路的行爲，也是百般無奈。〈毀家詩記〉更是家醜的外揚，他將自己與王映霞婚姻交惡的狀況，以詩文的方式記述出來，讓廣大的讀者「知道」兩人之間究竟如何決裂的，責任應該在誰身上。這樣公開人我之間的爭執與傷痕，是他一貫的做法。郭沫若在〈論郁達夫〉一文中認爲這樣的自我暴露「他實在是超越了限度」，已經是「一種病態了」。[38]郁達夫這樣無所忌諱的告白，是否具有說服力，必須由閱讀者來做決定。他在意識或潛意識交互運作裏，不能自制的或刻意不自制的寫出作品，呈現出來的裸露症現象，這正是郁達夫文學風格十分明顯的特質。

此外郁達夫以「免於自殺」，來詮釋某些作家以日記體寫作的意義，用「著作貢獻大於私德」的觀點，指出作家的價值在他寫出了什麼，有何貢獻，私德如何，並非評斷重點。郁達夫民國十六年六月出版的《日記九種》書前附有一篇談〈日記文學〉的文章，文中談到瑞士人亞米愛兒（1821-1881）的日記。這位美學家患有憂鬱症，還好尙有對上帝的信仰，使他沒有走向自殺的道路。亞米愛兒的日記批評宗教、解剖自己，

角的情形做了諷刺性的鋪陳，雖略嫌誇大，恣寫男女淫狎的醜態，但反映了部份那時在日本的中國人的景況。在這樣的風氣下，郁達夫或者郭沫若、張資平、章克標等人作品帶有這樣的習氣，並不令人驚訝。

[37] 郁達夫：《郁達夫日記・日記九種・後敘》（臺北：河洛出版社，1978 年臺景印初版），頁 205。

[38] 郭沫若：〈論郁達夫〉，收入陳子善、王自立編：《郁達夫研究資料》，頁 90。原載《人物雜誌》第 3 期（1946 年 9 月 30 日）。同為創造社創社社員的郭沫若，早期的作品也深受「私小說」的影響，如〈牧羊哀話〉（1919 年）、〈殘春〉（1922 年）、〈漂流三部曲〉（1924 年）等，其中也有很多個人經歷的記述與投射。

訴說苦悶的心理，仔細記錄了內心的活動，是郁達夫理想的日記文學典範。他認爲這樣作品價值極高：「大約是可以傳到人類滅絕的時候的不朽之作。」[39]「免於自殺」或許就是《日記九種》寫作的根本意識，是郁達夫內在恐慌的迂迴表露。在小說〈沉淪〉中他三度談到自己有「憂鬱症」及「循環性憂鬱症」[40]、〈燈蛾埋葬之夜〉說到每到夏季他的「循環性憂鬱症」便會發作[41]，《日記九種》中不時發作的情緒失控，自怨自憐等等，都一再暗示讀者自己是有病的人，患有難以自拔的憂鬱症狀。郁達夫以明示或暗示的方式告訴讀者，以文字來暴露自我，向群眾尋求慰藉，這樣的做法，是可能成爲拯救自己的藥劑，是療癒甚或免於自殺的方式。

盧騷的《愛彌兒》、《民約論》被譯介到中國，遭到國內學界、文藝界的撻伐。當時很多「正人君子」，對其一生驚世駭俗的行爲很不苟同，寫文章加以批評，認爲他的理論不值得介紹到中國來。[42]郁達夫則

---

39 郁達夫《郁達夫日記》包括：〈日記文學 1927.6.14〉、〈再談日記 1935.6〉、〈日記九種〉、〈滄州日記〉、〈水明樓日記〉、〈杭江小歷紀程〉、〈西遊日錄〉、〈避暑地日記〉、〈故都日記〉。

40 〈沉淪〉小說中說這個症狀發作起來，讓他非常難受：「他的憂鬱症愈鬧愈甚了。……然而無論到什麼地方，他的同學的眼光，總好像懷了惡意，射在他的背脊上面（二）」、「他的循環性憂鬱症，尚未離開他的身邊。（五）」、「他的憂鬱症 Hypochondria 又變起形狀來了。（六）」，小說中的主角說自己老是憂鬱症作祟吧，讓他感到沮喪，感到孤獨，覺得四周都是敵人。見郁達夫：〈沉淪〉，收入王自立、陳子善等編：《郁達夫全集．小說》第 1 卷，頁 16-53。

41 郁達夫〈燈蛾埋葬之夜〉說他在夏日都會有神經衰弱症，是「七八年來到了夏季必發的老病」。收入王自立、陳子善等編：《郁達夫全集．散文》第 3 卷，頁 154。

42 對盧騷論的批評意見如：商務印書館《愛彌兒》中譯本的序文說本書第 5 編「女子教育」，他的主張：「非但不澈底，而且不承認女子的人格……所以在今日看來，他對人類正當的主張，可說只樹得一半……」梁實秋在《復旦旬刊》創刊號所言：「盧梭論教育，無一是處，唯其論女子的教育，的確精

寫了有關他一生著作的評介式文章，並分析了其價值與意義所在。對那些批評者以「矮子」、「蚍蜉」來稱呼，文字間充滿輕蔑的意味。郁達夫認爲這位到處受壓迫、不時遭受毀謗，居無定所，漂泊四方的人，有著衝破世俗觀念，不畏權勢，敢說真話的高貴精神，應該是受到敬重的。盧騷晚年又受精神病「迫害妄想症」的苦惱，其實是非常痛苦的。郁達夫替盧騷言行辯護，有自我投射的作用，用藉此喻己的方式，爲自己的行事風格作辯護。他是不屑站在「正人君子」行列中的，也不認爲狎邪行爲、吸食鴉片等等屬於私德的部分是該被批判的。郁達夫說《愛彌兒》、《民約論》等著作嚴厲的批判了當時宗教、政治、教育的保守與不合理的現象，開拓了人們視野，是「人類的解放者」。這些言論讓當時的社會反應激烈，因爲他的私生活不夠檢點，是「毀滅倫常，攪亂社會的怪物」，人們抹煞了作品傳達的重要思想，是非常不公平的。這樣勇於衝破牢籠的人物，因飽受排斥造成了種種的不幸，最後落得死狀悽慘，郁達夫認爲當時的人們，對一個先覺者做出不正確的論斷，犯了集體的錯誤。[43]

《日記九種》或是〈盧騷的思想和他的創作〉、〈盧騷傳〉等的敘述，證明了郁達夫對自己的創作是很有高度知覺的，他認爲以日記的形式，揭露內心真正的聲音，抒發苦悶，自我療癒，是可以使人「免於自殺」的，或者說至少可以免除了突然性的自殺。而人們應該記取教訓，不能以私德否定一個偉大人物，如盧騷的貢獻正是在衝破舊有的思想，

當。」引自魯迅：《而已集》，黃菊等編：《魯迅全集》第 5 卷（臺北：唐山出版社，1989 年），頁 148-149。盧騷著作在清末被引入時，即已造成正反兩極的看法，王韜、劉師培、章太炎、黃興等都對其說有讚美及轉化、運用之舉，章太炎並稱古來有大學問大事業者，必得有神經病才能做到。梁啟超及嚴復則是起先贊成後來反對，張之洞則是始終的反對者。見李華川：〈晚清知識界的盧梭幻象〉，孟華等著：《中國文學中的西方人形象》（合肥：安徽教育出版社，2006 年），頁 58-89。

[43] 見郁達夫：〈盧騷的思想和他的創作〉、〈盧騷傳〉，收入王自立、陳子善等編：《郁達夫全集文論》第 6 卷，頁 1-35。

解放人們的心智。郁達夫是在為自己的行事與作品尋求典範，尋求意義，指證他作品中病態的風格，頹廢文士的行事，並非什麼過錯。或者說是這種帶有自我攻擊意識有意的「裸露」，正是內在欲求的具體呈現。而他們的作品吸引了大量的閱讀者，造成了風潮，這樣的內容，並非只是負面的，群眾在受到衝擊及思辨後，表現了可以接受的態度。

（二）三個特質

郁達夫文學最基本的幾個特質，在早期的代表作〈沉淪〉即已展現出來：其一是自虐、自憐情緒的抒發，其二是自我暴露與耽溺色情的樂趣，其三是來自平衡的正義。郁達夫作品大部分寫的是自己的故事，技巧甚為單一，讀者很容易發現作者出沒於各作品之間。以第一人稱寫的作品如：〈感傷的行旅〉、〈薄奠〉、〈遲桂花〉、〈血淚〉、〈十三夜〉、〈小春天氣〉等固不必論，許多篇章雖然用了不同的名字，但仍然有意無意的釋放訊息給讀者，那人便是寫作者本人。如：〈銀灰色的死〉中的Y君，〈遲暮〉的林旭，〈茫茫夜〉的質夫，〈過去〉的李白時，〈微雪的早晨〉的李君，〈煙影〉的文樸、〈蜃樓〉的陳逸群等等，都是作者的分身。郁達夫曾說過：「我覺得『文學作品，都是作家的自敘傳』這一句話，是千真萬真的。」[44]作家以「真實我」、「編造我」、「分身我」、「想像我」等方式，鋪陳故事。或者可以說郁達夫並未弄清小說或散文體裁界限為何，也沒有辨別敘述人稱的分別，便以想當然的方式開始寫作。以「我」為敘事角度的作品，是最容易讓讀者接受的文本，然而也最容易分不清虛構與真實之間的界線，往往只能見到作者

[44] 趙紅梅編：〈五六年來創作生活的回顧〉，《郁達夫自敘》，頁74。「文學作品，都是作家的自敘傳」，據鈴木正夫《郁達夫——悲劇性的時代作家》一書中，第七章「文學作品，都是作家的自敘傳」的討論，是出自安納托爾．法朗士（Anatole France, 1844-1924）的說法，原文為「tout roman,a le bien prendre,est une autobioqraphie」。見鈴木正夫著，李震聲譯：《郁達夫——悲劇性的時代作家》（南寧：廣西教育出版社，2000年），頁140-143。

以文字「編織的真實」。作家與所有的人一樣，往往不能真正了解自己，失控與不可測知的部分，遠遠超過能夠能想像、掌控的。雖然作者曾在〈五六年來創作生活的回顧〉一文，聲明〈沉淪〉等三篇早期的小說，完全是「遊戲的筆墨」，沒有真生命在其中，也缺乏琢磨。[45]然而閱讀者卻很容易認爲看到最真實、樸實的「作者原型」，郁達夫想掩飾少作不成熟的說法，並不能說服解析者對文本的詮釋。郁達夫自編的《日記九種》將民國十五年十一月至十六年七月的日記，陸續發表後，在民國二十四年編輯出版。再加上民國二十八年發表的〈毀家詩記〉，郁達夫主要的作品散文、遊記、小說、傳統詩詞及日記裏，都可以看到以上三種相關特色的展露。

1. 自虐、自憐情緒的抒發

〈沉淪〉說世上的人都排斥、仇視他，連親人都反目了，他又何必活在世上。〈感傷的行旅〉說他旅行前多帶了些財物，以免在路途上被人看出是個「無產無職的遊民」[46]。〈血淚〉中寫那天窮得僅剩些零錢，只能在買紙筆寫小說與吃飯之間做抉擇，後來去到「富同鄉」住的旅館中，拚命寫了一篇三四千字的小說，拿去賣給提倡「人生藝術」的江濤，換了一塊錢，然後去飽餐一頓。[47]〈小春天氣〉裏寫自己未到四十歲，牙齒掉了，記憶力消退，更加瘦弱，最傷心的是「當人家欺凌我侮辱我的時節」、「受了最大的侮辱的時候」[48]，以前有的激憤之情，現在卻無力反擊，只有一種滑稽感。在《日記九種》中記述了許多消沉、自憐

---

[45] 同前註，頁 73。

[46] 郁達夫：〈感傷的行旅〉，收入王自立、陳子善等編：《郁達夫全集．散文》第 3 卷，頁 160。

[47] 郁達夫：〈血淚〉，收入王自立、陳子善等編：《郁達夫全集．小說》第 1 卷，頁 173-185。

[48] 郁達夫：〈小春天氣〉，收入王自立、陳子善等編：《郁達夫全集．散文》第 3 卷，頁 107。

的思想如：〈新生日記〉：「啊啊，這可咒詛的命運，這不可解的人生，我只願早一天死。」[49]〈病閒日記〉：「一晚睡不著，想身世的悲涼，一個人泣到天明。」[50]〈厭炎日記〉：「我想萬一事不如意，情願和映霞兩人去蹈海而死，因爲中國的將來，實在沒有什麼希望，做人真沒有趣。」[51]這些話語十分情緒性，顯得感性氾濫，自怨自憐的模樣，頗爲矯揉作態。此外染有肺病的他，卻沒日沒夜的喝酒，日記中雖常有戒酒、戒菸要自我警惕，要奮發振作，自我勉勵的話，但不久又沉浸於其中。作者一面自我傷害，一面將傷口展現給讀者觀看。[52]《日記九種》中不時出現各種病痛的記述：痰多、黃膽病、病體難挨等，〈煙影〉中說咳血咳得厲害，「吐血吐了一個多月」[53]，將自己刻劃成如同《紅樓夢》中林黛玉的形像。曹雪芹筆下的林黛玉才情高，卻因家世堪憐、肺病纏身而惹人憐愛。小說中不時有著她負氣、自虐的行爲，引起廣大讀者的同情。郁達夫在文本中所塑造的，亦是這類病態的美感。

郁達夫三歲時喪父，由母親撫養長大，但家境並不富裕，且與母親的關係不佳。關係不佳，並非母親對他缺乏關愛，而是與她的觀念格格不入，經常有紛爭。他寫了幾篇與母親之間的互動，〈煙影〉裏說母親是個「年老好管閒事」[54]的人，令人很不自在，因此不想回家。由日本學成回國後，雖已有些工作，但賺的錢只花在自己的身上。〈煙影〉裏的母親以爲他在外掙了很多錢，應該拿錢回家「我哪看見你有一個錢拿

49 郁達夫：《郁達夫日記．新生日記》，頁 89。

50 郁達夫：《郁達夫日記．病閒日記》，頁 26。

51 郁達夫：《郁達夫日記．厭炎日記》，頁 203、204。

52 郭沫若〈論郁達夫〉中說：「於是徐志摩『詩哲』們便開始痛罵了。他說：『創造社的人就和街頭的乞丐一樣』，故意在自己身上造些血脈糜爛的創傷來吸引過路人的同情。這主要就是在攻擊達夫。」收入陳子善、王自立編：《郁達夫研究資料》，頁 89。原載《人物雜誌》第 3 期（1946 年 9 月 30 日）。

53 郁達夫：〈煙影〉，王自立、陳子善等編：《郁達夫全集．小說》第 1 卷，頁 366。

54 同前註，頁 366。

回來過？」[55]郁達夫不但沒有這樣做，反而不時向母親要錢，〈血淚〉一文中說「因爲我只能向乾枯的母親要錢去化」[56]。他長年在各省遊蕩，沒有奉養母親，直到母親臥病在床，家族中開始覬覦她的財產，在長工的通知下回家。抱病在身的母親，將他看作是回來搶奪財產的人，母子關係更加惡劣。〈在寒風裏〉母親說他只是想分幾個錢去用吧？根本沒有孝順的心「今天我是還沒死哩，你又想來拆了我的老骨頭去當柴燒了麼？」[57]可見母親對這個浪蕩子的憤恨。這種「坦白」的記述表現的是一種被誤解的、爲母親所憎恨的「哀愁」。郁達夫在不少作品裏雖也提到母親陷在戰火中，很擔心她的安危，但這種擔心也僅止於紙上談兵而已，從來不曾真正的具體回報過母親。郁達夫用懺悔的、自我譴責的筆法敘述與母親的互動，既表現了文人謀生的艱難、不孝的無奈，又故示「懇摯」，盼望引起讀者的同情。很不幸的，他的母親於民國二十六年，死於日軍攻打浙江富陽的砲火中，當時母親已七十餘歲，這件事當時報紙有刊載。他在福州設靈堂祭拜，並寫了「無母何恃」、「此仇必報」的對聯，表達沉痛憤恨之情。之後郁達夫寫了〈國與家〉一文提到此事[58]。文章中另外言及與妻子王映霞的齟齬，這個「重點」掩蓋了母喪的事情，所以比較看不出刻意表達傷痛情感的文字。

---

[55] 同前註，頁 369。

[56] 郁達夫：〈血淚〉，收入王自立、陳子善等編：《郁達夫全集．小說》第 1 卷，頁 175。

[57] 郁達夫：〈在寒風裏〉，收入王自立、陳子善等編：《郁達夫全集．小說》第 2 卷，頁 135。

[58] 郁達夫：〈國與家〉，收入王自立、陳子善等編：《郁達夫全集．散文》第 4 卷，頁 200。另郁達夫與第三任妻子陳蓮有生的女兒郁美蘭在〈聽母親說父親——郁達夫〉文中說祖母是因為抗拒為日軍燒飯服務，躲到祖屋後山山洞，活活餓死的。伯父郁華，1933 年在江蘇高等法院第二分院任職，因不願屈從日人，被漢奸開槍暗殺。見立緒文化編選：《百年文選家族書寫——我的父親母親》（臺北：立緒文化事業，2004 年），頁 213、214。

2. 自我暴露與耽溺色情的樂趣

郁達夫雖早有妻子「荃君」及小孩，但除了寄錢給他們，只寫一些不知真情還是假意的文字上的掛念，表現的是「不願愛又不得不愛」的曖昧心態。且當開始追求王映霞，希望與她在一起時，仍持續宿娼，酗酒，吸鴉片、打牌，這些「行事」都並不遮掩的行諸文字，發表在報章雜誌上，並出版成書。〈茫茫夜〉裏面描述了不可遏抑的性衝動，自認「性慾比人一倍強盛」，酒醉後胡亂的在街上看女人，尋找「最下流」的婦人想要發洩。遍尋不著後走到一間雜貨店，向看店的婦人編了些謊言，要了針和手帕，得到了這些東西便感到異常的爽快。回到旅社在鏡子前把玩婦人身上的手帕，並用針刺自己，刺到流血「貪嘗那變態的快味」[59]。〈遲暮〉中的林旭自述有人「毀謗」他是個「變態性慾者」[60]，文中雖然否認這樣的指責，但聽說一位剛自法國學成回國的金麗女士，因爲懷抱著高遠的理想，迄今未婚，平日對女性絕不注意的林旭（郁達夫），不能自主的竟打聽起她的現狀，作者描述這樣前後矛盾的行爲，是下意識「麗比多（libido）」[61]起作用之故。〈村居日記〉裏的描述非常露骨，他與友人飲酒，兩人都醉了，就想在馬路上找妓女「打野雞」，可能是酒醉模樣太難看，惹人嫌「無奈那些雛雞老鴨，都見了我們而逃」。四處尋找後終於在法界大路「遇見了一個中年的淫賣」[62]就到她那裏去，坐到天明。直接記載找妓女的還有〈窮冬日記〉，日記上還記載說與一位老妓一起吸鴉片到天亮：「找了一個老妓和她去燕子窠吸鴉片煙吸到天明。」[63]〈客杭日記〉說前年結交了一位四處遊歷的雛妓，這年幼女

---

[59] 郁達夫：〈茫茫夜〉，收入王自立、陳子善等編：《郁達夫全集・小說》第 1 卷，頁 116-146。

[60] 郁達夫：〈遲暮〉，收入王自立、陳子善等編：《郁達夫全集・小說》第 1 卷，頁 380。

[61] 同前註，頁 382。

[62] 郁達夫：《郁達夫日記・村居日記》，頁 57、58。

[63] 郁達夫：《郁達夫日記・窮冬日記》，頁 72。

子讓他很有做詞的靈感，便填了一首詞紀念：「一首是〈蝶戀花〉是給前年冬天交結的一位游女的。」[64]由此可看出郁達夫傳統文人出入青樓、自命風流的習氣。雖然身體情況欠佳，經濟狀況不好，仍到處找不同的女人，尋求不同的刺激。〈新生日記〉說：「大約此生總已無壯健的希望了，不過在臨死之前，我還想嘗一嘗戀愛的滋味。」[65]可見他對愛情與性慾的飢渴。除此之外，作品裏記述各地不入流妓女的文字很多，甚或有點「嫖妓指南」的意味。[66]這樣赤裸的表白，除了有意的「販賣」，實際上充分展露「裸露症」的創作特色。

3. 正義讓心靈平衡

〈沉淪〉最後的一段，作者在敘述完個人虛無、顛躓的歷程後，突然跳到對國家衰弱的怨懟，認爲他不幸的遭遇，根本上是源自中國的積弱不振。他以充滿強烈情感的話語喊到：「祖國呀祖國！我的死是你害我的！你快富起來！強起來罷！你還有許多兒女在那裡受苦呢！」[67]這段充滿驚嘆號的文字，熱切的期望國家強大起來，這種突兀的表現，也正是潛藏在郁達夫文學裏另一項特徵。如前所述具有自毀傾向的人，大

---

[64] 郁達夫：《郁達夫日記・客杭日記》，頁 180。

[65] 郁達夫：《郁達夫日記・新生日記》，頁 81。

[66] 如〈厭炎日記 1927.6.18〉說到日本人俱樂部吃完飯後，到六三亭喝酒，與日妓馬妹洛姑對飲，「總算是第一流的日本妓女了」、「同他們上六三花園去徵妓飲酒。6.19」見郁達夫：《郁達夫日記・厭炎日記》，頁 196。〈水明樓日記 1932.10.23〉說：「妓女聚居之處，在張大仙廟西邊，為福海里，新福海里，有蘇幫、揚幫、本幫的三種。本幫者以紹興湖州人居多，永興里，永和里中亦有妓女，當係二等以下的暗娼。……在直里馬路（橫裏馬路）等處，有最下等之妓女。……」見郁達夫：《郁達夫日記・水明樓日記》，頁 222。

[67] 郁達夫：〈沉淪〉，收入王自立、陳子善等編：《郁達夫全集・小說》第 1 卷，頁 53。

部分沒有自殺的行動，那是因爲能夠在兩種力量間找到「平衡」[68]許多人會以各種理由暫緩或延後自殺，例如：某些計畫還在進行，對親人無法交代，某些心願還未實現等等。如果能找到理由，便會憑藉這個活下去。郁達夫最後尋求的「平衡」以自我拯救的理由，便是「國家的富強」。這個「龐大崇高」的理由，使他獲得許多讚譽與尊崇，支撐了活下去的價值感。[69]這個現象在郁達夫的作品裏，可分爲兩個方面：其一是對國內軍事、政治、社會亂象的批判。如義正詞嚴的撻伐軍閥的恣意橫行，手段的殘暴，〈感傷的行旅〉說那些卑污貪暴的軍閥委員們，滅絕了人性，「他們只知道要打仗，他們只知道要殺人」[70]。〈新生日記〉說，軍人以搜查傳單爲名，沿途搜查、殺害人民被殺的人有五六十名「連無辜的小孩及婦人，都被這些禽獸殺了」[71]。〈厭炎日記〉說：「我說中國軍隊，如臭蟲一樣，……而軍人恐怕有使中華民族滅亡的危險。」[72]。以一個「平民作家」的身分，記述對時政腐敗、軍隊殘暴的憤恨，關懷受難的民眾。在此處也看出對時事參與的熱情，這或許也是他民國二十幾年開始走向政治的機緣。[73]其二是對日本侵華的口誅筆伐，堅持抗戰到底。雖然郁達夫在日本十年，受了很完整的教育，也與不少日本文化

---

[68] 梅寧哲著，符傳孝等譯：〈破壞〉，《生之掙扎——破壞自己的人》（*Man Against Himself*）第一部，頁 18。

[69] 同前註，梅寧哲認為「死期的延緩是生本能以極大的代價換來的」。可以這麼說，要使「國家的富強」的崇高願望，正是郁達夫延緩死亡所付出最大的代價。

[70] 郁達夫：〈感傷的行旅〉，收入王自立、陳子善等編：《郁達夫全集·散文》第 3 卷，頁 166。

[71] 郁達夫：《郁達夫日記·新生日記》，頁 84。

[72] 郁達夫：《郁達夫日記·厭炎日記》，頁 199。

[73] 孫百剛所寫的〈郁達夫與王映霞〉，第七段「風雨茅廬」一節對民國二十四、五年兩夫妻花大錢蓋了風雨茅廬有所記載。民國二十五年他去參觀完成的新屋，對郁達夫四處結交政治人物感到不解，認為他走上「學而優則仕」的老路，推測蓋屋錢不夠，才去應陳儀的聘任，到福建省當參議。對郁達夫離家投入政治的做法，不甚以為然。見洪北江編：《郁達夫全集》，頁 488-538。

人往來，但始終對日本不具好感。其中原因應該是日本面臨明治維新的巨變，社會動盪，經濟、科技進步快速，國家力量膨脹，對改革腳步落後、不知長進的中國充滿輕視與敵意，這樣的氛圍讓他覺得受到羞辱與排斥。[74]在日本發動侵華戰爭後，他以文字表現了很強烈的反日情感，捍衛了民族尊嚴，再加上母親遭到砲火轟擊而死，伯父死於日人唆使的漢奸之手，與日本人的仇恨更深了。以筆抗日的文章如：〈必勝的信念〉（1938 年 12 月 23 日）強調中國領土廣大，士氣旺盛：「中國決不會亡，抗戰到底，一定勝利。」[75]〈倭武人的神化〉（1939 年 6 月 22 日）批判日本軍人狂妄自大，竟沒把天皇放在眼內，反而把自己神格化，把侵略鄰國合理化，這樣跋扈蠻橫終將「物極必反」。[76]〈倭敵已在想絕計了〉（1939 年 6 月 27 日）認爲日本軍政府竟然瘋狂到去威脅英國，想用武力與政治手段逼迫他們，這個計策若不成功，國內民眾將起而推翻執政者。[77]〈敵人的文化侵略〉（1939 年 12 月 3 日）提醒國民「文化侵略」是各種侵略中「最毒辣的一種」，敵人會用教育、報紙、組織文化協會、辦座談等方式毒化人民，收買文人。這是要提防的，同時警告妥協份子，即時醒悟，不可與敵同謀。[78]這些都是以筆抗敵的有力文章。郁達夫在

---

[74] 郁達夫病弱的身體，又加上吸食鴉片、酗酒、好賭，是當時某部份中國人的習性。頗符合當時日本人口中「東亞病夫」的形象。雖是如此，這樣的嘲弄，仍是他不能接受的。

[75] 趙紅梅編：〈必勝的信念〉，《郁達夫自敘》，頁 153。

[76] 郁達夫：〈倭武人的神化〉，收入王自立、陳子善等編：《郁達夫全集・雜文》第 8 卷，頁 366。

[77] 郁達夫：〈倭敵已在想絕計了〉，收入王自立、陳子善等編：《郁達夫全集・雜文》第 8 卷，頁 368。

[78] 郁達夫：〈敵人的文化侵略〉，收入王自立、陳子善等編：《郁達夫全集・雜文》第 8 卷，頁 394。這些強烈反日的作品，可以看出郁達夫的民族意識，較之當時保持緘默，或附日的周作人、胡蘭成、張資平等表現了氣節。但他那些文章，造成他無法在日本統治下的中國佔領區生存，必須避開日本軍憲的追緝。另如〈日本的侵略戰爭與作家〉對日本文壇做了分析，將當代的作家分成三派，他認為好的作家都不支持軍閥侵華的行為，第二派是有些作家

社會參與和民族意識的激昂上，讓他略過了頽唐與敗壞，在病殃的形象之外顯露不同的人格面貌，找到「不可就死」的平衡感。

必須注意的是不論是自虐、自憐的情緒的抒發，或是自我暴露與色情的耽溺，這些作品是具有「攻擊性的」，作家藉此表現無能、病態，所以遭到社會排斥，無法被正常的機制容納，是個被擠壓之下的「零餘者」[79]。沉浸於酒色、鴉片，是一種灰暗的、自我放棄的意識。因爲看不到未來，所以對本身產生厭恨，這些描述都是對自己的批判、攻擊；也是對他者的、對社會、國家的攻擊。眼前的世界讓他有挫敗感，覺得無以容身，傷害自我其實是對外界的另一種形式的鬥爭；一種委婉的憎恨；自虐式的抗議。郁達夫固然會擔心遭到外界的反擊，受到「正人君子」的不齒，廣大讀者有色的疵議。然而如前所言「裸露者」的動作，大都是來自有所意欲的表面化，人們的異見或者行動是有所預期的，並在過程中感到樂趣。至於以文字表現正義，批判中國軍隊以暴力魚肉人民，日人侵華的可恨罪惡，是郁達夫尋找活下去的「平衡」感，爲這個「龐大崇高」的理由而進行的書寫，讓他受到尊敬。不過，對強橫勢力出言不遜，是要冒著生命危險的，許多次確也瀕臨危機，雖感畏懼但不妥協。由他生命最後幾年的表現看來，這方面的「真誠」始終一貫，情勢縱使險惡，並未放棄這樣的堅持。然而最後也因爲這樣的勇於「攻擊」，爲自己招來殺身之禍。

受到軍部的頤使成為「從軍作家」，第三派是由「法西斯蒂」訓練豢養，來中國做戰事宣傳的，他認為「新時代」來到後，日本自己會把那些劊子手肅清，中國將協助日本再造新文化。收入王自立、陳子善等編：《郁達夫全集·雜文》第 8 卷，頁 63。

[79] 郁達夫喜歡杜葛涅夫（或譯作屠格涅夫）的作品，〈水明樓日記〉（1932 年 10 月 14 日），日記載他讀《零餘者的日記》已是第三次了，覺得如同嚼橄欖，愈嚼愈有味，並曾嘗試翻譯。「零餘者」是他表現自己人間位置經常出現的概念。見郁達夫：《郁達夫日記·水明樓日記》，頁 215。

（三）被揭露的我

這三項基本的特質一直都可以在郁達夫作品裏看到，民國二十八年三月發表於香港《大風旬刊》第 30 期〈毀家詩記〉則是一個嚴厲的考驗，他由「自我揭露」轉向「被他人揭露」的狀態，必須讓讀者檢驗他建構起來的文學世界。結婚十二年的妻子王映霞，對作家先生的言行進行拆穿與揭發式的攻擊，逼迫他必須面對「真實我」、「編造我」、「分身我」、「想像我」真假混淆的文本習慣，回到真實世界。在此同時，因爲日本侵華戰爭的啓動，郁達夫挺身而出，參與了「以筆抗日」的民族保衛戰，冒著生命危險，奔走呼籲，期望能喚起國魂，驅逐日寇。這段時間他以強烈的文字筆調，攻擊妻子及敵寇，言詞之間充滿情緒與憎惡，引發相當大的波瀾。然而這些「文章」的攻擊性並非單一的面向，實際上還包括了自己在內，外在的刺激讓潛意識裏自毀的作用，產生更激烈而多向的反應。

〈毀家詩記〉主題是他與王映霞婚變的始末。郁達夫在知道與王映霞的婚姻出現很大的狀況，即將危害到名譽與事業，便用他的筆以及媒體的力量，嘗試「塗改」、「修飾」其間的狀況，以編造的「實情」暴露給大眾。[80]王映霞卻非軟弱的女子，對郁達夫在文章的「深文周納」深感不滿，將她塑造成嫌貧愛富，不守婦道之人。因此回敬了〈答辯書簡〉、〈一封長信的開始〉、〈請看事實〉等文章進行反駁。[81]〈毀家詩記〉述說王映霞不能忍受貧苦生活，且與老友某廳長同居，又說她時

---

[80] 郁達夫：〈毀家詩記〉，收入洪北江編：《郁達夫全集》（臺北：文化圖書公司，1974 年），頁 431-438。據王映霞〈答辯書簡〉提到郁達夫曾於報紙刊登尋人啟事，明知她在哪裡卻故意登報找尋她。又在《大風報》刊登向王映霞的道歉啟事，種種行動，造成輿論譁然。兩人一年間分合多次，郁達夫屢屢言行不一，棄母子四人於戰火中不顧。王映霞對其不負責任的行為，深表不滿。郁達夫以文字錯置時空，扭曲真實情況，讓他付出很大的代價。見洪北江編：《郁達夫全集》，頁 439-450。

[81] 同前註，頁 439-450。

時求去，不肯履行妻子床笫義務，嫌棄他不事生產，而最佩服居高官之人。遭此家變的難堪後，他決定隻身轉赴「炎海」（東南亞）做海外宣傳，最後以某君姦淫他的妻子，總比敵寇來姦淫的好作結。[82]這篇文章以一貫自憐、傷感的語調描述，但增加很強的攻擊性，甚至用了很多不堪的詞句，亟欲羞辱、毀壞對方的意圖明顯。郁達夫這些動作與文章，事實上是「裸露症」被發現後的自我攻擊與自我毀壞，表面雖在羅織對方罪過，實際是懲罰自己，且失去了「現實的平衡感」，走向毀滅之路。王映霞則回應她與某廳長的清白，歷數她跟隨這個「無賴文人」、「蒙了人皮的走獸」十餘年的各種苦難，指責他不顧家庭，拈花惹草，行爲敗壞，惡人先告狀等罪行，認爲他下筆刻薄，〈毀家詩記〉是「理想加事實，來寫成求人憐恤，博人同情的詩詞來」[83]。〈答辯書簡〉要世人認清他的真面貌。夫妻倆人的筆仗，是民國二十八、九年轟動社會的大新聞，造成極大的效應，這個「家醜」讓郁達夫得到更多的矚目。不過這個事件，讓郁達夫塑造的頹廢才子、浪漫文人的形象已大受影響，使他隨著日軍侵華戰火日趨激烈的機緣，找理由離開中國大陸，到新加坡《星洲日報》當編輯，進行海外抗敵的宣傳工作。[84]值得注意的是他的反日文章如：〈必勝的信念〉（1938 年 12 月 23 日）、〈日本的侵略戰爭與作家〉（1939 年 2 月 15 日）、〈倭武人的神化〉（1939 年 6 月 22 日）、〈倭敵已在想絕計了〉（1939 年 6 月 27 日）、〈傀儡登臺以後的敵我情勢〉（1940 年 4 月 9 日）等等與王映霞的筆戰時間幾乎是重疊的，郁達夫一方面對妻子的「不貞」展開攻擊，一方面對侵略的日寇口誅筆伐，他內心的煎熬、迫促可想而知。那些尖銳的、凌厲深具摧毀性

[82] 郁達夫：〈毀家詩記〉，收入洪北江編：《郁達夫全集》，頁 439-450。

[83] 郁達夫：〈答辯書簡〉，收入王自立、陳子善等編：《郁達夫全集》，頁 440。

[84] 郁達夫為何遠赴海外眾說紛紜，有挽救婚姻說，有幻想發財說，有尋找靈感說，有無奈出走說，抗日宣傳說等。各種說法中除了幻想發財說外，都應為出走的因素之一。郁達夫在新加坡及蘇門答臘的幾年內寫了將近四百篇文章，這段期間他脫去作家的面貌，成為一位稱職的抗敵宣傳家。

的文詞，確實表現出作家深厚的功力。弔詭的是，與王映霞的筆戰，讓他僞名士、假頹廢的面目曝光，奮勇以筆抗敵的文章，讓他贏得民族鬥士、愛國主義者的美名。[85]郁達夫塑造起文人抗日的典範，另一方面卻張皇失措，文不顧行的摧毀曾有的世界。

然而持續不斷反抗日本侵略的文宣工作，爲他招來殺身之禍。由於熟知日本國情，與文化界某些人物有所往來，雙方成爲交戰國後，郁達夫反應激烈，抗日意志堅決，其中與佐藤春夫的交往最可代表他的立場。佐藤春夫曾到中國拜訪，受到郁達夫熱情的接待，但中日發生戰爭後，佐藤春夫寫了許多文章如〈亞細亞之子〉一書讚美侵華戰爭，郁達夫就在《抗戰文藝》第 1 卷第 4 期發表了〈日本的娼婦與文士〉批評了他的無恥，說佐藤春夫平日自命是中國之友，戰爭開始竟然寫些阿諛軍國主義的東西，讚美侵華戰爭，甘心做日本軍部的走狗。[86]劉心皇《現代中國文學史話》說佐藤春夫對郁達夫也有所反擊，在小說中指稱他爲間諜，而這個說法是讓他最後命喪蘇門答臘的重要原因。[87]劉心皇的說法雖沒有被胡愈之、鈴木正夫所採用，[88]但化名周廉的郁達夫最後死在憲兵之手，就是因爲軍方知道他具有間諜身份，是一名反日的知名作家。這人

[85] 如姜德明：〈魯迅與郁達夫〉，王自立、陳子善：〈郁達夫晚年的愛國精神〉，見《郁達夫研究資料》，頁 261-304、頁 457-474。姜德明稱他是反封建的愛國主義者，對馬克思主義有獨到的闡述，對列寧表達崇敬之意。王自立、陳子善則讚美他堅持抗日不動搖，鬥志昂揚，相信正義終會來到。

[86] 郁達夫：〈日本的娼婦與文士〉，收入王自立、陳子善等編：《郁達夫全集．雜文》第 8 卷，頁 294-296。文中嚴厲批評佐藤春夫平日以販賣中國野人頭出名，是個假冒清高的傢伙，其實連中國娼婦都不如，用語十分強烈。

[87] 日本宣布戰敗後，在蘇門答臘的日本憲兵害怕對他們知之甚詳的郁達夫會報仇，因此將他誘出秘密殺害。見劉心皇：《現代中國文學史話．新文學運動面面觀》第 2 卷，頁 337。不過劉心皇認為當時和他一起工作的王任叔，涉嫌向日本人告密，出賣郁達夫，這個說法應不可信。

[88] 參見胡愈之：〈郁達夫的流亡和失蹤〉，收入趙紅梅編：《郁達夫自敘》，以及鈴木正夫著：《蘇門答臘的郁達夫》（上海：遠東出版社，1996 年）。

曾強力抨擊日軍侵華的行爲，1941 年擔任「星華文化界戰時工作團」主席，1942 年擔任「新加坡華僑抗敵動員委員會」執行委員兼文藝組主任，既擅長又喜好寫身邊的人、事、物，釋放後將造成嚴重的後果。日本軍方在南洋一帶的行動，必將被詳細的記述出來，成爲無法逃避的罪證。身份的被揭發，行動的被查知，使他走向死亡之路。作家郁達夫性格的多面向，自毀與自存的矛盾掙扎，在生命最終的幾年表現的最爲明顯。

四、結語

並非所有的作家都表現了創造與自毀的傾向，盧騷、莫泊桑、拜倫、褚威格、朱湘、太宰治、三島由紀夫、巴爾札克等人或許只是比較極端的例子。郁達夫文學生命的開始，便訴說了無法活下去的痛苦。〈沉淪〉小說中的他，走到海邊想要跳海，在那兒自怨自憐，苦悶的喊叫。事實上當時心志瀕臨崩潰的郁達夫，以創作展開對自己與人間的攻擊。他怨恨自己的無能，疾病纏身，不能獲得親情、友情與愛情，他痛恨日本人歧視中國人，怪罪祖國的衰弱，怨恨在日本的中國人對他不友善。他要用「死」來傷害自己，也藉此傷害可恨的所有對象。郁達夫並沒有真正「自殺」，他用許多作家的模式，進行一種「變型的自我謀殺」，用寫作來進行慢性的自我攻擊，直到生命毀滅爲止。如前所述他採取的是「裸露症」式的寫作法，以頹廢浪漫的筆調表現自戀、自虐的心態，暴露變態的性苦悶。他的作品一貫的在製造賣點吸引閱讀的眼光，引起議論，書寫迫害意識。他覺得職場內的鬥爭難以忍受，創造社裏的人心很壞，軍隊的橫行不法，殘害人民，整個中國都是腐爛的，難以救藥。他的憂鬱症（或是精神疾病？）、肺病摧殘著身體，耽溺在鴉片與妓女之間無法超脫出來。他拋棄髮妻荃君，孩子病死，追求美女王映霞，在都市與鄉鎮間，好山好水間遊蕩，不願奉養母親，這一切都似乎很理所當然，只需在文字間懺悔，似乎便可獲得原諒。他攻擊軍閥，憐憫民眾，又害怕被他們所捕殺。在日本侵華期間寫了非常多大義凜然的文章，嚴厲批評日本文化界的「走狗」行為，呼籲同胞勇敢抗敵。那些激切的愛國文字，給他埋下了殺身之禍，雖撐起的是「愛國抗敵」的神聖旗幟，雖是尋求「平衡」、「自我拯救」的行動，卻也是另一種潛意識的自我謀殺。他不斷用文字招惹問題，又害怕被攻擊。他預知自己做的事遲早會招來大難，又周到地事先立下遺囑。[89]郁達夫其實在寫作〈沉淪〉一文時，在某種意義下已經「死亡」了，其後的二十餘年表現的是自毀與自存的掙扎過程，人生旅途只是一個未死肉體的持續告白。他以作品來自我攻擊與攻擊他人，人們看到創造的部分，卻未查覺那同時也是毀壞的行動。

[89] 趙紅梅編：〈遺囑〉，《郁達夫自敘》，頁400。

引用文獻

王自立、陳子善等編：《郁達夫全集》，香港：三聯書店，1984 年。

卡爾・古斯塔夫・榮格（Carl Gustav Jung）著，馮川、蘇克編譯：《心理學與文學》，臺北：久大出版社，1990 年。

周綠娟：《郁達夫小說受日本近代作家影響之研究》，臺北：中國文化大學中國文學研究所碩士在職專班碩士論文，2006 年。

芥川龍之介著，賴祥雲譯著：《芥川龍之介的世界》，臺北：志文出版社，1997 年再版。

洪北江編：《郁達夫全集》，臺北：文化圖書公司出版，1974 年。

郁美蘭：〈聽母親說父親——郁達夫〉，立緒文化編選：《百年文選家族書寫——我的父親母親》，臺北：立緒文化事業，2004 年。

郁達夫編：《郁達夫日記》，臺北：河洛出版社，1978 年臺景印初版。

秦賢次、王宏志合編：《詩人朱湘懷念集・孤高的沉江詩人——朱湘》，臺北：志文出版社，1990 年。

高爾德（Stephen Coulter）著，蕾蒙譯：《莫泊桑傳》，臺北：志文出版社，1978 年。

梅寧哲（Dr. Kare Menninger）著，符傳孝等譯：《生之掙扎——破壞自己的人》（*Man Against Himself*），臺北：志文出版社，1975 年再版。

陳子善、王自立編：《郁達夫研究資料》，香港：三聯書店、花城出版社聯合出版，1986 年。

凱・傑米森（Kay Redfield Jamison）著，王雅茵、易之新譯：《瘋狂天才》（*Man Touched with Fire manic-depressive illness and the artistic temperament*），臺北：心靈工坊出版社，2006 年 4 刷。

博爾溫班德洛（Borwin Bandelow）：《隱疾——名人與人格障礙・搖滾樂》（*Celebrities vom schwierigen glück, berühmt zu sein*），北京：新華書店，2008 年。

黃菊等編：《魯迅全集》，臺北：唐山出版社，1989 年。
鈴木正夫著，李震聲譯：《郁達夫——悲劇性的時代作家》，南寧：廣西教育出版社，2000 年。
________著：《蘇門答臘的郁達夫》，上海：遠東出版社，1996 年。
褚威格（Stefan Zweig）著，陳文雄譯：《巴爾札克傳》，臺北：志文出版社，1986 年再版。
趙紅梅編：《郁達夫自敘》，北京：團結出版社，1996 年。
劉心皇：《現代中國文學史話》，臺北：正中書局，1986 年第六次印行。
羅曼．羅蘭（Romain Rolland）著，陸琪譯：《盧騷傳》，臺北：志文出版社，1975 年。

Creation And Self-Destruction: A Case Study On Yu Dafu

Wang, You-Hua*

〔Abstract〕

Dr. Karl Menninger mentioned in his book *Man Against Himself* that many human behaviors tend to be self-destructive and people often conduct self-murder or chronic suicide without self-awareness. This viewpoint quite conforms to the observations on writers. This study takes Yu Dafu as an example and used his writings as a basis to analyze the "exhibitionism" and the consciousness of self-attack in his writings to indicate how this writer expressed the phenomenon of self-preservation and self-destruction in his writings.

Keywords: Karl Menninger, Yu Dafu, Self-destruction

* Associate professor, Department of Chinese language and Literature, National United University.

時空視域的交融：文學與文化論叢
頁 325~365 國立中山大學人文中心.2011

陳映真與黃春明小說中的後殖民書寫

蔡振念*

〔摘 要〕

本文首先討論後現代主義和後殖民主義之間的異同，接著討論了西方幾位主要後殖民學者如法農、薩依德、史碧瓦克的理論，並指出這些學者大都出身前殖民地，又受教於西方世界，因之對被殖民的經驗感同身受。再次，本文討論了後殖民主義在台灣的接受過程。論文的後半則分別討論了陳映真〈夜行貨車〉、〈雲〉、〈萬商帝君〉及黃春明〈莎喲娜啦．再見〉、〈我愛瑪莉〉、〈小寡婦〉六篇作品中的後殖民書寫。陳映真的小說著重在批判資本主義對台灣經濟的侵略與殖民，使被殖民的台灣人民在商品主義之下有物化與異化的傾向；黃春明的後殖民書寫在表現手法上則以嘲諷暗寓批判，著重在描寫被殖民的台灣人之奴化以及文化認同上的迷失；這是兩人不同之處。

關鍵詞：後殖民、後現代、陳映真、黃春明

---

* 國立中山大學中國文學系教授

收稿日期：2011 年 2 月 10 日，審查通過日期：2011 年 6 月 27 日

一、敘論：後殖民理論在台灣

作爲曾被西方與東方帝國主義者長期殖民的台灣，其作家毫無疑問會將自己的被殖民經驗寫入作品之中，即使在殖民事實已成過去的跨國資本主義時代，被殖民的經驗仍經常以一種國族寓言（national allegory）[1]出現在後殖民的書寫之中。台灣有長遠的被殖民歷史，公元 1624 年，荷蘭東印度公司的商船兼戰艦，進入今天的台南安平，開始了荷蘭人在南台灣殖民統治；公元 1626 年，西班牙人佔領台灣北部，在北台灣殖民 16 年；公元 1895 年，中日戰爭清政府戰敗，台灣割日，日本政府開始對台灣達半世紀的殖民佔領。[2]在台灣現代文學的發展過程中，台灣人民

[1] 此借用詹明信（Fredric Jameson, 1934-）的用語，參見其 "Third- World Literature in the Era of Multinational Capitalism," in *Social Text* 15(1986):65-88.在文中詹明信著眼於跨國資本主義時代已開發的第一世界和低開發及開發中（underdeveloped and developing）的國家文化上的衝突，他以魯迅的小說為例，認為第三世界的文本往往是一種國族寓言。但詹明信所謂第三世界文本在後殖民理論的論述中也受到質疑，如 Aijaz Ahmad 就質問如何定義「第三世界」，以印度而言，它的科技人員已超越德、法兩國的總和，印度是否屬第三世界？其文學能否稱第三世界文本？見其 "Jameson's Rhetoric of Otherness and Naitonal Allegory, " in Bill Ashcroft, et al, eds *The Post-colonial Studies Reader* (New York: Routledge, 1995), pp. 77-82.引文見頁 78。

[2] 參見李筱峰：《台灣史 100 件大事》（上下冊）（台北：玉山社，1999 年）。二次世界大戰後日本將台灣歸還國民政府，1949 年國共內戰國府失守大陸，退據台灣，學者如陳芳明、劉亮雅或將 1945 年至 1987 年解嚴之間的國府統治時期視為台灣社會的再殖民時期，而將台灣社會的後殖民時期延至解嚴之後，參見陳芳明：〈台灣新文學史的建構與分期〉，《聯合文學》1999 年 8 月號，該文是陳芳明《台灣新文學史》全書二十章中的一部分。陳芳明的再殖民之說，引來陳映真、呂正惠、杜繼平、曾健民等人的批評。陳映真從馬克斯將人類歷史分為原始社會、奴隸社會、封建社會、資本社會的觀點，批評陳芳明台灣近代歸為殖民社會之不通，陳芳明的回應則認為陳映真死抱馬克斯思想之落伍；兩人在《聯合文學》展開了多次對話，陳芳明把這些文章收入《後

被日本帝國殖民的經驗恰與之並軌同行，因之，台灣現代文學中殖民經驗與後殖民的書寫自是極其豐富。九0年代以來，由於解嚴的效應及後殖民理論的勃興，學界對台灣殖民及後殖民文學的研究已日益重視，相關著作也顯示了這方面的研究成果。[3]

殖民台灣：文學史論及其周邊》（台北：麥田出版社，2002 年），陳映真也以許南村的筆名，把多位學者對陳芳明的批判文字輯為《反對言偽而辯：陳芳明台灣文學論、後現代論、後殖民論的批判》（台北：人間出版社，2002 年）。持平而論，陳芳明的國府再殖民說固然言之成理，但也有將後殖民理論無限上綱的嫌疑，本人多年來閱讀 Edward Said, Homi Bhabha, Gayatri C. Spivak, Fantz Fanon 等後殖民學者的著作，發現所謂殖民主義都是西方資本主義發達之民族國家，對另一較落後之民族之軍事上之佔領、經濟上之剝削、政治上之統治、宗主國語言之強植，從來沒有一個國家或民族對同一民族的統治可稱之為再殖民，此其一；另外，國民政府退守台灣之因，是繼日本帝國主義侵略之餘，又加之以內戰，國民政府做為在大陸受日本軍事、經濟、政治侵略的政權，本身是殖民主義、資本主義的受害者，其政權之合法統治領土僅在台灣，並未有一宗主母國，以使其剝削之利益輸送至其母國，此其二；語言文化上，中國與台灣並非若西方之殖民地與宗主國之間是截然不同的系統，因此國民政府實無法在語言文化上如西方殖民國家一般斬絕殖民地之語言文化，強植殖民母國之語言及文化，如日本之統治台灣者，此其三；因之，陳芳明以 1945 年以後為台灣再殖民時期，至少在世界殖民史的經驗中是說不過去的。當然，陳芳明若把後殖民主義台灣化，那又另當別論了。基於上述理由，本文仍以日本將台灣歸還國府的 1945 年為台灣社會的後殖民時期，而不採用陳芳明的說法。

[3] 如許俊雅的博士論文後來出版為《日據時期台灣小說研究》（台北：文史哲出版社，1999 年）；楊雅惠的升等論文出版為《現代性詩意啟蒙：日治時期台灣新詩的文化詮釋》（高雄：中山大學出版社，2007 年）；另陳建忠、劉亮雅等人也將其國科會整合型計畫研究成果出版為《台灣小說史論》（台北：麥田出版社，2007 年），其中陳建忠負責的日治時期台灣小說史論，特重這時期殖民文學的現代性，劉亮雅則採陳芳明之說，以後現代及後殖民的觀點來看解嚴以來的台灣小說；相關的著作還有廖炳惠：《回顧現代：後現代與後殖民論文集》（台北：麥田出版社，1994 年），邱貴芬：《後殖民及其外》（台北：麥田出版社，2003 年），劉亮雅：《後現代與後殖民：解嚴以來台灣小說專論》（台

後殖民主義（post-colonialism）和後現代主義（post-modernism）之間有異有同，這些理論雖都產生於西方後工業的社會，但並非西方世界的專利品，他們進入東方或第三世界之後，往往和本土文化互相辯證、迎拒、交融，以另一種面貌存在或示人，使得若干第一世界的學者也改變原先的看法，如詹明信即認爲後現代主義是一種國際的文化現象和思潮，佛克馬（Douwe Fokkema, 1931-）也認爲後現代主義可以一種變體存在於東方和第三世界的文化和文學之中，後現代自上世紀末以來已是一種國際現象。[4]但對於生於第三世界的薩依德（Edward W. Said, 1935-2003）而言，卻不能同意後現代學者李歐塔（Jean-Francois Lyotard, 1924-1988）對宏大敍述的消解，在他看來，後殖民與後現代不同之處在於歷史經驗，當歐洲等西方第一世界已邁向取消歷史、取消意義的消費主義後現代社會時，第三世界國家所面臨的卻是西方宰制的威脅，因此後殖民理論的一個重要主題，是對歐洲中心論和西方霸權進行不間斷的批評。[5]

後現代的概念雖始於建築，但很快便被西方的文化和文學界所挪用，[6]等到李歐塔和詹明信的論述出現，後現代主義已完全成熟，廣爲國

北：麥田出版社：2006 年），筆者亦曾以後殖民理論分析黃碧雲小說《後殖民誌》，參見拙作〈黃碧雲《後殖民誌》中的後現代性〉，收入蔡振念編：《台灣近五十年現代小說論文集》（高雄：中山大學文學院出版，2007 年），頁 199-218；另陳建忠亦有《日據時期台灣作家論：現代性、本土性、殖民性》（台北：五南圖書出版公司，2004 年）之專著。

4 參見 Hans Bertens and Douwe Fokkema, eds. *International Postmodernism: Theory and Literary Practice*(Amsterdam and Philadelphia:John Benjamins, 1997).

5 Edward W. Said, “Afterword to the 1995 Printing,” *Orientalism* (New York: Vintage, 1995, org. 1978). 中譯見王志弘等譯：《東方主義》（台北：立緒文化公司，1999 年），頁 493-529。

6 關於後現代主義觀念的發展可參見荷蘭學者 Hans Bertens, *The Idea of the Postmodern: A Histroy*(London and New York: Routledge, 1995). 關於後現代主義早期的發展，見 Paul Bové, *Early Postmodernism: Foundational Essays*(Durham:

際學界所接受。[7]李歐塔在《後現代狀況》中指出了種種後現代特性，他認為過去四十年來，引領風騷的科學與技術都和電腦學（cybernetics）、資訊理論（theories of informatics）、電腦語言、資訊儲存、資訊庫（data bank）的發展密切相關，這些技術的進展（transformation）對人類知識產生了重大衝擊，從而使科學知識的宏大敍述、社會契約（social bond）的本質改變，也改變了人們對現實的認知。[8]詹明信則在為李歐塔《後現代狀況》一書所寫的序言中認為後現代和晚期資本主義密不可分，後現代即是以一種享樂的態度擁抱現世的文學藝術，人們企圖在商業主義和科技時代的碎片（fragmentation）中，用一種嘲諷的態度，去重新發現和重建秩序。[9]其後哈山（Ihab Hassan, 1925-）在《後現代轉向》一書中列出了 11 種後現代現象的要素，包括了：不確定性（indetesmincy）、碎片（fragmentation）、去正典（decanonization）、無我及無深度（selflessness, depthlessness）、無法呈現及再現（unpresentable, unrepresentable）、反諷（irony）、雜揉（hybridization）、嘉年華化（carnivalization）、表演與參與（performance, participation）、建構主義（constructionism）、內在（immanence）。[10]詹明信的《後現代主義：晚明資本主義的文化邏輯》

Duke UP, 1995).

[7] 李歐塔的《後現代狀況》（*La Condition Postmoderne: Rapport sur le Savoir*）法文版出版於 1979 年，英文版由 Geoff Bennington 和 Brian Massumi 翻譯，出版為 *The Postmodern Condition: A Report in Knowledge*(Minneapolis: University of Minnesota Press, 1983).詹明信的 *Postmodernism Or, The Cultural Logic of Late Capitalism*(Durham: Duke UP, 1991)則在上世紀 90 年初出版，可以說上個世紀末，後現代主義的理論已漸臻圓熟。事實上，詹明信的書雖出版於 90 年代初，但其第一章 “Postmodernism, Or, The Cultural Logic of Late Capitalism,”則發表於 *New Left Review* 146(July–August. 1984):59-92。

[8] Jean-Francois Lyotard, *The Postmodern Condition: A Report in Knowledge*, pp. 2-3.

[9] Fredric Jameson, “Foreword” to *The Postmodern Condition: A Report in Knowledge*, pp. vii-xxi.

[10] Ihab Hassan, “Pluralism in Postmodern Perspective,” in *The Postmodern Turn:*

則從馬克斯主義的觀點出發，認爲晚期資本主義來到之後，第一世界對第三世界或低度開發國家的經濟殖民，是以跨國公司的型態出現，經濟的殖民也是以文化藝術的方式來進行，諸如電影、流行音樂、通俗文化等的傾銷和滲透。在另處，詹明信還指出現代社會如果是一個焦慮的時代，則後現代社會資本主義對人的商品化和物化，已使人成爲非中心的主體時代；如果現代主義的病徵是隔絕、孤獨、迷惘、瘋狂，則後現代主義的病徵是零散化，已經沒有一個自我存在了。[11]綜觀後現代理論的特色，無非是強調去中心、解構主體性、跨國文化、多元異質、身份變動、通俗文化、商品化、遊戲和表演等。

後殖民主義和後現代主義相同之處在於二者都關注不確定性和去中心化的課題，有明顯的批判和解構的傾向，[12]但後殖民主義也有其強調的課題，諸如去殖民、殖民擬仿，以及殖民與被殖民、中心與邊緣之間的含混、交涉、挪用、翻譯、番易等等，後殖民主義的主要學者雖各有不同的學術背景，但其主要理論皆認爲：西方的思想和文化模式以及其文學的價值與傳統，都貫穿著一種強烈的民族優越感，因而西方的思想文化總是被認爲居於世界文化的主導地位。相反的，非西方的第三世界或東方的文化傳統長期以來被排擠在邊緣地帶，或扮演一種「他者」（other）的角色。[13]

Essays in Postmodern Theory and Culture(Columbus: Ohio State UP, 1987),pp. 167-87.

[11] 此為詹明信於 1985 年在北京大學講學之內容，後由唐小兵譯出，西安陝西師範大學於 1987 年出版，台灣則由《當代》月刊於 1987 年 6 月第 14 期開始逐章連載，後全文出版為《後現代主義與文化理論》(台北：合志文化事業公司，1989 年)，引文見頁 208。

[12] 參見 Bill Ashcroft, et al, eds *The Post-colonial Studies Reader*, chapter 5 “Replacing Theory: Post-colonial Writing and Literary Theory,” esp. “Postmodern and the post-colonial experience” section, pp. 161-165. 又王寧：《超越後現代主義》(北京：人民文學出版社，2002 年)，頁 36。

[13] See Benita Parry, “Problem in Current Theories of Colonial Discourse,” and Terry

後殖民主義所謂的「後殖民」，並非指殖民地獨立之後（post-independence）或殖民主義之後（after colonialism），而是指殖民主義從開始統治之始直到獨立之後的今日殖民主義與帝國霸權，[14]依此看來，後殖民的論述早自殖民時期就已存在，但要一直等到後現代主義興起才引起學者的注意與興趣，這不僅是因爲後現代主義解構了西方爲中心的優勢文化，也是因爲全球化資本主義跨國企業爲了拓展市場，需要大量第三世界風土民情資訊而產生，因此，後殖民的論述和西方後現代的經濟結構有密切的關係，當全球化資本主義出現之時，也就是後殖民論述的肇始之際。[15]

建構後殖民理論的主要學者，大都有著第三世界的背景，然而又都在歐美西方世界成長、受教育，進而在西方大學任教，能夠使用流利的西方語言（主要是英語），這就使得他們的身份認同變得猶疑不定，處境尷尬；當其置身於西方世界之際，他們是西方主流文化的他者，扮演著批判主流文化和西方文明的角色，當他們爲第三世界的被殖民者發聲，建構其後殖民理論時，他們使用的語言又是西方帝國的，對第三世界被殖民者而言，他們是秀異的第一世界學者。後殖民論述的主要建構者法農（Frantz Fanon, 1925-1961）即是如此的出身，他是生於法屬西印度馬提尼克島（Martinique）的黑人，小學畢業後即轉赴法國念中學，二次大

Goldie, "The Representation of the Indigene," in Bill Ashcroft, et al, eds. *The Post-colonial Studies Reader*, pp.33-44 & 232-236.

[14] 見 Bill Ashcroft, et al, eds. *The Empire Writes Back: Theory and Practice in Post-Colonial Literatures*, pp.1-2；後殖民相關的概念與理論，可參見 Bill Ashcroft, et al, eds. *The Post-Colonial Studies Reader* 一書中諸論文，尤其是第一部份 "Issues and Debates," pp. 7-54; 在 *The Empire Writes Back: Theory and Practice in Post-Colonial Literatures* 一書中，Bill Ashcroft 等人續指出：所謂後殖民文學的形式乃建立在殖民經驗之上，並突顯其與帝國勢力的張力，強調其與帝國中心的不同，這是後殖民的特色，見頁 2。

[15] 見 Arif Dirlik, "The Postcolonial Aura: Third World Criticism in the Age of Global Capitalism," *Critical Inquiry* 20(Winter, 1994):328-56，引文見頁 352。

戰後，他到里昂學習精神醫學，並成爲精神科醫師，1952 年，法農出版了《黑皮膚·白面具》，成了後殖民論述的第一個聲音。在書中他推翻了殖民時期被認爲理所當然的白／黑等於優／劣的刻板觀念，而將白人對殖民地黑人的宰制做了深層的觀照。法農認爲在現代社會中，黑人男女切身地感受和體驗到了種族歧視。殖民主義無疑助長了這種種族歧視，因爲作爲一種經濟制度，它不斷地從政治和精神方面對所屬國加以霸權式控制，並不斷毀壞其本土所存在的社會關係，使黑人靈魂深處產生一種無可排解的自卑情結。法農認爲，殖民主義的實質是，剝奪當地人做人的權力，同時又使西方文化顯得日益合法化。法農在《黑皮膚·白面具》的第一章「黑人與語言」中指出，殖民地本土人民不得不從殖民者的語言及其文化來構塑自己的身份，回答「我是誰」的問題。殖民文化和語言事實上使得被殖民者處於失語禁聲狀態，無法脫離特定的語言去形成關於自身獨特性的意識，無法去樹立自己的身份。而黑人的語言在本地根本沒有地位，它是奴僕的語言，當地的中產階級和學校從不說母語，而是向宗主國學舌，說的是法語。[16]在這裡，法農看出了語言與身份認同之間的重要關係，他也看出了被殖民者的自卑情結完全是殖民體制強加在他們身上的，它的根本來源是經濟的掌握與剝削，導致了自卑意識的內化。不僅心理上如此，身體上白／黑、優／劣的觀念亦然，在法農看來，被殖民者的身體就如同帝國殖民權力關係的銘記（inscription）。在第二章和第三章中法農詳論了黑、白種族之間的關係，在他的故鄉，所有的黑人都想變成白人，黑人男性的願望常常是佔有白人女性，因爲只有如此，黑人男性才能擁有白人的文明和尊嚴。法農的論述，讓我們看到殖民語言和種族主義對本土文化及身份認同的摧毀作用。

---

[16] Franz Fanon, *Black Skin, White Masks*. Trans Charles Lamm Markmann. (New York: Grove Weidenfield, 1967). 中譯本見陳瑞樺譯：《黑皮膚·白面具》（台北：心靈工坊文化公司，2005 年），尤其是第一章「黑人和語言」和第四章「所謂被殖民者的依賴情結」，頁 75-104 和頁 153-180。

但法農並不因此拘泥於種族主義或狹隘的民族主義，他認爲民族主義在反殖民的革命中有其價值，但在獨立建國之後，民族主義也可能被本土的統治階級所利用，成爲新的帝國主義，殖民地獨立之後，應本人道精神，尋求國內社會和經濟上的公平與正義。[17]

另一位後殖民主義的學者是出生於巴勒斯坦的薩依德，他早年在埃及開羅的美國學校就讀，1950 年代初赴美求學，1957 年進入普林斯頓大學，1964 年獲哈佛大學博士，生前是美國哥倫比亞大學英美文學與比較文學教授。薩氏身爲出身巴勒斯坦的阿拉伯人，在回教世界中卻信仰基督教，有著阿拉伯人的姓氏卻又帶著英國人的名字，這一切都使他的身份認同無從適從。他雖爲西方學府的教授，卻時時感到自己在流亡，認爲流亡是人最悲慘的命運之一。[18]他晚年的回憶錄《鄉關何處》猶汲汲於記錄自己開羅的童年往事，以及在殖民學校的人地不宜之感。[19]薩依德後殖民理論的代表作爲《東方主義》，該書在方法論上主要傳承葛蘭西（Antonio Gramsci, 1891-1937）的文化霸權（cultural hegemony）論[20]和傅柯（Michel Foucault, 1926-1984）的知識與權力論[21]；在書中，薩氏以

---

17 Fantz Fanon, *The Wretched of the Earth*(New York: Grove Press, 1961), pp.98-99.

18 Edward W. Said, *Presentations of the Intellectual : The 1993 Reith Lectures*(New York: Pantheon,1994), p.85。

19 見 Edward W. Said, *Out of Place: A Memoir*(New York: Alfred A. Knopf, 1999).中譯見彭淮棟譯：《鄉關何處》（台北：立緒文化公司，2000 年）；按此書英文原名 Out of Place 即有人地不宜之意，中文譯名《鄉關何處》蓋取作者後來去國失鄉之事實。

20 Antonio Gramsci, *Prison Notebooks* (New York: Columbia UP, 1991), 葛蘭西認為資產階級的文化霸權在市民社會已經形成複雜的結構，不會因為政治經濟的革命而立即改變，因此無產階變應在意識形態上進行爭戰，以建立文化領導權。

21 Michel Foucault, *Power/knowledge: Selected Interviews and Other Writings*, 1972-77(New York: Pantheon,1980).在福柯看來，知識與權力是不可分的，因此並無所謂客觀的知識或真實，事物的意義是由話語（discouse）產生出來的，我們要探討的因之不是文本的意義，而是知識確立的過程。薩依德挪用這一

英、法、美等帝國主義的東方研究及其相關的文化再現策略爲主軸，列舉了許多知名知識份子、文藝人士、旅行者與美國的學術及情治機構同出一轍地建構了一個符合西方意識形態需要的東方。這個「東方」乃是一個被東西方對立以西方爲中心投射出來的「非我」，不僅「東方」被本質化、定型化，而且「東方人」也被非人化爲無個性的抽象概念。他又指出，由於由於習來已久的這種對東方的偏見，在西方人眼中，東方人一方面有著「懶惰」、「愚昧」的習性，另一方面，東方本身又不無某種令人嚮往的「神秘」色彩。東方主義作爲西方人對東方的一種根深蒂固的認識體系，始終充當著歐美殖民主義的意識形態支柱。薩依德強調文化多元，促使民族主義退燒，堅持東方與西方的對話，是要面對世界上的文化霸權去努力消解霸權本身，而不是要用一個話語霸權去取代或抗衡另一個話語霸權。他要使知識分子從非此即彼的二元對立誤區中走出來，從東方主義的束縛中解放出來，真正進入多元共存的後現代世界格局之中。爲此，他強調後殖民主義思潮在種族與性別問題上，對歐洲中心主義與父權中心主義的廣泛深入批判的現實意義。[22]《東方主義》一書不僅影響了中東的研究，也對亞、非、拉丁美洲的本土學者產生極大影響，學者進一步提出了「自我東方主義」的說法，也就是說被殖民者往往也利用殖民主對自己的東方論述及這些論述中偏好、想像，來塑造自己，以求在迎合殖民主的凝視，這便是所謂的自我東方主義（self-orientalism）。[23]

但《東方主義》一書也囿於一種文化決定論的視野，忽視了西方知

概念，認為西方對東方的東方主義式的知識，來自於他們對東方決定性的權力。

[22] Edward W. Said, "Introduction," *Orientalism*, see also Edward W. Said, "Orientalism," in Bill Ashcroft, et al, eds *The Post-colonial Studies Reader*, pp.87-91；中譯見王志弘等譯：《東方主義》，頁 1-40。

[23] 岩淵功一著，李梅侶等譯：〈共犯的異國情調，日本與它的他者〉，收入文化／社會研究譯叢編委會編：《解殖民與民族主義》（香港：牛津大學出版社，1998 年），頁 194。

識界內部的差異，例如從有殖民歷史以來，西方事實上一直有著反殖民的思想，但這些思想都被薩依德有意無意的忽略了。[24]

後殖民理論的另一位代表人物霍米・巴巴（Homi Bhabha, 1949-）是是印度成長起來的波斯人後裔，曾任美國普林斯頓大學英語系客座教授，現爲哈佛大學英文系教授。他的後殖民主張帶有後現代主義的模擬性和遊戲性。傾向於把殖民地話語當作一種論戰性的而非對抗性的模式，這種模式是通過模擬而產生出一種相對於權威的雜體（hybridization），其最終的目的仍在於解構和削弱權威的力量。雜體在話語的實踐上是指殖民者和被殖民者你泥中有我、我泥中有你的狀態，從而動搖了殖民話語的穩定性。巴巴曾在不同的場合對模仿（mimesis）和模擬（mimicry）進行了區分，前者的特徵是同源系統內的表現，而後者則旨在產生出某種居於與原體的相似和不似之間的「他體」，這種「他體」既帶有「被殖民」的痕跡，同時又與本土文化話語揉爲一體，因而成爲蘊含著弘揚本土話語的後殖民話語，一種對抗殖民話語的文化策略。巴巴認爲，「模擬」的起始是「模仿」，原本是殖民者引導殖民地人民仿效他們的文化形式與價值體系，進而達到鞏固統治的目的。但結果卻是殖民地人民在「模擬」的過程中挪用、再創造主宰文化。[25]而所謂殖民話語原是殖民者的語言和文化對殖民地文化和語言進行的播撒和滲透，這使得被殖民地的土著不得不以殖民者的話語方式來確認自我「身

---

[24] 見趙稀方：《後殖民理論與台灣文學》（台北：人間出版社，2009 年），頁 6。

[25] Homi Bhabha, "Of Mimicry and Man: The Ambivalence of Colonial Discourse," *The Location of Culture*(New York: Routledge, 1994). pp.85-92, 在文中巴巴指出被殖民者的模擬是欲求一個可形塑的、可辨認的他者，以作為一種近乎是但又不十分像的差異主體（Colonial mimicry is the desire for a reformed, recognizable Other, as a subject of a difference that is almost the same, but not quite），因而黑人對白人殖民主的模擬往往是似而不似，白而非白（almost the same, but not white），這裡巴巴巧妙的運用了 quite／white 間的合韻，見上述引文頁 86。

份」，而在自己的黑色皮膚上帶上白色人的面具。[26]進而使被壓迫與壓迫者之間的對立關係，轉化爲文化的滲透與認同關係，被殖民者因之認同並追逐宗主國的文化價值標準，文化殖民因此成爲可能。霍米・巴巴很善於從拉康式的精神分析角度，對外在的強迫的權力如何通過心理因素扭曲人性加以描述。在他看來，這種心理扭曲的接受者，往往是由被動到主動，由壓迫感、屈辱感到逐漸適應。當然巴巴論述的最終目的，如他的書名 *The Location of Culture* 所暗示的，是要找到自己的文化定位，因此，他也強調文化的差異，認爲後殖民社會的遷移的歷史、文化的離散、流亡的詩學都有其不同於西方殖民宗主國的獨特性，並以之挑戰西方現代化發展和進步的常規經驗。對他而言，後殖民主義並不以某一特定文化爲依歸，而是處於恆常的邊緣和疏離狀態。

美國印度裔學者史碧瓦克（Gayatri C. Spivak, 1942-）目前任教於哥倫比亞大學，她不僅是位後殖民理論家，也是一位女性主義者，出生於印度加爾各答的她，以爲下階層者說話和爲窮人小孩興學的慈善事業廣爲人知。她的後殖民論述認爲，後殖民主義的批判目的在於削弱西方對東方和第三世界國家的文化霸權，因爲在西方殖民主義者看來，東方和第三世界永遠只是一個「他者」，處於遠離（西方）話語中心的「邊緣地帶」。處於「邊緣」地帶的殖民地，對宗主國在政治、經濟、文化、語言上的依賴，使其文化記憶深深打下了臣屬的烙印。在西方人或宗主國的「凝視」之下，殖民地的歷史成爲「被看」的敘述景觀。後殖民批判因

[26] 巴巴援引拉康的認同理論認為，身分只有在否定任何形式的根源性與自足性，經由置換與差異機制才可能形成。而這種身分究其根本是權宜的、流動的，不是先驗的，也不是一種已完成的東西（identity is never an a priori, nor finished product）。因此對他而言，殖民者與被殖民者或是主流社會與移民群體的關係遠比一般本質主義本土論者的想像要複雜、甚至含混得多，不是殖民／被殖民、白人／有色人種、都會／邊緣這些二元的能指所能一語道盡的，在多數情況下，被殖民者對宗主國往往是反抗和接受並存的。參見 Homi Bhabha, “Interrogating Identity: Frantz Fanon and the Postcolonial Prerogative,” *The location of Culture*, pp.40-65.

之要抹去「臣屬」殖民化色彩以恢復本民族「歷史記憶」，重新書寫自己的文化身份。如何重新書寫自己的文化身份呢？在史碧瓦克看來，首先要以解構主義的消解中心的方法，解析宗主國文化對殖民地文化所造成的內在傷害，並將文化研究與經濟、法律、政治研究打通，從而恢復歷史記憶的真實性。[27]

綜上可知，後殖民理論源起於西方世界學者對自己身份認同的危機，這些來自亞洲或拉丁美洲的第三世界學者，他們被殖民的經驗和相關論述能否移置於台灣是一個嚴肅的問題，台灣學界在挪用後殖民理論之際是否會因爲歷史背景的差異而扞格不入？廖炳惠曾確切的指出，非洲、印度的被殖民經驗和亞太地區並不相同，他以香港爲例，認爲香港在 1997 年之後成爲中國的一部分，將面臨再殖民的情境，如同台灣在 1945 年之後被國府再殖民。他也認爲在台灣談後殖民，是在推介歐美理論，等於是一種新殖民。廖炳惠續又提出了四點在台灣談後殖民論述應該反省之處，主要在指出，西方的後殖民論述有其具體的歷史經驗，對

---

[27] Gayatri C. Spivak, *The Post-Colonial Critic: Interviews, Strategies, Dialogues*. Ed. Sarah Harasym. (New York: Routledge, 1990).此書為史碧瓦克於 1986 至 1987 年在澳洲、印度講學時一系列的訪談紀錄集結而成，訪談中她多次從解構主義的觀點談到歷史真實性的問題，以及殖民文化與跨國資本主義經濟、政治的問題。如在澳洲與學者 Ron Aronson 和 John Dunn 的對談中，她借用 Jacque Derrida 和 Jean-Francois Lyotard 對於歷史敘述的侷限說，認為當我們建構一種（歷史）敘述時，一定有些東西會遺漏，因此，我們必須知道（歷史）敘述的侷限，換言之，敘述其實是一種權力的運作，見前書 “Postmodern Condition: The End of Politics,” pp.18-19；又在與學者 Sneja Gunew 的訪談中，史氏再三提醒我們在多元文化的領域我們必須警覺殖民地群體中的文化政治（cultural politics）問題，見前書 “Question of Mulculturalism,” p. 63；作為一個馬克斯主義的忠實信徒，史碧瓦克在訪談中屢次從社會階級的觀點來談後殖民與資本主義全球化之後國際勞力分工（international division of labor）的問題。整體看來，史氏不僅是後殖民主義者，也是女性主義者、馬克斯主義者和解構主義者。

其他社會不一定適用。[28]廖氏的說法言之成理，但他對台灣再殖民的看法和陳芳明如出一轍，將國府接收台灣視爲對台灣的再殖民，他們的看法其實是一種本土化了的後殖民論述。[29]1945 年之後台灣是否被國府再殖民，當然是一個開放議題，但殖民一詞似乎不宜無限上綱，用來指涉所有的權力壓迫關係，因爲如果我們將「殖民」一詞拿來指涉任何權力壓迫結構，就會如同亞莫德（Aijaz Ahmad）所說的：

> 殖民主義於是變成一種跨歷史性的東西，永遠存在而且永遠在世界的這個角落或那個角落瓦解當中，因此每個人遲早都有機會變成殖民者、被殖民者和後殖民者。[30]

[28] 廖炳惠：《回顧現代：後現代與後殖民論文集》，頁 69。

[29] 自晚清以來，中國受西方帝國主義之侵略，割地賠款，沿海城市和東北、山東、台灣等地成為西方帝國和日、俄的佔領區，中國淪為實際上的次殖民地。民國建立之後，內戰不斷，緊接著日本帝國主義發動大規模侵略，1945 年中國剛從反殖民戰爭中脫身。中國一直以來都是殖民主義的受害者，因此，1945 年以後國府接收台灣，對台灣之統治若說是一種新殖民，似乎違背歷史經驗，因為我們很難認同被殖民者本身同時又是殖民者。其次，從世界所有的殖民經驗來看，都是一個語言、文化、民族不同的先進國家對其他不同背景的落後國家或地區的殖民，因此才會產生後殖民理論中有關語言、文化、種族等問題的論述。若說國府對台灣的統治是種殖民，則後殖民理論中的許多議題都將無法成立，我個人因之比較傾向將國府解嚴之前的統治視為法西斯極權，但也有些人將國府對台灣的統治視為「內部殖民」（internal colonial rule）。廖炳惠則認為台灣複雜的族群、政治認同問題，已和世界各地的殖民經驗不同，已非西方殖民理論所能掌握。廖的看法似乎是一種本土化的殖民論述，如本文前面所言，台灣在挪用後殖民理論之餘，一定會雜入本土的特殊、複雜的政治、認同問題，等於將西方後殖民理論本土化了。內部殖民的說法，參見 Emma Jinhua Teng, *Taiwan's Imagined Geography:Chinese Colonial Travel Writing and Pictures*, 1683-1895 (Cambridge: Harvard UP. 2004), p. 250.

[30] Aijaz Ahmad, "The Politics of Literary Postcoloniality," *Race and Class* 36.3（Jan.-Mar, 1995）：1-20.引文見頁 9。

邱貴芬認爲也許比較適宜的做法是挪用「新殖民」(neo-colonialism)的概念，因爲解嚴之後，台灣雖不再是實質上的殖民地，但在政治、經濟、文化各方面卻淪爲美日等資本主義跨國公司的附庸，是另一種面貌的殖民。[31]邱貴芬的新殖民的說法，當然也是加入了台灣本土特殊的情況。

陳芳明在《後殖民台灣》中，認爲戒嚴體制下的台灣是漢人／中原心態中心，不容許背離於此思想，直到解嚴之後，台灣意識文學、女性文學、同志文學、原住民文學才得以崛起，因此，台灣的後殖民時期要到解嚴之後才到來。[32]陳芳明的說法引來了陳映真的批判，主要當然是民族主義思想濃厚的陳映真，無法接受中國人對台灣的統治是殖民之說；另外，陳映真也指出了陳芳明混淆了後現代與後殖民。[33] 但事實上，我們認爲兩者並不易區別，後殖民和後現代有異有同，就其去中心、文化多元論，肯定他者的主張而言，兩者是相同的，前文已提及後殖民之始也就是全球資本主義出現之時，而全球資本主義的出現，所帶來的商品化、物化、人的異化種種問題，也是後殖民時代跨國公司經濟及文化殖民所帶給新殖民地的問題，就此而言，後殖民和後現代常常互爲奧援，不可區分，只是後殖民所強調的主體重建和本土論述則並不在後現代的議程上，而後殖民也更重視文化的差異和模擬對宗主文化的顛覆作用。

當然，在台灣談後殖民論述難免有挪用西方理論之嫌，誠如廖炳惠上述引文所指出的，可能落入另一種新殖民主義。[34]但是，無可否認的，

---

[31] 邱貴芬：〈後殖民之外——尋找台灣文學的文學性〉，《後殖民及其外》，頁 118。

[32] 陳芳明：《後殖民台灣：文學史論及其周邊》，頁 37。

[33] 陳映真：〈關於「台灣社會特質的進一步討論」〉，收入許南村編：《反對言偽而辯》，頁 49-86。

[34] 廖炳惠認為台灣的後殖民一直遲遲未能出現，1945 年之後並未真正進入後殖民，1987 年之後也未能立刻達成後殖民，因此後現代才會在台灣成為一種替換的思維方式，去開展多元的社會脈絡，台灣對後現代的吸收，是與後殖民密不可分的。見廖炳惠：〈台灣：後現代或後殖民？〉，收入周英雄、劉紀蕙編：《書寫台灣：文學史、後殖民與後現代》(台北：麥田出版社，2000 年)，頁 85-99，引文見頁 96。

上世紀九0年代以來，後殖民在台灣已成爲一個影響極大的學術符號，不同學者在引述西方後殖民理論時，往往因爲立場的不同，而產生對立性的歧異，使得後殖民論述在台灣發展出多元的面向。[35]這些後殖民論述，已因爲台灣主體意識和國族認同的問題而更加複雜化，因此也非傳統的後殖民理論所能規範。例如 June Yip （葉菁）就認爲台灣既非中國的一部份，也非一個後殖民的國家，她將台灣視爲一新興的文化空間（a newly emerging globalized cultural space），因爲傳統的後殖民國家已不適用於台灣複雜的文化異質（complex cultural heterogeneity）[36]。但誠如布迪厄（Pierre Bourdieu, 1930-2002）所說的，每一種文化產品，每一次的論述其實都代表了某種立場。[37]這些不同的論述，也代表了台灣學者在挪用西方理論之際，其實多少摻入了本土的立場，使得西方理論在本土得到了深化。[38]換言之，起源於西方的後殖民理論，所探討的問題雖和台灣被殖民與後殖民的問題不盡相同，然而在全球化跨國資本主義的語境之下，台灣長期受到美日帝國主義政治或經濟、文化上的殖民，其被殖民的經驗，自可借重後殖民理論加以探究。事實上，如上文所言，解嚴以來，後殖民的論述已成爲台灣學界最顯著的現象之一，是以本文擬以後殖民的理論來探討陳映真及黃春明的若干小說作品。但首先要說明的是，本文在討論兩人的小說時，僅借用部分西方後殖民論述，而不是全然的套用，因爲陳映真和黃春明的小說文本和西方後殖民學者所探討的文本有了許多不同；第一，陳映真和黃春明這些殖民小說多少都有民族主義的色彩，而本質化的民族主義正是後殖民主義者如法農、巴巴等人

[35] 邱貴芬：〈「後殖民」的台灣演繹〉，《後殖民及其外》，頁 263。

[36] June Yip, *Envisioning Taiwan: Fiction, Cinema, and the Nation in the Cultural Imaginary*. (Durham: Duke UP, 2004), p.5.

[37] Pierre Boudieu, “The Field of Cultural Production, or : The Economic World Reversed,” in his *The Field of Cultural Production: Essays on Art and Literature*. Ed. Randal Johnson(Cambridge: Polity Press ,1993), pp.30-31。

[38] 邱貴芬：〈「後殖民」的台灣演繹〉一文，對台灣自上世紀九0年代以來挪用西方後殖民理論引起的數次論戰，有很好的敘述，可以參看。

去之唯恐不及的，因為這種民族主義往往質變為另種帝國主義的危險，此點前文已論及，但陳映真和黃春明的民族主義也僅是素樸的一種被殖民者的爭取尊嚴，並非後殖民學者所批判的本質化的民族主義。其次，他們的作品也沒有宗主國和被殖民者之間語言被強植的問題，因為他們寫作的語言都是漢語，而不是他們殖民者的日語或美語，也就沒有巴巴所謂因語言模擬而來的雜體（hybridization）問題，這也是兩人的後殖民文本和西方相應者之間最大的不同之處，但法農對殖民宗主國語言優勢所造成被殖民者自卑情結等情況在兩人小說中則仍隨處可見，這又是兩人作品和西方後殖民情況的相同之處。第三，台灣的後殖民複雜的論述在本文中僅作為了解兩人文本的背景，因為本文中所討論的作品都寫於九０年代後殖民理論興起之前，這些作品出現之際，台灣尚未解嚴，台灣主體意識尚在隱而未顯的階段，因此九０年代以來台灣後殖民論述所強調的主體意識和認同問題也非本文關心所在，不予討論，儘管我們都知道陳映真在認同問題上的大中國民族主義。第四、兩人所描寫的殖民情境都出現在七０年代至八０年代的台灣，其著重點在美、日帝國主義對台灣經濟、文化上的殖民，和 1945 年以前日本對台灣實際的軍事佔領和實質的政治統治不同。但兩人所描寫的許多情境，又和西方後殖民的許多論述相符合，這使得兩人作品中呈現的情境和其世界其他殖民地同而又不同，因此本文僅借用後殖民理論中適用於兩人作品的論述。

二、陳映真的後殖民書寫

陳映真（本名陳永善，1937-），1959 年以第一篇小說〈麵攤〉步上文壇之後，開始了他四十餘年的小說創作生涯。他曾被徐復觀稱為海峽兩岸寫小說的第一人，[39] 洪銘水認為他是戰後台灣新起作家中最肯思考

[39] 徐復觀：〈海峽東西第一人——讀陳映真的小說〉，《陳映真作品集 14：愛情的故事》（台北：人間出版社，1995 年），頁 111-115。

的作家之一；[40]也有人認爲在台灣三０年的文壇上，沒有一個作家能夠像陳映真那樣，隨時以他的敏銳的現實感捕捉台灣歷史的真實；[41]王德威則指出他在台灣文壇的特異立場是：「反共堡壘中的親共分子，右翼政權裡的左翼聲音，台獨大纛下的統派先鋒。」[42]李歐梵則強調了陳映真的複雜：「他既寫實又浪漫，既有極強的意識型態又有濃郁的頹廢情操，既鄉土又現代，既能展望將來又往往沈緬於過去，對人生虵有希望又感絕望，對於社會既願承擔，但也在承擔過程中感到某種心靈的無奈。」[43]陳映真的作品強烈的關懷現實社會與政治，他的困境也與他對現實社會與政治的觀點不可分，因爲在兩岸皆已向資本主義商品市場靠攏之中，陳映真仍如同孤獨的劍客，揮舞著馬克斯主義的盾牌，向商品橫陳、享樂至上的社會挑戰。

陳映真對西方帝國主義透過跨國公司在經濟、文化上殖民台灣，有深刻的感受，這種感受是促使他寫作「華盛頓大樓」系列小說的動機，在 1980 年 2 月 5 日香港出版的英文刊物《亞洲週刊》（*Asia Week*）上，陳映真接受訪問的一段話，恰可作爲他寫作這系列小說動機的說明：

> 對亞洲人來說，在跨國公司做事是一種很特殊的經驗。這些公司的出現，不僅對當地的經濟有很大的影響，對他們的社會亦復如此。當外國人來此地投資時，一大堆價值、經濟和文化也隨之而來。許多聰明的年輕人都加入這些組織。他們在重要企業裏的參與感，他們在日常生活過程中打電話或電報給倫敦、紐約或東京的那種興奮，給他們一種挑戰與成就感。在其他地方的這種年輕

[40] 洪銘水：〈陳映真小說的寫實與浪漫〉，《台灣文學散論》（台北：文津出版社，1999 年），頁 217。

[41] 呂正惠：〈從山村小鎮到華盛頓大樓〉，《小說與社會》（台北：聯經出版社，1998 年），頁 69。

[42] 王德威：〈最後的馬克斯——評陳映真的《歸鄉》及其他〉，《眾聲喧嘩以後》（台北：麥田出版社，2001 年），頁 186。

[43] 李歐梵：〈小序「論陳映真卷」〉，《陳映真作品集 14：愛情的故事》，頁 20。

> 人，可能已選擇了政治事業；但是在第三世界國家的政治氣候，便使之成為困難而不便的抉擇。而這些公司給予年輕人一個出路時，它們對當地文化也有滅種之虞。[44]

在另一次訪問中，陳映真更具體指出跨國企業成立的時空條件，及對弱小國家的影響，他認爲現代跨國企業是在四個條件下建立起來的：「第一，歷史上空前龐大的資金，透過國際銀行集團，使資本的國際性集中和積累成爲可能。」「第二，這空前龐大的資金，使國際規模、超國家的營運預算成爲可能。特別是它的『研究發展』（Research and Development）部門，預算之大，超越世界上絕大多數國家的科技、文教預算。這麼大的財力，使它可以在跨國範圍內，調動最強大的人力和現代科學技術，進行任何國家和政府都無與比擬的大規模研究工作，形成科技的高度壟斷勢力。」「第三，爲了銷售其產品於世界市場，它發展和運用現代空前強力的大眾傳播技術知識、廣告技術和知識、行爲科學、心理學，組織成空前強大的行銷活動，創造和操縱人的消費欲望，並且在這甜美的操縱中，利用、改造、破壞各市場國家和民族原有的文化特性和價值體系，深刻地影響到人的生活。」「第四，跨國企業和強權政治間錯綜複雜的相互依存關係，深刻影響弱小國家的命運。」「在國際性利潤貪欲下，跨國企業向落後國家的生態環境、醫藥法律、農業用藥法規……挑戰。它並且以『現代化』、『進步』、『富裕』、『消費主義』、『國際主義』向弱小國家的自尊心、民族主義、傳統節制的、尊敬自然的哲學挑戰。」陳映真更認爲，跨國企業這些巨大而深刻的影響，「並不是以利炮堅船加在弱小國家的頭上。它是以甜美的方式——『進步』、『舒適』、『豐富』、『享樂』……這些麻醉人的心靈的消費主義，加在我們的生活和文化上，需要一點批判的知識，才能透視它的真相」。遺憾的是，「台灣知識、文化界的一般，似乎對之渾然不覺」。他說，既然跨國經濟的問題引起了他的注意與關

---

[44] 轉引自宋冬陽（陳芳明）：〈縫合這一道傷口〉，《陳映真作品集 14：愛情的故事》，頁 149。

切，「寫自己所注意關切的問題，對於作家，怕是極爲平常之事」。這就是他爲什麼要寫《華盛頓大樓》系列的原因。[45]在這裡我們多少可以感受到陳映真寫作背後的民族主義動機。

如果作家作品多少是他生活經驗的影射，那麼陳映真並不少有跨國企業的經驗，1956 年，他曾任職於美商輝瑞藥廠，1975 年，他又就職於另一家跨國性製藥公司美商溫莎藥廠，這就提供了他寫「華盛頓大樓」系列小說的素材。這系列共有四篇小說：〈夜行貨車〉、〈上班族的一日〉、〈雲〉、〈萬商帝君〉，寫於陳映真甫出獄不久的 1978 年到 1982 年之間。

〈夜行貨車〉的故事圍繞在林榮平、劉小玲、詹奕宏三人之間複雜的戀愛關係，以及三人和他們的美國老闆摩根索的互動上。林榮平是馬拉穆國際公司在台灣分公司的財務部負責人，深得摩根索的信任，他已有妻兒，但又有劉小玲這個情婦，摩根索屢屢和劉小玲開著色情的玩笑，有一次甚至抱住劉小玲，劉小玲將這事告訴林榮平，但林榮平的反應竟是敢怒而不敢言：

> 一個引他為心腹知己的，暱稱他 old boy 的美國老板；自己「青雲直上」的際遇；幾百萬美元在他的手上流轉；自己所設計的，被太平洋總部特別表揚而在整個亞太地區的馬拉穆分公司中廣為推行的兩種財務報表格式；在花園高級社區新置的六十四坪洋房……在這一切玫瑰色的天地中，劉小玲，他的兩年來秘密的情婦，受人調戲，坐在他的面前。他的怒氣，於是竟不顧著他的受到羞辱和威脅的雄性的自尊心，逕自迅速地柔軟下來，彷彿流在沙漠上的水流，無可如何地、無助地消失在傲慢的沙地中。這才真正地使他對自己感到因羞恥而來的忿懣。[46]

[45] 李瀛：〈寫作是一個思想批判和自我檢討的過程——訪陳映真〉，《夏潮論壇》第 1 卷第 6 期（1983 年 7 月），後收入《陳映真作品集 6：思想的貧困》，頁 13-14。

[46] 陳映真：〈夜行貨車〉，收入《上班族的一日》（台北：人間出版社，1995 年），

林榮平的反應，誠如劉小玲所言：「公司裡的男人，沒有一個不是奴才胚子。」(頁 102)

劉小玲在林榮平那裡得不到真正的愛情，打算遠走美國。而公司新進的青年詹奕宏能力強，粗魯、傲慢又憤世嫉俗，但劉小玲卻發現他有一種不可言說的魅力，在對舊愛失望之際，輕易的誘惑了他，並且懷了他的孩子。這當際，馬拉穆電子公司太平洋區的財務總財 S.O.B(索倫·O·伯德爾)來台視察業務，在林榮平的努力之下，財務狀況獲得 S.O.B 高度評價，林榮平不獨居功勞，將部分成就歸之於摩根索，使摩根索大為高興。(頁 126)

故事的最後，在宴請財務稽查達斯曼及餞別劉小玲的筵席上，林榮平刻意坐在遠離劉小玲的位子上：

> 他看見摩根索和達斯曼一左一右地坐在劉小玲的身邊，興高采烈地談笑。他對兩個外國人感到忿恨。「不，」他想，輕輕地搖搖頭，「最可恨的毋寧還是自己吧。」曾是自己的情婦的女人，受到外國老板的輕薄，卻要幾乎反射性地對這個老板佯裝不知；佯裝自己和那女人之間什麼也沒有。「這樣的自己……」他想著。(頁 131)

席間，詹奕宏一邊摸著打算送給劉小玲的戒指，一邊聽著摩根索的夸夸之談：「S.O.B 說，我們多國公司就是不會讓台灣從地圖上抹除……」(頁 135)。就在摩根索以髒話指稱中國人視美國為天堂之際，受到侮辱的詹奕宏挺身而出，要求摩根索道歉，表明自己不願龜龜瑣瑣地過日子。終於，他和劉小玲先後跑出了豪華的宴客餐廳，就在詹奕宏把景泰藍戒指套上劉小玲手指之際，他的耳畔響起了駛向故鄉的夜行貨車。

陳映真在這篇小說中，借著林榮平這一角色來突顯西方跨國公司對

頁 103。下引陳映真作品，皆出自《陳映真作品集》之《上班族的一日》及《萬商帝君》，僅標示號碼，不另加注。

經濟殖民地人民心理上的傷害，造成人格扭曲與心理自卑。這種後殖民式的經濟侵略，和政治上的殖民佔領並無多大不同，我們應當記得法農在《黑皮膚・白面具》所提到的，殖民主義以其霸權式的控制，毀壞本土存在的社會關係，使被殖民者在靈魂深處產生自卑情結。在後殖民時代，跨國公司以經濟為手段，也達到了同樣的效果。林榮平所擁有的福特跑天下汽車，使他自覺比裕隆靈巧多了，他的情婦受洋人調戲，他卻不敢捍衛所愛，也許是這種自卑情結，才使劉小玲視他為奴才。

殖民霸權也展示在語言的模仿（mimesis）和模擬（mimcry）上，殖民者借由語言的模仿，使殖民地人民仿效他們文化的形式與價值體系。在小說中，我們看到葛經理對英語的學舌，一句話中總要插上好幾個口頭禪「you know」，在這種學舌中，葛經理毫無疑問失去了自己身份的認同，才引來詹奕宏的調侃。誠如史碧瓦克所言，語言本身是由意識和世界決定的，能發出自己的聲音，才表示擁有自己的世界和自我的歷史意識。[47]另方面，陳映真也利用語言上的諧仿（parody），戲謔了代表美國的跨國企業的索倫・O・伯德，他名字的縮寫 S.O.B 事實上也是「狗娘養的」之縮寫（son of a bitch）。

陳映真的另一篇小說〈雲〉主要說的是女工爭取設立工會的故事，陳映真借著這個故事，「深入地批判了資本主義經濟制度的本質，以及其與人性尊嚴的衝突」[48]。

小說一開始是主角張維傑接到一部寄來的日記，日記內容記載了日記主人女工小文在張維傑當年在跨國公司編輯刊物時她投稿的經驗。接著小說描繪了張維傑的出身以及進入跨國麥迪遜公司之前素樸的人生觀與理想。在進入公司之後，他閱讀了總經理艾森斯坦的《跨國性的自由論》，逐漸改變他對美國公司罪惡的看法，我們看在該書第四章裡，艾森

---

47 參閱王岳川：《後殖民主義與新歷史主義》（濟南：山東教育出版社，1999 年），第四章對史碧瓦克後殖民理論的闡述，頁 59。

48 詹宏志：〈尊嚴與資本機器的抗爭——評介陳映真的作品《雲》〉，《愛情的故事》，頁 88。

斯坦寫道：

> 今天的國際性質本，應該提高而不是降低當地人民的生活，促進而不是阻礙當地政治的民主化；應該尊重而不是干涉當地的政治、經濟、文化等各方面的生活；應該高舉而不是壓抑資源國家工人的人格、權利……從而獲致企業的成長。……只有這樣的角色轉換，即從壓迫者、掠奪者變成朋友、協助者，才能調動資源國家中一切積極的條件，博得資源國家政治、文化、員工的忠誠、諒解、友誼和勤奮的工作，使國際性企業，重新獲致富於生命和創意的遠景。（頁 33）

也就是在這樣的理想下，艾森斯坦計畫建立一個屬於工人的真正工會，一個開明的工會，以取代原來由中國人宋老闆所把持的工會，但就在新工會選舉之前，艾森斯坦的上司麥伯里從美國打來電報，要求停止選舉，理由是：「對於企業經營者來說，企業的安全和利益，重於人權上的考慮。」而艾森斯坦完全同意這句話。對照艾森斯坦在其著作中夸夸大談復興美國式的理想和遠景，張維傑深覺自己的受騙和跨國企業的虛僞，這種感覺讓他衝到洗手間嘔吐起來。（頁 88）小說的最後，張維傑離開了麥迪遜公司，獨自創立了小小的出口貿易公司。

誠如趙遐秋指出的，〈雲〉表現了資本主義的自由、民主、人權虛僞性的一面。[49]作爲馬克斯主義忠實的信徒，我們並不訝異陳映真對資本主義的批判，〈雲〉在台灣小說史上的意義還在於陳映真是最早指出在後殖民時代，帝國主義如何改變以武力或軍事手段來遂行經濟上的剝削，轉以所謂「跨國性的自由」，大談其對世界技術、科學、文化、教育、醫學的貢獻，矢言將第三世界帶入幸福的境地；而其背面，當企業利益與這些理念有所衝突時，這些理念不過是不堪示人的假象罷了。跨國公司

[49] 趙遐秋：《生命的思索與吶喊：陳映真的小說氣象》（台北：人間出版社，2007年），頁 238。

的經濟殖民，終將如詹明信所言，使殖民地的人民失去自我的存在感。

陳映真在另一篇小說〈萬商帝君〉中就深刻的描寫了主角人物劉福金與陳家齊如何在跨國公司文化的侵蝕下，一步步消蝕自我，消蝕對自己國家、民族、文化的認同，一步步的異化。[50]劉福金是美國莫飛穆國際公司在台的企劃部經理，他的對手陳家齊則是業務部經理，在內部舉辦的管理訓練會議上，劉福金主講，他成功地把跨國公司的理念、文化灌輸給各部門，他的演講，十足闡發了總經理哈佛·布契曼的信仰，那就是跨國公司的營銷是一種合理的、舒適的、享受人生的理念和文化。（頁100）在另一次營銷業務會上，劉福金又宣講了銷售電熱爐的理念：在台灣這個大眾消費社會裡，在 marketing 的時代，消費的需要是可以創造、可以操縱、可以管理的，他引用了 Peter Drucker 的話：創造慾望、創造顧客是企業活動的中心機能。（頁 116）接著劉福金拿出他的廣告影片，在台灣鄉下的農舍中，從台北回到鄉下的孩子吵著要吃鐵板燒，阿公笑著拿出莫飛穆公司銷售的電熱爐。在這廣告影片中，劉福金成功的結合了商業主義與鄉土特色，使跨國企業在地化了。陳家齊對此的評論，無疑是陳映真對商業主義的諷刺：

> 「一個優秀的 Marketing Man，應該學會不惜以任何東西，包括他自己的宗教，去換取消費者對產品的認識、意識、興趣、需要，以及，先生們，最終掏出錢來，完成購買的行動。And H. K. is that marketing man.」他說，「劉福金就是這樣的企劃人才。」（頁 122）

---

[50] 黎湘萍在《台灣的憂鬱》（台北：人間出版社，2003 年），頁 216，就指出陳映真「華盛頓大樓」系列小說是陳氏思考人的異化問題之作。事實上陳映真在創作完「華盛頓大樓」系列之後，又寫了數篇文章，借用了法蘭克福學派馬庫塞（Herbert Marcuse, 1898-1979）的理論批判在大眾消費社會中，人變成只會消費不懂思考的單向度的人，永遠被慾望所牽引，成為商品市場的工具，認為這是人異化最悲慘的景況；這些文章如〈企業下的異化〉，收入《陳映真作品集 9》；〈大眾消費與當前台灣文學的諸問題〉，收入《陳映真作品集 8》。

上世紀八０年代以來，陳映真無時不在批判現代資本主義的意識形態，他早就注意到資本主義藉影像行銷的手法，在為阮義忠攝影作品集《人與土地》寫的序文中，他寫道：

> 但這做為現代重要的思維和表達符號的照片，在由無數消費人所形成的現代大眾消費社會中，成為生產和再生產現代資本主義工業意識形態的最有效的工具。在我們極目可見之處，充斥著表現進步、舒適的都市生活、豐富過剩的現代商品、洋溢著青春和健康的肉體，發散著青春與幸福的美貌……的照片。在這些照片中，生活永遠是滿足、寬敞、舒服、方便和富裕的；人永遠是青春貌美、健康幸福的；社會上充滿著歡笑、機會、愛情和歡愉。而人的環境則永遠是那麼現代化、便捷、繁華的商業城市和高等住宅與公寓……這樣的映像，大量、密集、長期地生產和再生產，終至構成了一個虛構的世界。但這個虛構的世界，卻因緊密附著的現代化大量生產和大量行銷、大量消費的經濟建制中，成為一種強迫性的觀念，使人們習於迎見這虛構的、幸福的人生，而拒絕被視覺商品長期排斥的、真實卻比較陰暗、比較鄉下、比較衰老、比較「粗鄙」……的，卻是真實的世界。[51]

〈萬商帝君〉的另一情節線是寫出身貧困農家林德旺在跨國企業裡的物化與異化。林德旺三專畢業換了幾次工作後，進入莫飛穆公司，也是他第一次進入一個有地毯、冷暖氣、高級辦公桌椅的新奇世界，這個世界對照了他故鄉的落後、髒亂。為了配合公司的派頭，他購買新的衣物、皮鞋等，薪水已入不敷出，於是他轉向姊姊索取。他在陳家齊的業務部工作，腦海中想的全是升職，偏執的結果終於使他精神錯亂，他從進入公司開始，對 manager 就有一種莫名的崇拜，於是幻想自己有一天會升

[51] 陳映真撰，阮義忠攝影：〈走出國境內的異國〉，《人間》雜誌第 16 期（1987 年 2 月），頁 94-96。

爲業務部的 manager。林德旺最後畢竟瘋了，自以爲是統管萬邦企業的萬商帝君爺，連看到報紙上徵求 manager 的廣告，他都以爲是神明給他的指示。（頁 157）

我們在前文已指出，陳映真借用馬庫塞的理論，批判了發達工業社會的商品化和消費主義，把虛假的需求強加於人，使人成爲資本社會的操縱物，異化了人。在〈萬商帝君〉裡，林德旺不自覺的一步一步走進都市異化的陷阱裡。故事中，陳映真也再次寫出了跨國企業的殖民主，對殖民者語言上的暴力，公司總經理布契曼看著自己的女秘書手上夾著煙，惡戲地說：「All I know is Lolitta cares for the King-Size most.」當殖民語言被翻譯／番易成本土語言時，那就是「Lolitta 最喜歡大枝的」，這種語言的暴力，正符合莫漢蒂（Chandra T. Monhanty, 1955-）的後殖民理論，莫漢蒂認爲婦女在這個所謂的文明世界，事實上成爲男性施暴的犧牲品。她們在各個文化領域中，都處於男權社會的附庸地位。婦女作爲權力主體，已經喪失了自己言說的能力。更嚴重的是，第三世界婦女的生存經驗和文化性存在，被相當程度地忽略了。因此，對婦女的一種漠視、忽略和侵犯，強化了西方的「文化帝國主義」特性。因爲莫漢蒂注意到女性所遭致的權力疏離，喪失了說話的權力和自我思想命名的權力，並在與男性的所謂「性戰爭」中，不斷地變成一種簡單地生產與再生產的性別符號，而失落了敘說自己歷史和未來的話語權，莫漢蒂才特別強調，只有第三世界的婦女獲得真正書寫自己歷史的權力，才能與第一世界女權主義進行對話。[52]

[52] 參見 Chandra T. Mohanty, "Cartographies of Struggle: Third World Women and the Politics of Feminism," and "Under Western Eyes: Feminist Scholarship and Colonial Discourses," in Chandra T. Mohanty et al., eds. *Third World Women and the Politics of Feminism* (Bloomington: Indiana UP, 1991), pp.1-50 and pp.51-80;"Under Western Eyes: Feminist Scholarship and Colonial Discourses,"一文又收入 Bill Ashcroft, et al, eds *The Post-colonial Studies Reader*, pp.259-63.在這一篇文章中，莫漢蒂從印度、非洲、回教世界、拉丁美洲等第三世界女性的不同議題著眼，認為第三世界女性並不是一個同質性的群體，而是各有其

綜而言之，陳映真在日本殖民台灣已成歷史的三十年之後，目睹台灣在美國經濟殖民之下，人民逐漸喪失了主體性，價值觀逐漸向殖民宗主國認同，而後殖民社會的台灣，正經歷新一波的跨國資本企圖對發展中國家的經濟殖民，個體也隨之物化與商品化，[53]作爲一個馬克斯主義的信徒及大中國民族主義者，陳映真在「華盛頓大樓」系列中不避意念先行的忌諱，把小說幾乎寫成了經濟學或企管教科書，倒是讓我們看到了他心中的憂急，論者向來視陳映真爲人道主義者，他的人道關懷，和他出身基督教家庭背景有關，這也讓我們彷如看到了陳映真使徒般的身影，踽踽獨行在一個兩岸齊向資本主義社會狂奔的世代裡。

三、黃春明的後殖民書寫

嚴格來說，黃春明（1939-）後殖民小說的書寫比陳映真要來得早些，〈莎喲娜啦・再見〉完成於 1973 年，〈小寡婦〉出版於 1975 年，〈我愛

問題，但她們卻共同面臨男性的暴力、男性的附庸、在父權家庭中邊緣化等問題。因此，莫漢蒂在文中就從女性作為附屬品、女性作為暴力的犧牲者、已婚女性作為殖民過程中的犧牲者、女性和家庭制度等各方面來探討第三世界婦女的處境（women as universal dependents, women as victims of male violence, married women as victims of the colonial process, women and familial systems）,從而認為第三世界女性各有其特殊的社會、政治、經濟、宗教和意識形態的問題，必須為自己發聲，而不是被西方女性主義將之視為一同質的群體，在她看來，西方世界和第三世界女性之間，除了姐妹情誼之外，尚有種族主義、殖民主義、帝國主義的問題（Beyond sisterhood there are still racism, colonialism and imperialism!）因為莫漢蒂的女性主義往往著眼於被殖民國家女性的處境，她的女性主義和後殖民主義的主張是不可分的。

[53] 對於光復之後，台灣在美援之下的後殖民經濟發展歷程，可參見曾萍萍：《噤啞的他者：陳映真小說與後殖民論述》（台北：萬卷樓圖書公司，2003 年），頁 56-70。

瑪莉〉發表於 1977 年。[54] 論者大都注意到，黃春明的作品多著重於刻劃台灣現實社會中一些低層人物的遭遇、性格與心聲；[55]或者認爲黃春明小說所以能給讀者留下深刻印象，是因爲他認識到現代工業社會及文明對傳統農業社會生活中的小人物帶來衝擊和痛苦，這些黃春明熱愛的鄉土人物，都能以堅毅的精神去贏得個人起碼的尊嚴。[56]在小說藝術上，有人認爲黃春明的小說慣用嘲諷的手法，沒有矯揉造作的技巧，是「未受現代主義污染的淨品」[57]，但純然未受西方影響並非是好事，畢竟西方的小說技巧確有值得借鑑之處，因此也有學者認爲黃春明的小說「缺乏現代主義的精心布局與節制美德，而顯得過分臃腫而欠缺剪裁」[58]。

黃春明的〈莎喲娜拉・再見〉寫一個戰後日本以資本主義商業帝國取代軍事帝國重新對台灣殖民的故事。台灣於中日甲午戰後，淪爲日本帝國殖民地五十年。二次大戰日本戰敗，台灣回到國民政府治下。戰後

[54] 本文引黃春明作品皆據遠景版，以下不另註明，僅標出頁碼。

[55] 如思兼編：《六十一年短篇小說選・附註》（台北：爾雅出版社，1974 年），頁 143。

[56] 何欣：〈論黃春明〉，《當代台灣作家論》（台北：東大圖書公司，1983 年），頁 74-150。

[57] 彭瑞金：〈我不愛瑪莉〉，《泥土的香味》（台北：東大圖書公司，1980 年），頁 93-106。

[58] 呂正惠：〈黃春明的困境〉，《小說與社會》（台北：聯經出版社，1988 年），頁 4。其實，黃春明開始創作的六〇年代，正是台灣現代主義文學風潮盛行的年代，1960 年 3 月，白先勇、王文興、李歐梵、歐陽子、劉紹銘等人創辦《現代文學》，引介西方現代主義作家卡夫卡（Franz Kafka, 1883-1924），喬伊思（James Joyce, 1882-1941）等人的作品，許多初登文壇的作家如叢甦、陳映真、陳若曦、施叔青、李昂等都受到影響，競相模仿現代主義的小說，探討現代人生存的困境。1966 年 10 月，王夢鷗、姚一葦、何欣、尉天驄等人創辦《文學季刊》，同仁中還有陳映真、劉大任、七等生、施叔青，後來黃春明在七等生介紹下也加入《文季》編輯，黃春明這些小說同好這時期作品都有些現代主義的色彩，要說黃春明不受影響，大概不太可能，我們進一步檢視黃春明六〇年代的作品，就可發現他鄉土的題材中，也有一些現代主義的精神面貌。

美國爲防止共產主義擴大，扶植日本迅速恢復國力，形成美日聯防。日本以其快速發展的工商業，成了東亞的經濟強權，上世紀六0年代以來，日本資本、設備、工商產品對台輸出，使日本成爲台灣最大貿易逆差國。日本商人重新以殖民主的面貌登陸台灣，「在他們的潛意識裡，還是把台灣看成他們的殖民地」(《莎喲娜拉・再見》，頁 178)。

故事一開始，就是寫主角黃君臨時接到公司總經理的命令，要他帶馬場等七位日本商人到礁溪溫泉旅遊，實際上是帶著這些「千人斬俱樂部」的成員去嫖妓。黃君的祖父右腿在年輕時被日本人打斷，初中歷史課上，也曾看到歷史老師含淚講著日本侵華的歷史，南京大屠殺的悲慘，黃君因此是個仇日的民族主義者，沒想到時移事變，如今卻要帶著日本人去嫖自己同胞，但爲了妻小生活，黃君只得忍辱帶隊。一路上，日本商人趾高氣揚，如同走在自己的殖民地上，黃君阿 Q 式的作法，就是只能替自己的女同胞抬高價錢，和藉著替大學生翻譯之便，把日本人著實地教訓了一番，也把大學生一味崇拜日本想到日本留學，卻不知到故宮去了解中華文物的媚外之行作了嚴厲的批判。黃春明民族主義的色彩在此也呼之欲出。

黃春明的〈莎喲娜拉・再見〉無疑可視爲一種後殖民文學，後殖民主義認爲，殖民主及其所代表的傳統與價值，都貫穿著一種民族優越感，使被殖民者及其文化成爲他者的邊緣角色[59]，女權主義者也結合了後殖民主義，她們認爲第三世界的女性，往往成爲殖民主所謂文明世界男性施暴的犧牲品。[60]我們試看黃春明的故事中，日本商人正是以充滿性暴

[59] 有關後殖民理論中「他者」的討論，參見 Bill Ashcroft, et al. eds. *The Post-Colonial Studies Reader*, pp. 18-28, 36-44 etc.

[60] 參見 Chandra T. Mohanty, "Under Western Eyes: Feminist Scholarship and Colonial Discourses," in Chandra T. Mohanty et al., eds., *Third World Women and the Politics of Feminism* 一文中對第三世界女性處境、女性主義學術及後殖民論述的的討論，在該文 "Women as Victims of Male Violence,"一節中，莫漢蒂認為雖然對女性的暴力在男性世界中被默認，但男性的暴力必須放在特定的社會語境中加以理論化和解釋才能被了解及有效地改變（Male vilence must be

力的語言君臨著台灣婦女，所謂「千人斬俱樂部」因此成了殖民主和帝國主義者軍事、經濟、身體等侵略的象徵，陳映真正確的指出：

> 在帝國主義時代，殖民者和被殖民者在文學中往往以男性和女性的關係出現，而以男性對女性的狎淫和壓迫呈現殖民地的壓迫與剝削的複雜關係，小說中的「千人斬俱樂部」，形象地、批判地描寫了日本新殖民主義在其舊殖民地區的復權。隨著六0年代中後新的國際分工的展開，日本獨佔資本以貸款、投資、賠償、援助的名目，在美國的庇護下，深入韓國、台灣、馬來西亞、印尼和泰國等四0年代日軍佔領區。於是「日本人放棄槍杆，卻改用殺人不見血的經濟侵略」行動，隨日本跨國公司、技術合作、貿易商社在前殖民地的擴張，日本商貿人員和觀光客在貪欲地狎淫前占領地的女體中，宣泄新殖民主義的種族優越和君臨支配的意識。而以劍詼喻殖民者的男根，以「千人斬」引起日本舊帝國軍人在遼闊的亞洲大陸瘋狂屠殺的歷史記憶，有深刻的歷史意識和豐富的象徵，詼諧中增強了痛烈的批判。[61]

陳映真在上文中認爲日本的經濟侵略是一種新殖民主義，我們看小說中的主角黃君雖自命爲民族主義者，但畢竟屈從於總經理的命令，因爲這些日本人是「和公司業務有極密切關係的人」（頁 158）。憤怒之中，他也想到辭職不幹，在一番心理掙扎之後，他還是幹定了這拉皮條的事，

theorized and interpreted within specific societies, in order both to understand it better and to effectively organize to change it.）p. 58，黃春明小說中日本殖民者對台灣女性的性暴力，無疑也應放在後殖民語境中來解釋才能更被了解。有關第三世界女性在後殖民時期的討論，參見拙文〈黃碧雲《後殖民誌》中的後現代性〉，收入蔡振念編：《近五十年來現代小說論文集》（高雄：國立中山大學文學院，2007 年），頁 199-218。

[61] 陳映真：〈七十年代黃春明小說中的新殖民主義批判意識〉，《文藝理論與批評》第 2 期（1999 年），頁 93。

而他給自己的理由是十足犬儒式的（cynical）:「我今天不帶他們七個日本人去，別人會帶他們去，照樣有七個女同胞被殺。」（頁 163）

離開台灣殖民地二十餘年之後再回來的日本人，這回他們帶來的不是武士刀，而是象徵武士之劍的男根。在後殖民的理論裡，殖民者與被殖民者之間總是一種男女關係的擬喻，而身體則是一種權力關係的銘記（insciption），因此，千人斬俱樂部一有機會就到東南亞、韓國、台灣嫖妓（頁 174），其實也是一種殖民的隱喻，無怪乎這些日本人都無法壓抑時時外露的優越感（頁 187-188）。我們在前文討論法農的後殖民理論已提及，法農認爲殖民主霸權式的控制，使殖民地人民在心理上產生自卑情結。在〈莎喲娜啦・再見〉中，這種自卑情結表現在大學生對日本的盲目崇拜，M 對黃君能說流利日語的敬佩。其實，台灣在日據時代許多人能說流利日語，是日本皇民化殖民政策結果，日本學者尾崎秀樹早在 1961 年就看出了台灣人被剝奪了民族母語，終於喪失了祖國意識，產生了認同的奴化。[62]

黃春明的〈我愛瑪莉〉也是一篇從殖民主語言對被殖民者奴化的寓言之作，小說中陳順德原爲中學英語教員，後來轉到洋機關工作，名字也改爲大衛，陳，別人叫他中文名字，他不理不睬，家裡擺設也完全洋化。後來洋老闆要回美國，他求老闆留下那隻叫瑪莉的洋狗讓他照顧。他待之如同侍候洋老闆。狗到了他家，他的妻小甚至受到了冷落。有次陳順德外出，瑪莉跑出去和土狗交配，妻子慌忙打電話給他，他竟把妻子痛罵一頓，傷心之餘，妻子責問他是愛狗或愛她，陳直言叫道:「我愛瑪莉。」妻子一氣之下帶著女兒回了娘家。

陳順德將自己改名爲 David，無疑是對經濟上殖民母國文化上的一種模擬（mimicry），美國後殖民學者霍米・巴巴（Homi Bhabha）指出，模擬會產生出一種居於與原體相似和不似之間的他體，帶有被殖民的痕

[62] 參見尾崎秀樹著，陸平舟、間扶桑子和譯:《舊殖民地文學的研究》（台北：人間出版社，2004 年）及書前陳映真〈出版的話〉，尾崎秀樹在 1961 年這本著作，可能是日本後殖民理論的先驅。

跡，使被殖民者必須以殖民主的語言文化來確認自我身份，這樣的過程事實上是種扭曲，但被殖民者往往由被動到主動，由受壓迫感、屈辱到逐漸適應。[63]殖民者的語言、文化滲入了土著文化，殖民地移植了西方生活模式和文化習俗的結果，是「弱化和瓦解了當地居民的民族意識」[64]。被殖民者使用殖民主語言來表述自己身份，最終將使他們喪失了主體和對自己文化傳統的意識。我們看小說中陳順德改名大衛之後，竟不能回應別人叫他原名，如同洋狗瑪莉，只對英語有反應。我認爲黃春明此處指桑罵槐，用洋狗瑪莉來象徵如陳順德一般的洋奴走狗，在另一層次上，瑪莉也象徵了陳順德力求同化於洋老闆的手段，爲求討好洋老闆，陳順德最後竟棄妻兒的感受不顧，完全認同於殖民主，黃春明對殖民主義者挾經濟優勢侵害弱勢的批判，在〈我愛瑪莉〉中，最爲顯著。

另方面，我們還可以從史碧瓦克的後殖民理論來探析陳順德的奴化，史氏說，處於中心之外的「邊緣」地帶的殖民地，對宗主國在政治、經濟、文化、語言上的依賴，使其文化記憶深深打下了「臣屬」的烙印。[65]陳順德改名 David 之後，也失去了身份的認同，所以無法回應自己的原名，更有甚者，他在「我愛瑪莉」的宣告中，已將自己奴化成爲洋主人的走狗。在此，黃春明巧妙的應用誇大、諧謔的手法，讓台灣人民在殖民者的凝視之下，成爲可笑的，被凝視的敘述景觀。

這種被凝視的敘述也出現在〈小寡婦〉之中，小說寫主角馬善行大學畢業後留美讀市場學和旅館經營，在美工作四、五年之後回台，他已是十足洋化的假洋鬼子，滿口英文，喝咖啡不加糖，他以在美國的行銷觀念將自己的女同胞打扮成寂寞難耐的小寡婦，穿上中式旗袍，以異國情調吸引越戰期間來台渡假的美軍。她將女同胞視同商品來推銷，所以

---

[63] Homi Bhabha, *The Location of Culture*, passim., esp. pp. 85-92。

[64] 張京媛編：《後殖民理論與文化批評．前言》（北京：北京大學出版社，1999年），頁 2。

[65] Gayatri C. Spivak, "Subaltern Studies: Deconstructing Historiography," *In Other Worlds: Essays in Cultural Politics*(New York：Routledge, 1988). pp.197-221.

講究包裝，又以市場學觀點分析顧客心理，迎合美軍在戰場中的空虛及對異國風情的獵奇。事實上，馬善行留學美國，所以他了解西方世界對亞洲東方主義式的心理投射。[66]巴基斯坦裔的美國學者薩依德在其《東方主義》一書中指出，東方主義事實上是西方人出於對東方人的無知和偏見建構出來的，由於這種偏見，東方人在西方人眼中往往帶有一種神秘的色彩，這種東方主義已成爲歐美殖民主根深蒂固的意識形態和認識體系，一種對東方的文化霸權。[67]

小寡婦的裝扮，固然滿足了美國人對中國的想像，我們適可用薩依德的理論來解說。然而這未嘗不是台灣人的自我東方主義，如前所言，被殖民者如果利用殖民主對東方論述的想像來塑造自己，便是所謂自我東方主義。小說中馬善行讓妓女穿上清末民初仕女的行頭，腳上著繡花鞋，竃肢裡塞著一條香絹，扮演著外表如冰山美人、內心熱情如火的小寡婦，要妓女和洋人大談纏足史，《金瓶梅》、《素女經》等牀上功夫，談貞節牌坊和處女崇拜，以中國文化中的偏鋒來迎合美軍的異國想像，滿足其好奇心，正是自我東方主義式的矮化、醜化中華文化。黃春明筆下這些小寡婦，無疑是帝國主義各種方式侵略下具體的象徵，美軍先以軍事上的優勢干涉越南內政，透過美國大兵路易，我們看到了美軍在越南對平民的濫殺和強姦。另方面，這些美軍又藉著經濟上的優勢，來台消費台灣女性。台灣女性在那一個年代，如同我們的加工產品，成了賺取外匯的商品符碼。和〈莎喲娜拉．再見〉中的日本人一樣，殖民者在以槍、劍征服了殖民地之後，又以象徵槍、劍的男根侵凌殖民地婦女的身體。小寡婦的形象因之成了黃春明對殖民／帝國主義具體的批判，也象

---

[66] 馬善行的名字讓我們想到老舍小說《二馬》中的父子馬威和馬則仁，二馬身處倫敦，英國人對他們的好奇和好感也都是東方主義式的。二馬的房東女兒瑪莉對他們的好感，竟使兒子誤以為瑪莉對他有意，最終在瑪莉宣佈和男友訂婚後，失落地遠走法國。

[67] 參見 Edward W. Said, “Introduction,” in his *Orientalism*(New York: Vintage, 1979).中譯見王弘志等譯：《東方主義》，頁 1-40。

徵了被殖民者文化／身體等主體所受到的扭曲與戕害。

另方面，黃春明在小說中也看到殖民者語言的霸權與文化殖民，酒吧裡的酒女，爲了迎合美軍，把名字改成了英文名，馬善行在黃經理面前，所用廣告的行話都是英文，當黃經理抱怨不懂，馬善行不無得意的說：「我在美國說慣了英文，跟我們中國人講話，常常會夾雜幾句英文。」（頁 108）在這裡，馬善行對經濟上殖民母國的模擬，使殖民者的語言、文化摻入了本土文化，進而挪用了殖民者的文化習俗和生活習慣。我們看馬善行除了語言上帶有被殖民的痕跡，他對小寡婦的行銷，也是因爲他在美國讀市場學和旅館經營（頁 98），無形之中，他已經內化了美國資本主義的市場法則，將自己和同胞都物化爲商品了。〈小寡婦〉的故事，讓我看到了黃春明後殖民書寫對殖民主義和資本主義嘲諷式的批判，也讓我看到中心與邊緣在語言、文化上的含混、交涉、挪用等的呈現。

四、結論

本文首先討論了後現代主義和後殖民主義之間的異同，指出二者相同之處在它們都關注去中心的課題，有明顯的解構傾向，但後殖民也有其強調的課題如去殖民、中心與邊緣的含混、交涉、挪用，另外，後殖民主義也強調其和西方後現代主義在歷史經驗與進程上的不同。接著我們討論了西方幾位主要後殖民學者如法農、薩依德、史碧瓦克的理論，並指出這些學者大都出身前殖民地，又受教於西方世界，因之對被殖民的經驗感同身受。再次，本文討論了後殖民主義在台灣的接受過程，指出九０年代以來台灣的後殖民論文已摻入了複雜的台灣主體性和文化、身份認同的議題，後殖民理論在台灣事實上已經歷了一種本土化的過程，許多論述已超越西方後殖民理論的範疇，但這些論述並非本文的議題，我們將之提出，只是作爲論文的背景，和本文要討論的主題也不相矛盾，因爲陳映真和黃春明相關的作品都寫於本土的後殖民論述出現之前，他們所描寫的現象，是七０年代到八０年代間美日對台灣經濟、文化上的殖民現象，這些現象，都可引用傳統的後殖民理論加以理解。但這種經濟、文化上的殖民和西方傳統的殖民情況又有許多不同，因此本文也非西方理論的全面挪用或照搬，而是選擇性的應用。

論文的後半則分別討論了陳映真〈夜行貨車〉、〈雲〉、〈萬商帝君〉及黃春明〈莎喲娜啦‧再見〉、〈我愛瑪莉〉、〈小寡婦〉六篇作品中的後殖民書寫。陳映真的小說著重在批判資本主義對台灣經濟的侵略與殖民，使被殖民的台灣人民在商品主義之下有物化與異化的傾向；黃春明的後殖民書寫在表現手法上則以嘲諷暗寓批判，著重在描寫被殖民的台灣人之奴化以及文化認同上的迷失；這是兩人不同之處。同時，他們的文本多少都有著民族主義爭取民族尊嚴的訴求，兩人在寫作手法、敘事策略上雖有不同，但作爲台灣小說中後殖民書寫的傑出作家，他們的小說絕對值得我們在後殖民語境中來研究。

引用文獻

王岳川：《後殖民主義與新歷史主義》，濟南：山東教育出版社，1999 年。
王寧：《超越後現代主義》，北京：人民文學出版社，2002 年。
王德威：〈最後的馬克斯──評陳映真的《歸鄉》及其他〉，《眾聲喧嘩以後》，台北：麥田出版社，2001 年。
呂正惠：〈從山村小鎮到華盛頓大樓〉，《小說與社會》，台北：聯經出版社，1998 年。
宋冬陽（陳芳明）：〈縫合這一道傷口〉，《陳映真作品集 14：愛情的故事》，台北：人間出版社，1988 年。
尾崎秀樹著，陸平舟、間扶桑子和譯：《舊殖民地文學的研究》，台北：人間出版社，2004 年。
李筱峰：《台灣史 100 件大事》上下冊，台北：玉山社，1999 年。
李歐梵：〈小序「論陳映真卷」〉，《陳映真作品集 14：愛情的故事》，台北：人間出版社，1995 年。
李瀛：〈寫作是一個思想批判和自我檢討的過程──訪陳映真〉，《夏潮論壇》第 1 卷第 6 期，1983 年 7 月。後收入《陳映真作品集 6：思想的貧困》，台北：人間出版社，1995 年。
周英雄、劉紀蕙編：《書寫台灣：文學史、後殖民的後現代》，台北：麥田出版社，2000 年。
法農著，陳瑞樺譯：《黑皮膚‧白面具》，台北：心靈之坊文化公司，2005 年。
邱貴芬：《後殖民及其外》，台北：麥田出版社，2003 年。
哈山著，劉象愚譯：《後現代轉向：後現代理論與文化論文集》，台北：時報文化出版社，1993 年。
洪銘水：〈陳映真小說的寫實與浪漫〉，《台灣文學散論》，台北：文津出版社，1999 年。
徐復觀：〈海峽東西第一人──讀陳映真的小說〉，《陳映真作品集 14：

愛情的故事》，台北：人間出版社，1995 年。
許俊雅：《日據時期台灣小說研究》，台北：文史哲出版社，1999 年。
許南村編：《反對言僞而辯：陳芳明台灣文學論、後現代論、後殖民論的批判》，台北：人間出版社，2002 年。
陳芳明：〈台灣新文學史的建構與分期〉，《聯合文學》1999 年 8 月號，頁 160-168。
______：《後殖民台灣：文學史論及其周邊》，台北：麥田出版社，2002 年。
陳建忠：《日據時期台灣作家論：現代性、本土性、殖民性》，台北：五南圖書出版公司，2004 年。
陳建忠等：《台灣小說史論》，台北：麥田出版社，2007 年
陳映真：〈七十年代黃春明小說中的新殖民主義批判意識〉，《文藝理論與批評》，1999 年 2 期。
______：《陳映真作品集 14：愛情的故事》，台北：人間出版社，1995 年。
______：《陳映真作品集 3：上班族的一日》，台北：人間出版社，1995 年。
______：《陳映真作品集 4：萬商帝君》，台北：人間出版社，1995 年。
______：《陳映真作品集 6：思想的貧困》，台北：人間出版社，1995 年。
曾萍萍：《噤啞的他者：陳映真小說與後殖民論述》，台北：萬卷樓圖書公司，2003 年。
楊雅惠：《現代性詩意啓蒙：日治時期台灣新詩的文化詮釋》，高雄：中山大學出版社，2007 年。
詹宏志：〈尊嚴與資本機器的抗爭——評介陳映真的作品《雲》〉，《陳映真作品集 14：愛情的故事》，台北：人間出版社，1995 年。
詹明信著，唐小兵譯：《後現代主義與文化理論》，台北：合志文化事業公司，1989 年。
廖炳惠：《回顧現代：後現代與後殖民論文集》，台北：麥田出版社，1994

年。

趙稀方：《後殖民與台灣文學》，台北：人間出版社，2009 年。

趙遐秋：《生命的思索與吶喊：陳映真的小說氣象》，台北：人間出版社，2007 年。

劉自荃譯，阿希克洛夫特著：《逆寫帝國：後殖民文學的理論與實踐》，台北：駱駝出版社，1998 年。

劉亮雅：《後現代與後殖民：解嚴以來台灣小說專論》，台北：麥田出版社，2006 年。

黎湘萍：《台灣的憂鬱》，台北：人間出版社，2003 年。

薩依德著，單德興譯：《知識分子論》，北京：三聯書店，2002 年。

________，王志弘等譯：《東方主義》，台北：立緒文化公司，1999 年。

________，彭淮棟譯：《鄉關何處》，台北：立緒文化公司，2000 年。

Ahmad, Aijaz. "The Politics of Literary Postcoloniality." *Race and Class* 36.3, Jan.-Mar, 1995 :1-20.

---,---.*In Theory: Classes, Nations, Literatures,* London: Verso, 1992.

Ashcroft, Bill. et al, eds. *The Empire Writes Back: Theory and Practice in Post- Colonial Literatures*, London: Routledge, 1989.

---,---. et al, eds. *The Post-Colonial Studies Reader.* London and New York: Routledge, 1995.

Bertens, Hans. and Douwe Fokkema, eds. *International Postmodernism: Theory and Literary Practice*, Amsterdam and Philadelphia: John Benjamins, 1997.

Bertens, Hans. *The Idea of the Postmodern: A History*, London and New York: Routledge, 1995.

Boudieu, Pierre. *The Field of Cultural Production: Essays on Art and Literature. Ed. Randal Johnson*, Cambridge: Polity Press, 1993.

Bové, Paul. *Early Postmodernism: Foundational Essays*, Durham: Duke University, 1995.

Cheng, Chin-chuan(鄭錦全), I-chun Wang(王儀君) and Steven Totosy de Zepetnek, eds. *Cultural Discourse in Taiwan*, Kaohsiung: National Sun Yat-sen University, 2009.

Ching, T. S. Leo (荊子馨). *Becoming Japanese: Colonial Taiwan and the Politics of Identity Formation*, Berkeley: U. of California P. 2001.

Dirlik, Arif. "The Postcolonial Aura: Third World Criticism in the Age of Global Capitalism." *Critical Inquiry* 20(Winter, 1994):328-56.

---,---. *The Postcolonial Aura: Third World Criticism in the Age of Global Capitalism,* Boulder: Westview Press, 1997.

Fanon, Fantz . *The Wretched of the Earth,* New York: Grove Press, 1961.

---,---. *Black Skin, White Masks*, Trans Charles Lamm Markmann, New York: Grove Weidenfield, 1967.

Foucault, Michel. *Power/knowledge: Selected Interviews and Other Writings, 1972-77,* New York: Pantheon, 1980.

Gramsci, Antonio. *Prison Notebooks.* New York: Columbia UP, 1991.

Jameson, Fredric. "Third- World Literature in the Era of Multinational Capitalism," *Social Text* 15(1986):65-88.

---,---. "Postmodernism, Or, The Cultural Logic of Late Capitalism." *New Left Review* 146(July-August, 1984):59-92.

---,---. *Postmodernism or, The Cultural Logic of Late Capitalism*, Durham: Duke UP, 1991.

Hassan, Ihab. *The Postmodern Turn: Essays in Postmodern Theory and Culture*, Columbus: Ohio State UP, 1987.

Lyotard, Jean-Francois. *The Postmodern Condition: A Report in Knowledge,* trans. Geoff Bennington and Brian Massumi. Minneapolis: University of Minnesota Press, 1983.

Said, Edward W. *Orientalism,* New York: Vintage, 1979.

---,---. *Out of Place: A Memoir,* New York: Alfred A. Knopf, 1999.

---,---. *Presentations of the Intellectual : The 1993 Reith Lectures,* New York: Pantheon,1994.

Spivak, Gayatri C. *In Other Worlds: Essays in Cultural Politics,* New York: Routledge, 1988.

---,---. *The Post-Colonial Critic: Interviews, Strategies, Dialogues.* Ed. Sarah Harasym. New York: Routledge, 1990.

Teng, Emma Jinhua. *Taiwan's Imagined Geography: Chinese Colonial Travel Writing and Pictures, 1683-1895,* Cambridge: Harvard UP. 2004.

Yip, June (葉菁). *Envisioning Taiwan: Fiction, Cinema, and the Nation in the Cultural Imaginary,.* Durham: Duke UP, 2004.

The Post-Colonialism Short Stories by Ch'en Ying-chen and Huang Ch'un-ming

Chai, Jen-Nien*

[Abstract]

This article discusses, first of all, the differences between post-colonialism and post-modernism. It also delves into the reception of post-colonialism in Taiwan. The later part of the article studies six short stories by Ch'en Ying-chen and Huang Ch'uan-ming, which all criticizes the economical usurpation and the territorial occupation of late-capitalism and colonialism in Taiwan. While Huang emphasizes on the issue of economical colonialism, Ch'en emphasizes on the lost of cultural identity of Taiwan people.

Keywords: post-colonialism, post-modernism, Ch'en Ying-chen, Huang Ch'un-ming.

* Professor, Department of Chinese Literature, National Sun-Yat-sen University.

藝術想像與文本詮釋

時空視域的交融：文學與文化論叢
頁 369~403 國立中山大學人文中心.2011

寫我心曲——甲申事變氛圍下項聖謨（1597-1658）的詩畫文本探析

毛文芳*

〔摘 要〕

明遺民中，對甲申事變反應強烈的詩人畫家之林，項聖謨當爲其一。項聖謨一生詩畫不輟，他熟稔地運用道家退隱山林的詩畫傳統，又經常流露儒家淑世的關懷，使道隱與儒世兩端交纏成極具象徵意涵的隱喻文本。項聖謨選擇以詩／畫之筆作爲自我展演的一個介面，用以詮釋其獨特的經驗與心思，採取根深蒂固文人傳統之隱晦手法，而有極富深曲的表現。甲申事變氛圍瀰漫下的世局對項氏的創作表現影響重大，感時的心理主導著他以詩畫鋪寫末世哀傷，項氏有一方「寫我心曲」鈐印，自道其以筆墨婉曲地書寫心跡。本文特別關注項聖謨的詩畫文本在甲申事變氛圍下家國認同的表述，分由「物類書寫」與「自我寫照」兩大面向考察其詩畫文本的意涵。

關鍵詞：項聖謨、甲申事變、詩畫文本、明遺民、物類書寫、自我寫照

* 國立中正大學中國文學系教授。

收稿日期：2011 年 2 月 10 日，審查通過日期：2011 年 5 月 28 日

一、緒論

明清之際締造政治崩解又新建的變局，緊密牽繫著藝文家的敏感心靈，他們運用各種顯、隱、剛、柔的詩畫媒介型式回應世勢，彼此對話，一生創作不輟、詩畫言志的項聖謨便是一個典例。

項聖謨，浙江嘉興人，生於明萬曆二十五年（1597），卒於清順治十五年（1658），享年六十二歲。初字逸，後字孔彰，號易庵，別號多不勝數，有：胥山樵、松濤散仙、醉瘋人、大酉山人、蓮塘居士、存存居士、烟波釣徒、逸叟、狂吟客、鴛湖釣叟、不夜樓中士……等。據項聖謨一方鈐印「大宋南渡以來遼西郡人」可知，嘉興項氏原爲北方世家大族，宋室南渡後避難到南方定居。明中葉以後，項家出現不少以高官顯爵或文學藝術見於文獻記載的知名人物：項聖謨五世祖項忠，是正統朝進士，官至兵部尚書。伯祖父項篤壽爲嘉靖朝進士，亦官至兵部郎中。祖父項元汴（1525-1590）字子京，號墨林山人，爲晚明江南著名的書畫鑑藏家，其收藏之古代法書名畫與鼎彝玉石，甲於海內，無人能匹，元汴因得一把刻有「天籟」二字的古琴，便將其藏古樓命名爲「天籟閣」。項聖謨爲元汴之孫，項氏一門善書畫、好收藏，聖謨自幼受庭風薰染，精研古代書畫名作，具有深厚文人素養，又善於生活中汲取素材，畫作具有鮮明風格，在明清之際的畫壇上獨樹一幟，詩亦精工。大體說來，前半生的項聖謨，可說是其一生繪畫藝術的奠基時期，此期他便已顯露欲在繪畫藝術上追求卓越的企圖，技法師承宋元諸家，周密嚴謹而韻致秀逸。身爲收藏家項元汴的孫子，又與藝壇前輩巨匠董其昌（1555-1636）、陳繼儒（1558-1639）、李日華（1565-1635）等人交遊觀畫論畫，形成其鑽研畫藝的志向。項氏雖曾爲國子監太學生，很早即棄舉業，追步祖父行跡，投身於詩畫詩文的創作，並引以自豪，曾刻一方印章「天籟閣中文孫」常鈐印於作品畫幅上，作爲一種自我期許。[1]

饒宗頤認爲：「明季文人，不作匠筆，貴爲士畫，而恥爲畫士，大都以山水爲園林，以翰墨爲娛戲，以文章爲心腑，而以畫幅爲酬酢。信手拈來，朋友之間，以藝互相感召，題句者蓋以詩答畫，贈畫者實以畫代詩。……明人作畫題詩，非以沽利釣名，但求知音之賞。」[2]明清易代於甲申年，斯爲朱明政權崩解之鉅難，對所有的漢族士人而言，造成前所未有的莫大衝擊與悲慟，敏感的詩人畫家於詩畫風格及題材上必有相應的表現，然現存作品中，對此鉅難直接表露者鮮少。明遺民中，對甲申事變反應較強的藝術家，當爲詩人畫家項聖謨，以隱喻手法表述其志。[3]如果書寫是爲了詮釋，那麼書寫的體式便是自我展演的一個介面，項聖謨選擇以詩／畫之筆再現自己，用以詮釋其獨特的經驗與心思，採取根深蒂固文人傳統之隱晦手法，而有極富深曲的表現。項氏有一方印鈐爲「寫我心曲」，自道其以筆墨婉曲地書寫心跡，究係如何的婉曲書寫？又是何種心跡？

二、畫諫

前半生的項聖謨，是意氣風發的富家子弟，在其身世、交遊以及晚明的隱逸風氣的影響下，發展其以隱居爲人生理想的生活態度並以繪畫

---

1 關於項氏的生平傳略，參引自李鑄晉：〈項聖謨之招隱詩畫〉，收入鄭德坤、饒宗頤、屈志仁編：《明遺民書畫研討會記錄》（香港：香港中文大學中國文化研究所文物館，1976 年），頁 531-533。楊新：〈鎔鑄畫史與時代——記明末畫家項聖謨〉，收入楊新編：《項聖謨精品集》（北京：人民美術出版社，1999 年），頁 1。

2 引自饒宗頤：〈明季文人與繪畫〉，收入《中國文化研究所學報》8 卷 2 期（1976 年 12 月），頁 403。

3 李鑄晉考察明遺民畫家，發現作品直露亡國之恨者絕無僅有，詳參李鑄晉：〈項聖謨之招隱詩畫〉，收入楊新編：《項聖謨精品集》，頁 531-532。

藝術爲一生追求之志業。終其一生隱逸的他，總是採取畫史傳統裡山水、人物、花鳥、蔬果等多方題材設計畫中圖像，並以題詩追慕林下野逸之趣。然而明帝國的末世氣氛，怎能輕易被敏感的藝術家所忽略？明朝傾頹前夕，熹宗昏庸無能，政權旁落於宦豎魏忠賢，魏氏把持朝政，陰結黨羽，朋比爲奸，排除異己，大興冤獄，尤其對士大夫爲核心的東林黨人打擊最爲惡狠。東林黨人活動範圍在江南地區，時值青壯年時期的項聖謨不可能不受影響。明天啓四、五年（1624、1625）間，項氏繪有〈甲子夏水圖〉、〈乙丑秋旱圖〉二畫，雖畫蹟不存，卻留有名士長輩董其昌與陳繼儒之題跋，[4]董其昌題曰：

> 水、旱二圖，有藿衣蒿目之憂，更進於畫，所謂山林經濟，使伯時見此，必點頭道好。

董氏讚賞畫家項氏深具極目百姓食粗衣陋之憂，斯二圖堪作江浙水旱侵襲之際，百姓流離失所的見證，起古人於地下，必能獲得宋代文士畫家李公麟之認可。陳繼儒題曰：

> 披水、旱二圖，使人欲涕，此鄭俠流民遺意也。圖中賑饑使者何在？請質之畫諫孔彰。

陳氏則將水旱二圖視爲宋代鄭俠的〈流民圖〉，在畫面上繪出百姓瘦骨如柴，衣不覆體，逃荒乞食，餓死溝壑等慘狀，藉以針砭時政，上諫神宗。董、陳二家題詩不約而同視項氏二畫爲諷刺朝政的「畫諫」。

崇禎五年（1632），項聖謨繪製〈六月鳴風竹圖〉，反映杭、嘉、湖三府等地兩個月以來的嚴重旱象，項聖謨以詩畫媒介傳達出深沈的悲憫，畫面繪出強風吹拂下的青竹叢，題詩則有明確的旨意，既道出自然

4 此二畫畫蹟不存，二家題文引自卞永譽：《式古堂書畫彙考》第 3 冊，卷 5（臺北：正中書局，1958 年，鑑古書社影印吳興蔣氏密均樓藏本），頁 291。。

之怪象：「六月鳴怪風，發發幾晝夜。松梧不絕聲，何曾似長夏？」「皦日何炎炎，大風何冽冽。石背幽草黄，北窗青竹折。」又哀慟弱勢百姓無力抵抗天災之辛酸眾相：「三年苕始華，旱魃復爲虐。無力御狂風，新蕊多吹落。」「田中耘者死，萬姓皆惶惶。」「青苗葉半黄，餉婦顏全黑。」更直接嘲斥養尊處優之無能官府：「酣歌冰帳人，誰知田畯苦。」項氏這幅〈六月鳴風竹圖〉雖不如前述水、旱二圖之紀實，卻是以六月怪風鳴發造成的自然災害喻指腐敗荒殆的政治，又以折損的青竹，比喻天下惶惶的百姓，[5]同樣出於詩畫諫諍的精神。

晚清金石考據大家徐樹銘（1824-1900）[6]曾爲項聖謨順治三年（1646）所作《山水詩畫冊》題曰：

> 用筆不落偏鋒，位置亦都謹細，畫史之董狐也。六月雪篇有時變之感，望扶桑篇有故國之思，詩史之董狐也。[7]

徐氏對項聖謨的詩畫評價甚高，認爲項氏的畫法筆端位正，不走偏鋒與旁道，詩歌又能感時傷國，詩畫之筆均具備一種公正不倚、堅持正道的剛直精神，故以書法不隱之古代良史「董狐」擬譬稱許之。[8]若對照前揭

---

5 〈六月鳴風竹圖〉的題詩及象徵意涵，摘引自楊新：《項聖謨》（上海：上海人民美術出版社，1982 年），頁 7-8。

6 徐樹銘（1824-1900），字伯澄，號壽蘅，又號澂園，澄園，長沙人。道光二十七年丁未進士選庶吉士，授編修。嘗從曾國藩學。歷任兵部、吏部、工部左右侍郎、福建督學、浙江督學、都察院左都御史、工部尚書，授光祿大夫，充經筵講官、國史館纂……等職。平生不事積蓄，唯嗜鐘鼎書畫金石之屬，鑒賞考據甚為精賅。藏書數十萬卷，至老勤學不倦，善詩文。餘如書札、題跋、摩崖石刻、對聯、字軸傳世尚多。

7 轉引楊新：〈鎔鑄畫史與時代——記明末畫家項聖謨〉，頁 10。

8 董狐為春秋時期晉國太史，亦稱「史狐」，周大夫辛有後裔，世襲太史之職，因董督典籍，故姓董氏。據《左傳・宣公二年》載，晉靈公聚斂民財，殘害臣民，身為正卿的趙盾苦諫不聽，欲派人刺殺殘害之，趙盾被逼出逃，尚未

水、旱二圖，更能理解項氏作品所根源的直筆傳統與爲歷史作見證的嚴肅意義。天啓五、六年（1625、1626）間，他創作一個由六幅山水接成的長卷《招隱圖》，畫上題有二十首〈招隱詩〉，項氏於詩後題記曰：「因讀陸機左思招隱詩，有興於懷。」「今將借硯田以隱焉。抒懷適志，亦足了生平。蓋世人於出處之際，不能割裂，以世念未銷矣。」[9]項聖謨選擇「硯田以隱」作爲處世的手段，並非完全不過問世事而作一位棲隱山林的離世隱士，只是在風聲鶴唳的世局裡，投身於藝術世界，採取隱晦的詩畫傳達對憂苦眾生之悲憫，是故其作品時現對民生疾苦之同情與對正道堅貞不屈的心態。

項聖謨一生詩畫不輟，他熟稔地運用道家退隱山林的詩畫傳統，又經常流露儒家淑世的關懷，使道隱與儒世兩端交纏成極具象徵意涵的文本，成爲項聖謨獨特的表述風格。雖然如水旱二圖的題材類型在項聖謨前期畫史扉頁上畢竟不多，然而甲申事變前後帝國傾頹的氛圍已四下瀰漫，世變對其創作表現影響重大，感時的心理主導著他以詩畫鋪寫末世哀傷。以下筆者特別關注項聖謨的詩畫文本在甲申事變氛圍下的表述，概由兩條線索進行探查，其一爲項氏借物爲喻的「物類書寫」，或以螃蟹、雲山進行對時代之觀擬；或描繪琴、泉、樹等像物以爲偶。其二爲項氏以人像畫「自我寫照」。項聖謨的「物類書寫」與「自我寫照」兩大面向彼此交融相互涵攝，筆者將進一步細究其詩畫文本的意涵。

越過邊境，靈公已被族弟趙穿弒，趙盾返回晉都繼續任職。靈公實為趙穿所殺，史官董狐以「趙盾弒其君」記載此事，申明理由曰：「子為正卿，亡不越境，反不討賊，非子而誰？」董狐以為趙盾未依職責阻止與討伐，以示筆伐。其以秉筆直書聞名於世，故譽稱「董狐之筆」。

[9] 畫冊文獻未有著錄，摘引自李鑄晉：〈項聖謨之招隱詩畫〉，頁8。

三、物類書寫

（一）物喻

項氏約三十歲左右曾繪製一套《畫聖冊》，當時被譽爲鑑賞巨眼的董其昌曾大力推許，於畫冊題記曰：

> 古人論畫，以取物無疑為一合，非十三科全備，未能至此。范寬山水神品，猶借名手為人物，故知兼長之難。項孔彰此冊，乃眾美畢臻，樹石屋宇，花卉人物，皆與宋人血戰，就中山水，又兼元人氣韻，雖其天骨自合，要亦工力深至，所謂士氣、作家俱備。項子京有此文孫，不負好古鑒賞百年食報之勝事矣。[10]

董其昌認爲項氏此冊既具文士氣韻，又兼有職業作家的純熟技法，以「取物無疑」高度評贊項氏擁有的全備才能。崇禎六年癸酉（1633），三十七歲的項聖謨繪有一幅〈蔬果圖卷〉，自題曰：

> 石田翁常喜畫蔬果，種種肖似，余自幼臨摹，十得一二。雨窗偶興，戲作數種，雖不善為藏拙，猶勝博弈之用心，一笑。[11]

項氏效法文人畫家沈周爲各式瓜果寫生，依序繪出：青菜、枇杷、竹筍、蓮藕、蓮葉、蓮蓬、菱角、蟠桃、荸薺、瓜、豆莢、茄子、蘿蔔、石榴、柿子、鴨梨、佛手瓜等十數品種，一一得其肖似，畫家還道出自幼的畫癖遠勝於對博弈之用心。此卷引首有清末書法家鄧以蟄（1892-1973）書「取物無疑」四字，與董其昌同樣讚揚其掌握物象的純熟才力。此外，

---

[10] 引自同註4，卞永譽：《式古堂書畫彙考》第3冊，卷5，頁289。

[11] 〈蔬果圖卷〉題跋引自楊麗：〈著錄〉，收入楊新編：《項聖謨精品集》，頁246。

董氏還曾在項聖謨一幅〈雪景山水〉圖題曰：「值物賦像，任地班形。」[12]再申其以繪筆刻畫物、像、地、形的高妙工力。

項聖謨繪製許多蘭、竹圖，遵循文人畫史的傳統，有前人習套的痕跡。例如崇禎戊寅十一年（1638），四十二歲的項聖謨繪〈蘭竹圖扇頁〉，自題詩曰：「上有王者香，下有國士風。當此聖明世，清芬出谷中。」[13]蘭有王者之香，竹有國士之風，以出谷之蘭竹清芬象徵聖明之世以歌頌太平。另一幅〈松竹雙清圖冊〉第一開崖竹，自題詩曰：「偃仰無心求合世，幽栖有節得清風。」[14]取竹之中空（無心）有節象徵君子之操守。項聖謨選用傳統蘭、竹作爲畫面題材，並透過題詩爲太平氛圍與君子節操作定向詮解，並不脫文藝傳統的習套。對著祖父豐富收藏的歷代畫蹟不斷臨摹學習，在題材或詩意上進行擬仿，是一種對於傳統經驗的借代與詮釋，藉以引發情感上的文化認同。

一位兼具士氣、戾家之長的項聖謨，不僅止「取物無疑」於蔬果眾品或雪景山水的寫生工夫而已，亦不僅滿足於臨摹效習傳統，正如那幅具有「畫諫」精神的〈六月鳴風竹圖〉，怪風吹襲喻指腐敗荒殆的政治，折損青竹則比喻天下惶惶的百姓，他由「取物無疑」的熟練技巧進一步藉物爲喻，寫我心曲。

1. 螃蟹

不同於蘭竹，甲申事變前夕，項聖謨對於螃蟹的描繪，則於詩畫文本中注入了新元素。崇禎十四年（1641），清兵大舉進攻致使明朝傾危之際，項氏創作《山水花鳥冊》，第五幅繪有「螃蟹」，題詩曰：

> 胡塵未掃，魚腸鳴匣。公子無腸，亦具堅甲。[15]

---

[12] 〈雪景山水〉圖軸董題，同前註，頁 252。

[13] 〈蘭竹圖扇頁〉題詩，同前註，頁 253。

[14] 〈松竹雙清圖冊〉題詩，同前註，頁 253。

[15] 「螃蟹」冊頁題詩，引自楊新：《項聖謨》，頁 10。

首兩句言「魚腸劍」正在劍匣中蓄勢鳴發，後兩句則以螃蟹生態（蟹無腸）與魚劍的意象（魚有腸）作意義之對舉，勸勉明朝志士，就算沒有寶劍可以擊刺，仍可以披掛堅甲捍衛家國。

十年後，順治八年（1651）秋，項氏又繪了另一幅物喻圖：〈稻蟹圖軸〉（見頁482，圖三.1：項聖謨《稻蟹圖》），畫面上繪著棲息於稻禾的兩隻麻雀，以及一隻草坡間鉗夾稻穗的螃蟹，項氏自題曰：

> 群雀爭飛聚不休，無腸多作稻粱謀。湖田未耨官租急，幾許憂勤得有秋。[16]

題詩為畫面設喻，官家急急向湖田莊稼索取官租之際，而官僚袖手旁觀，只顧爭取個人利益（以群雀爭飛為喻），無心腸的豪紳斂財橫行鄉里（以無腸螃蟹之橫行為喻），百姓辛勤勞作卻毫無所獲。[17]這幅〈稻蟹圖軸〉與〈六月鳴風竹〉相類，分別以物類：雀／蟹與風／竹擬譬變亂時局中的官民樣態，與前述水、旱二圖的紀實手法不同，是藉物為喻的諫諍畫。

傳統文人畫家罕繪螃蟹圖，直到近代，螃蟹始以水族一類登上畫面。晚明項聖謨的螃蟹圖更新畫史的視野，一方面植根於董其昌譽其「取物無疑」的寫生基礎，將所見之實物搬上畫面；另一方面，則巧妙運用螃蟹的物質特性：「無腸」進行詩文的譬喻，有趣的是：同是「無腸」，第一幅「螃蟹」圖甩開「無腸」，針對其身披「堅甲」的特性正面譬喻抗清志士。〈稻蟹圖〉則在「無腸」上再加螃蟹「橫行」的特性，負面指斥橫行鄉里沒有良心的豪紳。項氏選用了新題材——新圖像、新語彙、新譬喻作為詩畫文本有力的表述媒介。

---

[16] 〈稻蟹圖軸〉題詩，引自楊麗：〈著錄〉，頁249。

[17] 關於〈稻蟹圖軸〉的圖面解說文字，參酌楊新：〈鎔鑄畫史與時代——記明末畫家項聖謨〉，頁9。

2. 雲山

崇禎十五年壬午（1642），四十六歲的項聖謨繪《山水冊頁》第八開「雲山」圖（見頁 483，圖三.2：項聖謨《山水冊頁》第八開「雲山」），項氏在畫面上以溼潤筆墨繪出典型的米家雲山：雲煙卷曲繚繞著層層山峰，畫面左方自題曰：

> 遇雲興而觀變兮，山屹焉而弗動。因觀變以知時兮，問誰不為之播弄。信與世而浮沉兮，動靜曷云非夢。乃即幻以求幻兮，亦惟人間是諷。[18]

項聖謨雖繪出米家雲山的瀟灑畫面，題詩卻出之以沈重的心思，卷曲的白雲讓人聯想多變的世局，「觀變以知時」一句，似乎道出項氏嗅到大雨欲來風滿樓的氣味，敏銳地以雲山爲喻，回應著大明王朝覆滅在即的恐慌與寄望，儘管雲興世變，心中則暗期大明王朝能如一座屹立無法撼動之高山。然而項氏似乎並不樂觀，渺小的人只能與世浮沈，動靜皆夢，國運世局亦將如一場無可捉摸的幻境吧！

（二）像物以為偶

1. 琴、泉

琴、泉本來也是文人物象描繪傳統裡的熟識題材，但項氏的〈琴泉圖〉（見頁 484，圖三.3：項聖謨《琴泉圖》）在一系列物圖中頗有新創，立軸畫面的下方集中繪出了主要物象：桌架上一把無絃的玄琴，以及七個大小形製不一的罎甕，物象設色淡雅，輪廓清晰，畫幅上方有超過一半以上的留白，項氏自題其上曰：

[18] 「雲山」圖冊頁題詩，引自楊麗：〈著錄〉，頁 248。

> 我將學伯夷，則無此廉節；將學柳下惠，則無此和平；將學魯仲連，則無此高蹈；將學東方朔，則無此詼諧；將學陶淵明，則無此曠逸；將學李太白，則無此豪邁；將學杜子美，則無此窮愁；將學盧鴻乙，則無此際遇；將學米元章，則無此狂癖；將學蘇子瞻，則無此風流；思比此十哲，一一無能為。或者陸鴻漸，與夫鍾子期。自笑琴不絃，未茶先貯泉。泉或滌我心，琴非所知音。寫此琴泉圖，聊存以自娛。[19]

圖像的訴求非常明確，就是琴、泉二品，完全不觸及人物，然而題詩卻臚舉歷代名流：伯夷、柳下惠、魯仲連、東方朔、陶淵明、李白、杜甫、盧鴻、米芾、蘇軾等十哲，展開圖面以外的思惟，項氏用一一比況不及而自我否定的口吻旋寫旋掃，其後始托出與圖景有關的人物：鍾子期／琴、陸羽／茶，繪琴乃慕鍾子期之高山流水乎？繪泉則歎陸羽之點茶品泉乎？既指出二人卻又詼諧地再次自嘲：因為一生未得知音，故他繪的是一把玄色無絃琴；同樣地，不諳茶道的自己亦繪上數罈貯泉用以滌心。

明代文人喜以美物取譬，例如即將邁向耆耇之年的何孟春（1474-1536）曾自喻曰「心如鐵石，老而彌篤」、「薑桂之性，到老愈辣」，舉幾樣物質來自我觀想，以慶幸的口吻道出自己到老仍能持取鐵石、薑桂、松柏之性，躋登高壽之林，未來隨順安命即可。[20]同樣地，李廷機〈自贊〉曰：「何獨行踽踽，欲潔其身。如鐵之冷、如水之淡、如薑桂之辛。」[21]亦用冷鐵、淡水、辛辣之薑桂等物質比喻自己潔身自持的個性。何孟春、李廷機均藉美物以喻己，畫贊帶有自傲的成份。二人將物性導入一己性格的揣想，何孟春又言：「新正試筆，自贊於像之

---

[19] 〈琴泉圖軸〉題詩，引自楊麗：〈著錄〉，頁 252。

[20] 參見何孟春：〈又自贊像〉，引自杜聯喆輯：《明人自傳文鈔》（台北：藝文印書館，1977 年），頁 81。

[21] 李廷機：〈自贊〉，引自杜聯喆輯：《明人自傳文鈔》，頁 106。

首，蓋像物以為偶也。」[22]物既為可資崇敬之偶像，有時亦是一種自我象徵的符號。項聖謨另有一幅〈此中真樂圖扇〉，自題曰：

> 有人結屋松泉側，常抱琴來坐終日。有時月夜愛聽泉，有時閉戶不肯出。
> 靜坐焚香讀異書，或來磯上釣溪魚。此中真樂人能幾，我亦從傍欲卜居。[23]

琴、泉不僅是項聖謨構築隱逸樂土的重要物象單元，同時，亦以清泉潔淨與琴音知己之文化特質，指稱自我的情性，故其繪〈琴泉圖〉，一方面順承何孟春「像物以為偶」的思惟，又藉著題詩使物（琴、泉）與人（鍾子期、陸羽）相偕，引發互文性的觀看與思惟，婉曲地自我表徵。

2. 樹

項聖謨以畫松聞名，特多以松樹為主景的畫蹟，書齋命名為「松濤書閣」，別號亦曰「松濤散仙」，故世名「項松」。[24]不僅松樹而已，其實「樹」一直是項氏「像物以為偶」的對象，有時樹是家國，有時樹是老友，有時樹則是自己，對其鍾情惜惋。崇禎十四年（1641），項氏繪《山水》圖，此圖原為冊頁，後連裱為卷，第五段「老樹鳴秋」（見頁483，圖三.4：項聖謨《山水》第五段「老樹鳴秋」），一陣秋風吹起，兩棵枯槁老幹的樹葉掉落於地上或水面，景象淒清。自題詩曰：

---

[22] 引自何孟春：〈又自贊像〉，同註20。

[23] 〈此中真樂圖扇〉題詩，引自楊麗：〈著錄〉，頁254。

[24] 王鴻緒跋項聖謨《山水詩畫冊》曰：「項孔彰山水全師北宋，兼善寫生，尤善畫松，故明時項松之名滿東南。」見楊新：〈鎔鑄畫史與時代——記明末畫家項聖謨〉，頁12。

> 老樹鳴秋到枕邊，起來落葉滿前川。未隨浪去非留戀，豈道江南別有天。[25]

當時北方戰事日非，動亂蔓延江南只是遲速而已，項氏以詩畫抒情，江南此地豈有不忍離去的美麗天色？樹葉並非留戀枝頭，遲早得隨浪逐去，作者暗藏著對時局的無奈。面對國家的殘圮，老樹若象徵家國，樹葉則象徵百姓，百姓一旦離開，喪失了棲身的家國，就像樹葉被秋風吹落離開樹枝一樣，令人痛惜。

順治六年（1649），項聖謨繪〈大樹風號圖〉軸（見頁 485，圖三.5：項聖謨《大樹風號圖》），畫面近處坡石上有參天古樹一株，樹下一位老人拄杖背立仰首望遠。此畫並未署年，楊新根據內容題材相類繪於1649 年的另一幅八開《山水冊》之「大樹」圖來判斷，斷定〈大樹風號圖〉約作於順治六年（1649）前後，楊新推測，這一幅以巨樹表達哀淒心境的〈大樹風號圖〉其實是一連串母本描繪後的作品，[26]項氏以樹表徵心跡的創作感受最早可推溯到甲申事變次年，即順治二至三年間（1645-1646）。其在〈三招隱圖〉題跋曰：

> 明年（按：1645）夏，自江以南，兵民潰散，戎馬交馳。于閏六月廿又六日，禾城既陷，劫火熏天。余僅孑身負母並妻子遠竄，而家破矣。凡余兄弟所藏祖君之遺法書名畫，與散落人間者，半為踐踏，半為灰燼。[27]

---

25 《山水》之「老樹鳴秋」冊頁題詩，引自楊麗：〈著錄〉，頁 247。

26 關於〈大樹風號圖〉與項氏之前一系列樹圖之間的關係，詳見同註 5，楊新：《項聖謨》，頁 25-28。

27 〈三招隱圖〉畫蹟不存，題跋引據陸心源：《穰梨館過眼錄》（收入《續修四庫全書》子部．藝術類，第 1087 冊，上海：上海古籍出版社，2002 年），卷 31，頁 329。

當時清兵摧毀揚州後已渡長江入南京，所經之地大肆焚燒掠奪，旋攻嘉興，項家「天籟閣」遭洗劫，項祖多年收藏盡為清兵劫掠，項聖謨堂兄嘉謨抗清守城不降，攜二子與妾自抱所作詩文投湖自盡，聖謨負母偕同妻子遠離家鄉避難到桐江。此間，項聖謨繪製一套十六幅的《寫生冊》贈送給當地文友胡幼倩，[28]該冊雖為胡家庭園玉蘭、松、竹、蕉、石、梅、鵝之景物寫生，物象簡淨、用筆自然，實暗藏國破家亡的哀感，題記以不經意的行草為之，題詩則寓託濃郁的時代之傷，例如首幅「玉蘭」自題曰：

> 丙戌（按：1646）二月十二日喜晴，赴幼倩之招，酌于玉蘭花下。因分花朝月夕之題，為之首唱，並圖。

其後題詩曰：

> 夜雨深深選日晴，風微花麗是春明。蘭心不與蜂先醉，柳影相逢燕轉輕。
> 天上玉杯驚墜地，客中芳草未連城。多情月寫江南曲，若為離人一解酲。

餘如第十四幅「秋海棠」題記曰：

> 點點傷春色，可憐秋影寒。無風常自動，有淚不曾乾。

---

[28] 項氏為胡幼倩繪製十六頁《寫生冊》，以下「玉蘭」、「秋海棠」、「古松」、「古榆」等頁之題詩，畫蹟現藏臺北故宮博物院書畫處。引自張照等編修：《石渠寶笈》（收入《文淵閣四庫全書》子部．藝術類，第 825 冊，臺北：臺灣商務出版社，1983 年），卷 22 著錄，頁 27-28。

像這樣單純地物象描繪結合寓託深意題記的詩畫文本，自甲申事變後，在項氏的創作活動中持續不斷。《寫生冊》之第五幅繪一株蟠曲虯結傲兀的「古松」圖，描繪其歷經霜雪掙扎後，頑強挺立的形象，題記曰：

> 幼蒨有盆松，古怪之極，余喜而圖之，翻盆易地，志不移也。

他以盆松曉喻易地堅貞的精神。第九幅亦以樹爲主角，是項氏在嘉興鄉下所見，畫的是一棵直幹枯枝、樹葉脫盡的「古榆」圖，樹下一小亭。畫上題詩曰：

> 結亭古榆下，春夏愛餘陰。即使秋風老，同君醉雪吟。為幼蒨詞兄作。

這株榆樹儘管年邁仍以廣蔭爲春夏的遊人遮護，即使肅殺的秋風吹老，甚至是冬雪侵凌，他仍如一位氣味相投的知己吟友一樣長伴左右。

這株「古榆」的造型與〈大樹風號圖〉相似，亦與前述《山水冊》中之「大樹」相像，三者所繪樹幹的癰瘤部位與樹枝伸曲的規則皆相近，然最早繪成的「古榆」圖爲寫生概念下的產物，樹形接近真實，至於「大樹」圖與〈大樹風號圖〉則有畫家理想塑形、加工錘鍊過的痕跡。另外，《山水冊》之「大樹」圖雖採取遠景開闊的橫幅構圖利於營造孤寂的景象，然與《寫生冊》之「古榆」圖均爲冊頁，細小的尺寸使主景缺乏參天氣勢，加上二者所選型式爲組畫之一，尚未獨立成幅。故據楊新推斷，〈大樹風號圖〉乃由最早的「古榆」圖脫胎而來，又繪出「大樹」圖冊頁後意猶未盡，再繪〈大樹風號圖〉。[29]此圖爲高達一米的巨軸，近景

---

[29] 關於三幅樹圖的圖象比對與意涵分析，參引自楊新：〈鎔鑄畫史與時代——記明末畫家項聖謨〉，頁 6-8。另請參見楊新：〈項聖謨的《大樹風號圖》〉，收入《楊新美術論文集》（北京：紫禁城出版社，1994 年），頁 279-283。

坡石上挺立著參天的古樹，樹下這位拄杖背向的老人，仰首遙望遠景青山和落日餘暉，孤獨呻吟。畫面右上角題詩曰：

> 風號大樹中天立，日薄西山四海孤。短策且隨時旦莫，不堪回首望菰蒲。[30]

由詩意知道，樹下紅衣老人就是作者自況，畫家自我描繪爲一名孤獨老人，身著紅衣背立遙望，不就是欲以服色（朱色）、背立姿態（不迎新朝）暗藏著對朱明王朝的忠貞與懷想嗎？

甲申事變後的樹景系列中，項聖謨頗有一貫的抒情手法，事變第二年，他曾繪一幅〈秋山紅樹圖〉，畫上自題曰：

> 前年未了傷春事，去歲悲秋哭不休。血淚灑成林葉醉，至今難寫一腔愁。用甲申乙酉事。[31]

畫面左方一人側立面對右方約佔三分之一畫幅的密樹叢立，茂林樹葉紅黃黑白相間，恰如題詩所云：「去歲悲秋哭不休，血淚灑成林葉醉」，斑斑點點，如泣血淚。而突出遠近奇異樹幹根結的叢樹，又像是泣出血淚失意者的列隊集合。

項聖謨以《山水》卷之「老樹鳴秋」象徵賴以棲身的殘圮家國，以《寫生冊》之「古榆」象徵長伴左右的知友，以《寫生冊》之「古松」、《山水冊》之「大樹」與〈大樹風號圖〉中之獨樹作爲自己的化身，傳達那飽經風霜摧殘卻傲然挺立不屈撓的精神。被稱爲「項松」的項聖謨，詩畫文本中的「樹」始終是他藉以抒情傳意的媒介。

---

[30] 〈大樹風號圖〉題詩，引自楊麗：〈著錄〉，頁 248。

[31] 引自李玉棻：《甌鉢羅室書畫過目考》，收入《叢書集成續編》第 95 冊，（臺北：新文豐出版社，1989 年）卷 1，頁 16。。

明亡後，有許多人仍然堅持着自己的立場，或隱逸山林，或遁跡空門，抱著與新王朝不合作的態度，項聖謨就是其中的一位，他不但見諸於行動，還以自己的詩畫創作表現出這種精神以激勵自己與朋友。〈大樹風號圖〉二年後，順治八年（1651），五十五歲的項聖謨繪有〈天寒有鶴守梅花圖扇〉，自題曰：

> 天寒有鶴守梅花。句自茗社徵詩，余在松陵賦十有二韻，爾瞻索圖應之。[32]

畫面菴閒竹樹，茅屋靜掩，籬笆中梅花盛開，其下有孤鶴戢羽。項氏不採用傳統的隱逸套語：「梅妻鶴子」，而以沖寒傲冷的梅花，與高蹈孤引的白鶴象徵一種不妥協的潔淨品性，用以表明心跡。該年又繪同樣題材的〈天寒有鶴守梅花卷〉，卷面上特別值得注意的是項氏戳印的三方印章，印文其一是「大宋南渡以來遼西郡人」（不認同後金子孫建立的清朝），其二是「皇明世胄之中嘉禾處士」（對前明王朝的懷念），其三是「天籟閣中文孫」（對家族的眷戀）。前兩方印章僅見於此幅畫，由於此畫並無上款，可見不是送人的，此畫的內容與三方印文相互聯結，其寓託的心意更爲明顯。[33]項聖謨此畫由樹的化身轉成守護梅花樹靈的白鶴，抒情意味甚濃。

四、自我寫照

在「像物以爲偶」的系列圖繪中，項氏用大量的物類如琴、泉、古松、大樹、白鶴等暗藏自喻之意，涉及人像時，更不免有鮮明的自傳色

[32] 本扇題詩，引自楊麗：〈著錄〉，頁 253。

[33] 扇面藏於北京故宮，長卷藏於台北故宮。圖說文字，參見楊新：〈鎔鑄畫史與時代——記明末畫家項聖謨〉，頁 4-5，以及李鑄晉：〈項聖謨之招隱詩畫〉，頁 551。

彩。甲申事變後，項聖謨傳世的人物畫像數量頗夥，儘管項氏不長於寫照，然而畫中或自繪或借助他手的鮮明人像，畫面每每表達對往昔生活的憶念，項氏以繪筆抒發感時傷神的情志，並藉由圖像的設計尋求自我的歷史定位。

（一）〈漁人圖〉

如上所述，崇禎十四年（1641）項聖謨曾繪製《山水》卷，以山水抒發各種情思，第六段爲墨筆人物畫，畫面近景土坡上有禿樹疏林，中景爲江面，畫幅左側一葉扁舟中有一名蓑笠搖櫓的漁夫，項氏自題曰：

> 漫漫雪影耀江光，一棹漁人十指僵。欲泊林臯何處穩，肯隨風浪醉為鄉。[34]

描畫心境飄流無著的漁人在雪江中尋找不到林皋棲身之處，不如隨著風浪以酒爲鄉。同一年，項聖謨另繪有一幅〈雪影漁人圖軸〉（見頁 486，圖三.6：項聖謨《雪影漁人圖》），此軸爲紙本設色，所題即上引四句詩，後有小識曰：「崇禎十四年入夏大旱，憶春雪連綿，寫此小景。」此畫並非實景畫，而是夏季旱日裡回憶初春連綿雪景之作，以消暑旱。此軸鈐有一印：「寫我心曲」。

究竟這個漁人是誰？所寫的又是如何心曲？或許可以由那幅《山水》卷的其他畫段獲得訊息。首段繪於六月中旬設色的「郊南晚色」自題曰：

> 雨過郊原，南畝乍綠。槁色未除，夕陽還燭。何是炊烟，誰深沐浴？時既昏昏，下民無告。

[34] 二圖題詩、「寫我心曲」鈐印，以及以下《山水》卷之他段題詩，皆引自楊麗：〈著錄〉，頁 247。

項氏末兩句流露著「時既昏昏，下民無告」的悲憫。第五段墨筆所繪者，即前文已述及的「老樹鳴秋」圖，自題詩曰：

> 老樹鳴秋到枕邊，起來落葉滿前川。未隨浪去非留戀，豈道江南別有天。

詩畫家對著秋季中的老樹落葉生情，滿川的落葉不逐浪去似別有難以言喻的苦衷。前文曾論及一幅米家雲山圖並冊頁題詩曰：「遇雲興而觀變兮，山屹焉而弗動。因觀變以知時兮，問誰不爲之播弄。」則是次年的創作，可見得甲申事變之前，項聖謨早已隱約感受到大難即將來臨的恐慌與焦慮。那麼，上述二畫中的漁人頗有自況意味：沈浮於動盪不安的時局中，十指凍僵的飄流漁人，在漫天雪江中找尋不到棲身之處，欲以酒鄉爲隱，這應該就是兩度運用相同題詩的項聖謨心曲吧！故鈐印「寫我心曲」，應該也是明末文士們的集體心聲。

（二）〈朱色自畫像〉

項聖謨繪成於甲申年（1644）4 月的〈朱色自畫像〉（見頁 487，圖三.7：項聖謨《朱色自畫像》）爲一幅巨軸大畫（151.4*56.7cm）。稍早，於 3 月 19 日，京師因滿清入關陷落，崇禎帝自縊於煤山，明朝覆亡。四十八歲的項氏在畫上沈痛題詩曰：

> 剩水殘山色尚朱，天昏地黑影微軀。赤心欻起塗丹雘，渴筆言輕愧畫圖。人物寥寥誰可貌？谷雲杳杳亦如愚。翻然自笑三招隱，孰信狂夫早與俱。[35]

[35] 〈朱色自畫像〉的項氏自題詩，引自蔡宜璇執編：《悅目——中國晚期書畫》（解說篇）（台北：石頭出版社，2001 年），頁 68-69。此畫在項氏身後藏於嘉興項氏祠堂，1920 年歸吳興蔣穀孫密韻樓，1949 年後隨蔣家轉入臺灣，現

詩中所謂「三招隱」，指項聖謨之前陸續繪製的三卷〈招隱圖〉，第三卷乃在此年正月所繪，「翻然自笑三招隱，孰信狂夫早與俱」，說明了他有洞悉未來的預視能力。續詩曰：

> 一貌清臞色自黧，全憑赭粉映鬚眉。因慚人面多容飾，別染煙姿豈好奇。久為傷時神漸減，未經哭帝氣先垂。啼痕雖拭憂如在，日望昇平想欲癡。

畫中人抱膝而坐，背倚一株大樹，人像面部用墨色淡筆勾勒輪廓，施用赭粉，為了在黧黑墨容中映現鬚眉。臉頰削瘦，身形癯弱，面露愁容，雙目平視，眼神飄忽，欲言又止，傳達出敏感脆弱又壓抑的情感，透明儒巾裡瞧見稀落的髮鬚。山水已然變色，昏天暗地裡、殘剩山河中的人物徒留微賤之軀，外在的墨色就是那清癯黧黑的面容，內在則是沸騰的赤心如燄，出以一種激動難以平復的悲憤情緒，驅使渴筆、塗起丹臒畫圖，詩畫無不充滿絕望的啼痕。故詩末小字題曰：

> 崇禎甲申四月聞京師三月十九日之變，悲憤成疾。既甦，乃寫墨容，補以硃畫，情見乎詩，以紀歲月。江南在野臣項聖謨時年四十有八。

畫面上，環繞著水域而孤懸的坡岸間，畫中人雙手交握抱膝倚樹而坐，頭、身、足被安排在一個三角體的結構中，人物姿態顯得放鬆而穩定，這是項氏心中穩定的隱者形象，是畫家在世變中所寄望的一種理想人生狀態。項氏藉著放鬆的隱者形象安頓恐慌的心情，又以堅穩坡岸、堅固磐石、可以依靠的盤根老樹作為視覺語言，表徵對朱姓國族清晰的情感

為台北石頭書屋主人珍藏。原畫圖版，收入蔡宜璇執編：《悅目——中國晚期書畫》（圖版篇），頁 172。

認同，藝術手法上的穩定構圖恰恰補足空間上、心靈上無盡流浪的缺憾。[36]

再者，項聖謨運用隱士形象的典型圖式，有意呈遞著隱逸傳統對政治的疏離。不同的是，人物周圍的景致：大樹及遠山，以丹硃繪成，成爲絕奇又奪目的視覺印象。山水的造型並不特殊，顏色則充滿隱喻。[37]如同前述〈大樹風號圖〉那位背立孤獨的紅衣老人一樣，項氏用朱色諧音指涉明朝皇室之朱姓，落款自署「江南在野臣」則宣示自己對前明王朝的忠貞，朱色亦是對家國的一片赤誠丹心，表徵畫家對朱明文化強烈的認同與記憶，墨容既是心境暗沈的寫真，亦暗示亡國遺民來自內心底層最深切的黍離之恨。記錄世變的朱色山水，其造型並不奇特，搶眼的色彩運用反將背景變成了訴求的焦點。承襲自元末倪瓚一河兩岸式的構圖，運用空間地理的破碎意象，深深銘刻內心的失落感。項聖謨運用朱／墨對比的強烈色彩，產生震動觀者的效果，呼應著畫家國亡色變時情緒的激越狀態，亦強化遺民內心抉擇的表達力度，這是自覺性地利用隱喻手法再現自己的一幅自寫真。項氏細緻入裡的情思皆可由畫中符碼的轉譯一一解讀，其訴諸視覺感官效果以抒發自我情志的取徑，仍可說是當代「悅目」理念另一面相的呈現，[38]反映了當代目睹身歷國變的文人們共同的人生態度。[39]

---

[36] 本圖的圖像解說及流傳過程，詳見蔡宜璇：〈朱色自畫像圖軸〉，收入蔡宜璇執編：《悅目——中國晚期書畫》（解說篇），頁 70。

[37] 關於隱喻思維與產生的心理原因，詳見束定芳：《隱喻學研究》（上海：上海外語教育出版社，2000 年），頁 99-101。

[38] 藝術史學者石守謙認為明末清初的畫壇普遍呈現著一種絕奇炫目的圖像景觀，參見氏著：〈悅目的圖像——觀看十七世紀繪畫的一個角度〉，收入蔡宜璇執編：《悅目——中國晚期書畫》（圖版篇），頁 8。

[39] 這幅畫蹟因涉及違礙，故為項氏密藏，當代人僅有兩則題記，其一自稱「弟埽默為易菴詞世兄贊」，詩句云：「劫灰不忘甲申年，孤身隱現朱林裡」。其二為「李肇亨拜題」，詩句云：「墨影留悲憤，朱圖天頌音」。項氏該畫繪成後，正逢國難之時，除了二位當代人外，此畫並不曾公開傳閱。及至民

（三）〈松濤散仙圖〉

項氏繪有兩幅〈松濤散仙圖〉，分別在其壯年與晚年時期所繪，二圖前後相差二十三年。二圖具有值得參照的意涵。

1. 第一幅

第一幅〈松濤散仙圖〉繪於崇禎三年庚午（1630），項聖謨時年三十三歲，據《石渠寶笈・續編》著錄長篇跋識曰：[40]

> 余髫年便喜弄柔翰，先君子責以制舉之業，日無暇刻，夜必篝燈，著意摹寫，昆蟲草木翎毛花竹，無物不備，必至肖形而止。忽一夕夢筆立如柱，直干雲漢，上有層級如梯，長可一二丈許，余登而據其毫端，鼓掌談笑，嗣後師法古人，往往自得。

項氏自述其幼年沈浸翰墨的心向與行動，並指其畫藝因有夢徵如得神助。

國九年（1920），此畫為吳興蔣穀孫於嘉興項氏祠堂所得，想必藏之甚久，不敢露面。歸蔣氏密韻樓後，蔣氏文友閱畫留下了觀畫心得。包括葉公綽、錢熊祥、金蓉鏡、夏敬觀、鄧邦述等十餘位蔣氏文友的題跋，分佈於己巳（1929）、癸酉（1933）、乙亥（1935）、癸未（1943）、戊子（1948）等數年間、以己巳與乙亥最多，其中葉公綽題曰：「後三百年歲次乙亥今歷三月十九日番禺葉公綽為穀孫道長題及用易菴詩韻」，最後尚有癸巳（1953）孔德成的題記。這幅遺民畫像經過了三百年，清亡後，同樣亦在民初自認遺民的心中滋生了一種替代性惆悵。詳參同註 36，〈朱色自畫像圖軸〉題跋著錄及蔡宜璇解說，頁 68-70。

[40] 據《石渠寶笈・續編》〈淳化閣藏・七〉、〈本朝臣工書畫・一〉著錄曰：「項聖謨〈松濤散仙圖〉一卷，縱九寸，橫二丈五尺三寸，水墨畫山水，款『松濤散仙圖』。崇禎改元戊辰（1628）七月援筆至明年二月始成，是日辛卯識於疑雨齋，項聖謨。鈐印三：聖謨、孔彰、蓮塘居士。」正文題詩，引自〔清〕王杰等輯：《欽定石渠寶笈續編》（收入《續修四庫全書》子部・藝術類，第 1073 冊），頁 670-673。

> 每欲別置草堂於山水之間，以寄我神情，恨未能得一勝處，迄今二十餘年，孳孳筆墨，未嘗離之。自丙寅（按：1626）六月畫成招隱圖後，此第二卷也，命曰松濤散仙圖。

此文說明這是項氏第二幅〈招隱圖〉，表達其於山水間別置草堂借硯田以隱的願望，「迄今二十餘年」指出項聖謨早在少年時期便有棲隱的志向。

> 蓋為余山齋，壘石作坡，多種古松，綴以花竹，嘗夏日箕踞其下，以追涼風，偶有自詠詩曰：偃息松濤一散仙，葛巾挂壁自閒眠。窗前有竹聊醫俗，不到長安已十年。

這是以古松爲主、花竹點綴的項氏山齋寫照，一名散仙偃息於松濤間，成爲這幅畫卷的主要圖景佈設。

> 適戊辰歲（按：1628），經齊魯，出長城，歷燕山，游嬀川，又入長安，凡九閱月。邸中無事，唯搽扉作此圖，將半卷。一日出，既倦，乘馬歸，而馬疾如飛鳥，忽爾墜地，傷右肱，不能展舒，夫馬非不良也，御亦非不善也，意者其天乎？見之者莫不為項子太息曰：君為造物忌，又有次相慰示者曰：此腕當有神護，諒無恙也。余亦自忖爾爾。日飲酒數升，盡醉狂叫，果為造物忌耶？抑欲窮項子耶？

當年此畫展開半卷後，曾發生一件摔馬的意外，項氏因傷及右肱而影響平日作息，項氏以遭「造物忌」之說表達對個人畫藝的自信。

> 對月則長嘯浩歌，聽雨則臥遊天表，將旬日，稍有起色，乃出平昔所自玩書畫，遍覽一番，此卷在內，見之更自嗟悼不已。未幾

> 臂果無恙，遂欣然命童僕治裝南還，迨明年之正月穀日抵家，見山齋松色蒼秀森蔚，率爾神動，急出此卷以續其半，豈真腕中有鬼耶？項子其真散仙耶？不然，豈古人筆墨精華欲一發洩，倩余手作合，聚會一時，而惠及我臂耶？展卷間不覺躍然題此，不自知其妄也。

項氏病臂痊癒後將畫卷完成，最後以「腕中有鬼」、「項子其散仙乎」的鬼仙自喻再次表達壯歲畫家對個人畫藝精湛的自我肯定與期許。

壯觀的畫蹟未見，聖謨大氣魄題寫的五言詩八韻幸被存錄，[41]雖無法作詩畫對應的探討，後五韻似可擬想這幅偉構：

> 林密山郵遠，炊煙萬壑間。陂塘沈柳色，池閣照花顏。投釣乘雲出，逢僧踏月還。晨昏禽弄舌，溪水細鳴環。
>
> 有叟無名姓，幽棲薜荔門，鄰翁同作息，稚子共饔飧。落日牛羊阪，歸雲雞犬村。山籬剪藤葛，遍地擬耡萱。
>
> 人皆慕高第，我獨羨村居。竹裡安茶竈，藤間結草廬。秋砧霜氣白，夜織雨聲疎。教子知根本，其中樂有餘。
>
> 邃谷無人到，懸崖碧漢中。峯頭雲隱隱，洞口翠濛濛。鶴夢千巖月，松花十里風。蓬萊非幻境，原與世相通。
>
> 峯怪孤雲傲，溪深傑閣涼。奇葩緣斷澗，茂樹蔽高岡。展卷人堪想，神游世可忘。嗟予非作意，早已識行藏。

畫家在前兩韻中以旁者眼光歎賞此畫，復投身成爲畫中狂士：散仙，自我想像而陶醉：

---

[41] 第一幅〈松濤散仙圖〉的八首五言詩，引自同前註，頁 671。

披圖心自遠，神氣滿毫端。樹色千秋壯，泉聲六月寒。峯迴樵徑僻，山靜海雲寬。暫擬松間息，悠然夢亦安。
相對臨流坐，松濤落半天。碁殘還故局，談劇妙無元。放浪成狂士，蕭閒號散仙。此中有真意，欲使我忘言。

第三韻則將這幅「招隱圖」的畫境與道境合一：

翰墨中游戲，清虛自絕塵。誰留不死藥，堪笑學仙人。鉛汞事非杳，丹書世未真。常為術士惑，達者亦迷津。

八首詩或描摹林下隱逸之悠閒光景，或具寫清虛絕塵之游仙丹道，或鋪陳幽棲衡門之山水悅樂，或構築世俗人間之蓬萊幻境，八韻皆環繞著「散仙」所處之山林幽居環境構設出隱逸閒適的避世氛圍，充滿著對逍遙飛越之精神境界的無限嚮往，可視爲作者透過筆墨書寫詩畫以自我追尋的一段歷程。

2. 第二幅

順治九年壬辰（1652），五十六歲的項聖謨繼二十三年前〈松濤散仙圖〉之後又繪一幅同題圖，由謝彬寫照，布景則由項聖謨自己補繪。項氏於此年內繪製了〈尙友圖〉與〈松濤散仙圖〉。先論〈尙友圖〉，項氏自題曰：

項子時年四十，在五老游藝林中，遂相稱許。相師相友，題贈多篇。滄桑之餘，僅存什一。今惟與魯竹史往還，四公皆古人矣。因追憶昔時，乃作尚友圖，各肖其神。其晉巾荔服，一手執卷端，一手若指示而凝眸者，為宗伯董玄宰師。其藍角巾褐衣，與宗伯並坐一石，展卷而談者，為眉公陳徵君先生。其唐巾昂生，以手畫腹上作書者，為冏卿李九疑妻伯。其淵明巾如病鶴者，為竹史

> 魯魯山。釋則秋潭舷公詩禪也。其高角巾素衣，立於松梧之下，一手持卷倚石，一手指點，若有所質於二公者，即胥樵項子孔彰也。

文本題署曰：「壬辰八月十八日項子自題，像則張琦所寫，餘亦孔彰自畫，燈下書此。」畫面以六位文士爲主，而以巨松林蔭的聚集爲場景。項氏在題記中追憶十六年前的往事，側錄中歲時期與著名文士交誼的概況。當時董其昌、陳繼儒、李日華皆年登耄耋，魯竹史爲項氏五十餘歲的弟子，釋秋潭則已作古。由此可知，該圖並非當時一樁真實的雅集活動再現，而是透過想像與組織的紀念性合像。[42]

其後，項聖謨又繪第二幅〈松濤散仙圖〉（見頁 488，圖三.8：項盛謨《松濤散仙圖》），項氏的題記將此畫導向一幅藉著讚頌巨松以回憶明朝往事的紀實畫，畫幅以篆書標題：「松濤散仙」，詩後跋曰：

> 項子居秀州北城鐘秀里，自丁卯（1627，三十一歲）重葺一室於高梧修竹間。時有客從黃山來，攜得盆松數本。先是吾廬有古松，一自甲寅（1614，十八歲）天目山人所賣，二亦自黃山來者，乙丑（1625，二十九歲）冬得於戴老家，余聞又買五根，多種於是室，歲久不無掩映，凋落大半，僅存其三矣，乃自圖之。壬辰（1652，五十六歲）霜降雨夜燈下書，項聖謨。[43]

[42] 藝術史學者李鑄晉根據畫蹟與著錄研究得知，題名為項聖謨〈尚友圖〉者不只一本，正文所引題記的畫蹟，現藏上海博物館，絹本。關於項氏〈尚友圖〉作為一種精神傳統，並與第二幅〈松濤散仙圖〉的深入比較研究，詳見李鑄晉：〈項聖謨《尚友圖》〉，《上海博物館集刊》1987 年第 4 期（建館 35 週年特輯），頁 51-60。

[43] 第二幅〈松濤散仙圖〉之題記與下文引詩均見於〈松濤散仙圖〉畫幅中。詳見楊新編：《項聖謨精品集》第十九幅圖，頁 147。另亦參見楊麗：〈著錄〉，頁 249。

三棵松樹將五十六歲的他帶往四十年之前，松樹種下的時空仍是大明的時空，記憶回到其實十八歲與二十九歲那分別種在屋旁的兩棵松樹，再二年，重葺一間座落於高梧修竹間的廬室，又買回五棵松樹，七棵松樹的枝葉經久掩映自然而成松林。三十一歲壯年，那正是人生充滿寄望的黃金時期，松樹栽植之地仍是朱明的泥土，栽植時間仍是朱明的紀元。跋文以四十年的時間距離帶出回憶的口吻充滿著昔盛今衰對照後的感傷：「凋落大半，僅存其三。」明明跋文的心境今非昔比，如此滄桑，而項聖謨的自題詩則轉折地出之於一種悲痛已然沈澱後的收斂心境，詩曰：

> 相傳黃山與天目，石骨高寒樹無幻。惟松性直也屈曲，移到我家土氣復。青梢撥上風謖謖，濤聲日夕起林屋。項子偃息而逍遙，自號散仙亦清福。青山隨手信可呼，頃刻能開花簇簇。朝朝洗硯枝頭生，茶煙香處炊煙熟。春風春雨順天時，九夏脫巾窗有竹。三秋梧影動月陰，冬夜聽雪如槁木。晝靜吟餘曉自嬉，一尊常滿醉孤霜。盈耳颼颼若枕流，維松維濤夢不俗，吾將終老乎其間。盤桓盤桓亦自足，影不出山聲傳谷。

至於畫面呢？更淡化了愁緒，敷染著優雅舒散的氣息。畫中一名長者拂鬚踱步於松石之間，雙目炯然，有風迎面，衣帶翻飛，神態自若。突出的擎天三株巨松爲畫面主體，搭以坡石竹木，人物仰天行吟的意象強化了「松濤散仙」其「物我合一」的意念。畫面上流露著迎風舒閒、逍遙自適的氣氛。

甲申事變後至此已八年，項氏於同一年相隔月餘之間繪製了〈尚友圖〉與〈松濤散仙圖〉，二者尺寸、材質相同，構圖相類，心境相近，皆爲自傳性圖繪，[44]一位年近花甲之年的詩畫家已到了爲自己定位的時

---

[44] 據李鑄晉考訂，項氏同年繪製之〈尚友圖〉與吉林博物館藏〈松濤散仙圖〉二畫之題記位置、松樹的樣態等相類，可能出於相同的畫思，而原尺寸可能

刻，他繪〈尙友圖〉，藉著榮彰師友之誼以表其詩書畫的深厚淵源，據以建構他個人藝術的精神傳統。大不同於首繪〈松濤散仙圖〉氣魄宏偉的人生追尋，他二度繪〈松濤散仙圖〉，是以家園松林空間爲其追憶緬懷的抒情對象，也是他人生最終皈依的夢土。

第二幅〈散仙圖〉應即項聖謨晚年生活的紀實畫，必然是一種經過他篩選並與世局隔離而成的隱居空間，彷彿就是一個夢囈的空間，難怪項氏題詩曰：「維松維濤夢不俗，吾將終老乎其間。盤桓盤桓亦自足，影不出山聲傳谷。」繪畫空間具有一種隱祕自足的意味，既是他明亡後隱居的住所空間，更是其心靈依託的審美空間。前後繪製兩幅〈松濤散仙圖〉的這位散仙，雖獨享「暫擬松間息，悠然夢亦安」的寧謐世界，其實是「蓬萊非幻境，原與世相通」，「其中樂有餘」。二十三年前正値三十歲左右的壯年貴公子，九州漫遊，志得意滿，洋洋大觀地構設了一個恢弘氣度的壯麗景觀。然而這位散仙被時代巨輪捲入易代之際，歷經八年家國破滅的激越情感之後，此時似乎平復爲一種滄桑心境，畫面大幅縮小，再也不論古人風采，亦不詠山水之興，將目光由放曠的世界中拉回到自家庭園，時代鉅變下只求守護家園：「盈耳飀飀若枕流，維松維濤夢不俗」，同是松濤，昔是「夢亦安」，今是「夢不俗」，兩樣心情，在他人生結束前六年，在畫面上寧靜地爲自己構築了一個充滿隱喻、徒餘夢囈的心靈空間。

五、結論

祖父項元汴擁有豐富的歷代書畫藏品，成爲項聖謨一生執著於繪畫的學習寶庫，他透過詩畫互補的雙重手法，有時表述蒼生悲憫與現世關懷，有時追慕林下野逸之趣。據李鑄晉考察，甲申事變前，項氏多作長

相同，只是〈尚友圖〉後來被割去部份，只剩六位人物，使得畫面顯得十分迫塞。見李鑄晉：〈項聖謨《尚友圖》〉，頁 54。

卷及自題，景以奇勝，岩穴溪澗，巨石怪樹，如身入仙境者。當時生活優游，作畫自娛，加以少年想像豐富，及文人寄意之作，故作畫能深思熟慮，盡情發揮。雖然選擇了一種對世界保持距離的處世態度，作品仍不時或忘傳統士大夫的懷抱，對黑暗政治下的百姓疾苦寄以無限同情。甲申事變前後，項聖謨以繪筆抒發感時傷神的情志，並藉由圖像設計尋求自我定位。明亡後，項聖謨多了國族淪喪的飄零感，作品以軸及小幅扇面爲多，畫面結構較簡單，又以朱色、紅樹、紅衣人……寓其思明之意。尤其此期畫上題辭多悲痛，至如怪樹、深澗、岩穴、巨石、削壁等，亦有追尋過去美夢之意。[45]此時的詩畫文本多表現對故國山河的懷憶與堅貞不屈的心態，於畫作上僅題署干支，最後一幅冠以朝代紀年的作品爲〈朱色自畫像〉圖軸，落款：「崇禎甲申四月」，自此之後到臨終前約十五、六年間，無論傳世作品或文獻著錄者，皆未見其冠以清代紀年，[46]項氏讓朝代紀元「缺席」，是一種有意圖的符號削減，以畫面的空白傳達一種無言壓抑的心聲。

項聖謨鈐印「寫我心曲」，自剖其一生以詩畫抒情言志的心聲，曾繪《花卉圖冊》，自題：「未雨胭脂先欲滴，受風粉膩不曾癡。最憐腰細如爭舞，翻盡綠羅人起遲。丙申撲蝶之候寫於花癖齋。」《花卉圖屏》亦有題詩：「憶昔銜杯坐錦茵，海棠無語自撩人。於今漸老心還醉，寫此江南十月春。」以詩畫表達惜花護花之情。繪「疏林聽雨」冊頁題詩曰：「一林疏雨聽黃葉，幾夜青山到碧窗。若問道人何所見，溪中明月

[45] 美術史學界一致認為項聖謨於甲申前後的繪畫風格因生活驟異而有轉變，詳見李鑄晉：〈項聖謨之招隱詩畫〉，頁 544-547。另亦參見劉宇珍：《項聖謨招隱山水的復古意圖》（臺北：臺灣大學藝術史研究所碩士論文，2002 年），頁 8-40。

[46] 楊新以為落款「崇禎癸未重陽後一日」之〈菊竹圖〉為項氏最後一幅朝代紀年作品，事實上次年所繪之〈朱色自畫像〉仍標上「崇禎甲申」，應為最後一幅。楊新：〈鎔鑄畫史與時代——記明末畫家項聖謨〉，頁 5。

是風幢。」鈐印「夢幻泡影」，[47]是一種「硯田以隱」生涯抉擇下所採取退離世俗的宗教隱情。至於甲申事變前後的末世氛圍下，「時既昏昏，下民無告」，詩畫文本具有諫諍的精神，滿腔傾訴不盡的是民胞物與之家國情懷，筆者以爲其表現在「物類書寫」與「自我寫照」兩大方面。

項聖謨奠基於「取物無疑」的高妙技法，有模效傳統文本如蘭圖、竹圖的物類書寫，甲申事變前後，或注入新話語元素的「螃蟹」文本，或出於米家風格卻賦予新意的「雲山」文本，則以靈活新變的創作藉物爲喻。至於一系列畫蹟的琴、泉、鶴，以及反覆出現古松、喬木、老樹等詩畫文本，則取法「像物以爲偶」的精神，以美物作爲文本的符號深曲地表徵個人情性。

項氏物類書寫的文本，雖多含有自況的意味，卻遠不及人像畫更具自傳性。例如那兩度運用相同題詩的〈漁人圖〉，描繪一位十指凍僵的飄流漁人，沈浮於動盪的世局中，漫天江雪中找尋棲身之處，欲以酒鄉爲隱，顯然是自我比況。甫發生甲申事變之際所繪的〈朱色自畫像〉，將傳統的山水符號轉化成政治圖譜，丹朱／黧墨的色彩，將不涉世事的招隱山水變成了項氏身爲遺民的心靈圖像。至於相隔二十三年兩幅〈松濤散仙圖〉的對照更饒富興味，33 歲貴公子，氣宇昂揚地構設了一幅壯麗的景觀，國亡家碎後八年，五十三歲的他徒餘滄桑的心境，古人風采不再，山水之興不詠，他以〈尚友圖〉懷憶夙昔典型，藉以關注詩畫的自我定位。又繪第二幅〈松濤散仙圖〉，將目光由奔曠的世界回歸自家庭園，同是松濤：「青梢撥上風謖謖，濤聲日夕起林屋」，昔存「腕中有鬼」、「古人筆墨精華欲一發洩」的文藝夢想，如今徒餘「畫靜吟餘曉自嬉，一尊常滿醉孤霜」的人生夢囈。

亂局中的文士十分熟悉地在已成典律的文化中借用傳統或創造新變以自我表述，對於項聖謨而言，原本悠遊林下、硯田以隱的貴公子，於中年之際遭逢明清易代這個攸關民族意識與人生價值的鉅變，他的詩畫

[47] 文中三圖題詩，分別引自楊麗：〈著錄〉，頁 250、252、248。

創作主動地予以回應。作爲一位文藝家，他雖不是反映環境的客觀中介，但是也並非全然主觀率意，其創作的詩畫文本是主客觀聯繫的焦點，抒情言志的自我象徵語彙，應該置放回社會、文化的脈絡中來詮釋。項聖謨從詩／畫的程式規範、寓意型式中恍然看見被書寫出來的那在世界中的自己，也以這個方式與讀者對話。[48]

附識：本文初稿宣讀於中國明代文學學會（籌）主辦之「第七屆明代文學年會暨明代湖南文學國際學術研討會」（2009 年 8 月 28-30 日，湖南湘潭市，湘潭大學文學與新聞學院合辦）。經修改後投稿至中山大學主編之《文學與文化論叢》專書，承蒙兩位審查教授不吝惠賜寶貴意見，今據審查意見修改完畢，特此致謝。於本文撰寫過程中，筆者獲得研究助理黃偉豪先生、郭芊欐小姐協助蒐尋文獻與繕打資料，於此一併申謝。

[48] 抒情自我的觀照視角，參引自鄭毓瑜：〈抒情自我的詮釋脈絡〉，《文本風景——自我與空間的相互定義》（台北：麥田出版社，2005 年），頁 21。

引用文獻

（一）古籍

王杰等輯：《欽定石渠寶笈續編》，收入《續修四庫全書》子部．藝術類》，第 1073 冊，上海：上海古籍出版社，2002 年。

卞永譽：《式古堂書畫彙考》，臺北：正中書局，1958 年，鑑古書社影印吳興蔣氏密均樓藏本。

李玉棻：《甌鉢羅室書畫過目考》，收入《叢書集成續編》第 95 冊，臺北：新文豐出版社，1989 年。

杜聯喆輯：《明人自傳文鈔》，臺北：藝文印書館，1977 年。

陸心源：《穰梨館過眼錄》，收入《續修四庫全書》子部．藝術類，第 1087 冊，上海：上海古籍出版社，2002 年。

張照等編修：《石渠寶笈》，收入《文淵閣四庫全書》子部．藝術類，第 825 冊，臺北：臺灣商務出版社，1983 年。

（二）近人論著

石守謙著：〈悅目的圖像——觀看十七世紀繪畫的一個角度〉，《悅目——中國晚期書畫》（圖版篇），頁 6-13。

李鑄晉：〈項聖謨之招隱詩畫〉，《項聖謨精品集》，頁 531-559。

______：〈項聖謨《尚友圖》〉，《上海博物館集刊》，1987 年第 4 期（建館 35 週年特輯），頁 51-60。

束定芳：《隱喻學研究》，上海：上海外語教育出版社，2000 年。

楊新編：《項聖謨精品集》，北京：人民美術出版社，1999 年。

楊新：《項聖謨》，上海：上海人民美術出版社，1982 年。

____：〈鎔鑄畫史與時代——記明末畫家項聖謨〉，《項聖謨精品集》，頁 1-13。

____：《楊新美術論文集》，北京：紫禁城出版社，1994 年。

____：〈項聖謨的《大樹風號圖》〉，《楊新美術論文集》，頁 279-283。

楊麗：〈著錄〉（項聖謨作品），《項聖謨精品集》，頁 246-254。

蔡宜璇執編：《悅目——中國晚期書畫》（解說篇、圖版篇二冊），臺北：石頭出版社，2001 年。

劉宇珍：《項聖謨招隱山水的復古意圖》，臺北：臺灣大學藝術史研究所碩士論文，2002 年。

鄭德坤、饒宗頤、屈志仁編：《明遺民書畫研討會記錄》，香港：香港中文大學中國文化研究所文物館，1976 年。

鄭毓瑜：《文本風景——自我與空間的相互定義》，台北：麥田出版社，2005 年。

饒宗頤：〈明季文人與繪畫〉，《中國文化研究所學報》，8 卷 2 期，1976 年 12 月，頁 391-409。

On My Private Thoughts: An Analysis on the Poem-Painting Text of Xiang Sheng-mo(1597-1658) related to the Jia-shen Rebellion

Mao, Wen-Fang*

〔Abstract〕

Xiang Sheng-mo was one of the poets and painting artists left behind the Ming Dynasty, who strongly responded to the Jia-shen Rebellion. With his entire life persistently immersed in creating poetry and painting, Xiang Sheng-mo skillfully applied Daoism's philosophical creed of finding truth by living in seclusion in mountains, and often expressed Confucianism's care for people in his works, making the contradictory philosophies intertwined into symbol-packed and highly metaphoric text in his creations. Xiang Sheng-mo used both poetry and paintings as a medium for self-presentation by which to interpret his unique experience and thoughts. Metaphoric expressions, often seen in literary texts, were put into full play in his works. The background of the Jia-shen Rebellion had a great impact on Xiang's works where sorrow for the end of a dynasty prevails between the lines.

* Professor, Department of Chinese , and Institut of Taiwanese Literature, National Chung Cheng University.

Xiang had a seal with the inscription “On My Private Thoughts” that explains his use of implied words to express his thoughts. This study particularly focuses on Xiang’s discourse on national identity in his poems and paintings, with two perspectives: “writing about objects” and “the poet’s self-consciousness” adopted to explore the meanings underlying his poems and paintings.

Keywords: Xiang Sheng-mo, Jia-shen Rebellion, poem-painting text, people left behind the Ming Dynasty, writing about objects, the poet’s self-consciousness

時空視域的交融：文學與文化論叢
頁 405~435 國立中山大學人文中心.2011

戰後初期台灣文學與美術中的公共空間意象——以呂赫若《冬夜》與李石樵《市場口》為中心之考察

盛鎧*

〔摘 要〕

1945 至 49 年戰後初期的台灣，尤其在 1947 年二二八事件之前，由於當局治理不當，衍生諸多社會問題，因而許多文藝創作皆對此現象有所呈現或針砭。在這些作品中，常出現公共空間之主題或背景，且常帶有危殆或瀕於分裂之緊張感，其中尤以呂赫若《冬夜》和李石樵《市場口》最具代表性，顯示當時台灣市民社會面臨的迫切危機，適足以作爲二二八事件背後結構性問題之佐證。本論文即由此角度切入，探討兩者此時期作品中空間意象的社會與文化意涵。

日治時期的台灣文學，現實主義即已成爲一股相當重要的潮流，故戰後初期台灣作家如呂赫若即秉持反映社會現實之創作觀，批判國民政府接收台灣後產生的社會問題，自有其軌跡可尋。然而，日治時期的美術界基本上較傾向於學院風，主題取向上亦較少見對社會議題的關注，在戰後初期部份藝術家如李石樵卻有所轉變，題材選擇與表現手法上明顯更具社會性和寫實性。此種轉變的現象以及當時社會的背景因素亦值得探索。

* 國立聯合大學台灣語文與傳播學系助理教授

收稿日期：2011 年 1 月 6 日，審查通過日期：2011 年 6 月 30 日

此外，現有關於二二八事件之討論，多半僅視為族群衝突或單純政治上之偶發事件，即便或能由歷史之視角進行深究，亦常忽略文化或思想上的根本問題所在。本文因而針對公共空間及公共意識等相關議題，作較為深入之探討，以期能有所補充。

關鍵詞：公共空間、市民社會、二二八事件、呂赫若、李石樵

太陽迷失了，大地也迷失了，
沒有人的才智，能明確導引去何處尋找。
人們坦言這個世界已耗竭，
而當他們在行星中，在天穹裡，找到許多新的世界時，
卻又看到它們碎裂成原子。
一切都成碎片，一切均衡都已喪失……

——約翰・鄧恩（John Donne）

一、小引：碎裂的新世界

人們常說，文學與藝術是時代的見證。這句話往往淪爲過於空泛的老生常談，除非其建立在一種明確的前提之上，即文學與藝術的創作能直面並呈現一個時代的精神危機或社會的結構性矛盾，而非單純地僅是時代風尚的代言人或潮流影響的產物。而且，文藝作品唯有能洞悉並反映出時代特有的社會結構或意識形態問題，才得以彰顯出其獨具的歷史價值與美學價值，而不僅是史籍中附註的旁證而已，並超脫出裝飾性的社會功用。

在第二次世界大戰結束的 1945 年之時，台灣邁向了一個新的歷史階段，人們以爲來到的將是一個美好的新世界，然而旋踵即發生二二八事件，在經歷過起義、鎮壓與清鄉後不久，國民政府即於 1949 年遷來台灣，且繼之以動員戡亂爲名的白色恐怖統治。在戰後初期這數年間，台灣的文學家與藝術家的創作熱情也曾與歷史時局的演變同步進行，分擔且表白了人們的共同擔憂與忿懣，乃至理想的追求與破碎。當時許多文藝創作無疑地可稱爲歷史的見證，只是這些「證詞」或被遺忘、或遭湮滅，甚至一度被強權從史冊上塗銷，因而我們回望這段歷史，所得的印象往往不夠完整，只能停留在浮面的層次。

思想家班雅明（Walter Benjamin）曾針對傳統史學的觀點批判說：「如果追問歷史主義的撰史者真正移情的對象為何，……答案是無法避免的：移情的對象是勝利者。所有的統治者都是他們之前的征服者的繼承人。因而，移情勝利者的結果總是有益於統治者。」[1] 類似於此，台灣當代史的論述也往往或刻意或不自覺地承繼著征服者或統治者的觀點。縱然不論現實利益的糾葛和史學教育的侷限，史料的散佚亦是造成此種結果的一項重要技術性因素，因為被征服者或被統治者的證言往往遭毀棄或噤聲，留存的只剩代表征服者觀點的史料。歷史學者周婉窈對此現象即有所反思：「後來我以歷史為業，深切體悟到歷史往往是勝利者的歷史，失敗者的歷史不是被毀，就是自毀。通常兩者兼具。」[2]她並以呂赫若為例，提及其子不得不毀掉父親文稿的情形：

> 外祖母惟恐父親留下來的手稿及書籍，會有帶來二次傷害的恐懼，在外祖母的一聲令下，大哥和我就在家中前面荔枝園中，挖了坑，把父親所留下來的手稿及書籍全部埋掉，埋好之後，還在上面潑了幾桶水。父親的手稿，寫好尚未發表的《星星》以及收藏的書籍，就此化做一堆塵土。唯一倖存的一本日記，是因為裡面有記載子女出生年月日而保留下來。[3]

---

[1] Walter Benjamin, "*Sprache und Geschichte*," Stuttgart: Reclam, 1992, p.145。譯文引自班雅明：〈論歷史哲學〉，收入孫冰編譯：《本雅明：作品與畫像》（上海：文匯出版社，1999 年），頁 139-140。引用時經核對德文原文，略作修改。

[2] 周婉窈：〈曾待定義的我的三十一歲、尚待定義的臺灣〉，發表於陳文成博士紀念基金會網站：http://www.cwcmf.org.tw/joomla/index.php?option=com_content&task=view&id=224&I。

[3] 呂芳雄：〈追記我的父親呂赫若〉，呂赫若：《呂赫若日記（1942-1944 年）》（台南：國家臺灣文學館籌備處，2004 年），頁 492。

呂赫若家族自毀（更精確地說，是被迫自毀，即周婉窈所謂被毀與自毀兼具的狀況）文稿史料的情形，絕非孤證。攝影家張才在二二八事件時曾經拍下許多照片，但後來底片也被他銷毀。張才的理由是：「因爲我們不確定政治可能給留印在這底片中的人和他們的家屬帶來怎樣的禍殃。」[4]張才是顧慮他人之安危而被迫自毀。從現在的觀點來看，這些史料的毀棄當然是莫大的遺憾，但當事人的掛慮亦其來有自。是以，本來應該成爲國民共同記憶的歷史，便遭湮滅，且無具體證據留存，僅能殘存爲個人的苦痛回憶，甚至轉爲不堪回首的潛意識。一旦如此，公共領域存在的就只有征服者及其繼承者所書寫的歷史。當然，這樣說是有點簡化。隨著許多台灣史研究者的努力以及民主化過程中某些官方檔案的解禁，台灣史的論述與各種面向的探討，確實比以前更爲多元。但是，在「拋棄悲情過去」成爲主流觀點的社會環境下，以被統治者爲主體或至少秉持多元包容觀點重新書寫歷史，恐怕很難讓人樂觀期待。

因此，現在我們重行檢視戰後初期這段歷史時期的文藝作品，聽聽它們的「證言」，就更顯重要。雖然這無法完全取代已失去的文書檔案或見證者當下的論述，但從中我們依然能看出歷史危局初顯的裂痕，聽到某些激烈控訴的聲音，如同當初文學家左拉（Émile Zola）高喊："J'Accuse……！"（「我控訴……！」）的不平之鳴一般。而且，恰與白色恐怖統治時期台灣人民被迫毀棄曾存在的歷史見證，從公共領域瑟縮入私領域成對比，戰後初期的文藝創作卻顯示出高度的社會介入性，展現出一種積極的乃至批判的公共意識。正當二二八事件爆發前不久，呂赫若即寫下小說《冬夜》（1947），以一位名爲彩鳳的台灣女子被中國來的男子誘騙的生平際遇爲主題，影射當時台灣的狀況，呈現台灣人感覺遭「祖國」欺騙的心境。無獨有偶，畫家李石樵此時期也創作了《市場口》（1946）一作，以市場口此一尋常之商業公共空間和其中人物爲題材，表現當時社會貧富懸殊的經濟實況，以及由此對比而來之張力。

---

[4] 見蕭永盛：《影心‧直情‧張才》（台北：雄獅美術出版社，2001 年），頁 76-77。

《市場口》更可視爲對國家統治機制對台灣本土市民社會的摧殘，以及因而產生的社會問題的嚴厲批判。其實，被視爲精確呈現二二八事件之前台灣社會氛圍，因而也被台灣文學研究者譽爲事件預告的小說《冬夜》，甚至還比李石樵這件《市場口》稍晚一些，而且其中的張力似乎還不如《市場口》來得強。然而，這兩件作品不論何者表現更爲深刻或藝術感染力更強，兩者同樣都秉持著極強的社會參與的公共意識，甚至使呂赫若投筆親身投入革命運動。類似於此，與《冬夜》於同一份刊物發表的小說《農村自衛隊》（1947）亦以治安事件頻傳的鄉間爲背景，批判國家治理的失敗。這些作品不僅關切著公共領域的事務，在藝術表現上亦聚焦於人們共同生活的空間，並賦予高度象徵性之寓意，如《冬夜》結尾彩鳳奔跑的充滿危險的夜路街道或李石樵畫筆下的市場口，都表現出危殆而不安定的公共空間[5]，充分表露出當時人們對公共領域瀕臨崩解的危機感。就此而言，這些文藝創作的意義不僅在於紀錄當下的社會景況，且能從心理意識與社會體制層面，挖掘出更深刻的社會問題所在。這亦可看出台灣文學與美術在創作上的成熟，能由空間的再現過程中賦予多層次的意涵，而非僅在意主題本身或浮光掠影式的美感。戰後初期許多文學家與藝術家之所以將目光投注於人們共同的生活空間，當然並非單純基於審美目的，或對表現地方色彩有所偏好，而是有感於社會問題的存在及嚴重性。這也是這些作品能被視爲時代見證的緣由，甚且能爲我們繪製出非統治者觀點的歷史圖像。固然 1951 年時呂赫若不幸於盛年死於台北縣石碇鄉鹿窟，李石樵自 1950 年代起創作亦有所轉向，

---

[5] 本文所謂之公共空間（public space），主要意指除自然空間（如山海湖泊河流等）外，相對於私人空間（如住宅）之不限於社會或經濟條件，任何人得以進入並停留之空間場域，如街道、廣場、市場、公園、車站及開放式之公共設施等。至於一般商業空間（如商店與餐廳等）則不在此列，因為一則其多半屬私人產業，二則其中仍以消費行為為主，非供不特定人士聚集之處所。因此本文所討論之公共空間仍以一般庶民常行經或可隨意駐足停留之開放場域（如街道與市場等）為主。

戰後初期的現實主義文藝路線即告中落，但他們的思索與見證仍有不可抹滅的歷史意義，值得我們進一步探索。

二、《冬夜》中的夜路

《冬夜》是這樣開頭的：「淡水河邊的街燈，在這冷落的冬夜裡，似乎更加明亮。強光四射，倒使得這些沒有電燈的貧民窟的那幾間房裡，透點光亮。」[6]故事主人公楊彩鳳便生活在這些沒有電燈的貧民窟之中。呂赫若以寫實的筆調描繪出具體的時空場景，即淡水河旁未接電的貧民區，以此點明彩鳳的居住環境與社會階級地位。

在呂赫若筆下，彩鳳是位「受盡生活煎熬而顯得憔悴」的二十二歲台灣女子，十八歲時結婚，但婚後五個月丈夫即被迫入伍，而後赴菲律賓參戰未歸。由於夫家不理會其生計，彩鳳只能回娘家，在「肉類小販統制組合」當店員。戰後不久，「在光復的歡天喜地之中，一切物價破天荒地飛漲起來了」，彩鳳也因組合解散而失業，為求謀生，她只得在酒館裡工作，從而結識中國來的第二任丈夫郭欽明。據小說裡的描述，郭欽明是「xx公司的大財子，浙江人，年紀差不多二十六、七歲。他來館的時候，都穿著一套很漂亮的西裝，帶著一個笑臉，很愛嬌地講著一口似乎來台以後才學習的本地話」[7]。有一晚，彩鳳在下班後回家的路上，被郭欽明突如其來地強拉上車。郭某口說送她回家，實際上卻載往自己的住處。然後，郭欽明便以脅迫的方式對彩鳳求愛，彩鳳只能被迫順從。[8]這一段在小說中是用倒敘法插敘：

---

6 呂赫若：《呂赫若小說全集》（台北：聯經出版社，1999年），頁533。

7 同前註，頁537。

8 小說中郭欽明最後甚至掏出一把手槍說：「假使你不肯接受我的愛，那麼，我們現在在這裡一起打死好不好。」以軟硬兼施的方式迫使彩鳳受其擺佈。出處同前註，頁540。

> 那一天所發生的事情，現在她還有記得清清楚楚，連那一天晚上的月亮是這麼好，月光是那麼皎潔都不能忘記了。外面是一個很好的月夜，彩鳳閉館後就一個人默默地走在街上，她只是埋著頭只顧想自己的事，想著娘家生活難，也想著丈夫下落。清冷的月光沒遮攔地照在她的臉上，涼風吹拂著她的頭髮。夜市的路上，充滿著嘈雜的人聲，輝煌的燈光，人推著人，汽車連接著汽車，表現著光復的歡喜。雖然眼前看了另一個世界的熱鬧，耳邊還聽見熱鬧聲音，但彩鳳倒覺得心裡被不知道從什麼地方來的一種幻滅的悲哀包圍著。[9]

之後便發生那段悲慘的遭遇。呂赫若這裡有意運用內聚焦的方式，呈現彩鳳雖看到眼前夜市的熱鬧，內心卻感到「被不知道從什麼地方來的一種幻滅的悲哀包圍著」。

在被逼迫的情形下與郭欽明發生關係的彩鳳，雖然再度結婚，得到三萬元的聘金，且郭某又以如許之深情安慰她說：

> 你這麼可憐！你的丈夫是被日本帝國主義殺死的，而你也是受過了日本帝國主義的摧殘。可是你放心，我並不是日本帝國主義，不會害你，相反地我更加愛著你，要救了被日本帝國主義殘摧的人，這是我的任務。[10]

可是，婚後半年，郭某卻將梅毒傳染給彩鳳，並誣指她背地賣淫，而與之離婚，且討回三萬元聘金。呂赫若描寫這樣的情節，很明顯地是在暗諷郭欽明之流來台的「財子」及某些負責接收之官員，在台之行為儼然比所謂日本帝國主義更加可惡、更加摧殘台灣人，儘管其口頭做出天花亂墜之承諾。原先彩鳳因生活艱困而懵懂感覺到的「不知道從什麼地方

---

[9] 同前註，頁 538。

[10] 同前註，頁 541。

來的一種幻滅的悲哀感」，至此則有了更清楚的原因：就是那些「大財子」與來台「劫收」的官員才使得「在光復的歡天喜地之中，一切物價破天荒地飛漲起來」，而且他們原先還許諾要「解救被日本帝國主義摧殘」的台灣人民。這種從「光復的歡天喜地」到失望的幻滅心情，不僅爲作者呂赫若所有，當時多數台灣人也同樣有這種感受，所以二二八事件後自發的抗爭舉動才會以燎原之勢擴展至全國各地。

小說裡彩鳳病癒後只能再度回酒館工作，且爲償還退回聘金的債務而以娼爲業。對此，她當然不免有所怨恨，因而讀到報紙上郭欽明的結婚啓事時，心中咒罵到：「鬼！怪物！」[11]也就是說，在彩鳳眼裡的郭欽明乃是無人性的、害人的「鬼怪」。《冬夜》中的象徵性對比是很清楚的：楊彩鳳代表的是受日本殖民者及繼之而來的中國政府摧殘與剝削的台灣人民；郭欽明則象徵著善於欺騙且在必要時會以暴力脅迫達成目的的中國政權及其利益相關者。而且，兩者是相互視爲異己的：強者以弱者爲可宰制之玩物；弱者則把強者看作帶來災厄與威脅的「鬼」或「怪物」。更進一步說，造成這種互爲異己的對立關係的根本因素，並非語言或文化的差異（即非所謂族群因素），而是源自不平等的絕對支配性的權力關係，弱者因而只能消極地反向地將以欺瞞與強暴建立權勢基礎的強者視爲異類鬼怪。

雖然呂赫若營造的象徵對比很明顯，但並不會因而使得人物形象過於平面、情節過於薄弱，因爲故事本身自有其現實性。像彩鳳這樣的女子和她的生平，很可能就存在於當時的社會中，且不在少數。[12]《冬夜》這篇小說的獨到之處更在於呂赫若不僅寫出彩鳳的故事與遭遇，且能顧及到文學性，以內聚焦的手法，用彩鳳的角度描寫其所見、所思與所感。

---

[11] 同前註，頁 535。

[12] 1946 年 6 月 9 日《民報》2 版，刊載了一篇彰化陳素吟女士的投書〈女性的話〉，她有鑑於許多男性外省同胞明明已經結過婚，來台後卻又欺騙本地女性而重婚，故呼籲「外省來的領導者們」正視並解決此一問題。可見如《冬夜》中郭欽明之流的心態，並不少見。

上述彩鳳被郭欽明強拉上車那一晚，在回家路上感到自身心境與周遭嘈雜的夜市環境格格不入，這段即以彩鳳的主觀視角描述她對外在空間環境的疏離，乃至感覺到「幻滅的悲哀」。這裡的反襯手法不僅強化彩鳳的孤立感，亦表現出主體縱使身處熟悉的公共空間之中，也無法產生適應自如的感受。像彩鳳這樣遭欺騙且被排斥（如被原先的夫家，而即使娘家收容她，也是因爲她能掙錢）的弱者，自然會感到自身孤立於社會脈絡之外，對外在空間的人與事感到疏離。

當彩鳳看過報上郭欽明的結婚啓事後，呂赫若插入一段彩鳳家屋外環境的描述，明顯地也是透過彩鳳的視角：

> 夜是很寒冷的。風帶著低微的聲音吹過。一片暗裡，迎面有幾點黯淡的燈光在晃動，一堆房屋睡在那裡，就像幾個大怪物擠在一起，閃爍地眨著眼睛。[13]

這裡帶著表現主義色彩的敘述，自然也是爲了呈現彩鳳的心境，甚至是比疏離感更強的主觀感受，把外在世界看成充滿威脅的恐怖景象（房屋如怪物）。其實標題《冬夜》以及相關的寒冷、黑暗與寒風等經常出現之意象，就已經鋪陳出不安的感覺，甚且連燈光的意象也未帶來溫暖，因爲敘事者甚至將之比擬爲怪物的眼睛。由於整篇小說都以彩鳳的視角爲主，因此其中的空間意象幾乎都帶著不安定感，尤其是屋外的公共空間更讓人產生危險的威脅感，這也暗示了恣意妄爲如怪物般的強權對社會公共性的破壞，無法給個人充分的安全感。

如果說《冬夜》裡公共空間帶給人的不安全感，有可能被讀作象徵性寓言的表現，或可部份歸因於主人公彩鳳因「遇人不淑」之個人遭遇而產生的主觀心理感受，那麼與《冬夜》同時發表的《農村自衛隊》則具有更強的現實指涉，可與之參照。這兩篇小說都登載於 1947 年 2 月 5 日出刊（即二二八事件事發前夕）的第 2 卷第 2 期《台灣文化》。《農

---

[13] 呂赫若：《呂赫若小說全集》，頁 543。

村自衛隊》是台灣共產黨黨員蘇新以筆名丘平田發表的短篇小說，故事內容相對較簡單，敘述一名年輕人返鄉探親，家中長輩對他抱怨村中治安敗壞、盜賊四起，因而只能組織自衛隊對應，藉此點出社會失序的狀態。小說中有一段對話，是敘述者叔父對光復後現況的抱怨：

> 你們年輕的人開口就喊：「自由平等！」是的，現在台灣也太自由了，天花霍亂自由猖獗，流氓賊子自由搶劫，工廠自由倒閉，農村自由荒廢，奸商地主自由囤積，老百姓自由叫餓！光復後的台灣，是何等自由呀！[14]

這段明顯反諷的話語，足可視爲當時人們對社會公共秩序的混亂與治理失敗的痛切責備：日治時期已經絕跡的流行疾病的爆發，顯見公共衛生體系失效；公共安全與社會秩序的瓦解；因人謀不臧而導致市場經濟運作失靈；人民基本生計難以爲繼……等等，在在都顯示當時社會已陷入混亂無序的狀態。在基本治安都無法維持的狀況下，公共空間自然是危險的，只能靠民眾自力救濟。

《冬夜》雖未點出治安敗壞的社會問題，但其中公共空間的危險性卻更具深意：這並非侷限於特定地點——如部份農村或都市中某些區域——的特殊現象，而是許多人共有的普遍心理感受，且表明人民對公共治理失能的焦慮感。小說結尾彩鳳與一名綽號爲「狗春」的恩客相處時，遇上警察前來逮捕狗春等一夥人，彩鳳擔心遭連累被捕，於是拚命往外跑：

> 她一直跑著黑暗的夜路走，倒了又起來，起來又倒下。不久槍聲稀少了。迎面吹來的冬夜的冷氣刺進她的骨裡，但她不覺得。[15]

---

[14] 許俊雅編：《無語的春天——二二八小說選》（台北：玉山社，2003 年），頁 47-48。

[15] 呂赫若：《呂赫若小說全集》，頁 545。

這個開放式的結尾縱使不算是悲劇性的，但至少並未預示光明的存在與可能性：夜路、槍聲與刺骨的寒氣都顯示了黑暗的危險狀態的持續。逃跑與槍聲亦爲二二八事件當下與之後清鄉時公共空間裡的常態。就此而言，《冬夜》確實可稱得上是預言的寓言。[16]

三、市場

市場是一座城市裡最重要的公共空間之一，且多能反映出地方文化的特色。以市場爲題材的創作，在台灣文學史與美術史當中，亦不在少數。如日治時期新文學名作賴和的《一桿稱仔》（1926）就是很有代表性的例子，故事發生的場景就是在一座市場裡。《冬夜》中彩鳳身處熱鬧的人群中，卻感覺到被「幻滅的悲哀」所包圍，也是在夜市此種具有台灣風土民情色彩的集市之中。當然呂赫若的重點不在於表現地方風土特色，而是藉此喧鬧氣氛來反襯彩鳳徬徨之心境，但亦可看出夜間市集在俗民日常生活中的普及性。

就在呂赫若發表《冬夜》前不久，李石樵也創作了一件題爲《市場口》（1946）的畫作，[17]同樣也以戰後初期二二八事件前台灣社會的氛圍爲表

[16] 呂赫若於戰後初期發表的作品，雖亦常出現公共空間之意象，如《故鄉的戰事一：改姓名》（1946）中的火車站與《月光光：光復以前》（1946）裡被空襲的街道，但其背景仍為「光復」前的日治時期，且其公共性面向之寓意較不明顯，故本文未作討論。

[17] 儘管由李石樵美術館協助編印且為目前蒐羅最齊全的《李石樵畫集》（黃明政編，板橋：台北縣立文化中心，1996 年）當中，將這幅《市場口》的作品年代定為 1945 年，然而由這件作品中的景象來看，應是在國民政府接收台灣一段時間之後才創作的。依常理推測，國民政府是在 1945 年 10 月 25 日正式派員來台接收，而依此畫的情景，李石樵應不太可能在稍後兩個月內，就創作完成甚或開始構思。即使李石樵在 1945 年末即已著手創作或初步完成，但依李石樵創作時的慎重態度，他仍很可能在台灣省美術展覽會展出前（第一屆省展是在 1946 年 10 月 22 日揭幕）才正式完成或修改完畢，故應可合理地

現主題。這件作品曾於光復後 1946 年第一屆台灣省美術展覽會（一般簡稱爲「省展」）展出。首屆省展是由當時的行政長官公署主辦，其辦理方式與定位（官辦沙龍展）大致延續日治時期的台展與府展，[18]因此展出的作品亦大多偏向所謂學院風，即使有些畫作是以當下生活景象爲題材。[19]然而，李石樵這件《市場口》卻更進一步，不僅以畫筆紀錄他所觀察到的社會現實，更鮮明地呈現出時代的社會問題。

就在首屆省展舉辦前不久，即 1946 年 9 月 12 日，在一場由《新新》雜誌社所主辦的座談會上，李石樵如此說道：

> 只有畫家本人可以了解，但他人無法了解的美術，乃是脫離民眾的。這種美術不配稱為民主主義文化。若今後的政治屬於民眾時，美術和文化亦應屬於民眾。所以，此後的繪畫取材須循著這個方向來考慮。放棄製作徒然外觀美麗的作品，而創作出有主張與意識型態的作品吧！[20]

推斷此作是在 1946 年完成的。因此，此處將這件作品的完成年份定為 1946 年。關於《市場口》及戰後初期李石樵的創作，參見盛鎧：〈建設巴別塔——試論李石樵的《建設》及其人物群像畫〉，《現代美術學報》第 7 期（2004 年 5 月），頁 79-94。

[18] 關於首居省展籌辦的過程，相關當事人的回憶，可參見李梅樹：〈台灣美術的演變〉，《台灣風物》第 31 卷第 4 期（1981 年 12 月），頁 117-132。

[19] 有關戰後初期台灣美術界及首居省展之概況，參見梅丁衍：〈光復初期的台灣美術發展（1945-49）〉，收入黃俊傑編：《光復初期的台灣：思想與文化的轉型》（台北：國立台灣大學出版中心，2005 年），頁 303-338。

[20] 〈談台灣文化前途〉座談會記錄，收入《新新》第 7 期（1946 年 10 月），頁 6。原文為日文，譯文轉引自王德育：〈高彩度的追求者——李石樵〉，《台灣美術全集（八）——李石樵》（台北：藝術家出版社，1993 年），頁 25。引用時核對過復刻本之《新新》（台北：吳三連史料基金會、傳文文化，1994 年）。

在《市場口》（1946）（見頁489，圖四.1：李石樵《市場口》）之中，我們確實可以看到他身體力行，創作出一件「有主張與意識型態」的作品。畫中不僅描繪市場裡人來人往的情景，更特別的是其中對峙式的張力，即畫面中心一名打扮入時、穿市而過的外省女子與周遭貧苦平民的對比所形成的張力。並且，透過形式的安排，如構圖的組織與色彩明暗的運用，這種對比的張力更得到強化。

近年出版的一本台灣美術史書中提到，這名海派打扮、吸引眾人目光的女子，「正是一種中國大陸文化的展現」，且認爲從中可看出「畫家在有意無意中，顯露了個人對中國文化憧憬與欣羨之情，但那也是整個時代大多數平民大眾的共同心聲」[21]。這種看法可能有待商榷，至少當時的人在看這幅畫作時，所見乃是民不聊生的現實狀況，而與所謂「對中國文化的憧憬與欣羡」全然無涉，例如《農村自衛隊》的作者蘇新在展後就評論說：

> 《市場口》是一幅「群像畫」，描寫「市場口」一瞬間的情景：中央有一個上海小姐，身穿綢緞旗袍，腳穿美國皮鞋，手攜小皮包，眼戴黑色眼鏡，傲然闊步；她的前面，有三個穿無袖破衣的小米商在呼客；她的右邊有一個面上帶憂愁的中年本地婦女，想是為著她的不斷叫餓的小孩子出來買米；她的後面有一個垂頭喪氣的本地失業青年；她的左邊有一個瞎老花子；老花子後面，有三個「友的」（台北隱語，好漢的意思），正在憤慨的模樣；她的腳邊有一隻像殭屍的餓犬……，不幸的台灣人，個個都稱讚說「宛然把台灣現況縮寫在一幅圖」！[22]

[21] 見劉益昌、高業榮、傅朝卿、蕭瓊瑞：《台灣美術史綱》（台北：藝術家出版社，2007年），頁296。

[22] 蘇新：〈也漫談台灣藝文壇〉，《未歸的台共鬥魂——蘇新自傳與文集》（台北：時報出版社，1993年），頁171，原載《台灣文化》第2卷第1期（1947年1月）。蘇新這篇文章是特別針對多瑙於1946年12月1日的《人民導報》

對於造成這種米販與賣菸孩童衣衫襤褸、婦女面帶愁容、青年失業、好漢憤慨的不幸現況的中國政府，人民會對其文化憧憬與欣羨嗎？李石樵在官辦的沙龍展場上，展出一幅貧富差距甚大且對比明顯的社會現況的作品，其批判用意不是很明顯嗎？1946 年年初，王白淵即曾指出光復後中國來台接收所產生的諸問題背後的癥結所在：

> 中國在八年抗戰中，當然許多地方，有相當進步，但還脫不離次殖民性格，帶著許多農業社會的毛病。在這一切接收過程中，我們明明白白可以看得出農業社會和工業社會的優劣。接收台灣，就是接收日本，從低級的社會組織，來接收高度的社會組織，當然是不容易的。[23]

這就更明確意識到當時台灣與中國所存在的落差，即兩地社會組織乃至觀念思維的顯著差異。是以，李石樵之所以將這名傲然闊步、穿市而過的女子置於畫面中心，讓她成爲眾人視線焦點，並非欽羨其光鮮亮麗之外貌或她所來自的中國，而是要藉此凸顯貧與富之間的對比，將「台灣現況縮寫在一幅圖裡」，把「低級的社會組織」接收台灣後的社會問題呈現在人們眼前。

而且，李石樵選擇市場此一公共空間亦有其深意，因爲市場不僅是常民購物滿足生活需要的所在，也是人際往來頻繁的地點，而人們交際

（藝文）第 5 號上發表的〈漫談台灣藝文壇〉所發的議論。據多瑙（可能為中國大陸來台的外省文化人）的觀察，「本地人認為國內文物無疑的會比台灣本身落後，……而且當一觸目接視的國內文物很快的被認為不足道的東西，處處都有異樣的錯誤存在」。當然多瑙的看法有其主觀性，因而也引來蘇新的批評，但其言也可證明「對中國文化的憧憬與欣羡之情」並非台灣文化界的「共同心聲」。

[23] 王白淵：〈在台灣歷史之相剋〉，收入陳才崑編譯：《王白淵．荊棘的道路》下冊（彰化：彰化縣立文化中心，1995 年），頁 271，原載《政經報》第 2 卷第 3 期（1946 年 2 月 10 日），頁 7。

互動勢必仰賴一定的社會規則，在經濟上則是特定的市場規範（當然，經濟學上所謂的市場已是抽象化的意涵，較無空間的指涉性，但名詞的原初生活意涵仍然存在）。如果基本的社會運行秩序遭破壞，則人民的公共福利勢必受到影響，而公共空間亦可看出端倪，如《市場口》中生活困頓的平民與傲然無視周遭一切的貴婦之對比，以及其間的緊張氛圍，在在都顯示當時社會的公共領域已深陷危機。若與《冬夜》和《農村自衛隊》聯繫來看，我們即可發現這些作品中的公共空間都是充滿不安的：《冬夜》的夜市與夜路，《農村自衛隊》裡盜賊橫行且無公權力維持治安的農村，以及《市場口》中貧富懸殊對比的市場，都無法予人安全感。《市場口》裡那幾個「友的」雖然面露憤慨之情，其他平民也爲生活所苦，但應不致侵犯他人，然而，當中尖銳呈現的貧富對比與緊張感，卻也無法使人忽視。很難想像這樣的社會會是和諧的，公共秩序可以維持穩定。

也同樣在李石樵創作《市場口》的時候，1946 年 6 月 9 日台北中山堂上演了一齣獨幕劇《壁》。此劇是由簡國賢編劇、宋非我導演、聖烽劇團演出，其中更直接鮮明地呈現貧富懸殊的社會問題。劇中以一貧一富兩家人之生活爲對比，演出時舞台中隔有一堵牆，分隔出靠囤積米糧發財的商人錢金利和貧病交迫的失業工人許乞食兩戶人家，錢某爲了要增加更多空間囤藏商品而強迫許氏一家搬遷，最後在生活無以爲繼的情形下，許乞食被迫毒殺一家人而後自殺。許乞食在撞牆自盡氣絕前，悲憤地吶喊：「壁啊！壁啊！爲什麼無法打倒這面壁？」此時隔壁的錢家卻因囤米大漲而開舞會慶祝。[24]一有「錢」，一爲「苦」（此劇是以台語演出，「許」和「苦」台語諧音），《壁》更尖銳地呈現社會上存在的不平等以及弱者被壓迫的現象。

1946 年 6 月 9 日的《民報》在刊出《壁》的演出訊息的同一個版面上（2 版），也登載了米價狂飆的新聞，文中指出從光復之初一斤米一

---

[24] 關於《壁》之劇情概述與演出情形，參見焦桐：《台灣戰後初期的戲劇》（台北：臺原出版社，1994 年），頁 35。

元到當時已經飛漲至一斤十七元左右。可以想見，《壁》的情節即使出自虛構，但也離現實不遠：社會上確實有一堵牆壁隔在官商與人民之間。米價暴漲的現象，並非單純市場供需的問題，而是因為台灣米糧被大量運往內戰中的中國，再加上人謀不臧所致。換言之，這是國家機器掌控經濟市場而又胡作非為的後果，社會——或者更精確地說，是「市民社會」（civil society）——不僅無力抵抗，受其壓制，甚至因而凋敝崩潰。《市場口》裡的市場之所以如此不安定，就在於市場法則已遭破壞，甚至面臨瓦解，而市場中的每一個人都因此受害——除了那位可能是官夫人的貴婦。

四、期盼重建公共性

前文提到，賴和的《一桿稱仔》也以市場為重要空間背景，此篇小說中秦得參是個貧苦農民，為在市場販售自己所種蔬菜而向人借用一桿稱仔，但因巡警誣指其稱仔不堪使用，將之折斷，甚且將秦得參逮捕入獄，致使他被逼入絕境。其中寓意當然在於控訴殖民地官員對一般民眾之壓迫，但由此亦可看出日本當局在台推行現代化社會規範的努力，儘管是以強制的手段。如小說中就提到：「什麼通行取締、道路規則、飲食物規則、行旅法規、度量衡規紀，舉凡日常生活中的一舉一動，通在法的干涉、取締範圍中。」[25]稱仔即是一項象徵。巡警的手段固然無理失當，但統一認證的度量衡亦為市場運作的重要基礎。

對李石樵這一代受過現代西式美術學院教育的藝術家而言，正如要當畫家就一定要接受學校的正規教育，並且要在官方展覽會中入選甚且獲獎，才算是「合格」的藝術家，現代化的社會也一定要有公平合理的

[25] 賴和著，林瑞明編：《賴和全集．小說卷》（台北：前衛出版社，2000 年），頁 47-48。

規範，讓民眾可以遵循。也因此，他會對市場陷入失序狀態如此不滿。[26] 但是，這麼說並不意味著李石樵他們這代前輩藝術家，會完全無條件地接受官方權威的指導。李石樵亦曾因爲《橫臥裸女》及《屏風與裸婦》參加第二屆台陽展，被官方以「立姿可以展出，躺著的禁止展覽」爲理由，取消畫作的參展權，因而有所不滿。應該說，在這些前輩藝術家的認知裡，藝術創作是有一定的客觀判準，至少是藝術圈公認的標準，而審查員則以此評判作品，如此創作者則有規範可循，期盼自己獲入選的資歷，甚至進而得到「無鑑察」（免審查）資格或得獎，得以確立畫壇地位。相對地，官方雖提供資源與必要的行政協調籌辦展覽會，但是基本上並不對創作方式或入選人選進行干預。也就是說，以他們的想法，市民社會有其自身的機制與規則以確保其運作，而國家機器只要進行必要的協調或提供基本的資源即可，如此整個生活共同體則可得到維繫。並且，國家機器雖掌握最高權威，卻不直接干涉市民社會的日常運作，以免破壞其公平性與合理的基礎。然而，戰後的國民政府卻如此倒行逆施，破壞市場機制，甚至使藝術成爲政治的僕從，讓應該相對獨立的文化價值受到政治的不當干擾。[27]

李石樵可算是極有勇氣的藝術家，故以他的畫筆將「台灣現況縮寫在一幅圖裡」，而且，他的創作也秉持了一種勇於介入公共事務的參與意識，提出他的批判。這種基於公共意識的藝術創作理念，也讓他的作品不致淪於政治意識形態的宣傳品。同樣地，這種勇於對時局提出批判

---

[26] 附帶在此一提，李石樵家族就是在台北縣泰山鄉經營碾米廠為業。因此，他應該對米價飛漲的現象格外有所體認。

[27] 李石樵就曾批評過：「有一次全省畫展，蔣夫人的畫像被擺在中間，還用紅繩子圍起來，表示不讓人接近，這是什麼？畫的價值有因為被畫的人的貴賤來排名的嗎？這樣，畫窮人的兒子不就要排最後？**藝術沒有這樣的**。」見林靖傑：〈深度專訪台灣前輩畫家李石樵談他的心路歷程〉，《新新聞》第254期（1992年1月19日），頁67。

的藝術觀，也表現在同一時期呂赫若、簡國賢、蘇新乃至來台中國左翼木刻版畫家（如黃榮燦等人）的作品中。

在發表《冬夜》之後，呂赫若即無暇從事文學創作，而和蘇新等人一樣，積極投身於政治革命運動。對他們來說，用筆來批判社會已緩不濟急，不如直接以武器改造現實。如我們現在所知，呂赫若後來更進入鹿窟武裝基地，甚至命喪於此。這也顯見當時社會矛盾的激化，讓知識份子覺得以文學或藝術創作的方式呈現現實問題，表達他們對公共事務的關切，已經完全無濟於事，因爲國家機器絲毫不理會任何市民社會的反彈聲浪與民生的困境。二二八事件爆發後，官方的殘暴鎭壓以及中央政府增援部隊到來後的清鄉濫捕，更證明了王白淵所謂「低級的社會組織」的前現代政權不可能會尊重現代市民社會的自主性，讓公共領域維持自由與批判性；軍事武力的統領，乃至法西斯化的總體主義國家，才是統治者所好。是以，當時的台灣社會，只能被迫不語，「到處是可怕的緘默」[28]（這是當時一位中國記者來台報導的標題）。公共空間裡再無人敢高聲批評時政。但是，就在此「可怕的緘默」的環境下，李石樵仍勇於推出他回應現實的創作，以一件畫幅比《市場口》更大、尺寸達二百號的畫作《建設》（1947）（見頁 490，圖四.2：李石樵《建設》）。

《建設》並非出自實景，而是想像原總督府圖書館的重建（實際上並未重建）。[29]在太平洋戰爭後期，即 1945 年 5 月 31 日時，由盟軍發動的一場大規模空襲，將總督府毀損，連帶鄰近的總督府圖書館及台灣電力株式會社也被轟炸而付之一炬。總督府圖書館原址是在總督府後方，即現今國防部博愛大樓所在之處（博愛路與寶慶路口），[30]大正四

[28] 顏澤：〈看今日台灣——到處是可怕的緘默〉，《民權通訊社》第 52 號（1947 年 8 月 1 日），頁 305-307。

[29] 此說見白雪蘭：《李石樵繪畫研究》（台北：台北市立美術館，1989 年），頁 93。

[30] 總督府圖書館詳細位置可參見二戰期間美軍測繪之台北地圖，此份地圖可於德州大學圖書館網站下載：

年(1915)正式設館，[31]館藏具相當規模。據統計資料，至昭和十七年(1942)已有 195,948 冊（近二十萬）的日、中、西文的藏書。[32]郭雪湖與龍瑛宗都曾在此廣泛閱覽相關圖書，而獲益良多。[33]（見頁 491，圖四.3《總督府圖書館外觀》，圖四.4《總督府圖書館地點》）。

李石樵之所選擇此幢新古典主義樣式的建築之重建場景作爲創作主題（雖出於想像），應出於兩個層面的因素：一、文化上的意義：如上所述，總督府圖書館此一現代化且面向公眾開放的公共圖書館，對於厚實台灣文化藝術曾有相當大的貢獻，而將之重建自有其「文化建設」的寓意；[34]二、政治上的意義：如果李石樵在戰後即刻推出此作，而此建

http://www.lib.utexas.edu/maps/ams/formosa_city_plans/，點選 Taihoku-Matsuyama（即日語拼音之「台北-松山」）即可見全圖，其中標示 Library 的建築即為總督府圖書館。（地圖參見附錄）

[31] 不過，館舍本身是在明治四十一年（1908 年）完工，原為總督府博物館。後來博物館搬遷至新公園內的新館（現國立台灣博物館），此棟建物即移交給新成立的總督府圖書館使用。

[32] 引自張圍東：《走進日治時代：總督府圖書館》（台北：台灣古籍出版社，2006 年），頁 121、123。

[33] 自學成家的郭雪湖曾回憶說：「那裡[總督府圖書館]雖然不是學校，但以自修研究的立場來講，專書充棟，比較任何學校可說勝過一籌。於是我決心採取日間作畫，夜間研讀的方式。從此天天跑上圖書館，以自修研究來補救自己所欠缺的美術教養。」見郭雪湖：〈我初出畫壇〉，《台北文物》第 3 卷 4 期（1955 年 3 月），頁 71-72。後來他甚至因此得到館方頒授的獎項，肯定其利用圖書館而成就事業的作為。龍瑛宗則是自 1934 年起調至台灣銀行本行(亦位於總督府圖書館旁）服務，而後在館員劉金狗的幫忙下，得以借閱大量的世界名著。劉金狗也曾幫助過郭雪湖，使其獲館長山中樵的允許，得以使用特別座，更方便使用圖書資源。關於劉金狗的行誼及其對台灣研究的貢獻，參見張炎憲：〈整理台灣資料奉獻一生的劉金狗先生〉，《台灣風物》第 37 卷 1 期（1987 年 4 月），頁 115-117。

[34] 或可附帶一提，由於總督府圖書館在戰時已事先疏散搬遷館中藏書，因此多數圖書都得以躲過戰火之摧殘而倖免於難。戰後館藏即由台灣省行政長官公署接收，成立「台灣省行政長官公署圖書館」（簡稱「台灣省圖書館」），

設行政核心象徵的總督府之周遭毀於戰火的重要建物的景象，則其盼望建立一個後殖民的新領導中心之用意就很明顯。但此作是在第二屆省展展出，故李石樵選擇在二二八事件的劇烈動盪之後的社會情境下展示這件作品（即使他在戰後不久就已經開始構思或著手創作），其用意應爲期望主政者能屏除先前的作爲，開展團結的新局，無私地帶領人民共同投入「建設」台灣的新社會。《建設》中位於畫面中心的工程師，或許正是這種想望的寄託。[35]

在《市場口》中，李石樵已敏感地察覺到社會中不同階層的相互對立所造成的強烈張力，因此他只好寄望於爲人民謀求福祉且能充分尊重市民社會的「公正」機制，調停個別成員的特殊利益，達成對社會普遍利益的追求。但是，造成社會問題的根源，不正是那種「低級的社會組織」的前現代國家機器，若要盼望其主持公道豈非緣木求魚？因此，這種想像畢竟是禁不起現實的考驗——二二八事件後，官方持續且有計劃

並借用省立博物館（現國立台灣博物館）一樓營運，其後則更名為「台灣省立台北圖書館」（1948 年起），1955 年遷往八德路新館舍，爾後於 1973 年改隸教育部，改稱「國立中央圖書館台灣分館」迄今（2004 年起遷於台北縣中和市）。關於國立中央圖書館台灣分館之歷史沿革，參見該館網站的說明：http://www.ntl.edu.tw/tw/content.php?MainPageID=1&SubPageID=12&Keyword_Search。

35 也有的論者把畫面上這名男子只當作是一名「眼戴墨鏡之摩登少年」（見白雪蘭：《李石樵繪畫研究》，頁 95），但就整體的佈局及其寓意看來，畫面中心的兩名男子應是一同進行建設工作的工程師之類的人物。此外，1946 年 10 月發行的《台灣評論》（第 1 卷第 4 期）曾以黃榮燦的版畫《建設》為封面，因此亦有研究者認為李石樵的《建設》可能受到此作的啟發，見梅丁衍：〈戰後初期台灣「新現實主義」美術之孕育及流產——以李石樵畫風為例〉，《現代美術》第 88 期（2000 年 2 月），頁 50-51，及梅丁衍：〈光復初期的台灣美術發展（1945-49）〉，頁 334。這種可能性雖不能排除，但顯然兩者的寓意是不同的：李石樵畫中工程師與勞動者的「合作」，以及將建設的地點設定為原總督府圖書館，其寄望跨階級共同戮力重建台灣之用意，在黃榮燦的作品中則並未見到。

進行之野蠻而殘忍的鎮壓（如陳澄波之遭槍決），正是對藝術家的想像的最嚴厲且也是最殘酷的回答。這也使得李石樵具社會面向的創作幾乎無以爲繼，遍尋不著意識型態的出口，只能退縮回傳統農村的私人家庭空間裡，以《田家樂》[36]（1949）（見頁 492，附圖四.5：李石樵《田家樂》）作爲「民主主義文化」時期的藝術創作的句點。[37]而且，相較《市場口》的批判性與尖銳性，《建設》則是想像大於現實：不僅畫面是出於想像，其寓意也是過於理想化而失卻現實感，即使畫中也有賣菸的婦

[36] 許多現有畫冊與著作，如《李石樵畫集》和《台灣美術史綱》，都將這件《田家樂》的作品完成年代定為 1946 年。然而，無論根據新版或舊版的《台灣省通志》之記載，《田家樂》是在第四屆省展（1949）中展出的。參見台灣省文獻會編：《台灣省通志．卷六學藝志藝術篇》下冊（南投：台灣省文獻會，1971 年），頁 103；台灣省文獻會編：《重修台灣省通志．卷十藝文志藝術篇》（南投：國史館台灣文獻館，1997 年），頁 70。因此，將作品完成面世的年代定為 1949 年應該才是正確的。之所以會有年代標定差異的問題，可能是誤認為這件作品曾在第二屆省展（1947）中展出過，如《李石樵畫集》中的年表，以及《台灣美術全集（八）——李石樵》（頁 27）等。由於這種年代斷定的錯誤，也產生某些待商榷的論點。此外，梅丁衍：〈戰後初期台灣「新現實主義」美術之孕育及流產——以李石樵畫風為例〉，頁 56 之註 56、註 57，亦曾引用黃榮燦對第四屆省展的評論，文中即提到此件作品，更證明《田家樂》是在第四屆而非第二屆省展中展出。相關研究論文如盛鎧：〈建設巴別塔——試論李石樵的《建設》及其人物群像畫〉，頁 92；以及盛鎧：〈生活在歷史的時差之中：李石樵的創作及其時代〉，收入薛燕玲編：《讓畫說話：李石樵百年紀念展》（台中：國立台灣美術館，2007 年），頁 20，都曾提到過作品年代的問題，但學界似乎仍相沿成習（如劉益昌、高業榮、傅朝卿、蕭瓊瑞：《台灣美術史綱》，頁 296 中的圖說仍將此作完成的年代標為 1946 年），故此處仍特別再加以說明。

[37] 黃榮燦對《田家樂》亦批評說：「從直觀的感覺《田家樂》的結構是明顯的，人物的個體也完整，就是用色較乾燥外，但從題材內容上分析，確難找到描繪現實的真理！」見黃榮燦：〈美展之窓〉，《新生報》（藝術生活版），1949 年 12 月 10 日。轉引自梅丁衍：〈戰後初期台灣「新現實主義」美術之孕育及流產——以李石樵畫風為例〉，頁 52。

女與孩童等人物，但在畫面中仍屬週邊次要，且不足以完全反映現實社會的問題。就此而言，此作品只是呈現了李石樵一廂情願的期盼。

自 1950 年代起，李石樵即轉向探索現代藝術的形式語法，開始創作立體主義、超現實主義與抽象畫的作品，縱然仍有發表寫實風格的畫作，但已幾乎不再創作任何具有社會意涵的作品。然而，即使在國民政府白色恐怖高壓統治之下的 1964 年，也就是彭明敏與謝聰敏、魏廷朝因起草《台灣人民自救宣言》而遭逮捕的那一年，李石樵仍默默地畫了一張題名爲《大將軍》（1964）（見頁 492，附圖四.6：李石樵《大將軍》）的作品，以他的畫筆對那君父式的獨裁者提出無言的批判，足見他過人的勇氣，也爲那黑暗的年代留下藝術的見證。（附圖置於全書後附錄）

五、結語

出生於 1908 年的李石樵與 1914 年生的呂赫若，兩人基本上是同一世代，且都有赴日留學的經歷（兩人旅居日本的時間亦有重疊），並同樣投身於文藝創作。當然，兩人也有不同點：比起李石樵，呂赫若似乎興趣更爲廣泛，除了文學創作，他本身也是聲樂家（曾入學武藏野音樂學校聲樂科）；李石樵則幾乎只專注於美術創作的工作。而在美學觀方面，呂赫若首篇公開發表的作品《牛車》（1935）即顯示出現實主義的傾向，關心社會變遷對底層民眾生活的影響。此時期李石樵則仍游移於學院派的新古典主義與印象派的風格之間，例如 1935 年的《編物》（見頁 493，附圖四.7：李石樵《編物》）之構圖布局與人物體型量塊感的處理，即表現得中規中矩且十分穩定與均衡，可見仍存有相當程度學院派的影響；不過，筆觸與色彩的運用卻已可看出印象派的風格特徵。然而，畫中兩位女子以打毛線編織而非刺繡作爲生活娛樂，明顯地表示了這是現代家庭生活的場景，再由她們所穿的拖鞋、地毯以及西式帶靠墊的座椅來看，此一室內空間在當時而言應爲相當「摩登」，由此亦可一窺李石樵對現代生活的精細觀察力，及其不拘於學院訓練，試圖開創自我創

作道路的努力，儘管他不像呂赫若那般鮮明地觸及社會階級的問題。（附圖置於全書後附錄）

延續《編物》的創作方向，李石樵的《河邊洗衣》（1946）（見頁493，附圖四.8：李石樵《河邊洗衣》）顯見亦有意跳脫學院束縛，嘗試自現實生活取材。婦女在河邊漂洗擣衣，原是台灣常見的生活景象。不過，這件作品的表現重點，並非洗衣當下的動作，而是兩名婦女拿著洗衣籃的立姿。這反而又較近似於溫婉穩重取向的古典主義，而少了些直面現代生活的尖銳性和寫實的感染力。可見得此作中的李石樵在形式與表現風格上，仍有些猶豫徘徊於現實主義與古典主義之間，試圖在兩者間尋求平衡與折衷之道。其實他的《市場口》與《建設》也仍多少存留著古典主義的餘韻，人物造型的量塊感與構圖，都可看出保留了學院派訓練的傳統，《建設》的風格與氣勢更可視爲歷史畫的活用表現。但這並不妨害李石樵直面當下社會現實，並結合他個人在藝術形式方面探索的心得，捕捉時代最核心的矛盾問題。

換言之，李石樵雖不像呂赫若有其一貫的現實主義美學觀，但他也絕非單純生活於象牙塔中的學院畫家，只是純粹因戰後外在社會環境或受到左翼文化流行的影響，才一時心血來潮去畫畫室以外的景物。他對現代生活的景象，一直有著觀察與描繪的興趣。在戰後初期此一階段，他更基於對公共事務的參與熱情，呼應「民主主義文化」的時代呼喚，以他的畫筆紀錄其所見公共空間裡的現象，捕捉社會氛圍中的那股不安定感，而畫出歷史名作《市場口》。其後則以其一貫紮實的學院寫實技巧，描繪眾人合力修復建設總督府圖書館的想像情景，完成《建設》一作。對於剛經歷過二二八事件的人們來說，事件前來台接收官員的貪污與倒行逆施、事件中的殘暴鎮壓、事件後的清鄉濫捕，都在在擴大並加深了社會的裂痕（《市場口》正是初顯的痕跡），但基於對共同體的生活維繫，人們仍願意攜手共同修補這道裂痕，一起建設共有的家園——台灣。這或許即爲李石樵創作《建設》之寓意所在。儘管這種重建公共福祉的期盼，事後看來是過於樂觀，甚至可形容爲一廂情願。1949 年惡性通貨膨脹下四萬元舊台幣換一元新台幣的民生悲劇，以及政治上的高壓統治，更使其「建設」公共福利與自由的公共領域之美夢，徹底成爲泡影。但是，此種立足於公共意識的藝術創作，其留下的歷史證言，更值得現在的我們珍惜。而且，透過將呂赫若與李石樵一併討論，應該亦能讓我們更真切地體驗到當時人們的所思、所感甚至所苦。這也是本文嘗試以跨藝術研究的方式，同時探討台灣文學與台灣美術的緣由。畢竟，縱使他們兩位在生活上未必有具體的交集，創作的方式與思考也不見得相同，但他們對社會問題的透徹理解與深刻表現，當同樣能幫助我們認識過往的歷史，且爲不同於統治者觀點的歷史。

本文篇首所引用之英國玄學派詩人鄧恩詩作《世界的剖析》（*An Anatomy of the World*），常被詮釋爲反映了十七世紀在宗教改革後及科學新知衝擊下，人們的自然觀、世界觀和價值觀面臨崩解的情境，如同詩中所形容的，「太陽迷失了，大地也迷失了」，「一切都成碎片，一切均衡都已喪失」。類似於此，呂赫若與李石樵這一代知識份子，在戰後初期也得面對迷失的心境。「光復」之初，他們以爲「新世界」即將來到，可是公共秩序的瓦解，卻使得一切都「碎裂成原子」。因此他們只得以筆爲公眾代言，爲歷史留存證。在呂赫若筆下，《冬夜》中彩鳳的故事，不僅是她個人的悲劇，同時亦爲台灣人對集體共有命運的自我理解，即感覺台灣遭「祖國」欺騙與背棄，因而其中的公共空間更充斥著危險性與威脅感，顯見主體既無從掌握自身命運，亦無法安心適洽身處於客體世界中。而若與李石樵充滿對峙性張力的《市場口》聯繫來看，其中的公共空間更呈顯出社會性的向度，即富者之傲然與市場之失調（是以畫中市場物產並不豐饒，民眾面容亦多爲愁苦或憤懣，而讓蘇新譽爲「宛然將台灣現況縮寫在一幅圖裡」）。換言之，同樣是不安的公共空間，《冬夜》或可視爲主觀式的體驗（此處所謂之「主觀」，並非單指敘事上彩鳳的個人視角，或呂赫若的自我意念表達，而是眾人之「大我」的共同感受），《市場口》則可謂以客觀的方式觀察並描繪整體社會，兩者進路雖相異，卻能殊途同歸，將「均衡已喪失」的公共領域及隨之而來的危機感表現出來。因此，將《冬夜》與《市場口》一併討論，自有研究課題上的需要，而不是爲了跨藝術的簡單對比。

再者，雖然賴和《一桿稱仔》當中的市場並非單純的故事背景，但主人公與市場之間的關聯性，以及市場作爲公共空間的社會性意涵，在小說中大致並未有更深入的發揮與闡明；相對地，《冬夜》則有更深度的表現，顯見文學中的現實主義在戰後初期已展露更爲深化的美學探索與社會思考，不僅止於滿足敘說人物的故事，以完成寫實性的紀錄或道德性的批判而已。而《市場口》更突破地方色彩式的美感表現，亦未落入風俗畫式的浮面速寫，從而兼具美學與議題上的突破。是以，固然戰後初期的文藝作品中，並不只限於這兩件作品涉及公共空間之相關題材，但這兩件確實在美學表現上較具深度，且有更深刻的社會意識。只是，呂赫若命喪於鹿窟，使其文學生命嘎然而止（這也是本文討論李石樵多於呂赫若的原因之一），使我們無法預料其創作的可能發展；李石樵則自 1950 年代起，其風格亦另有轉向。這當然和政治情勢的演變和創作自由度的高度限縮有關。至於其後台灣文學與藝術中的公共空間表現，或可待後繼研究闡發。

附識：本文爲國科會補助研究計畫「台灣文學與美術中的公共空間：1945 至 49 年」（主持人：盛鎧，計畫編號：NSC 97-2410-H-239-012）之部份研究成果。

引用文獻

（一）專書

王白淵著，陳才崑編譯：《王白淵．荊棘的道路》下冊，彰化：彰化縣立文化中心，1995 年。

台灣省文獻會編：《台灣省通志．卷六學藝志藝術篇》下冊，南投：台灣省文獻會，1971 年。

＿＿＿＿＿＿＿：《重修台灣省通志．卷十藝文志藝術篇》，南投：國史館台灣文獻館，1997 年。

白雪蘭：《李石樵繪畫研究》，台北：台北市立美術館，1989 年。

呂赫若：《呂赫若小說全集》，台北：聯經出版社，1999 年。

班雅明著，孫冰編譯：《本雅明：作品與畫像》，上海：文匯出版社，1999 年。

張圍東：《走進日治時代：總督府圖書館》，台北：台灣古籍出版社，2006 年。

許俊雅編：《無語的春天──二二八小說選》，台北：玉山社，2003 年。

焦桐：《台灣戰後初期的戲劇》，台北：臺原出版社，1994 年。

黃明政編：《李石樵畫集》，板橋：台北縣立文化中心，1996 年。

劉益昌、高業榮、傅朝卿、蕭瓊瑞：《台灣美術史綱》，台北：藝術家出版社，2007 年。

蕭永盛：《影心．直情．張才》，台北：雄獅美術出版社，2001 年。

賴和著，林瑞明編：《賴和全集．小說卷》，台北：前衛出版社，2000 年。

蘇新：《未歸的台共鬥魂──蘇新自傳與文集》，台北：時報出版社，1993 年。

〈談台灣文化前途座談會記錄〉，《新新》第 7 期，1946 年 10 月，頁 6；復刻本，台北：吳三連史料基金會、傳文文化出版，1994 年。

（二）期刊論文

王德育：〈高彩度的追求者——李石樵〉，《台灣美術全集（八）——李石樵》，台北：藝術家出版社，1993 年。

呂芳雄：〈追記我的父親呂赫若〉，呂赫若：《呂赫若日記（1942-1944 年）》，台南：國家臺灣文學館籌備處，2004 年。

李梅樹：〈台灣美術的演變〉，《台灣風物》第 31 卷 4 期，1981 年 12 月，頁 117-132。

林靖傑：〈深度專訪台灣前輩畫家李石樵談他的心路歷程〉，《新新聞》第 254 期，1992 年 1 月 19 日，頁 67。

張炎憲：〈整理台灣資料奉獻一生的劉金狗先生〉，《台灣風物》第 37 卷 1 期，1987 年 4 月，頁 115-117。

梅丁衍：〈光復初期的台灣美術發展（1945-49）〉，收入黃俊傑編：《光復初期的台灣：思想與文化的轉型》，台北：國立台灣大學出版中心，2005 年。

______：〈戰後初期台灣「新現實主義」美術之孕育及流產——以李石樵畫風為例〉，《現代美術》第 88 期，2000 年 2 月，頁 50-51。

盛鎧：〈生活在歷史的時差之中：李石樵的創作及其時代〉，收入薛燕玲編：《讓畫說話：李石樵百年紀念展》，台中：國立台灣美術館，2007 年。

____：〈建設巴別塔——試論李石樵的《建設》及其人物群像畫〉，《現代美術學報》第 7 期，2004 年 5 月，頁 79-94。

陳素吟：〈女性的話〉，《民報》2 版，1946 年 6 月 9 日。

郭雪湖：〈我初出畫壇〉，《台北文物》第 3 卷 4 期，1955 年 3 月，頁 71-72。

顏澤：〈看今日台灣——到處是可怕的緘默〉，《民權通訊社》第 52 號，1947 年 8 月 1 日。

（三）網路資源

Walter Benjamin, *Sprache und Geschichte*, Stuttgart: Reclam, 1992.

「國立中央圖書館台灣分館」網站，〈關於本館・歷史沿革〉：http://www.ntl.edu.tw/tw/content.php?MainPageID=1&SubPageID=12&Keyword_Search。

周婉窈：〈曾待定義的我的三十一歲、尚待定義的臺灣〉，陳文成博士紀念基金會：http://www.cwcmf.org.tw/joomla/index.php?option=com_content&task=view&id=224&I。

德州大學圖書館藏台灣地圖：http://www.lib.utexas.edu/maps/ams/formosa_city_plans/。

The Representation of Public Space in Taiwan Literature and Art: Lu Ho-Juo and Lee Shi-Chau during 1945-49

Sheng, Kai*

〔Abstract〕

During the first few years after the Second World War (1945-49), the lack of pertinent functioning of the temporary government at that period in Taiwan caused several problems in the society, so that many artistic productions then represented these serious problems or even tried to criticize them. In such works, the "public space" is so often shown directly as subject or at least as background, with a sense of tension in an atmosphere at the edge of breaking down and social collapse, space that became not only a symbol of the imminent peril that the civil society of Taiwan had to face, but also a proof for the structural problematic about the context of the 228 Incident. Through this kind of representations, we can realize that many writers and artists ,as Lu Ho-Juo and Lee Shi-Chau, at that time did feel deeply concerned with questions about the public sphere, and to what extent such a subject tendency was largely associated with public awareness. That

* Assistant Professor, Department of Taiwan Languages and Communication, National United University.

is why this research will focus upon all propositions about public space and public awareness, in order to have an integral survey of this historical event.

Keywords: Public Space, Civil Society, The 228 Incident, Lu Ho-Juo, Lee Shi-Chau

時空視域的交融：文學與文化論叢
頁 437~468 國立中山大學人文中心.2011

巴什拉詩學想像方法論探究

史言*

〔摘 要〕

本次研討嘗試針對巴什拉詩論中所使用的批評方法予以蠡測和述評，以其詩學想像言說的一個「悖論」作爲引子，進而討論巴什拉最具代表性的兩大批評方式（「兩套精神分析」與「意象的現象學」），同時歸納出其研究方法轉變過程中的兩條平行線索（「從詩人到讀者」與「從重複到差異」）。藉此，我們希望能夠在一種動態變化的形式中追溯巴什拉批評方法的進程。

關鍵詞：巴什拉、詩學、方法論、精神分析、現象學

* 香港大學中文學院博士生

收稿日期：2011 年 2 月 14 日，審查通過日期：2011 年 5 月 28 日

一、引言

巴什拉（Gaston Bachelard, 1884-1962）[1]是法國二十世紀著名科學哲學家、法國新認識論的奠基者、詩學理論家和詩人，其詩學想像領域所進行的哲思和取得的成果，對新批評學派、法國主題學、現象學文學批評等均有深遠影響。[2]在本體論意義上研究詩意夢想，是巴什拉想像論的獨特貢獻所在，而其詩學方法論的核心，簡言之就是要經由詩歌意象達致詩人的創作意識，讀者與之貫通從而使自己覺醒。[3]巴什拉的批評方法可以說自始至終保持著某種複雜的多樣性，常常使人在望洋興嘆的同時，滑入歪曲理解或混爲一談的尷尬境地。困難一方面來自巴什拉不時地往復跳躍於「科學」與「詩」這兩個世界（在他看來，二者彼此互爲倒影），另一方面亦來自他爲「精神分析」、「現象學」、「意象」等常見辭彙所賦予的新意。本次研討嘗試針對巴什拉詩論中所使用的批評方法予以蠡測和述評，以其詩學想像言說的一個「悖論」[4]作爲引子，進而討論巴什拉最具代表性的兩大批評方式（「兩套精神分析」與「意象的現象學」），同時歸納出其研究方法轉變過程中的兩條平行線索（「從詩人到讀

[1] 中文學界對 "Gaston Bachelard" 有「加斯東．巴什拉」、「加斯頓．巴謝拉爾」、「加斯頓．貝切拉德」、「加什頓．巴什拉」、「加斯東．巴西拉」、「巴什拉爾」或「巴舍拉」等不同音譯，方便起見，本文除直接的引用文字外，一律使用「加斯東．巴什拉」或「巴什拉」，對此不再另行加注。

[2] 杜小真：〈理性與經驗的和諧：代譯序〉，見達高涅（F. Dagognet）著：《理性與激情：加斯東．巴什拉傳》（*Gaston Bachelard*）（北京：北京大學出版社，1997 年），頁 1-3。

[3] 布萊（Georges Poulet, 1902-1990）著，郭宏安（1943-）譯：《批評意識》（*Conscience Critique*）（南昌：百花洲文藝出版社，1993 年），頁 158。

[4] 所謂「悖論」，根據樂黛雲《世界詩學大辭典》的解釋，是指「表面上不合理但實際上合理的陳述」，本文亦取此種解釋，主要討論巴什拉著述中看似自相矛盾實則辯證統一的兩個情況。樂黛雲（1931-）主編：《世界詩學大辭典》（瀋陽：春風文藝出版社，1993 年），頁 22。

者」與「從重複到差異」)。藉此，我們希望能夠在一種動態變化的形式中追溯巴什拉批評方法的進程。

二、元素詩學的「悖論」與兩套「精神分析」

> 巴什拉爾的方法何止一種，他在孤寂之中創立和修正的方法多至若干種。
>
> ——塔迪埃（Jean-Yves Tadié, 1936-）[5]

一切皆從1938年《火的精神分析》（*The Psychoanalysis of Fire*）開始。這部以「精神分析」命名、卻除書名外與古典精神分析幾乎毫不相干的著作，[6]在確立「元素詩學」基本構思的同一時間，也埋下了我們即將討論的「悖論」之種。

（一）一元獨立 VS 多元綜合

不應忘記，巴什拉很早便認識到，對於諸如四大元素的普通經驗材料的客觀理解，不會是自發形成的，只能是作爲長期認知過程的結果，在每一個概念之下總是潛存著一種前科學的觀念。據此，巴什拉以挖掘想像的初源爲己任，進而提出，詩人的詩意想像可分爲「火」、「水」、「氣」和「土」四種，即物質的四重想像，「元素詩學」由此得以發軔。巴什拉說，一個真正的詩人，是忠實於自己的本源性語言、不理會驅使一切感覺的折衷主義衝突的人，那麼，要「識破」一個詩人的「秘密」，「只須一句話就足夠了：『告訴我，你的精靈是什麼？是地精蠑螈，水精還是氣

---

[5] 塔迪埃（Jean-Yves Tadié）著，史忠義（1951-）譯：《20世紀的文學批評》*(La Critique Littéraire au XXèmee Siècle)*（天津：百花文藝出版社，1998年），頁115。

[6] 霍蘭德（Norman Norwood Holland, 1927-）著，潘國慶譯：《文學反應動力學》（*Dynamics of Literary Response*）（上海：人民出版社，1991年），頁373。

精？』」[7]《火的精神分析》第六章毫無掩飾地寫道：

> ……通過火的形式，通過空氣的形式，通過土的形式進行幻想的心靈是十分不同。特別是水和火在遐想中依然是對立的，聆聽小溪流水的人難以理解側耳細聽火焰噝噝聲的人：他們使用的不是同一種語言。[8]

明顯地，這是一種企圖建立「非此即彼」的一元式元素模型的嘗試，但這一嘗試很快便在巴什拉四年後出版的《水與夢：論物質的想像》（*Water and Dreams: An Essay on the Iimagination of Matter*）中動搖了，至少不再那麼堅決，巴什拉坦白承認，「在水的方面我並沒有取得同樣的建樹」[9]。介紹《水與夢：論物質的想像》概要之前，巴什拉先是吐露了一段肺腑之言：「雖說本著作是在《火的精神分析》之後，詩學四本原法則的又一例證，但我並沒有因此而取名爲《水的精神分析》，這本來會同那本舊作相映成趣。我選擇了一個更爲模糊的題目：《水與夢》。這是真誠之必然」[10]。此種「必然」一直延續到巴什拉晚年，使其在不斷的自我挑戰中展開一系列的學術冒險。[11]日本學者金森修（KANAMORI Osamu, 1954-）《巴什拉：科學與詩》（*Bachelard*）的緒論部分，藉追溯巴什拉晚年生活指出：

---

[7] 巴什拉著，杜小真（1946-）、顧嘉琛譯：《火的精神分析》（*The Psychoanalysis of Fire*）（長沙：嶽麓書社，2005 年），頁 93-94。

[8] 巴什拉：《火的精神分析》，頁 93。

[9] 巴什拉著，顧嘉琛譯：《水與夢：論物質的想像》（*Water and Dreams: An Essay on the Iimagination of Matter*）（長沙：嶽麓書社，2005 年），頁 7。

[10] 巴什拉：《水與夢：論物質的想像》，頁 7。

[11] 達高涅（F. Dagognet）：《理性與激情：加斯東．巴什拉傳》，頁 82-84。

> 晚年時期，他親切地談論自己在水源豐富的田園小城度過的美好生活。在生命的最後階段，他在圍繞著火的幻想中結束了一生。與成爲最後主題的不死鳥即火鳥初次相逢後，喚起了翠鳥那突然俯衝到河水中的形象。與空想的不死鳥相逢的這種反論性的心理現象，從在水邊遇到火這種意義上而被雙重反論化了。水元素與火元素似乎搖曳著混淆起來。[12]

儘管「火」是詩學家第一部和最後一部著作的主題，但「在水邊遇到火」、「雙重反論化」、「混淆」等很容易令人察覺到巴什拉晚期談論四元素的方法和早期談論的方法似乎是有所差別，甚至有些自相矛盾，元素的四重想像到底是「一元獨立的」還是「多元綜合的」？按照金森修的意見，應視這種轉變爲某種意義上「平凡的倒退」，[13]也有論者如達高涅，雖不贊同這種「倒退」說，但仍將其看成是「研究方法的悲劇」的轉變，是「死死盯住原初物質不放」所付出的「代價」。[14]就此問題，我們認爲，與其說是倒退或悲劇代價，不如說是一則有關元素詩學的「悖論」，這則「悖論」之所以出現，完全是巴什拉詩學理論在發展和完善過程中必須經歷的一段路途。

（二）客觀認識的精神分析 & 生活的精神分析

《火的精神分析》一書，很多地方都可以讓我們在閱讀時感受到巴什拉爲火而激動，爲火而驚嘆，也似乎看到了詩之火在他身上燃燒，巴什拉爲之顫抖。但誠如詩學家自己所說：「通過對客觀知識和富有形象的

---

[12] 金森修（KANAMORI Osamu, 1954-）著，武青豔（1973-）、包國光（1965-）譯：《巴什拉：科學與詩》（*Bachelard*）（石家莊：河北教育出版社，2002 年），頁 11。

[13] 金森修：《巴什拉：科學與詩》，頁 237。

[14] 達高涅：《理性與激情：加斯東．巴什拉傳》，頁 23。

知識的精神分析，我成爲相對於火的理性主義者」[15]。這種「理性主義」的表現，頗受之前科學哲學研究方法的影響。《火的精神分析》一些章節，特別是第五章「火的化學：虛假問題的歷史」，顯示出較強的科學論色彩，[16]巴什拉也承認這一章「似乎轉換了話題」[17]，而且使用了《科學精神的形成》（*The Formation of the Scientific Mind*）中未被使用的科學性質的資料，似乎是對先前工作某種意義上的延伸，[18]難免令人想到他在對個體思想者思維過程進行研究時，所使用的那種以客觀知識的歷史形成過程做類比的方法。[19]

然而，這些都不是《火的精神分析》建構詩學方法論的主體，巴什拉藉此書最初跨入文學批評領域所應用的第一個方法，當屬「對客觀認識的精神分析」，即對原始意象引發的心理傾向的精神分析。其具體操作要「先把原初的形象分類」，「不讓其中任何一種留下最初的特殊痕跡」，以便「確認」「一些一直把願望和夢想攪和在一起的情結」，然後把這些「情結」「分解」出來。[20]確切的說，這是一種「情結」解釋模式，是嘗

---

15 巴什拉：《水與夢：論物質的想像》，頁 7。

16 金森修：《巴什拉：科學與詩》，頁 135、頁 147。

17 巴什拉：《火的精神分析》，頁 64。

18 金森修：《巴什拉：科學與詩》，頁 135。

19 在屬於認識論領域的《科學精神的形成》一書中，巴什拉認爲客觀知識的歷史形成過程恰恰類似於個體思想家內心活動的過程。針對後一過程，巴什拉依照出現的先後順序提出「三種狀態法則」：（1）具體狀態（2）具體—抽象狀態（3）抽象狀態，並強調個體思維者對科學精神的征服與捍衛比在一般科學史中更加困難，因爲「聰明人的頭腦裏也有暗區，有黑暗繼續存在的洞穴。新人身上帶著前人的遺跡」，這些「暗區」與「洞穴」正是巴什拉所謂的「認識論障礙」，「前人的遺跡」則是諸多「前科學精神」。巴什拉著，錢培鑫（1955-）譯：《科學精神的形成》（*The Formation of the Scientific Mind*）（南京：江蘇教育出版社，2006 年），頁 4-7。何建南：〈巴什拉爾〉，收入涂紀亮等編：《當代西方著名哲學家評傳・卷 3・科學哲學》（濟南：山東人民出版社，1996 年），頁 418。

20 巴什拉：《水與夢：論物質的想像》，頁 7。

試從「經驗知識和科學知識的基礎出發，發現潛意識價値的作用」[21]。這裏有必要強調「潛意識」一詞的意義：指一個相對較淺、較有理性的精神層次，或可稱之爲「淺意識」。[22]巴什拉以此爲出發點，重新定義了他所謂的「情結」:「一個比原始的本能在其中展開的領域更淺近的領域」[23]，並且這些「情結」有了新的名稱：普羅米修斯情結（the Prometheus complex)、恩培多克勒情結(the Empedocles complex)、諾瓦利斯情結(the Novalis complex)、霍夫曼情結（the Hoffmann complex)。比較佛洛德（Sigmund Freud, 1856-1939）將情結（例如戀母情結）視作根植於人類思想深層的心理上的驅動因，巴什拉的「情結」更接近榮格（C. G. Jung, 1875-1961）的理論，其中「性」的作用非常有限，而人們對某一物質元素產生的各種具有特定心理傾向的想像才是核心關鍵。巴什拉用這些「情結」作爲挖掘詩意想像遵行的模式以及挖掘詩篇魅力的手段，他說:「當人們承認了心理情結，似乎就更綜合地、更好地理解某些詩篇。事實上，一篇詩作只能從情結中獲得自身的一致性。如果沒有情結，作品就會枯竭，不再能與無意識相溝通，作品就顯得冷漠、做作、虛僞」[24]。詩作「自身的一致性」也就是對詩性資質或詩人氣質的客觀性主題進行分類的呼應：每個詩人都提供一份意象的「曲線圖」，我們可以事後去發現它[25]。巴什拉認爲這正是撰寫《火的精神分析》對文學批評所能夠起到的作用或有效性，[26]所以作爲一種「客觀的文學批評」，巴什拉並沒有完全放棄科學精神:「講故事的人、醫生、物理學家、小說家都成了遐想者，他們從同樣的形象出發，趨向於同一種思想」[27]。

---

[21] 塔迪埃：《20 世紀的文學批評》，頁 116。
[22] 塔迪埃：《20 世紀的文學批評》，頁 116。
[23] 巴什拉：《火的精神分析》，頁 18。
[24] 巴什拉：《火的精神分析》，頁 24。
[25] 塔迪埃：《20 世紀的文學批評》，頁 117。
[26] 巴什拉：《火的精神分析》，頁 93。金森修：《巴什拉：科學與詩》，頁 148。
[27] 巴什拉：《火的精神分析》，頁 100。塔迪埃：《20 世紀的文學批評》，頁 116。

由上可見，巴什拉雖在《火的精神分析》第三章「提請人們注意理性解釋的弱點」[28]，但這一目標並沒有在這部作品內很好地完成，而是到了《水與夢：論物質的想像》才有了較突出和清晰的改觀。正如前文所述，他對「水之象」與「火之象」的研究結果完全不同，水的各種形象，巴什拉「依然在感受著」，同時也賦予它們「那種不由自主的贊同」，而這種「贊同」很大程度上乃是非理性的，水之象及其原初的複雜性混然出現在作者的生活中；面對死水，巴什拉更爲持久和深入地「常感憂傷」。[29]因此，從起初對「火之象」理性的精神分析，到後來對「水之象」非理性的模糊命題，巴什拉一改理性主義哲學家的姿態，放棄了通過限定和描繪冥想中產生的詩意形象的企圖，變爲慢慢順其自然了，「面對水和河流的象，他不再抗爭，而是漫步於那奇妙的夢幻世界之中」[30]。巴什拉開始意識到，「恪守科學哲學研究的習慣……對象進行完全沒有個人感情色彩的研究……根本不可能建立想像的思辨體系」[31]。這一轉變，並非突如其來，從創作時間上推算，在《火的精神分析》與《水與夢：論物質的想像》之間，巴什拉還寫了一本極爲重要的書，那就是他首次從正面進行的第一個嚴肅文藝評論《洛特雷阿蒙的世界》（*Lautréamont*），這是巴什拉獻給被超現實主義者重新發現的作家洛特雷阿蒙（Comte de Lautréamont, 1846-1870）[32]的一部專著。

---

[28] 巴什拉：《火的精神分析》，頁 27。

[29] 巴什拉：《水與夢：論物質的想像》，頁 7-8。達高涅，頁 22-23。

[30] 達高涅：《理性與激情：加斯東・巴什拉傳》，頁 22。

[31] 同上註，頁 23-24。巴什拉著，龔卓軍（1966-）、王靜慧譯：《空間詩學》（*The Poetics of Space*）（臺北：張老師文化事業股份有限公司，2003 年），頁 35-39。

[32] 洛特雷阿蒙（Comte de Lautréamant, 1846-1870），原名伊齊多爾・呂西安・迪卡斯（Isidore Lucien Ducasse），法國詩人，世人對其生平所知甚少，亦沒有足夠的資料顯示他是如何開始其文學生涯的。作品主要包括《馬爾多羅之歌》（*The Songs of Maldoror*）、斷篇《詩一》、《詩二》等，文字具有罕見的複雜性和極端性，以驚人的破壞力對文學進行了顛覆性的嘗試。二十世紀的超現實主義流派受其啟發，並將其視作超現實主義的拓荒者和先驅。車槿山：〈洛特

假如《火的精神分析》由於多少具有某種過渡性（這意味著它部分地與詩論群相重合，另一部分又似乎是科學哲學的延伸），因此常被指責主題不一、雜亂無章的話，[33]《洛特雷阿蒙的世界》則更爲公認地譽爲是標誌巴什拉「真正跨進了文學批評的殿堂」的作品。[34]專著開宗明義，撰寫目的有二：（1）確定《馬爾多羅之歌》（*The Songs of Maldoror*）裏事物聚合時在時間關係上「令人震驚的嚴密性」（astonishing unity）以及「不可抵擋的衝擊力」（overwhelming energy）；（2）分離出「獸類生活的情結」（animal life complex）和「侵犯力」（energy of aggression）：《馬爾多羅之歌》是純粹的侵略之歌。[35]爲實現上述兩個目標，巴什拉使用了一種與「客觀認識的精神分析」有所差別的方法：並未圍繞四大元素搜索素材，而是收集諸如動物、力量等「侵犯的標誌」。巴什拉首先比較了動物和植物在《馬爾多羅之歌》中出現的頻率，結果發現動物一方佔了絕對多數，對此事實他十分關注，認爲他所分析的文本是一首關於動物的詩，更確切的說是關於因興奮引起動物肌肉收縮的動物的詩，此時動物體現了攻擊性的特殊類別化，因此出現了許多爪和吸盤等意象。巴什拉進而指明其中包含著洛特雷阿蒙對力量的嚮往，通過動物的形象使攻擊性附著其上，然後表現出超越人性的企圖，巴什拉把這一情況命名爲「洛特雷阿蒙情結」（the Lautréamont complex）[36]。與前一部《火的精神分析》不同，巴什拉首次全身心地專注於「富有想像力的生活」（imaginative life），《洛特雷阿蒙的世界》就是要成爲「生活的精神分析」[37]。或許正是從此巴什拉才正式反思其知性精神分析，其中一個重要的標誌

雷阿蒙和《馬爾多羅之歌》〉，收入嚴紹璗（1940-）等主編：《跨文化研究：什麼是比較文學》（北京：北京大學出版社，2007 年），頁 226-242。

33 金森修：《巴什拉：科學與詩》，頁 135。

34 塔迪埃：《20 世紀的文學批評》，頁 117。

35 Gaston Bachelard, *Lautréamont*, trans. Robert S. Dupree（1940-）(Dallas: Dallas Institute Publications, c1986)，pp.1-2.。塔迪埃：《20 世紀的文學批評》，頁 117。

36 Gaston Bachelard, *Lautréamont*, p.68.

37 Joanne H. Stroud, “Forword,” *Lautréamont*, viii.

當算巴什拉對「文化情結」(culture complex)這一概念的處理。秉承《火的精神分析》，「文化情結」在《洛特雷阿蒙的世界》中以章節標題的形式提出來，明顯是對之前「情結」解釋模式的進一步完善，它仍然定位於佛洛德精神分析所挖掘的原始層之上。研究「文化情結」的任務依然是發掘想像產生某種類型的形象呈現的原因，例如洛特雷阿蒙的學生時代，其集中的反映就是「反對兒童，反對上帝」。[38]只是此時巴什拉更加強調詩歌語言的重要性，「生活的精神分析」正是要從語言中找出精神力量。巴什拉讚美《馬爾多羅之歌》成熟的語言、和諧的聲調以及文字解放的功效：「如果一個人可以變化他的語言，他就是語言的主人……洛特雷阿蒙能夠控制自己的幻覺」，將語言的重心集中在進犯的時刻，使語句成爲發怒動機的文字形式，[39]詩人作品的語言揭示了他自己的情結。所以巴什拉在談及洛特雷阿蒙生平時，認爲他的作品是奇特的，但他的生活並不奇怪，世人對其瘋癲的指控應當斷然摒棄：心理問題通過作品而提出，但作品既是生活的反映，又與生活相分離。[40]

不可否認，從上述兩套精神分析方法來看，巴什拉確實借用了佛洛德及榮格的某些術語，但在意涵和運用上卻與兩人均有不同，與佛洛德的區別猶甚（與榮格的區別，留待下文討論）。從一開始，巴什拉就站在一種「反佛洛德主義的意義上」使用「精神分析」這個詞，特別是在《火的精神分析》第四章「性化的火」談論性與火元素的關係時，表現得相當突出。[41]在巴什拉看來，將古典精神分析的範疇無差別地施用於文學材料的做法並不恰當，雖然這類做法在當時已經取得了頗爲矚目的成果，也造成了把「釋夢」方法應用於文學的既定事實。巴什拉式的精神

[38] 何建南：〈巴什拉爾〉，頁 442。塔迪埃：《20 世紀的文學批評》，頁 117。

[39] 塔迪埃：《20 世紀的文學批評》，頁 117。

[40] 塔迪埃：《20 世紀的文學批評》，頁 117-118。

[41] 萊奧塔（Jean-François Lyotard, 1924-1998），朱立元（1945-）譯：〈心理分析方法〉，收入杜夫海納（Mikel Dufrenne, 1910-1995）主編，朱立元等編譯：《美學文藝學方法論》（北京：中國文聯出版公司，1992 年），頁 118-119。

分析不僅僅是把夢的經驗簡化爲一系列普遍的象徵，也並非將那些隱藏的象徵意義通俗化，在他的觀念中，精神分析是一門描述的科學，目的在於建立某種聯繫：既然意象的使用具有相當大的選擇性，而對意象的選擇又不可避免的取決於個人的「情結」，那麼就應把作家作品中屬於個人的意象（意象群）同人們普遍理解的象徵（集體的象徵系統）聯繫起來。巴什拉對精神分析概念進行哲學改造的努力，使精神分析與文學之間的關係融入了新的因素。[42]

然而，極富戲劇性地，巴什拉最初這兩部詩學著作中所創立的「情結」解析模式，並沒有就此貫徹下去，儘管「文化情結」這個概念曾一度被巴什拉認爲是維護詩歌真正統一性的唯一因素，儘管它在文學作品分析中的有效性也相當完好，[43]但不過三年的時間，「文化情結」便被「論物質的想像」這樣一則副標題所蘊含的思想取代了，它在日後的詩論群也確實漸受冷落，難怪被部分研究者稱爲「處於過渡時期的臨時性概念」。[44]當然，我們不能說「文化情結」就此立即消失無蹤，更不該割裂它與「物質想像力」的承繼關聯，伴隨著它漸漸退出巴什拉詩學批評體系的舞臺，我們注意到，在巴什拉研究方法的改進過程中，其重心發生

---

[42] 庫什納（Evam Kushner），葉舒憲（1954-）譯：〈加什頓・巴什拉的批評方法〉，《文藝理論研究》1989 年第 3 期，頁 87-88。

[43] 金森修：《巴什拉：科學與詩》，頁 143。

[44] 《水與夢：論物質的想像》出版與《洛特雷阿蒙的世界》相隔大約三年，「物質想像力」概念的提出實際上取代了「文化情結」在巴什拉心目中的地位，同時也標誌著他與古典精神分析的決裂。仍需要說明的是，「文化情結」淡化出巴什拉詩論群的舞臺是一個漸變的過程，而圍繞有效性的推論，這一概念也很大程度上爲「物質想像力」理論繼承下來，如《水與夢：論物質的想像》就有「那喀索斯情結」（the Narcisse complex）、「卡翁情結」（the Caron complex）、「奧菲利亞情結」（the Ophelia complex）、「斯文本恩情結」（the Swinburne complex）等，甚至後來介於「氣」、「土」論述之間的「阿特拉斯情結」（the Atlas complex），仍然看得到「文化情結」的影子。金森修：《巴什拉：科學與詩》，頁 143、168-170。

轉移具有一條明顯的線索，就是從關注詩人，轉向關注讀者。

（三）詩人→讀者

若考慮到《洛特雷阿蒙的世界》是巴什拉所有詩學著作中唯一一部將研究目光僅僅聚焦在某位單一作家身上的作品；若考慮到這種通常的文藝評論的手法從此以後再也沒有爲巴什拉所採用，那麼，「詩人→讀者」這條線索揭示出來的轉變就會更加容易爲人覺察。

實際上，對詩人的關注轉向對讀者的關注，在《洛特雷阿蒙的世界》裏就已見端倪了。當巴什拉將《馬爾多羅之歌》的題材、象徵和關鍵詞聯繫起來時，誠然他得出的第一結論是，洛特雷阿蒙的這部偉大著作應被視爲一首進犯之歌。但是，巴什拉並沒有滿足於此，而是體會到了閱讀的功效：閱讀可以改變讀者，通過閱讀，應該超越洛特雷阿蒙，應該把他的「擴張力」改造爲一首「真正開創意象境界的命題詩」[45]。越是巴什拉後期的文評，閱讀對於批評家的作用越是顯得重要。四元素系列中普遍公認最爲完善的兩部以土地爲題的專著中，巴什拉強調了他所謂的「縱向閱讀」:「我們僅僅是個讀者。我們數小時數日持之以恆緩慢地逐字逐句地閱讀書籍，盡我們最大的努力抵制故事情節的誘惑（即抵制作品中明顯的意識部分），以確保漫遊在新穎的意象之中，漫遊在使潛意識的原型煥然一新的意象之中」[46]。巴什拉的批評方法逐漸表現出這樣的傾向：研究一部作品，評論一篇文章，欣賞一首詩，本質而言等於進行一項閱讀工作，理應服從於文本，任憑自己被文本感染。對巴什拉來說，閱讀他人而後讓人閱讀自己，因此他後來的批評文章漸增頻繁的引用、讚賞及進乎異想天開的話語，而早期自然科學的文獻、理性的言辭不復存在，評論的風格更爲抒情。

僅看到這一點並不足夠，「詩人→讀者」這條線索爲我們指示的更多。當巴什拉認真地研究混沌一團的夢幻世界時，「詩人」與「讀者」兩

---

[45] 塔迪埃：《20 世紀的文學批評》，頁 118。

[46] 塔迪埃：《20 世紀的文學批評》，頁 118。

端相鏈接，是他最初的研究目的，此條線索完整的書寫模式應爲：「詩人—夢想—讀者」。[47]這是一條看似簡明卻極爲複雜的線索，因爲巴什拉既然以煉金術四元素（火、水、氣、土）爲研究想像的工具，[48]那麼在他看來，所有沉湎於想像的人都是在重現著煉金術士的古老願望：面對煉金爐，他們必須小心翼翼地搬弄礦物，必須精確測量它們的重量，必須仔細觀察它們的變化，還必須要懂得意象的力量、體驗物質改變的戲劇性。[49]這些令人望之卻步、近乎神祕主義的煉金「測量」與「體驗」方法絕非科學的起源，甚至阻礙了科學的發展，但越是如此，夢幻統治越是得到了開創與鞏固。也正是在這一狀態下，「詩人」與「讀者」才有機會相遇合，這種狀態巴什拉曾明確予以描述：孤立的詩意象一旦經過持續的鍛造而成爲詩句，就可以使人感受到「靈光乍現的極微現象」。[50]在閱讀中遇到這些清新的意象時，人們往往會受其感染，禁不住興發起白日想像並倚恃它另眼看待現實生活的衝動。這是一種「沒來由的激動」，是「另一類眼光的萌生」，或稱爲一種不能以因果關係解釋的閱讀心理現象。巴什拉以「回蕩」（retentissement）[51]稱呼這種特殊的閱讀狀態，並且明確與我們比較常經驗到的閱讀現象——共鳴——嚴格區分開來。「共鳴」僅散佈在生活的不同層面，處於共鳴之中的人也僅是「聽見了詩」；「回蕩」則不然，它「召喚我們給自己的存在以更大的深度」，令我們「訴說著詩」，使詩「化入我們自身」。隨之而來的是一種「存在的轉變」——「詩人的存在」變成了「我們的存在」，通俗的說，即所有充滿熱情的詩歌愛好者都曾有過的那種熟悉感受：「詩歌徹頭徹尾佔據了我們」[52]。

---

47 達高涅：《理性與激情：加斯東・巴什拉傳》，頁 23。

48 金森修：《巴什拉：科學與詩》，頁 77。

49 達高涅：《理性與激情：加斯東・巴什拉傳》，頁 23。

50 巴什拉：《空間詩學》，頁 47。

51 巴什拉的「回蕩」，是援引自現象學家閔科夫斯基（Eugène Minkowski, 1885-1972）的哲學術語。龔卓軍：〈空間原型的閱讀現象學〉，《空間詩學》中譯本序，頁 23。巴什拉：《空間詩學》，頁 36-37、59-61。

52 巴什拉：《空間詩學》，頁 41-42。

《洛特雷阿蒙的世界》開始了「詩人→讀者」的轉向，《空間詩學》（*The Poetics of Space*）中「回蕩」概念的闡發更加標誌著巴什拉對於一般的文學心理學和精神分析文學理論批評方式的反對。他的觀點越來越明確：讀者的心理學居於首位，其次才是作者的心理學，[53]詩人的意象創造與讀者對詩歌的閱讀相比，應投入更多的精力於後者。讀者應被詩歌和意象徹底佔領，靈魂被深深打動，感受到處於「回蕩」中的震撼。詩意在讀者的存在處境下被重新訴說，讀者的過去因而被喚醒，以爲這種詩意似曾相識，甚至以爲這種詩意是自己創造出來的，從而以自身過去的相關經驗對照詩歌意象所呈現的情境，在精神上掌握到「某種意象的典型特質」，在知性上發現到這些特質是潛藏於以往的生活經驗脈絡之中，[54]「這樣，讀者邁向了創作的樂園，似乎他就是作家及其自由影子」[55]。

三、從精神分析到意象的現象學

> 只有現象學對個體意識中意象的興發狀態加以深思熟慮，才能幫助我們保存意象的主體特性，測度其橫跨主體之能耐的豐厚、力道和意義。
>
> ——巴什拉[56]

在巴什拉晚年著作《空間詩學》和《夢想的詩學》（*The Poetics of Reverie: Childhood, Language, and the Cosmos*）中，「意象的現象學」（the phenomenology of the image）[57]成爲取代「精神分析」的關鍵術語：「我

[53] 龔卓軍：〈空間原型的閱讀現象學〉，頁 26。

[54] 龔卓軍：〈空間原型的閱讀現象學〉，頁 23。

[55] 塔迪埃：《20 世紀的文學批評》，頁 121。

[56] 巴什拉：《空間詩學》，頁 38。

[57] 巴什拉著，劉自強譯：《夢想的詩學》（*The Poetics of Reverie: Childhood, Language, and the Cosmos*）（北京：三聯書店，1996 年），頁 6。Gaston Bachelard,

們的研究，不外針對詩意象的現象：詩意象在人的現實當中，作爲人的心靈、靈魂與存有的直接產物，而浮現於意識中的當下現象。」[58]換言之，詩意象直接源自心扉、靈魂、人和物，當它們出現於意識並被人們捕捉到它們的現狀時，批評家必須按照意象本身的動力去考察意象系列，進行現象研究。[59]巴什拉越來越清楚的認識到，研究詩歌不可能套用既定的美學範疇，也不能用因果概念解釋一個嶄新的詩歌意象同沉睡在潛意識深淵中的某一原型之間的關係。這種現象學方法顯然已經與他探討四元素想像的較早五部系列著作中所運用的方法形成對照，[60]同時也展現出巴什拉在解釋想像和創造力時，與榮格學說的本質區別：他不願意像榮格一樣追溯「原型」（archetype）的人類學和歷史淵源，而僅希望對「原型」的使用限定在詩意象的當前生活中，因爲沒必要以「肥料」來解釋「花朵」。[61]巴什拉的批評方法隨之轉變，逐步將「意象組合」降格爲其詩學研究「次要的任務」，擱置之前把「詩的結構作爲多種意象的組合」這一龐大計劃，不再看重那些重複的現象，而是分析那些單一的、無任何跡象的「令人驚愕的意象」等突發性現象。[62]巴什拉認爲，它們是詩的最小單位（也是文學的最小單位），批評家必須捕捉此最小單位的湧現及其與詩人的獨特關係，只有與之結爲一體，才能窺見藝術家的夢想。巴什拉漸漸明確了其批評觀念：不必用整首詩（或整部作品）論證某一意象，明確的現實亦不必作爲引證，只需停留在某些特殊的「語言

The Poetics of Reverie: Childhood, Language, and the Cosmos, trans. Daniel Russell(Boston: Beacon,1969), p.4. 庫什納：〈加什頓・巴什拉的批評方法〉，頁89。

[58] 巴什拉：《空間詩學》，頁36。

[59] 馮壽農（1950-）：〈20世紀法國文學批評〉，《廈門大學學報》2000年第4期，頁23-24。庫什納：〈加什頓・巴什拉的批評方法〉，頁89。

[60] 庫什納：〈加什頓・巴什拉的批評方法〉，頁89。

[61] Gaston Bachelard, *On Poetic Imagination and Reverie: Selections from Gaston Bachelard*, trans. Colette Gaudin(Dallas: Spring Publications, 1987), pp.74-75.

[62] 塔迪埃：《20世紀的文學批評》，頁121。

空間裏」，即由意象構成和限定的語句或詩句裏就足夠了，從「一個意象」出發，便可以「重新認識一個世界，藝術家心靈嚮往的那個世界」[63]。

（一）重複 → 差異

從「意象組合」到「一個意象」，這一轉變實質上來講，是對於「差異」的重視逐步取代了對於「重複」的重視，因此，我們認爲，巴什拉詩學研究方法除了前文提到的「詩人→讀者」，另一條與之平行的線索可以如是書寫：「重複→差異」[64]。

前文已指出，巴什拉的兩套精神分析，無論是哪種，都不可否認地看重詩人對於意象的使用和選擇，不斷復現的意象以及圍繞核心意象構成的意象群，理所當然成爲通向人類普遍的象徵系統之路。巴什拉也確實成功表現了他的成就：他是一個「給意象分類的專家，具有在意象和他們的隱匿的情感內容之間、在個人的意象群和集體的象徵系統之間建立聯繫的天賦」[65]。或許根據弗倫克爾（Eduard Fraenkel, 1888-1970）的解說，我們能夠更好的體會到巴什拉在將精神分析的概念運用於文學時，對於「重複」的重視：一部文學作品的情感因素，藉由精神分析來把握，通常具有兩種顯現方式：境況的方式，或意象的方式。前者主要仰賴某種境況中一個人物的存在，他或者在兩種行動的理由之間無法選擇，或者註定要失敗。而意象的方式，則是緊扣一部作品中或一個作者全部作品的主導意象，它們以構成作者風格特徵的關鍵性詞語及特殊句法的方式顯現出來。不論「境況」抑或「意象」，如果好似音樂主題那樣

[63] 塔迪埃：《20 世紀的文學批評》，頁 121。

[64] 「重複（repetition）／差異（difference）」是西方形而上學體系內部一組重要的概念，與「身體感（corporeality）／想像力（imagination）」、「時間性（temporality）／空間性（spatiality）」、「在場（presence）／缺席（absence）」等概念密切相關。梁工（1952-）：《聖經敘事藝術研究》（北京：商務印書館，2006 年），頁 346-61、頁 371-77。汪民安（1969-）主編：《文化研究關鍵詞》（南京：江蘇人民出版社，2007 年），頁 17-21。

[65] 庫什納：〈加什頓．巴什拉的批評方法〉，頁 88。

在某一作家的作品中頻繁出現，那麼這樣的「境況」或「意象」便可視爲某種強度和持久性的標誌，這些標誌恰恰可以揭示作者的隱秘心靈內部的情感主題。所以，蒐集境況、意象、話語要素和與之相關的傳記材料，蒐集可以在其中展現諸要素匯合點的傳記材料，成爲圍繞某一特定主題系列而進行的詩學研究必不可少的一環。[66]弗倫克爾對巴什拉推崇備至，認爲他「是迄今爲止在文學的精神分析領域中唯一偉大的貢獻者。他是一個縱橫在人類經驗的原野中捕捉意象的獵人」[67]。

然而巴什拉的方法並沒有止步於精神分析的這種「重複」（當然，這也不是精神分析法的全部），其現象學轉向之後把握文學的方式更多表現出某種直覺的、有時甚至是本能的對意象的無意識內容的領悟。《夢想的詩學》開篇，巴什拉引用法國詩人拉福格（Jules Laforge, 1860-1887）的一段話作爲題詞：「方法，方法，你要求我做什麼呢？你確知我已吃下無意識之果」[68]。巴什拉認爲其方法的最終歸宿應該是現象學的，這意味著把詩意象強調爲一種應該按其初始面目加以研究的實體，一種起源。巴什拉的方法與那種試圖將個別現象套到普遍原型中去的做法直接對立，對詩歌意象的把握，應該在其獨特的發生過程中進行，從而使批評家能夠獲得一種「效益」：想像藉以賦予意象生命的全部效益。[69]這裏所謂的「獨特發生」觀念，只有將目光移向「差異」時，才能更好地得以體現，因爲它呼喚一種「原始的力量」，激發想像的力量，它創造出原始的意象或給原型帶來新奇變異的意象，它完全是一種新的開端。既然詩人對世界的感悟在驚嘆中創造出這種全新的開端，那麼批評家也應該在驚嘆中將其當作新的創造來研究，意象的現象學要求「更積極地參與創

---

[66] 庫什納：〈加什頓・巴什拉的批評方法〉，頁 87-88。塔迪埃：《20 世紀的文學批評》，頁 121。

[67] 庫什納：〈加什頓・巴什拉的批評方法〉，頁 88。

[68] 巴什拉：《夢想的詩學》，頁 1。

[69] 庫什納：〈加什頓・巴什拉的批評方法〉，頁 88。

造性的想像活動」。[70]

很大程度上，在巴什拉看來，差異代表著詩人創作意識的轉變，有時甚至是一種突變，恰是這些特殊的時刻才能真正揭示詩人內心世界的深度，而批評家通過與詩的「回蕩」，直面某一新奇意象所傳達出的幻想，徹底分享詩人在展開創造性想像過程中所經歷的驚喜。[71]《夢想的詩學》中，巴什拉闡明瞭其現象學方法對於詩意象的要求：「現象學對於詩的形象的要求很簡單，這就是強調它們的開源功能，把握它們的獨創性存在，並因此而從神奇的心理生產力，即想像的生產力中獲益」[72]。此處，我們看到了巴什拉對人類創造性意志的突顯，此時的巴什拉強調「從各種紮根最深的原型的差異本身中找出一種獨創性的功能」，強調從詩意象「最微小的變幻的根源上闡明全部意識」。[73]

（二）瞬間直覺的「非連續特徵」＆「垂直性特徵」

重視詩意象的「差異」並不意味著「重複」遭到徹底的否棄。一個意象不會因爲反複使用而變成一種照相底片似的無生命的東西，原因何在？爲什麼一個真正具有生命力的意象可以永保清新，而不失去其奪人耳目的靈氣？正是抱持著對這些疑問不斷探求的態度，巴什拉研究方法的轉換才從未間斷。當「原型的差異」以及詩意象「最微小的變幻」成爲巴什拉現象學批評關注的焦點，另一則問題便接踵而至了：應在一種怎樣的時間意識中把握這種想像力的突變呢？巴什拉以其「瞬間直覺」（instant intuition）思想予以解答。

巴什拉的「瞬間直覺」在西方整個時間哲學史上具有非常重要的意義，是一種嶄新的時間意識觀。其時間觀脫胎於柏格森（Henri Bergson, 1859-1941）的時間哲學，但在時間的「連續性」與「非連續性」問題上，

[70] 巴什拉：《夢想的詩學》，頁 6。
[71] 庫什納：〈加什頓．巴什拉的批評方法〉，頁 88。
[72] 巴什拉：《夢想的詩學》，頁 3。
[73] 巴什拉：《夢想的詩學》，頁 3-5。

巴什拉堅信後者，與柏格森十分不同。所謂「時間的非連續性」是指時間的本質存在於瞬間之中，時間只有在創造中才能延續。並且時間的這種非連續性之所以表現出連續性的外觀是由有節奏的循環運動引起的。因此巴什拉把生命視爲一種瞬間的具有創造性的存在。[74]對於夢想這種創造性的行爲，巴什拉說它具有突變性的力量，只在瞬間中才暴露自己，人們只能在瞬間才能體會這種變化。所以巴什拉的夢想研究只探討存在於現在的夢想，而非對於過去的夢想。[75]於此基礎上，巴什拉詩學理論進一步認爲，詩歌意象具有產生心理上的「非連續性」(discontinuity)現象的功能。在詩意夢想中，由於詩歌意象不斷發生變化，人的心理隨之也會發生不可預期的、瞬間變幻的變化，造成一種精神和語言上的雙重不確定：詩人在創作中面對腦海裡紛至遝來的意象，不得不隨時改變主體意識，並不斷變換其語言的使用；讀者在閱讀中也會因爲所遇到的不同意象，而呈顯和進入不同的夢想世界，讀者的意識同樣會發生劇烈變化。由此，不論詩人還是讀者面對意象必然要經歷「非連續性」心理過程，甚至成爲一個「不確定的存在者」(unfixed being)。[76]

瞬間直覺的第二大特徵，即「垂直性特徵」(verticality)，主要是說人類經驗的時間，包括生活時間和精神時間，前者是沿著時間的水準軸通過一系列重複或相繼綿延而形成的時間流程，其中多個固有時間毫不重合、不斷排斥、相互離散。精神時間則與生活時間的水準軸成直角，沿著時間的垂直軸從一個等級水準通向更高一級水準。[77]在垂直時間裏，多個時間可以在某一瞬間完全重合，詩歌經驗的正是這種精神時間，

---

[74] 布萊：《批評意識》，頁 187-88。

[75] 巴厘諾(André Parinaud, 1924-)著，顧嘉琛、杜小真(1946-)譯：《巴什拉傳》(*Bachelard*)(上海：東方出版中心，2000 年)，頁 59-96。

[76] Mary McAllester, "Unfixing the Subject: Gaston Bachelard and Reading," *The Philosophy and Poetics of Gaston Bachelard*, ed. Mary McAllester(Washington: Center for Advanced Research in Phenomenology & U P of America,1989), pp.149-50.

[77] Roch C. Smith(1941-), *Gaston Bachelard*(Boston: Twayne Publishers, 1982), p.96.

表現出垂直性特徵，而創造出「自己的瞬間」，詩人正是要創造一種複合性瞬間並且在這一瞬間上「使很多同時性結合起來」。[78]這便爲人們在詩意夢想中感受形態不同的經驗創造了條件。許多感覺在這種垂直性時間經驗中都是可以倒置的，也就是說，詩歌夢想可以避開日常生活的「水準時間（horizontal time）」進入自己的「垂直時間（vertical time）」之中。這樣，詩意象作爲一個本體存在，便可以否棄在「水準時間」順序裏的因果必然性關係，顛倒原來的順序，此時的詩意夢想在「垂直時間」裏重建自己的時間結構，喚醒閱讀中自由的生命體驗意識。所以，巴什拉刻意強調閱讀詩歌最重要的就是要捕捉那些瞬間即逝的詩歌意象，以此作爲研究夢想問題的關鍵入口。[79]

（三）文學意象 VS 基礎意象

那麼，是否所有瞬間呈現的意象均具研究價值呢？巴什拉並非如此認爲，他也不是無差別地對待一切詩歌意象。早在《空氣與幻想》（*Air and Dreams: An Essay on the Imagination of Movements*）中，巴什拉便以「文學意象」（literary image）區別於一般的「基礎意象」：前者具有使後者面目一新、「在原型規定的主題基礎上發生變化」的功能。[80]很多「基礎意象」往往會不慎而淪爲某種陳詞濫調和僅是虛假價值的虛假意象，按照加拿大文學理論家庫什納（Evam Kushner）對巴什拉詩學的解讀，可稱之爲「沒有生命的意象」。[81]而「文學意象」則與之相對，是「有生命的意象」，它既不是某種修辭形象，也不是詩文細節，更加不是「觀察到

---

[78] 金森修：《巴什拉：科學與詩》，頁 103。張海鷹（1971-）：〈加斯東‧巴什拉夢想理論的哲學背景探析〉，《東方論壇》2006 年第 4 期，頁 10-11。

[79] 張海鷹：《安尼瑪的吟唱：夢想之存在》（廣西：廣西師範大學中文系碩士論文，2003 年），頁 3-7。

[80] Gaston Bachelard, *Air and Dreams: An Essay on the Imagination of Movements*, trans. Edith R. Farrell and C. Frederick Farrell(Dallas: Dallas Institute Publications, 1988),pp. 247-253.塔迪埃：《20 世紀的文學批評》，頁 118。

[81] 庫什納：〈加什頓‧巴什拉的批評方法〉，頁 88。

的現實片段以及對現實生活的回顧」的組合，文學意象首先是「一個完整的題材」（例如元素詩學即以四種題材的意象爲主題），同時也是作品中「非真實性的功能的痕跡」和「原型的升華」，絕非「現實的重複」，它先於觀察而存在。[82]附帶一提的是，巴什拉畢生研究的「文學」，更多的是限於詩歌領域。在其晚年著作《燭之火》（*The Flame of a Candle*）中，巴什拉把「文學故事」與「詩歌」的對比相應於「夜夢」與「夢想」的對比：夢想與詩歌是不可分割的，而夜夢則很容易造成文學故事，但決不能造成詩歌。[83]因此，可以說詩歌的想像在巴什拉看來，就是文學的想像，也是唯一真正的想像，而「文學意象」恰好是其全部詩論的基礎。

如何檢驗文學意象的可靠性？巴什拉提出了兩個基本原則。第一，文學意象必須是一種可以按其初始面目加以研究的實體，一種起源，即一種原型的真實。巴什拉說「要配得上文學意象的稱謂，那麼得有原創性價值。文學意象，便是新生狀態的意思」[84]。這種「新生狀態」誠如《夢想的詩學》所述，它們都是對世界的一次開發、對世界的一次邀請，

---

[82] 「文學意象」的昇華作用（sublimation）與佛洛德（Sigmund Freud, 1856-1939）精神分析的「性欲昇華」理論不應混爲一談。弗氏的昇華是自我防禦機制中移置作用的最高形式，藝術則是人的欲望的昇華，而巴什拉將昇華作用放置在垂直性時間意識中，賦予其全新的意涵：透過文學意象，藝術夢想得以昇華，這是人類主體心靈世界得以解放、個體存在自由得以展現的表達，因此藝術夢想是一種積極主動的提昇升，而非人性本能的替代。諾埃爾（Jean Bellemin-Noël）著，李書紅譯：《文學文本的精神分析：佛洛德影響下的文學批評解析導論》（*Psychanalyse du Texte Littéraire*）（天津：天津人民出版社，2003 年），頁 42-43。塔迪埃：《20 世紀的文學批評》，頁 118-120。

[83] Gaston Bachelard, *The Flame of a Candle*, trans. Joni Caldwell(Dallas: Dallas Institute Publications, 1988), p.7.巴什拉：《火的精神分析》，頁 121。何建南：〈巴什拉爾〉，頁 439。

[84] Gaston Bachelard, *Air and Dreams: An Essay on the Imagination of Movements*, p.249. 彭懋龍：《巴什拉的想像力與在 Jean-Pierre Jeunet 電影《艾蜜莉的異想世界》的運用》（臺北：淡江大學法國語文學系碩士論文，2007 年），頁 25。

從每一次這樣的開發中，都會湧現出一種衝動的夢想。[85]第二，文學意象必須凝聚著心靈的「雌雄同體」性質，即具備「阿尼瑪」（anima，或稱「陰性靈魂相」）和「阿尼姆斯」（animus，「陽性靈魂相」）的組合。這一點無疑是對榮格心理學的又一次借鑒。榮格曾把人的心理當作陰陽統一體進行說明，認爲心靈中既存在「阿尼瑪」，也存在「阿尼姆斯」，二者之一分別在男人和女人心理上佔主導地位。[86]巴什拉加以延伸，認爲「阿尼瑪」是詩和未經檢驗的白日夢語言的主宰，而「阿尼姆斯」則以清晰意識的語言和受控制的活動方式表現出來。相比較而言，巴什拉將其大部分精力都投入到了對「阿尼瑪」範疇的意象的研究，《夢想的詩學》幾乎就是一部「阿尼瑪」的詩學，因爲其中所討論的就是白日夢活動的性質，是詩歌創作同那些被動的記憶之間的關係。然而，巴什拉並沒有徹底放棄「阿尼姆斯」的價值，並且承認其對於文學表現來說也是十分敏感的內容。[87]《夢想的詩學》不止一次提到過「『阿尼姆斯』之構造」，以及「對『阿尼姆斯』的計劃」，巴什拉曾引述皮埃爾-讓．儒夫（Pierre-Jean Jouve, 1887-1976）《血染的故事》（*Histoires Sanglantes*），

---

[85] 庫什納：〈加什頓．巴什拉的批評方法〉，頁 88-89。

[86] 「阿尼瑪／阿尼姆斯」是榮格心理學非常著名的原型，簡言之即是說無論男性還是女性都具有異性的特質。女性身上男性的一面就是「阿尼姆斯」，榮格曾說「女人被一個男性的成分所補償，因此可以說她的潛意識帶有一個男性的印記……由此，我把女人身上製作投射的因素稱爲阿尼姆斯。」相對的，男性中女性的一面就是「阿尼瑪」，「每一個男人的內心深處都帶有女人的永久意象，並不是這個或那個女人的意象，而是一個確定的女性意象。」Renos K. Papadopoulos, *The Handbook of Jungian Psychology: Theory, Practice and Applications*(New York: Routledge, 2006), pp.113-129. 史蒂文斯（Anthony Stevens, 1933-）著，楊韶剛（1955-）譯：《簡析榮格》（*Jung: A Very Short Introduction*）（北京：外語教學與研究出版社，2007 年），頁 246-247。榮格著，張舉文、榮文庫譯：《人類及其象徵》（*Man and His Symbols*）（瀋陽：遼寧教育出版社，1988 年），頁 170。

[87] 庫什納：〈加什頓．巴什拉的批評方法〉，頁 89。

認爲其中潛在的、未解決的衝突揭示了「阿尼姆斯」的劇烈活動，他說：「那些沒有實現的衝突產生了一些作品，一些有著活躍，明辨，既謹慎而又大膽、複雜的『阿尼姆斯』作品」[88]。巴什拉在生命的最後階段確實希望能夠成就一個與「阿尼瑪」相呼應的「阿尼姆斯」的詩學，《火的詩學》（*Fragments of A Poetics of Fire*）原本的創作意圖就是要完成一部「總括性著作」，撰述「兩種火的世界」：「作爲阿尼姆斯的火（fires of animus）即活動性的火」和「作爲阿尼瑪的火（fires of anima）即『生機勃勃的火』」，[89]但這一計劃由於種種原因，最後還是被放棄了，或者某些章節獨立出來成爲了另外的作品，[90]但「阿尼姆斯」的詩學終是巴什拉未竟的事業。總之，男性與女性這兩極，作爲檢驗文學意象可靠性的第二大原則，按照巴什拉的方法就是要強調這兩種心理要素總是以各種不同的組合形式在每一位作家的精神氣質中發揮作用，心靈的陰陽合體性質永遠創造和投射著新奇的意象。[91]

---

[88] 巴什拉：《夢想的詩學》，頁 29-30。Gaston Bachelard, *The Poetics of Reverie: Childhood, Language, and the Cosmos*, pp.20-21.

[89] 《火的詩學》是在巴什拉去世後的第二十六年由其女兒重新編輯而形成的著作，收錄了巴什拉晚年沒有完成的遺稿。Gaston Bachelard, *Fragments of a Poetics of Fire*, ed. Suzanne Bachelard, trans. Kenneth Haltman(Dallas: Dallas Institute Publications,1990), pp. xii-xiii. 金森修：《巴什拉：科學與詩》，頁 243-244。

[90] 最爲典型的獨立出來的作品當是《燭之火》（*The Flame of a Candle*），此書序言中解釋說：「其實，這部小著作應該是更大的著作即《火的詩學》的一部分，然而我卻使這一部分獨立出來了。」Gaston Bachelard, *The Flame of a Candle*, p.3. 金森修：《巴什拉：科學與詩》，頁 240-241。

[91] 庫什納：〈加什頓．巴什拉的批評方法〉，頁 89。

四、現象學精神分析

> 巴什拉爾的方法不僅僅在通過意識對意識進行的探索中具有無限的豐富性，而且也是在文學上對於現象學的絕妙應用。……巴什拉爾的方法就成了文學批評中最準確的方法。實際上，批評之所爲若非承受他人之想像，並在藉以產生自己的形象的行爲之中將其據爲己有，又能是什麼呢？
>
> ——布萊（Georges Poulet, 1902-1990）[92]

嚴格意義上，巴什拉並不是一個胡塞爾（Edmund Gustav Albrecht Husserl, 1859-1938）式的「純粹」現象學家，在「靜觀」、「哲學沉思」方面，巴什拉心中的現象學更接近一種「行動的哲學」。[93]此外，在胡塞爾那裏，意識是一種向客體現象不斷投射的具有「意向性」的活動，巴什拉雖然將這一點與自己的夢想理論結合起來闡釋夢想的純粹內在性特徵，但巴什拉並未重點分析意向性活動，而是分析意向性的效果，即詩歌意象對讀者的影響。[94]這些不「純粹」之處，並沒有妨礙巴什拉將現象學應用到文學領域取得的成就，正如杜夫海納（Mikel Dufrenne, 1910-1995）所說，批評家未必是現象學家，但他可以向現象學家學習。[95]巴什拉的成功之處就在於，他將精神分析的概念加以了現象學的改

---

[92] 布萊：《批評意識》，頁 190。

[93] 施皮格伯格（Herbert Spiegelberg, 1904-1990）著，王炳文、張金言譯：《現象學運動》（*The Phenomenological Movement: A Historical Introduction*）（北京：商務印書館，1995 年），頁 55-56。

[94] 曹偉芳（1984-）：〈夢想的詩學：試分析加斯東・巴什拉的想像觀〉，《樂山師範學院學報》2008 年第 2 期，頁 76。

[95] 杜夫海納（Mikel Dufrenne, 1910-1995）著，孫非譯：《美學與哲學》（*Esthétique et Philosophie*）（北京：中國社會科學出版社，1985 年），頁 158。

造，開創出一種適用於文學研究的「現象學精神分析方法」[96]。巴什拉做過如下說明，以確定他對精神分析和現象學之互補關聯的看法：「我們可以注意精神分析法，用以釐定詩人的人格，我們可以發現測量詩人在生活過程中忍受壓力——特別是壓抑——的尺度，可是，在想像活動中的詩意作用本身、突然迸現的意象、存有的火花，卻是上述研究的盲點。爲了要在哲學上澄清詩意象的問題，我們勢必要求助於一門想像現象學」[97]。

可以說自始至終，巴什拉對精神分析理論的態度就從未全合乎過「正統」，與古典精神分析批評的差別猶甚。巴什拉的方法拒絕從精神病理學的角度，通過對精神病患者的「夜夢」來研究想像和創造力問題，他的詩學關注的是正常人在面對詩意象時產生的、具有創造力量的「夢想」。[98]「情結」或「原型」概念均被融入了更多的發揮成分，特別是在借鑒和闡發「原型」時，巴什拉不是將之視爲一個心理圖像，而是作爲由一系列心理圖像構成的「泛型」（範式）進行處理，它們來自人類從起源到現在面對典型境況時所產生的經驗和反應。對榮格心理學的改造加上古希臘哲學四根說的援引，巴什拉創建了獨特的「元素詩學」，關注火、水、氣、土四則從遠古以來就形成的原型，並對此進行了原型分析，發現了想像的客觀趨向性特點。但巴什拉前進的道路並沒有至此停滯，儘管「元素詩學」認爲四大元素是所有文學意象的基礎、是物質想像的基石，一切詩歌都可以被劃分歸列於其中的一個或幾個原型之下，然而巴什拉最終還是義無反顧的把精神分析方法引向了現象學方向，就意象本身來描述意象，從而建構起一種想像的心理學：想像創造新的生活、新的精神，想像把人們的目光引向一個永遠是全新的視域。[99]這一定程度上意味著

---

96 庫什納：〈加什頓．巴什拉的批評方法〉，頁 90。

97 巴什拉：《空間詩學》，頁 36。

98 張旭光（1965-）：〈巴什拉的「想像哲學」探析〉，《淮南師範學院學報》2001 年第 1 期，頁 27。

99 杜聲鋒：〈G．巴什拉爾傳略〉，《世界哲學年鑒（1987）》1988 年第 1 期，頁 366-367。

反思那種將個別的文學現象套入到普遍的原型之中的做法，而主張盡可能細緻、準確地把握某個文學意象在主體心理上的特殊反應過程，捕捉該意象與主體情感之間的微妙關係。

巴什拉運用現象學精神分析方法的態度還表明，他不希望別人照搬式地應用它。在晚年的多部著作中，巴什拉向那些不高明的批評家提出了挑戰：不要去模仿他，而應去探索，在將自身移入某一特定詩人特有的想像形態的過程，求得一種類似的「回蕩」，從而開闢出新的批評途徑。[100]詩意象在詩人的意識中形成，讀者該做的是進行巴什拉式的閱讀以把握意象，領悟詩人的創作意識，使自己覺醒。因此，只有從意象的起點即詩人的意識出發，並作出相同的想像才能理解意象。文學意象可以展現詩人的夢想世界，這個世界所透露出的隱秘讓閱讀者爲之驚嘆，進而產生相應的夢想意識，一種「讚嘆意識」，於是一個主體被另一個主體替代，進入了後者創造的想像世界。[101]換言之，詩人作爲「想像的主體」，建構一個「非真實的世界」，而唯有從「想像人」的角度出發，沿著相同步調的想像活動方可理解想像物。同理，若試圖理解夢想主體的夢想，也必須從主體的主觀觀點出發，否則，「瞭解夢想者的夢想」根本無從談起。[102]布萊稱巴什拉的方法爲「最好的批評行爲」，原因就在於巴什拉式的批評，其最終目的就是要在一種讚嘆的運動中讓批評家與作家會合，詩人通過他藉以在想像世界時與世界相適應的那種同情共感中意識自我，批評家則通過他對詩人懷有的同情共感在內心深處喚醒一個屬於個人的意象世界，與其說是與作家交流，不如說是與深藏在自我內心中的意象進行交流。所以理想的批評家不但有能力再造詩人的想像世界，更可以依仗詩人的接引，在自我的深處找到深藏其中的意象，「這不再是參

[100] 庫什納：〈加什頓・巴什拉的批評方法〉，頁 90。

[101] 巴什拉：《空間詩學》，頁 35-37。曹偉芳：〈夢想的詩學：試分析加斯東・巴什拉的想像觀〉，頁 77。

[102] 彭懋龍：《巴什拉的想像力與在 Jean-Pierre Jeunet 電影《艾蜜莉的異想世界》的運用》，頁 11。

與他人的詩，而是爲了自己而詩化」，批評家進而變成了詩人。[103]庫什納說：「從巴什拉著作中我們可以獲得如下的教益：只有以想像的方式方可把握偉大的想像的果實。」[104]

的確，巴什拉的詩學著作給文學批評帶來了這樣一線希望，假如批評家可以像巴什拉本人那樣，徹底摒棄科學的浮誇，進入到與研究對象「內在的共鳴關係」和同情共感的激動之中，主體與客體之間原本似乎不可能的統一便有可能統一，批評家的想像活動便有可能匯入詩人的想像活動，甚至混而無間，因爲對於兩者來說，這乃是同一種「創造神話的能力」，兩者共同追尋的是同一個夢想。[105]

五、結語

在巴什拉生活的年代，他的批評方法可謂獨具特色，其獨特之處足以在半個多世紀的今天依然閃光。本文依序討論了元素詩學的「悖論」、兩套「精神分析」、從精神分析到意象的現象學之轉向，進而指出巴什拉方法論核心，即現象學精神分析。不難看出，巴什拉批判地吸收了精神分析，最後主張用現象學方式解決想像問題，而他的觀點亦超越了現象學的侷限。想像既然是具備想像力的主體與想像對象之間的相互作用，那麼人們就應該回到主體去尋找創造性詩意行爲的生發之所。巴什拉批評方法抓住意象進行發掘，詩歌意象在巴什拉看來，正是意向主體間進行對話的世界，意象具有超越主體性，[106]這也正是爲什麼巴什拉及其後學所遵循的閱讀原則始終強調讀者意識與作者意識的重合了。[107]

---

[103] 布萊：《批評意識》，頁 190-191。

[104] 庫什納：〈加什頓．巴什拉的批評方法〉，頁 90。

[105] 布萊：《批評意識》，頁 191。

[106] 趙光旭（1962-）：〈巴什拉的詩意想像論及其美學意義〉，《同濟大學學報》2008 年第 3 期，頁 67。

[107] 布萊：《批評意識》，頁 3。

引用文獻

巴什拉（Bachelard, Gaston）著，杜小真、顧嘉琛譯：《火的精神分析》（*The Psychoanalysis of Fire*），長沙：嶽麓書社，2005 年。

＿＿＿＿＿＿＿＿，劉自強譯：《夢想的詩學》（*The Poetics of Reverie: Childhood,Language,and the Cosmos*），北京：三聯書店，1996 年。

＿＿＿＿＿＿＿＿，錢培鑫譯：《科學精神的形成》（*The Formation of the Scientific Mind*），南京：江蘇教育出版社，2006 年。

＿＿＿＿＿＿＿＿，顧嘉琛譯：《水與夢：論物質的想像》（*Water and Dreams: An Essay on the Iimagination of Matter*），長沙：嶽麓書社，2005 年。

＿＿＿＿＿＿＿＿，龔卓軍、王靜慧譯：《空間詩學》（*The Poetics of Space*），臺北：張老師文化事業股份有限公司，2003 年。

巴厘諾（Parinaud, André）著，顧嘉琛、杜小真譯：《巴什拉傳》（*Bachelard*），上海：東方出版中心，2000 年。

史蒂文斯（Stevens, Anthony）著，楊韶剛譯：《簡析榮格》（*Jung: A Very Short Introduction*），北京：外語教學與研究出版社，2007 年。

布萊（Poulet, Georges）著，郭宏安譯：《批評意識》（*Conscience Critique*），南昌：百花洲文藝出版社，1993 年。

杜夫海納（Dufrenne, Mikel）主編，朱立元譯：《美學文藝學方法論》，北京：中國文聯出版公司，1992 年。

＿＿＿＿＿＿＿＿著，孫非譯：《美學與哲學》（*Esthétique et Philosophie*），北京：中國社會科學出版社，1985 年。

杜聲鋒：〈G · 巴什拉爾傳略〉，《世界哲學年鑒（1987）》1988 年第 1 期，頁 366-367。

汪民安主編：《文化研究關鍵詞》，南京：江蘇人民出版社，2007 年。

金森修（KANAMORI Osamu）著，武青豔、包國光譯：《巴什拉：科學與詩》(*Bachelard*)，石家莊：河北教育出版社，2002 年。

施皮格伯格（Spiegelberg, Herbert）著，王炳文、張金言譯：《現象學運動》(*The Phenomenological Movement：A Historical Introduction*)，北京：商務印書館，1995 年。

庫什納（Kushner, Evam）著，葉舒憲譯：〈加什頓．巴什拉的批評方法〉，《文藝理論研究》1989 年第 3 期，頁 87-88。

塗紀亮等編：《當代西方著名哲學家評傳．卷 3．科學哲學》，濟南：山東人民出版社，1996 年。

張旭光：〈巴什拉的「想像哲學」探析〉，《淮南師範學院學報》2001 年第 1 期，頁 27。

張海鷹：〈加斯東．巴什拉夢想理論的哲學背景探析〉，《東方論壇》2006 年第 4 期，頁 10-11。

張海鷹：《安尼瑪的吟唱：夢想之存在》，廣西：廣西師範大學中文系碩士論文，2003 年。

曹偉芳：〈夢想的詩學：試分析加斯東．巴什拉的想像觀〉，《樂山師範學院學報》2008 年第 2 期，頁 76。

梁工：《聖經敍事藝術研究》，北京：商務印書館，2006 年。

彭懋龍：《巴什拉的想像力與在 Jean-Pierre Jeunet 電影《艾蜜莉的異想世界》的運用》，臺北：淡江大學法國語文學系碩士論文，2007 年。

馮壽農：〈20 世紀法國文學批評〉，《廈門大學學報》2000 年第 4 期，頁 23-24。

塔迪埃（Tadié, Jean-Yves），史忠義譯：《20 世紀的文學批評》(*La Critique Littéraire au XXèmee Siècle*)，天津：百花文藝出版社，1998 年。

達高涅（Dagognet, F.）著，尚衡譯：《理性與激情：加斯東．巴什拉傳》(*Gaston Bachelard*)，北京：北京大學出版社，1997 年。

榮格（Jung, C. G.），張舉文、榮文庫譯：《人類及其象徵》(*Man and His Symbols*)，瀋陽：遼寧教育出版社，1988 年。

趙光旭：〈巴什拉的詩意想像論及其美學意義〉，《同濟大學學報》2008

年第 3 期，頁 67。

樂黛雲主編：《世界詩學大辭典》，瀋陽：春風文藝出版社，1993 年。

諾埃爾（Bellemin-Noël, Jean），李書紅譯：《文學文本的精神分析：佛洛德影響下的文學批評解析導論》（*Psychanalyse du Texte Littéraire*），天津：天津人民出版社，2003 年。

霍蘭德（Holland, Norman Norwood），潘國慶譯：《文學反應動力學》（*Dynamics of Literary Response*），上海：人民出版社，1991 年。

嚴紹璗主編：《跨文化研究：什麼是比較文學》，北京：北京大學出版社，2007 年。

Bachelard, Gaston. *Air and Dreams: An Essay on the Imagination of Movements.* Trans. Edith R. Farrell and C. Frederick Farrell, Dallas: Dallas Institute Publications, 1988.

---,---. *Fragments of a Poetics of Fire.* Ed. Suzanne Bachelard, Trans. Kenneth Haltman, Dallas: Dallas Institute Publications, 1990.

---,---. *On Poetic Imagination and Reverie: Selections from Gaston Bachelard.* Trans. Colette Gaudin, Dallas: Spring Publications, 1987.

---,---. *The Flame of a Candle.* Trans. Joni Caldwell, Dallas: Dallas Institute Publications, 1988.

---,---. *The Poetics of Reverie: Childhood, Language, and the Cosmos.* Trans. Daniel Russell, Boston: Beacon, 1969.

---,---. *Lautréamont.* Trans. Robert S. Dupree, Dallas: Dallas Institute Publications, c1986.

McAllester, Mary. "Unfixing the Subject: Gaston Bachelard and Reading", *The Philosophy and Poetics of Gaston Bachelard.* Ed. Mary McAllester, Washington: Center for Advanced Research in Phenomenology & U P of America, 1989.

Papadopoulos, Renos K. *The Handbook of Jungian Psychology: Theory, Practice and Applications*. New York: Routledge, 2006.

Smith, Roch C. *Gaston Bachelard.* Boston: Twayne Publishers, 1982.

A Study on Bachelard's Critical Methodology of the Poetics Imagination

SHI, Yan*

[Abstract]

This study mainly examines Bachelard's critical methodology in his poetics imagination theory. It starts with a discussion on the "paradox" in Bachelard's literary publications, and then talks about the most important two kinds of his critical approaches to literature ("psychological approaches" and "phenomenological approaches"). Referring to the changing in Bachelard's methodology, two parallel clues are discovered and discussed by this research.

Keywords: Bachelard, Poetics, Methodology, Psychoanalysis, Phenomenology.

* PhD Candidate, School of Chinese, The University of Hong Kong.

附圖一

〈唐代秦嶺東部商州武關道現地研究〉　簡錦松

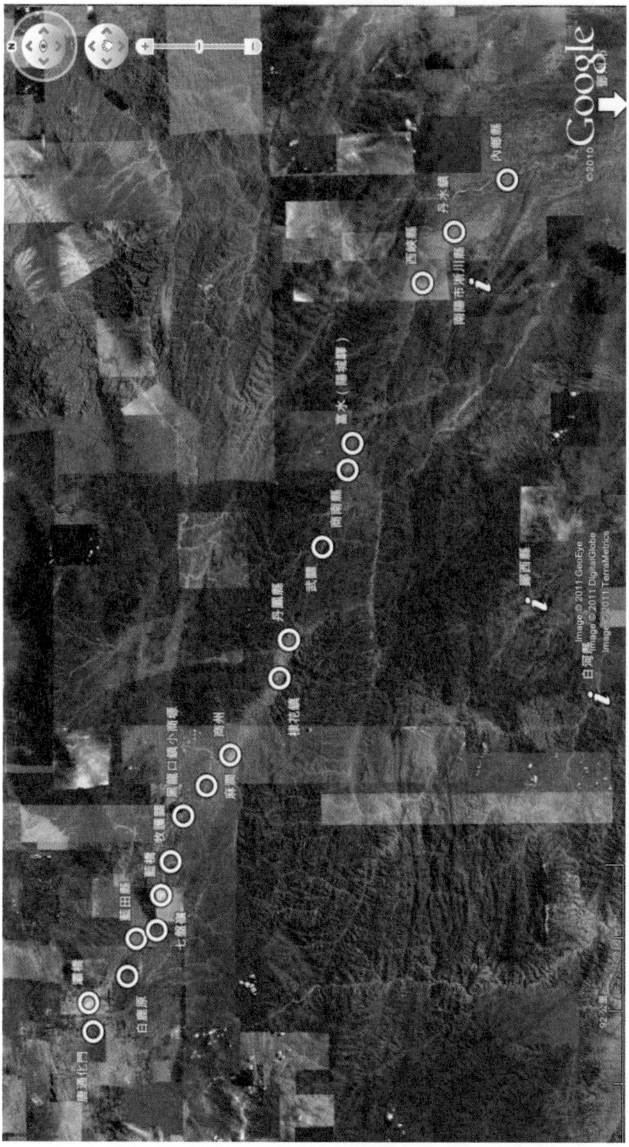

圖 1.本次從唐長安至鄧州的考察路線圖

（相關內容詳見本書 8 頁）

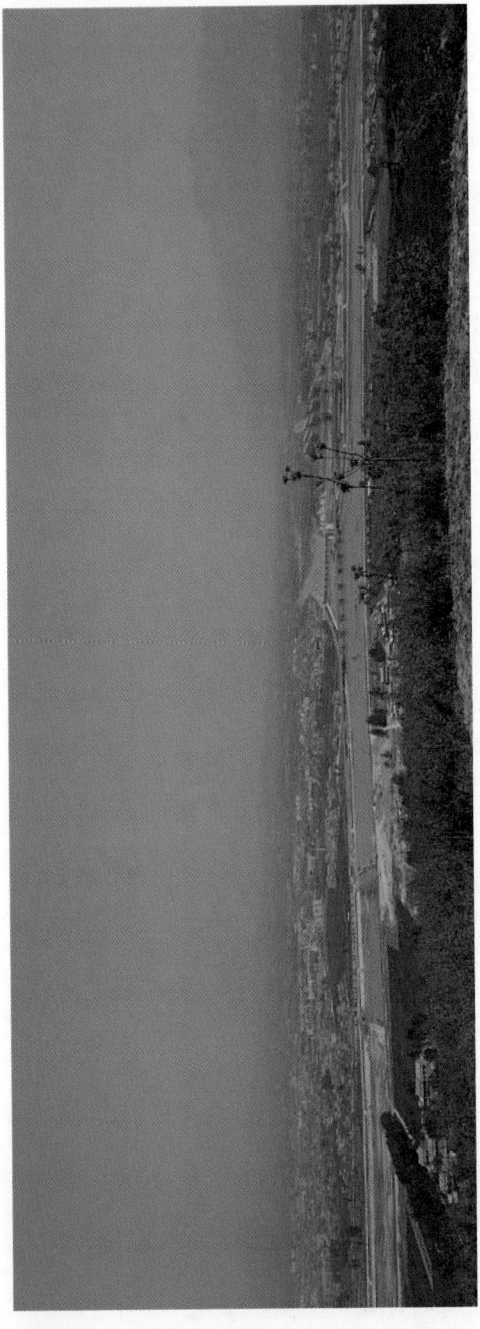

圖 2.白鹿原下眺藍田縣城及城北連接西安之公路，34.139N,109.29833E,622m，由照片右端由南方來的河川即是輞川，與東來的灞水上源會流後，向北西流去

（相關內容詳見本書 11 頁）

圖 3.白鹿原上都是平野，34.60833N,109.22533E,713m

（相關內容詳見本書 12 頁）

圖 4.藍田縣城南門外，34.145167N,109.421E,497m，灞水由此西下，在不遠處與輞川相會。前方即秦嶺

（相關內容詳見本書 13 頁）

圖 5.在山上拍攝七盤登秦嶺景象，立足點
34.08812N,109.34105E,923m
（相關內容詳見本書 14 頁）

圖 6.走在秦嶺梁上，34.085658N,109.35523,1049m

（相關內容詳見本書 14 頁）

圖 7.「自商鐃山出石門，抵北藍田」的地形，左右皆巨石，藍溪切割而過，此種地形，只有這一段而已。34.103833N,109.43133E,797m，照片右側的道路就是廢棄的舊 312 國道

（相關內容詳見本書 15 頁）

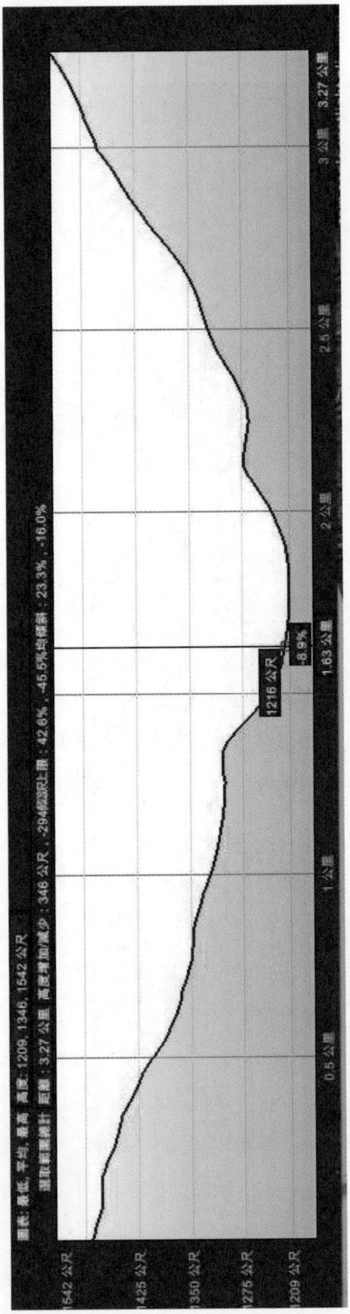

圖 8.牧護關地形剖面。以牧護關鎮中心為準取樣 2.37 公里，可證坡度平緩。圖中央海拔 1216 米處，GPS 位址為 34.044353N，109.57834E（相關內容詳見本書 15 頁）

圖 9.商州盆地平原，從靜泉寺觀音殿前拍攝， 33.841175N,109.95538E,763m。左前方為商州區市中心，遠處可見水壩，即仙娥溪二龍山水庫大壩
（相關內容詳見本書 18 頁）

圖 10.武關東門形勝， 33.601917N,110.62596E,494m。武關東城門遺址在我背後，立足點下方為通往河谷的小道，已相傳百年以上

（相關內容詳見本書 19 頁）

圖 11.內鄉縣的平野，33.123167N,111.78517E,223m，距離內鄉縣城還有 10 公里

（相關內容詳見本書 20 頁）

附圖二

〈時空交互下的特殊存在——臺灣文學中的淡水地景〉

許俊雅

圖 1.柯設偕在淡水水雷營主講淡水鄉土史。左右兩邊的長土堆即是滬尾血戰的部分遺跡「城岸」。資料來源：周明德《續・海天雜文》，台北縣政府文化局，2004 年

（相關內容詳見本書 48 頁）

圖 2.陳澄波〈曲徑 1936 臺十西 7 無鑑查〉

（相關內容詳見本書 52 頁）

圖 3.陳澄波〈淡水 1935 臺九西 67 無鑑查〉

（相關內容詳見本書 52 頁）

附圖三

〈寫我心曲──甲申事變氛圍下項聖謨（1597-1658）的詩畫文本探析〉 毛文芳

圖1.〈稻蟹圖〉紙本設色106.2*38.5 （1651）

（相關內容詳見本書377頁）

圖 2.《山水圖冊》第八開「雲山」紙本墨筆（1642）
（相關內容詳見本書 378 頁）

圖 4.《山水》卷第五段「老樹鳴秋」紙本墨筆 25.2*45.2（1641）
（相關內容詳見本書 380 頁）

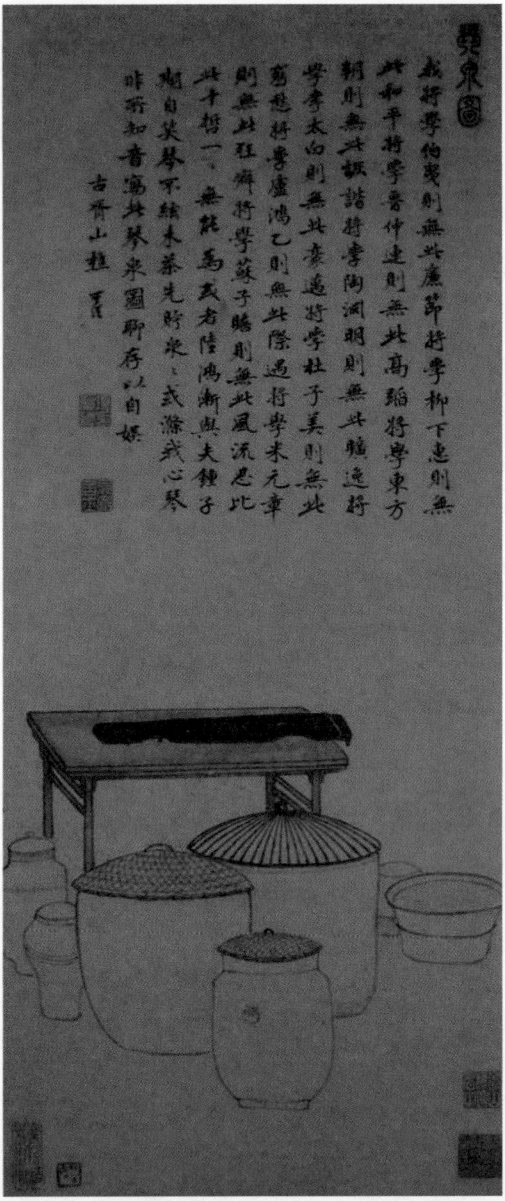

圖 3.〈琴泉圖〉紙本墨筆 65.5*29.5

（相關內容詳見本書 378 頁）

圖 5.〈大樹風號圖〉紙本設色 115.4*50.4 （1649）

（相關內容詳見本書 381 頁）

圖 6.〈雪影漁人圖〉（局部）紙本設色

（相關內容詳見本書 386 頁）

圖 7.〈朱色自畫像〉（局部）紙本朱墨設色 151.4*56.7（1644）
（相關內容詳見本書 387 頁）

圖 8.〈松濤散仙圖〉絹本墨筆 39*40 （1652）74.8×30.4（1641）

（相關內容詳見本書 394 頁）

附圖四

〈戰後初期台灣文學與美術中的公共空間意象：以呂赫若與李石樵作品為例〉 盛鎧

圖 1.李石樵《市場口》（1946）

（相關內容詳見本書 418 頁）

圖 2.李石樵《建設》（1947）

（相關內容詳見本書 423 頁）

圖 3.總督府圖書館外觀

（相關內容詳見本書 424 頁）

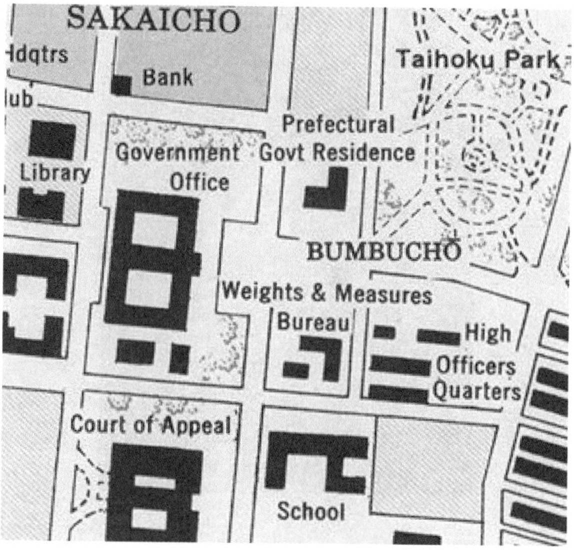

圖 4.總督府圖書館地點

圖 5.李石樵《田家樂》（1949）
（相關內容詳見本書 426 頁）

圖 6.李石樵《大將軍》（1964）
（相關內容詳見本書 427 頁）

圖 7.李石樵《編物》（1935）
（相關內容詳見本書 427 頁）

圖 8.李石樵《河邊洗衣》（1946）
（相關內容詳見本書 428 頁）

作者簡介

簡錦松

1954 年 5 月，生於臺灣省臺北縣板橋。1987 年獲得臺灣大學中國文學博士學位。 1984 年 8 月，進入國立中山大學中文系，歷任講師、副教授、教授、中文系主任等職。2011 年 3 月兼任韓國研究中心主任。學術方面，以明代文學與唐詩宋詞之實際寫作及研究爲主，十年前提出「唐詩現地研究法」，近三年開始學習韓語，致力韓國漢文學研究及推廣不遺餘力。學術研究之外，自 1994 年創立財團法人古典詩學文教基金會，任董事長至今。

許俊雅

現任臺灣師範大學國文系教授。研究專長爲臺灣文學、兩岸文學。著有《日據時期臺灣小說研究》、《無悶草堂詩餘校釋》、《梁啓超、林獻堂往來書札》、《見樹又見林——文學看臺灣》、《瀛海探珠——走向臺灣古典文學》、《裨海紀遊校釋》等，編有《全台賦》（合編）、《楊守愚日記》、《王昶雄全集》、《無語的春天——二二八小說選》、《現代小說讀本》、《日治時期臺灣小說選讀》、《臺灣小說・青春讀本》、《巫永福精選集》等，並建置學術網：譯文網 Babel。

龔顯宗

1943 生於台灣嘉義朴子市，政大中文所碩士，中國文化大學國家文學博士。曾任高雄師大、中興大學、靜宜大學、高雄大學等校教授，台南大學語文教育系主任、香港新亞研究所客座教授、考試院典試委員，現執教於中山大學、高雄師大。大學三年級爲時華崗詩社首任社長，1971 年，爲《主流》詩社 12 位發起人之一，筆名恭敬、龔敬、龍光，出版詩集《榴紅的五月》。學術研究領域包括中國文學史、明清文學、詩話、古典小說、婦女文學等，90 年代後，轉入台灣漢語詩文及地方文學史之研究，並致力於首部中國童謠史的撰寫。著有《明初越派文學批評研究》、《歷朝詩話析探》、《女性文學百家傳》、《現代文學研究論集》、《明清文學研究論集》、《台灣文學研究》、《台灣文學家列傳》、《台南縣文學史》、《魏晉南北朝童謠研析》、《沈光文全集及其研究資料彙編》等四十餘種。

楊雅惠

國立臺灣師範大學國文研究所博士。現任國立中山大學中國文學系教授兼人文研究中心研究員、國家文學館《全臺詩》編纂計畫研究員；曾任中山大學清代學術研究中心主任（2008-2009）。研究專長爲美學、文學理論、古典詩學、書畫藝術、臺灣文學、現代詩、修辭學等。近期著作有《現代性詩意啓蒙：日治時期臺灣新詩的文化詮釋》、《臺灣海洋文學》等專書，及〈大抽離與再想像：臺灣古典詩與基督教視域融合歷程〉、〈十九世紀基督新教東傳的漢語聖詩：《養心神詩》初探〉等論文。

陳家煌

民國六十三年生於台中豐原，國立中山大學中國文學系博士，現任國立中央大學中國文學系專案助理教授。學術專長：中唐詩、白居易研究、台灣古典詩。

施懿琳

彰化鹿港人。台灣師範大學國研所博士。目前爲成大中國文學系、臺灣文學系合聘教授。主要研究方向爲台灣古典文學，著有《清代台灣詩所反映的漢人社會》、《台中縣文學發展史》（與許俊雅、楊翠合著）、《彰化縣文學發展史》（與楊翠合著）、《吳新榮傳》、《從沈光文到賴和：台灣古典文學的發展與特色》、《跨語、漂泊、釘根：台灣新文學論集》、《台灣文學百年顯影》（合撰者中島利郎、下村作次郎等）、《臺灣的文學》（合撰者陳建忠）。編有《全台詩》（1~12 冊）、《國民文選・傳統漢詩卷》、《國民文選・傳統漢文卷》、《楊守愚作品選集》、《周定山作品選集》、《林荆南作品選集》、《王開運全集》（合編者陳曉怡）、《臺灣古典文學大事年表（明清篇）》（合編者廖美玉）等。

江寶釵

國立臺灣師範大學國文研究所文學博士，國立中正大學中文系／臺灣文學研究所合聘教授。主要研究領域爲文學理論、臺灣文學、女性文學與民間文學。著有《嘉義地區古典文學發展史》（1998）、《台灣古典詩面面觀》（1999），編有《張李德和詩文集》（2000）、《島嶼妏聲》

（2000）、《嘉義縣志・文學志》（2009）、《臺灣全志・文化志・文學篇》（2009）等。並主持多個臺灣文學整合型研究計畫。

王幼華

中興大學中國文學系博士，現任國立聯合大學華語文學系副教授。著有：《當代文學評論集》、《冰心麗藻入夢來—日治時期苗栗縣的詩社》、《苗栗縣文學史》（與莫渝合撰）、《族群論述與歷史反思》、《考辨與詮說——清代台灣論述》、《蚌病成珠——古今作家論》等。發表期刊及研討會論文四十餘篇，曾獲吳濁流文學獎、中國文藝獎章、中山文藝獎等。

蔡振念

輔大中文系畢業，美國威斯康辛大學陌地生校區東亞文學博士。在美期間獲中國時報青年學者獎。一九九二年起任教中山大學中文系，2003 至 2006 年擔任中文系主任系主任，現爲中山大學中文系教授。發表學術論文三十餘篇，學術專書有《高適詩研究》、Time in Pre-Tang Poetry、《杜詩唐宋接受史》、《台灣現代短篇小說精讀》、《郁達夫》等。

毛文芳

祖籍江蘇常州，生於臺灣桃園。國立臺灣師範大學國文博士（1997），曾任彰化師大國文系助理教授（1997-），中正大學中文系副教授（2002-），現爲國立中正大學中文系教授（2008-）。曾獲「行政院國家科學委員會」專題研究計畫多年經費補助。研究興趣爲明清文學、題畫文學、文學與圖像、女性文學。著有專書：《新讀百喻經》、《董其昌之逸品觀》、《晚明閒賞美學》、《物.性別.觀看——明末清初文化書寫新探》、《圖成行樂——明清文人畫像題詠析論》等，以及學術論文四十餘篇。另有散文、小小說、廣播短劇等文學創作零星發表。目前定居於臺灣嘉義。

盛鎧

國立聯合大學台灣語文與傳播學系助理教授。輔仁大學大眾傳播學系新聞組學士、國立中央大學藝術學碩士、輔仁大學比較文學博士。專長學術領域爲台灣文學史、台灣美術史、美學理論與跨藝術研究。近年研究重點集中於：台灣文學與台灣美術中的公共空間意象之比較研究、台灣美術與現代性、當代台灣藝術家專論。曾獲第一屆帝門藝術評論徵文獎優選（1999）、行政院文化建設委員會現代文學研究論文獎助（2004）、彭明敏文教基金會台灣研究論文獎助（2007）、國立聯合大學研究傑出獎（2009）。

史言

香港大學哲學碩士（MPhil）、文學學士（BA），北京大學外國語學院「全國高校外國文學高級研修班」結業證書。現爲香港大學中文學院哲學博士候選人（PhD Candidate）。主要從事西方文藝理論及中國現當代語言文學研究，現任「中國聞一多研究會」理事、「中國比較文學學會」會員、「香港新詩學會」理事、「香港作家聯會」會員。2009 年獲「第二屆聞一多研究優秀成果獎（1994-2008）二等獎」（中國聞一多研究會、聞一多基金會）、2010 年獲華文文學第一屆「學術新人獎」（中國世界華文文學學會、《華文文學》編輯部）。論文在韓國、臺灣、澳門、香港、中國等地發表。文學創作在香港、臺灣、廣東等地專刊、期刊發表，並有詩作被譯為韓文在韓國文學刊物《Asia Poem 光與林》刊登。

國家圖書館出版品預行編目資料

時空視域的交融：文學與文化論叢／施懿琳、楊雅惠主編 -- 高雄市：國立中山大學人文研究中心，民 100.10〔2011.10〕

513 面；16*23 公分 --（人文社會研究叢書）

ISBN 978-986-02-9743-0（平裝）

文學 2.文化研究 3.文集

810.7 100022008

人文社會研究叢書

時空視域的交融：文學與文化論叢

發 行 人：王儀君

主 編：施懿琳、楊雅惠

編輯助理：莊川輝、周筱文、辛佩青、葉書含

出 版 者：國立中山大學人文研究中心

地 址：80424 高雄市鼓山區蓮海路 70 號

電 話：(07) 52520000 ext.3241

傳 真：(07) 5250818

網 址：http://humanitiescenter.nsysu.edu.tw/

發行日期：中華民國一○○年十月

定 價：500 元

展 售 處：國家書店

臺北市松江路 209 號 1 樓／(02) 2518-0207

五南文化廣場

臺中市中山路 6 號／(04) 2226-0330＃20

高雄復文書局

高雄市蓮海路 70 號／(07) 525-0930

印 刷：翔凌印刷公司

GPN 1010003450 ISBN 978-986-02-9743-0